共和国教育公平之路

The Road to Educational Equality in the People's Republic of China

袁振国 翟 博 杨银付 主编

华东师范大学出版社

图书在版编目（CIP）数据

共和国教育公平之路 / 袁振国等主编. —上海：
华东师范大学出版社，2019
ISBN 978-7-5675-9468-5

Ⅰ.①共… Ⅱ.①袁… Ⅲ.①教育制度—研究—中国
Ⅳ.①G522

中国版本图书馆CIP数据核字（2019）第193229号

共和国教育公平之路

主　　编	袁振国　翟　博　杨银付
策划编辑	王　焰
项目编辑	黄诗韵
责任校对	张佳妮　陈　易
装帧设计	卢晓红　毛　溪

出版发行	华东师范大学出版社
社　　址	上海市中山北路3663号　邮编 200062
网　　址	www.ecnupress.com.cn
电　　话	021-60821666　行政传真 021-62572105
客服电话	021-62865537　门市（邮购）电话 021-62869887
地　　址	上海市中山北路3663号华东师范大学校内先锋路口
网　　店	http://hdsdcbs.tmall.com/

印 刷 者	上海景条印刷有限公司
开　　本	787×1092　16开
印　　张	22.5
字　　数	386千字
版　　次	2019年9月第1版
印　　次	2019年9月第1次
书　　号	ISBN 978-7-5675-9468-5
定　　价	98.00元

出版人　王　焰

（如发现本版图书有印订质量问题，请寄回本社客服中心调换或电话021-62865537联系）

目录

第一章　导论：教育公平的中国模式 / 1

第一节　教育公平的世界意义 / 3
第二节　以为民理念引领教育公平 / 7
第三节　以优先发展促进教育公平 / 11
第四节　以惠民政策保障教育公平 / 18
第五节　以规范管理维护教育公平 / 22

第二章　中国共产党的教育公平观 / 25

第一节　人人享有平等受教育权利 / 27
第二节　以教育公平促进社会公平 / 34
第三节　实现人的全面发展 / 39

第三章　把教育公平作为国家基本教育政策 / 45

第一节　教育公平国家政策的形成历程 / 47
第二节　教育公平国家政策的制度含义 / 53
第三节　教育公平国家政策的主要内容 / 57

第四章　发展普惠性学前教育 / 67

第一节　扩大资源破解"入园难" / 69

第二节　提升水平寻解"入好园难" / 77
第三节　着力普惠化解"入园贵" / 83

第五章　艰苦卓绝地普及义务教育 / 91

第一节　普及初等义务教育 / 93
第二节　基本普及九年义务教育 / 96
第三节　全面实现免费九年义务教育 / 101

第六章　促进义务教育均衡发展 / 111

第一节　义务教育均衡发展的迫切要求 / 113
第二节　义务教育均衡发展的国家顶层设计 / 118
第三节　义务教育均衡发展的省级政府统筹 / 123
第四节　义务教育均衡发展的县级政府行动 / 127
第五节　向更加公平更高质量的义务教育迈进 / 131

第七章　发展面向人人的职业教育 / 133

第一节　面向人人职业教育的政策形成 / 135
第二节　面向人人职业教育的发展成就 / 139
第三节　面向人人职业教育的发展经验 / 150

第八章　不让一个学生因家庭经济困难而失学 / 157

第一节　从人民助学金到多元资助体系 / 159
第二节　"奖、助、勤、贷、免"实现"应助尽助" / 166

第三节　学生资助政策的进一步完善 / 176

第九章　实现特殊儿童的融合教育 / 181

第一节　从慈善到权利：保障特殊儿童受教育机会 / 183
第二节　从单一到多元：健全特殊儿童教育体系 / 191
第三节　从隔离到融合：提高特殊儿童教育质量 / 196

第十章　"两为主"保障进城务工人员子女教育 / 207

第一节　"两为主"政策的背景 / 209
第二节　"两为主"政策的出台 / 213
第三节　"两为主"政策的完善 / 219

第十一章　保障女童平等受教育权利 / 227

第一节　平等接受义务教育 / 229
第二节　平等接受高中和高等教育 / 235
第三节　平等接受终身教育 / 238
第四节　平等接受更高质量的教育 / 241
第五节　为女童平等接受教育创造有利环境 / 246

第十二章　重点支持少数民族教育 / 251

第一节　建立少数民族人才培养长效机制 / 254
第二节　聚焦重点难点提高民族教育质量 / 259
第三节　培养担当民族复兴大任的时代新人 / 265

第十三章　指向公平的高考改革 / 271

第一节　指向权利公平、标准公平的制度设计 / 273
第二节　指向程序公平、机制公平的措施落实 / 279
第三节　指向城乡公平、补偿公平的政策保障 / 283
第四节　指向更加公平的新高考改革 / 288

第十四章　深入校内的教育公平追求 / 293

第一节　制度建设保障校内公平 / 295
第二节　学校改革让内部公平落到实处 / 302
第三节　因材施教把握校内公平关键 / 306
第四节　促进学生个性发展开启校内公平新征程 / 312

第十五章　以信息化促进教育公平 / 317

第一节　信息化成为促进教育公平的有力工具 / 319
第二节　促进教育公平的信息化措施越来越精细 / 321
第三节　均衡·优质·个性的信息技术优势不断强化 / 325
第四节　信息化适宜性方法多路径并进 / 329
第五节　教育信息化提升教师教育教学能力 / 334

结　语　努力让 14 亿人民享有更好更公平的教育 / 339

主要参考文献 / 347

后记 / 352

第一章
导论：教育公平的中国模式

大规模、大幅度地提高教育公平的水平是中国教育的最大成就，也是对世界的最大贡献。在经济落后、人口众多的国家如何实现教育公平，进而实现质量水平与公平水平的同步提升，是世界性的难题。新中国成立70年来，党和政府领导全国人民筚路蓝缕、团结奋斗，形成了以为民理念引领公平、以优先发展促进公平、以惠民政策保障公平、以规范管理维护公平的中国模式，为推进世界教育公平进程提供了经验和动力。

经济合作与发展组织（OECD，以下简称"经合组织"）教育与技能司司长，被称为国际学生评估项目（PISA）之父的安德烈亚斯·施莱克尔（Andreas Schleicher）在其新著《世界水准：如何构建21世纪的优秀学校系统》一书中写道："PISA2012数据结果显示，中国上海10%处境最不利的15岁孩子的数学成绩比美国和其他很多国家10%处境最具优势的孩子还要好。"①他以事实和数据有力地说明了中国教育公平在全世界的突出成就。

自古以来，中国就有"有教无类"的美好梦想，但只到新中国成立以后，这一梦想才有了真正实现的可能。新中国成立70年来，从提出"教育向工农开门"到"把促进公平作为国家基本教育政策"，党和政府始终把促进教育公平作为执政理念、行动目标和政策措施，在一个一穷二白、人口众多的国家全面实施九年制义务教育，完成率达到95%，人均受教育年限从1949年的1.6年提高到2018年的10.8年，新增劳动力受教育年限提高到13.5年，走完了发达国家200年走完的历程，谱写了促进教育公平的历史华章，创造了以为民理念引领公平、以优先发展促进公平、以惠民政策保障公平、以规范管理维护公平的中国模式，为世界教育公平进程提供了经验和动力。

第一节　教育公平的世界意义

教育公平是社会公平的重要组成部分，也是促进社会公平的重要动力。由于教育在现代社会中具有基础性、先导性和全局性的重要地位和作用，教育公平对实现整个社会的公平正义具有重要的促进作用，对缩小社会差距具有重要的杠杆作用。从社会角度说，教育公平是基础性公平；从个体角度说，教育公平是起点性公平。在人类社会进入知识经济时代的今天，社会劳动的知识、技术含量不断增加，社会和个人的发展越来越依赖于受教育的程度和水平，因此，拥有知识的程度成为民族最重要的竞争力，受教育程度成为个人成功最重要的因素。正因为如此，教育公平受到国际社会的普遍重视。联合国宪章把教育公平作为重要条款。193个联合国成员国中，有121个国家的宪法保障所有公民享有受教育的权利；有28个国家的宪法保障所有公民享有受高等教育的权利，其中有15个国家的宪法保障所有居民享

---

① 安德烈亚斯·施莱克尔.世界水准：如何构建21世纪的优秀学校系统［M］.窦卫霖，尚文博，陈浩鸣，张思琦，钟文秀，译.上海：华东师范大学出版社，2019：30.

有这项权利。①

一、教育的外在价值

教育与生产力的发展以及个人收入之间存在直接关系。

自从诺贝尔经济学奖得主舒尔茨（Schultz，1961）提出了人力资本理论以后，这一观点就从经验走向了理论，并产生了大量实证研究成果。人力资本理论的核心思想是，人类的生产能力因人而异，但人们可以通过正规教育、在职培训等方式获得知识和技能，从而"极大地改善人力质量"。拥有更多人力资源的员工，能把更多的技能带到工作之中，他们的生产能力往往更高，从而能更有效地促进国民经济水平的提高。据一项对50个国家的研究估计，人均受教育程度每提高1年就可能促进国内生产总值增长0.37%。经合组织2010年的一项研究显示，若到2030年国际学生评估项目（PISA）分数提高0.25个标准差，经合组织国内生产总值的总量就可能每年提高1.4万亿美元。降低教育不平等也能够获得可观的经济效益。来自65个低收入和中等收入国家以及转型国家的数据表明，在高中教育阶段解决性别不平等问题可能会使国内生产总值每年增长920亿美元。②

教育程度的提高与个人收入的增加密切相关。工资可以被视为人力资本投资的货币回报，雇主愿意为高人力资本的员工支付更多的薪资。一项涉及13个国家的研究表明：即使考虑到教育质量有差异，个人每增加一年的教育，收入就会增加5%；即使是一对在同一个家庭里长大的双胞胎，双胞胎之一如果多接受一年的教育，就会比另一个的工资增加9%—16%。重要的是，与完成高中相比，完成高等教育会对收入有更大的影响：在印度尼西亚，完成高等教育的男性比高中学历的男性的收入高82%；在巴拉圭，此一差距近300%。③

除了知识、技术这些"硬技能"外，研究还发现，"软技能"是人力资本的重要表现形式。人际交往能力和行为品质，比如准时、整洁、有序、勤奋、毅力、团队精神和创新精神等，对职场工作效率很重要。这些技能习得自家庭教育，同时也是学校教育的副产品。④ 所以，一个人受教育的程度以及种类与他的收入有直接关

---

① Jody Heymann, Adèle Cassola. 教育公平：范例与经验［M］. 陈舒，袁文慧，王丽娜，译. 上海：华东师范大学出版社，2019：6.
②③ Jody Heymann, Adèle Cassola. 教育公平：范例与经验［M］. 陈舒，袁文慧，王丽娜，译. 上海：华东师范大学出版社，2019：11.
④ 保罗·阿特瓦尔，凯瑟琳·S. 纽曼. 日趋加大的差距：世界各地的教育不平等［M］. 张兵，译. 上海：华东师范大学出版社，2018：9.

系并影响到他的事业成就和终身幸福。"收入不公影响人一时，教育不公影响人一生。"如果某些人的受教育程度低于他人并不是由其自身的错误造成的话，那就是不公平的。

学生在校平均水平高的国家恰恰是那些学生差异最小的国家。国际学生评估项目（PISA）中的数据确实说明，大多数平均学习成绩高的国家和地区，其教育公平程度也更高，而很少有学生成绩高于平均水平、学生之间却差异巨大的国家和地区。在学生差异小的国家，不同学校的学生的表现也几乎没有差异。确保每个在不同学校上学的学生接受同等质量的教育，是促进教育公平、提高社会凝聚力的重要方面。如果学校不能为学生提供公平的教育环境，那么学生上学时拥有的不同社会优势将对学生的在校表现产生较大影响。①

二、教育的内在价值

教育的价值并不仅仅来自竞争；除了提升就业前景，它还促使个体积极追求具有内在价值的事物，如阅读高质量的文学作品并与朋友讨论、进行复杂的游戏、从教学难题中获得乐趣、与说其他语言的人们社交等，从而改善个体的生活。这种教育的"内在价值"往往会对个体的高品质生活具有重要意义。②审美的价值、交往的价值，还有公益的价值，超越了功利的价值，使一个人生活得更自信，也更快乐。

随着教育程度的提高，个体的身体健康状况、心理健康状况、记忆能力、健康预期寿命都得到了提高，死亡率降低。一项对22个欧洲国家的研究发现，完成了高中或高等教育的男性和女性，其身体健康的可能性要比受教育程度较低的同龄人高2—3倍。③

更加值得重视的是，教育的健康效益以及缺乏教育的不利会代代呈现。接受更多教育的父母比受教育较少的同龄人更有可能是健康的，而且他们的孩子也更有可能是健康的。父母受教育程度的提高会降低婴儿和5岁以下儿童的死亡率，会提高其免疫接种率，其年龄与身高和体重的比例更加协调，营养不良的风险会降低。母

---

① Jody Heymann, Adèle Cassola. 教育公平：范例与经验［M］.陈舒，袁文慧，王丽娜，译.上海：华东师范大学出版社，2019：99.
② Kirsten Meyer. 教育、公正与人之善：教育系统中的教育公平与教育平等［M］.张群，汪雯，王杰，王佩琪，田非儿，译.上海：华东师范大学出版社，2018：67.
③ Jody Heymann, Adèle Cassola. 教育公平：范例与经验［M］.陈舒，袁文慧，王丽娜，译.上海：华东师范大学出版社，2019：11.

亲完成中学或更高学历似乎对孩子的健康和生存特别重要。①

受教育程度越高的人，越有可能超越世俗的功利价值，从事更多审美的、人际交往的和公益性的活动，并从中得到愉悦，从而提高自身的幸福感和自信心，提高健康水平和预期寿命，同时为社会增加和谐、友善的正能量。

三、教育的社会凝聚力价值

提升教育公平不仅对促进经济增长和提高个人收入具有明显效用，对提升个体的内在精神素养和健康水平具有明显作用，而且是增强社会凝聚力的关键。虽然社会凝聚力还没有明确的界定，可能在不同的背景下有不同的侧重点，但这些内容常常是被强调的：（1）共同的规范和价值观；（2）共同的身份认同感或生活在同一社区的归属感；（3）持续感和稳定感；（4）一个拥有各种机构的社会，这些机构能够共同承受风险并提供集体福利；（5）权利、机遇、财富及收入的公正分配；（6）强大的公民社会及积极主动的公民素养。②在国家层面进行教育力量分配可能比提高教育平均水平更加重要。因此，欧盟目前将提高教育平均水平和提高教育公平水平两者共同作为首要之事，并设定了一系列有精确量化指标的目标。这些目标包括降低低年级学生辍学率、减少阅读水平低的25岁学生占比、增加大学教育机会、提高成人终身学习参与度、提高全部人口的受教育程度。③

学生的经历，特别是非正义经历，会削弱他们的人际信任和对制度的信任，强化他们对政治和公民参与的消极态度，使他们不能包容与自己明显"不同"的他人，甚至导致他们怀疑公平存在的可能性。④同时有研究表明，受教育年限较多的人具有较高的公民和政治参与度，包括更有可能参加投票。一个在加拿大完成高等教育的30岁学生有66%的投票可能性，而一个没有完成中学学业的人只有37%的投票可能性。完成较高程度的教育也会增加个人参与非正式政治活动的可能性。⑤

---

① Jody Heymann, Adèle Cassola. 教育公平：范例与经验［M］.陈舒，袁文慧，王丽娜，译.上海：华东师范大学出版社，2019：11.
② Andy Green, John Preston. 教育、平等和社会凝聚力：一种基于比较的分析［M］.赵刚，庄国欧，姜志芳，译.上海：华东师范大学出版社，2018：5.
③ Jody Heymann, Adèle Cassola. 教育公平：范例与经验［M］.陈舒，袁文慧，王丽娜，译.上海：华东师范大学出版社，2019：98.
④ Stephen Gorard, Emma Smith. 教育公平：基于学生视角的国际比较研究［M］.窦卫霖，胡金兰，孙媛媛，黄国丹，译.上海：华东师范大学出版社，2018：4.
⑤ Jody Heymann, Adèle Cassola. 教育公平：范例与经验［M］.陈舒，袁文慧，王丽娜，译.上海：华东师范大学出版社，2019：12.

鉴于教育和教育公平巨大的外在价值和内在价值、现实价值和未来价值，任何一个国家对教育资源的配置都不可能忽视对公平性的考虑。正如一位学者所说："一个社会必须决定以何种方式影响其人口所获得的教育。是否应该把教育分配完全交给市场机制？教育分配是否应该以所有人都接受平等且良好的教育为目标？教育分配是否应该确保每个人受到的教育都足够好？如果是这样的话，怎样才算足够好？教育分配是否应该最大限度地提高最贫困人口的教育水平，或者，以其他方式帮助最贫困人口？"① 对于这些问题，中国给出了卓有成效的回答。

第二节 以为民理念引领教育公平

全心全意为人民服务是中国共产党的根本宗旨，立党为公、执政为民是中国共产党的基本执政理念。使全体人民受益，让所有人分享改革开放的成果，是国家各项工作的总的指导思想。这一思想在促进教育公平的进程中得到了鲜明的体现。

一、学校向工农开门，教育为工农大众服务

中国共产党历来重视普及人民大众的义务教育。早在 1931 年，由中华苏维埃第一次全国代表大会通过的《中华苏维埃共和国宪法大纲》第 12 条就规定："中华苏维埃政权以保证工农劳苦民众有受教育的权利为目的，在进行阶级战争许可的范围内，应开始施行完全免费的普及教育，……" 1934 年 1 月，毛泽东在中华苏维埃第二次全国代表大会上所做的报告中提出，苏维埃文化教育的总方针"在于以共产主义的精神来教育广大的劳苦大众，在于使文化教育为革命战争与阶级斗争服务，在于使教育与劳动联系起来，在于使广大中国民众都成为享受文明幸福的人"。这就是新民主主义教育的总方针。

1949 年 10 月 1 日，新中国成立。当年 9 月召开的中国人民政治协商会议第一届全体会议通过了《中国人民政治协商会议共同纲领》(以下简称《共同纲领》)，规定"中华人民共和国的文化教育为新民主主义的，即民族的、科学的、大众的文化教育"。同年 12 月召开的第一次全国教育工作会议，确定新中国的教育是"民族

---

① Kirsten Meyer. 教育、公正与人之善：教育系统中的教育公平与教育平等[M]. 张群，汪雯，王杰，王佩琪，田非儿，译. 上海：华东师范大学出版社，2018：3.

的、科学的、大众的教育,其方法是理论与实际一致,其目的是为人民服务,首先为工农兵服务,为当前的革命战争与建设服务"①。发展为人民服务的思想、办面向工农大众的教育,成为新中国成立初期我国教育发展的思想原则和工作任务。

为了贯彻党的教育方针,普遍推行以工农为主的人民教育,落实《共同纲领》,新中国成立初期的中国教育主要从以下五个方面采取了改革措施。

1. 举办工农速成中学,加强工农干部的知识教育

自1949年12月起,全国各部队、机关、工厂、学校等尽可能地为青年工农(首先是多年参加革命斗争的青年和成年工农干部)举办了各种工农速成中学,使其掌握中等文化水平的基本科学知识,为升入高等学校进一步深造做准备,将其培养成为新中国的建设骨干。②

2. 推行工人和农民的业余补习教育

各大地区的工厂设置相当于初小和高小的班次,一部分条件允许的工厂,设立相当于初中程度的业务补习班,开展识字运动,为工人提供业余补习教育。新老解放区则因地制宜,采取冬学、开大会、作报告、演戏、民歌等方法,有步骤、有计划地对农民进行识字教育,配合以时事教育、政策教育、生产卫生教育等,提高农民的文化水平。

3. 所有设施都向工农劳动人民开门

无论是普通中学、师范院校和技术学校,还是小学校、幼稚园,都有计划地着重吸收工农青年和工农子女入学。同时,在这些学校里附设工农文化补习班,由学校原有教员对工农劳动人民进行科学文化教育。各工厂、企业、机关等也尽可能地设法租给或借给业余补习教育所必需的设备和房屋。

4. 改革旧学制,颁布新学制,实行普及儿童初等教育

1951年《政务院关于改革学制的决定》规定:"小学的修业年限为五年,实行一贯制,取消初、高两级的分段制;中学的修业年限为六年,分初、高两级;工农速成中学,修业年限为三年至四年……"新的学制实行全日制学校、干部学校、业余学校同时并举的"三轨制",保障了城乡人民群众的子女,尤其是工农子女,能够平等地接受作为一名新中国国民可以享受的基础教育。

5. 推行全国规模的识字教育,逐步扫除文盲

在旧中国,广大工农大众被剥夺了受教育的权利。1949年,全国人口中的80%是文盲,少数民族的文盲率更是高达95%左右。根据毛主席"一定要消灭文

---

①② 钱俊瑞副部长在第一次全国教育工作会议上的总结报告要点[G]//何东昌.中华人民共和国重要教育文献 1949—1975.海口:海南出版社,1998:8.

盲"的号召和"从百分之八十的人口中扫除文盲,是建立新中国的必要条件"的指示精神,在工人业余学校、农民冬学、干部培训学校、政治学校、夜校中,各地区大张旗鼓、多措并举地开展识字运动,培养工人农民的读写算能力,分阶段、分重点地减少文盲。从1949年到1965年,全国扫除文盲10 272.3万人,年均扫盲604.3万人。

二、立足国情,不断提高教育公平水平

立足国情、实事求是,量力而行、尽力而为,不失时机地推进教育公平不断迈上新的台阶,是中国推进教育公平的一贯方针和历史实践。

1. 效率与公平并重

没有质量的公平是低水平的公平,没有公平的质量是少数人的质量。处理好公平与质量的辩证关系,不仅是一个认识问题,而且是一个历史性、战略性的抉择。改革开放初期,我国教育事业发展严重滞后,各类知识人才,尤其是专门人才奇缺。一方面,普及教育相当落后。当时世界上已有156个国家和地区实行义务教育(绝大部分是小学义务教育),经济发达的国家不仅已经普及了小学教育,而且在普及中等教育。[①] 而我国的文盲仍有1.4亿人之多,农村还在大量地产生新文盲;虽然小学入学率在90%以上,但实际念完五年的不过60%,真正达到小学毕业程度的只有30%。另一方面,高等教育发展严重落后。自20世纪60年代起,许多国家开始大力发展高等教育。从每万人口中在校大学生人数来看,1975年美国达到了523.6人,苏联达到了190.8人,而我国到1978年也仅有9人,比越南(17人)还少,在世界137个国家和地区中排第129位。[②] 这种教育状况极度不适应国家四个现代化建设的要求。

面对教育、科技与世界各国的巨大差距以及社会主义建设始终徘徊不前的局面,邓小平主动请缨,亲自抓教育,并以恢复中断10年的高等学校招生考试制度为突破口,实行全面的拨乱反正,中国教育事业也由此开始了历史性的大变革。为了尽快恢复和发展教育事业,培养大批社会各条战线所需要的人才,邓小平在1977年明确提出了"办教育要两条腿走路,既注意普及,又注意提高。要办重点小学、

---

① 张健.认真研究适合国民经济发展需要的教育计划和教育体制[J].人民教育,1980(8):15–19.
② 教育上不去,四化将落空[G]//何东昌.中华人民共和国重要教育文献1949—1975.海口:海南出版社,1998:1748.

重点中学、重点大学"①;同年 8 月,党的十一大指明"要采取强有力的措施,扩大和加快各级各类事业发展的规模和速度,提高教育质量"。

  1979 年,教育部颁布了《关于继续切实抓紧普及农村小学五年教育的通知》,对提高农村小学教育的普及率做出了规定;同年,蒋南翔同志发表关于"中小学教育要面向全体同学"的讲话,提出"中小学教育不仅要面向 4%,而且要面向 96%,面向全体同学做工作"②。1980 年 12 月,中共中央做出《关于普及小学教育若干问题的决定》,提出力争在 1990 年前基本普及初等义务教育。在大力建设重点学校的情况下,国家并没有足够的资金、设备、人力用于普及全国的小学教育,为了有效解决问题,1985 年《中共中央关于教育体制改革的决定》提出采取"地方负责、分级管理"的基础教育办学体制并明确"要有步骤地实行九年义务教育"。1986 年《中华人民共和国义务教育法》正式推行九年制义务教育,"国家、社会、学校和家庭依法保障适龄儿童、少年接受义务教育的权利"。1992 年《中华人民共和国义务教育法实施细则》发布施行。随着基础教育管理权的下放,各个地区采取"国家补助一些,群众承担一些,学校勤工俭学解决一些,三股劲拧成一股绳"的办法,克服在物质条件和师资条件上的严重困难,推进小学教育向偏远地区、农村地区普及。

  1983 年,联合国教科文组织大会第一次提出全民教育理念后,全民教育成为世界各国制定重大社会发展政策时不可缺少的重要议题。1990 年,联合国教科文组织、联合国儿童基金会等国际组织在世界全民教育大会中发表《世界全民教育宣言》,共同承诺 1990—2000 年的 10 年间,各成员国要将 15 岁以上人口中的成人文盲率降低一半。当时,我国的文盲率高达 22.23%,与印度、巴西等 9 个发展中人口大国一起被列为重点扫盲国家。③ 作为联合国教科文组织成员国,我国政府承诺"到 2000 年全国基本普及九年义务教育,基本扫除青壮年文盲",普及全民教育。④

  联合国教科文组织发布的 2006 年《全民教育全球监测报告》显示,2002 年我国全民教育发展指数为 0.954,在 121 个被监测国家中排名第 38 位,比 2001 年第 54 位上升 16 位。我国在世界 9 个人口大国中率先兑现全民教育的庄重承诺,解决了世界上人口最多国家的义务教育问题,是发展中国家推进全民教育的成功范例,为世界全民教育事业做出了重要贡献。

---

① 邓小平. 邓小平文选(第二卷)[M]. 北京:人民出版社,1994:40.
② 中小学教育要面向全体学生——蒋南翔同志在全国中小学思想政治教育工作座谈会上的讲话[G]// 何东昌. 中华人民共和国重要教育文献(1976—1990). 海口:海南出版社,1998:1690.
③ 扫盲:绘就别样生活图景[N]. 中国教育报,2002-02-28(4).
④ 翟博. 人类教育发展史上的奇迹——改革开放 30 年中国推进全民教育的奋进历程[J]. 教育研究,2009(1):3-11.

2. 更加注重教育公平

"教育是民族振兴的基石,教育公平是社会公平的重要基础。"党的十六大提出的这一表述表明党和国家在处理公平与效率的问题上有了重要的新发展。改革开放后的一段时间里,各级教育的规模与质量迅速扩大并提高,但也出现了区域间、城乡间、学校间教育差距拉大的情况,再加上社会经济文化条件不一致、历史发展不均衡,教育领域中的公平问题凸显并逐渐成为公众关注的焦点之一。

2004年,胡锦涛总书记在十六届四中全会上深刻指出:"纵观一些工业化国家发展的历程,在工业化初始阶段,农业支持工业、为工业提供积累是带有普遍性的趋向;但在工业化达到相当程度以后,工业反哺农业、城市支持农村,实现工业与农业、城市与农村协调发展,也是带有普遍性的趋向。"2006年,党的十六届六中全会通过的《中共中央关于构建社会主义和谐社会若干重大问题的决定》提出"在经济发展的基础上,更加注重社会公平";2007年,党的十七大把教育列为以改善民生为重点的社会建设六大任务之首,鲜明地指出"处理好效率和公平的关系,再分配更加注重公平"。

2013年9月,习近平总书记在联合国"教育第一"全球倡议行动一周年纪念活动视频讲话中表示,中国将"努力让13亿人民享有更好更公平的教育"。[①] 这是继2012年党的十八大报告"努力办好人民满意的教育"重要论述后,国家对教育发展方向新的指引,更加注重公平成为21世纪以来教育事业改革发展最重要的特征。

第三节　以优先发展促进教育公平

教育公平是一个历史发展过程。公平与发展密切相关,公平问题既在发展过程中产生,又必须依靠发展来解决。加快教育发展、不断提高教育水平,是促进教育公平最强大的动力和最根本的保障。

1949年,中国人口4.75亿,占世界总人口的1/5,但文盲半文盲率高达80%,小学学龄儿童入学率不足20%,15岁以上人口平均受教育年限仅为1.6年,90%以上的妇女是文盲,在农村,妇女文盲占文盲总数的95%以上。国民文化素质极

---

① 丰捷,王斯敏,邓晖.让十三亿人民享有更好更公平的教育——十八大以来党中央推进教育事业改革发展纪实[EB/OL].光明日报,2016-02-29[2019-03-22].http://theory.people.com.cn/n1/2016/0229/c40531-28157073.html.

低，男女差异和区域发展差异悬殊。到 2017 年，中国教育的整体水平超过中高收入国家的平均水平（见表 1-1）；在受教育的性别差异上，我国各级教育毛入学率的调整后性别平等指数均趋向于 1，显示了我国两性受教育程度在人数上基本没有差距（见表 1-2）；①在受教育的经济水平差异上，我国基础教育完成率的调整后平等指数与高收入国家的对应指数接近，均优于中高收入国家的相应指标，显示了我国不同人群受教育水平的平等程度接近高收入国家平均水平；在受教育水平的地区差异上，我国基础教育完成率的调整后平等指数与中高收入国家的对应指数趋近，显示了我国不同地区基础教育的平等程度与中高收入国家持平（见表 1-3）。

表 1-1 教育毛入学率的国际比较（单位：%）

国家分组	学前教育毛入园率	高中教育毛入学率	高等教育毛入学率
世界	54.7	61.7	32.1
高收入国家	86.3	98.5	75.1
中高收入国家	69.2	75.9	33.9
中国	81.7	88.8	48.1

注：中国的数据为 2018 年的数据，其余数据为 2012 年世界银行公布数据。
数据来源：中华人民共和国教育部.《教育规划纲要》贯彻落实情况总体评估报告（摘要）[EB/OL]. 中华人民共和国教育部政府门户网站，2015-12-10［2019-04-18］. http://www.moe.gov.cn/jyb_xwfb/xw_fbh/moe_2069/xwfbh_2015n/xwfb_151210/151210_sfcl/201512/t20151210_224178.html.

表 1-2 各级教育毛入学率的调整后性别平等指数

	学前毛入学率	小学毛入学率	中学毛入学率	大学毛入学率
高收入国家	1.00	1.00	1.01	1.27
中高收入国家	1.01	0.99	1.03	1.20
中国	1.01	1.01	1.02-4	1.17

注：性别平等指数（GPI）是在给定指标上女性与男性值的比率。如果女性值大于男性值，调整后性别平等指数（GPIA）=2-1/GPI，这样可以确保 GPIA 在 1 左右对称，且限制在 0-2 范围内。如果 GPIA 的值为 1，则表明男性和女性在该指标上是平等的。该平等指数的解释适用于表 1-3 中的两个平等指数。
数据来源：United Nations Educational, Scientific and Cultural Organization. Migration, displacement and education: Building Bridges, not walls [EB/OL]. https://unesdoc.unesco.org/ark:/48223/pf0000265866/PDF/265866eng.pdf.multi.

---

① 大学毛入学率的调整后性别平等指数若等于 1.20，则代表在该指标上女性值高于男性值；若等于 0.80，则代表在该指标上女性值低于男性值，但前后两者的均衡程度是相同的。我国大学毛入学率的调整后性别平等指数（1.17）小于高收入国家（1.27）和中高收入国家（1.20），这表明我国大学毛入学率的两性平等程度优于高收入国家和中高收入国家。

表 1-3 各级教育分地区／经济差异的调整后平等指数

	地　区			经　济　水　平		
	小学 完成率	初中 完成率	高中 完成率	小学 完成率	初中 完成率	高中 完成率
高收入国家	…	1.00i	0.97i	…	0.99i	0.83i
中高收入国家	0.99i	0.91i	0.71i	0.92i	0.79i	0.43i
中国	0.99–3	0.88–3	0.70–3	0.97–3	0.93–3	0.79–3

注："…"表示数据不可得；"i"表示估计值和／或部分覆盖值；"±n"表示年份浮动，如 -3 即用 2014 年的值代替 2017 年的值。地区指农村 -- 城市（rural-urban）；经济水平指最贫穷的五分之一人口与最富裕的五分之一人口（poorest-richest quintile）。

数据来源：United Nations Educational, Scientific and Cultural Organization. Migration, displacement and education: Building Bridges, not walls［EB/OL］. https://unesdoc.unesco.org/ark:/48223/pf0000265866/PDF/265866eng.pdf.multi.

这一成绩的取得极为不易，是中国政府和人民坚持"再穷不能穷教育，再苦不能苦孩子"，优先发展教育所绘就的历史诗篇。

一、把教育摆在优先发展的地位

要追赶发达国家，加快经济发展，关键是人才，基础是教育。优先发展教育，现代化才能加快实现。1977 年，邓小平重新工作之后不久就自告奋勇地主动要求抓教育。他说："我们要赶上世界先进水平，必须从科学和教育着手。"[1] 面对改革开放以后百废待兴而财政又十分紧张的困难局面，有一种观点曾经很流行，即"经济要上，教育要让"，认为教育是消费性事业，主张优先把财政经费用于发展经济。针对这种观点，邓小平斩钉截铁地指出，"我们要千方百计，在别的方面忍耐一些，甚至牺牲一点速度，把教育问题解决好"[2]，并且批评那些不重视教育的干部"没有远见"。[3]

1992 年 10 月，中国共产党第十四次代表大会第一次明确提出要把教育摆在优先发展的战略地位，并将科教兴国作为国家的基本国策。江泽民在大会的报告中指出："我们必须把教育摆在优先发展的战略地位，努力提高全民族的思想道德和科

---

[1] 关于科学和教育工作的几点意见［G］//何东昌. 中华人民共和国重要教育文献（1976—1990）. 海口：海南出版社，1991：1573.
[2] 中共中央文献编辑委员会. 邓小平文选（第三卷）［M］. 北京：人民出版社，1993：275.
[3] 邓小平. 邓小平文选（第三卷）［M］. 北京：人民出版社，1993：120–121.

学文化水平,这是实现我国现代化的根本大计。"① 2003 年 12 月 19 日,胡锦涛在全国人才工作会议上提出:"当今世界,随着世界多极化、经济全球化趋势的不断发展和科技进步的突飞猛进,各国之间联系日益密切,以经济为基础、科技为先导的综合国力竞争也日益激烈。在知识创新、科技创新、产业创新不断加速的时代条件下,人才资源已成为最重要的战略资源。综合国力竞争说到底就是人才竞争。谁拥有了人才优势,谁就拥有了竞争优势。谁就能把人才优势转化为知识优势、科技优势、产业优势,谁就能赢得竞争的主动权。"2017 年 10 月,习近平在中国共产党第十九次代表大会报告中说:"建设教育强国是中华民族伟大复兴的基础工程,必须把教育事业放在优先位置。"② 充分体现了中国政府在这一政策上的连续性。

1. 经济社会发展规划优先安排教育发展

将教育置于国家经济社会发展规划的重要位置。每隔五年制订一个国家五年发展计划是中国政府管理国家的一个重要方式。从 1986 年《中华人民共和国国民经济和社会发展第七个五年计划》到 2015 年《中共中央关于制定国民经济和社会发展第十三个五年规划的建议》,中国政府始终强调要把教育作为战略要求,放在各项事业中的优先发展位置。

制定专门的教育事业发展规划以及纲领性政策文件。中国除了在国家经济、社会发展的五年计划中列有教育的内容外,还有关于教育事业发展的专门文件,《中共中央关于教育体制改革的决定》(1985 年)、《中国教育改革和发展纲要》(1993 年)、《国家中长期教育改革和发展规划纲要(2010—2020 年)》(2010 年)、《中国教育现代化 2035》(2018 年)等是其中最重要的几个文件,对教育优先发展有更加明确、具体的规定,对教育发展发挥了重要的引领作用。

2. 财政资金优先保障教育投入

确立并实现 4% 的公共财政教育投入目标。改革开放初期,中国经济社会发展水平很低,教育投入严重缺乏。在改革开放最初的 10 多年里,教育经费不增反降,1980 年至 1993 年间,教育总经费占 GDP 的比例由 3.17% 下滑到 2.97%,其中财政教育经费占 GDP 的比例由 2.94% 下降到 2.43%。为了保障教育事业的优先发展,中国政府在 1993 年提出了"国家财政性教育经费占国民生产总值的比例到 2000 年末达到 4%"的目标。此后,中国政府一直为实现这个目标而努力。2012 年,这一比例首次突破 4%,达到 4.28%,并连续 7 年维持在 4% 以上。

---

① 江泽民. 江泽民文选 [M]. 北京:人民出版社,2006:115.
② 习近平. 决胜全面建成小康社会,夺取新时代中国特色社会主义伟大胜利——在中国共产党第十九次全国代表大会上的报告 [N]. 人民日报,2017-10-18.

确定"三个增长"保障教育经费持续增长。为了确保教育经费的稳定增长，1985年《中共中央关于教育体制改革的决定》提出"中央和地方政府的教育拨款的增长要高于财政经常性收入的增长，并使按在校学生人数平均的教育费用逐步增长"，1993年《中国教育改革和发展纲要》进一步指出要"切实保证教师工资和生均公用经费逐年有所增长"，完整构建了中国公共财政教育投入的"三个增长"模式。1978年我国国民生产总值3 678.7亿元，2018年增长到896 915亿元，增长243.8倍，同期我国财政收入从1 132.3亿元增长到183 352亿元，增长161.9倍；而教育财政投入从76.23亿元增长到36 990亿元，增长485.2倍，人均教育经费从7.99元增长到3 307.2元，增长337.8倍。教育优先发展一目了然。

3. 公共资源优先满足教育和人力资源开发需要

为了推动国家及地方发展教育事业，除了大力增加政府拨款外，地方政府还征收教育附加费并首先用于改善教育教学设施；统筹安排学校用地及办学所需物资，实施优惠政策；对教科书及教学用图书资料的出版发行和教学仪器设备的生产、供应，实行优先、优惠政策；图书馆、博物馆、体育馆、文化馆等社会公共文化体育设施，以及历史文化古迹和革命纪念馆，对教师、学生实行优待，为受教育者接受教育提供便利。1995年《中华人民共和国教育法》以立法形式规定了"学校的基本建设纳入城乡建设规划，统筹安排学校的基本建设用地及所需物资，按照国家有关规定实行优先、优惠政策"；2004年，财政部、国家税务总局《关于教育税收政策的通知》进一步明确了学校用地减免税费的范围、幅度等内容。这些政策保证了教育优先发展在物理上和心理上都能够实现。

二、把义务教育作为重中之重

改革开放之初，我国百废待兴，人才严重匮乏，多出人才、快出人才是当时中国的迫切要求，可是"房子、票子、师资"都十分缺乏。在此情况下，教育发展从什么地方着力？这是摆在决策者面前的首要问题。

1986年，新中国第一部基础教育方面的法律《中华人民共和国义务教育法》诞生；1992年，党的十四大提出，把"两基"的实现作为地方各级人民政府教育工作的"重中之重"。"重中之重"从此长期坚持，成为国家的战略部署。从提出、实施义务教育到基本实现义务教育，西方早发国家都用了100年左右的时间，而我国只用了20多年时间。正是因为坚持义务教育重中之重的地位不动摇，才保证了我国各级各类教育的稳步发展，使我国的人类发展指数（Human Development Index，HDI）

2006年9月1日，修订后颁行的《中华人民共和国义务教育法》明确规定"实施义务教育，不收学费、杂费"。（新华社 张锰/摄）

从 1990 年的 0.502 提高到 2017 年的 0.752，从根本上改善了我国人口的学历结构和内在素质。①

2010 年《国家中长期教育改革和发展规划纲要（2010—2020 年）》继续强调"义务教育是教育工作的重中之重"。2018 年 8 月，国务院办公厅印发《关于进一步调整优化结构提高教育经费使用效益的意见》时再次强调"始终坚持把义务教育作为教育投入的重中之重，落实政府责任"。这无疑将进一步巩固义务教育成果，提高义务教育质量。

三、高度重视教师队伍建设

尊师重教是中国的传统。为倡导全社会尊师重教，1985 年国家将每年的 9 月 10 日确立为教师节，明确了公办中小学教师作为国家公职人员特殊的法律地位，努力保障"教师的平均工资水平不低于或者高于国家公务员的平均工资水平，并逐步提高"。② 根据国家统计局数据，2007 年我国教育行业城镇单位就业人员平均工资在 19 个行业大类中排名第 12 位，2017 年这一排名提高到第 7 位。③

2018 年，中共中央、国务院颁布了《关于全面深化新时代教师队伍建设改革的意见》，这是新中国成立以来第一次以党中央名义印发的专门面向教师队伍建设的政策文件，提出了"兴国必先强师"的重要理念，规划了全面提升教师师德素质和专业水平的新战略，为全面深化教师队伍建设改革打造了高位坚实的有力平台，为我国基础教育的快速发展提供了师资数量和质量的双重保障。

四、以信息化促进教育公平

改革开放四十年来，从资源建设到深化应用，从硬件配置到数据革命，中国教育发展借助信息技术，以"宽带网络校校通""优质资源班班通""网络学习空间人人通"这"三通"为抓手，以教育资源公共服务平台、教育管理公平服务平台这"两平台"为载体，不断提高教育信息化水平，带动教育现代化发展水平不断提升。

21 世纪以来，国家将教育信息化的地位提到前所未有的高度。《国家中长期

---

① United Nations Development Programme. Human Development Date (1990—2017)［EB/OL］. http://hdr.undp.org/en/data.
② 中共中央 国务院关于全面深化新时代教师队伍建设改革的意见［EB/OL］. 中国政府网，2018-01-31［2019-07-20］. http://www.gov.cn/xinwen/2018-01/31/content_5262659.htm.
③ 因 2007 年以前中国教育行业的平均工资水平并未单独列支，文中仅采用 2007—2017 年数据进行分析。

教育改革和发展规划纲要（2010—2020年）》提出，"信息技术对教育发展具有革命性影响，必须予以高度重视"。2012年，教育部颁布《教育信息化十年发展规划（2011—2020年）》，通过政策部署所有地区和各级各类学校宽带网络的全面覆盖，实现"校校通宽带，人人可接入"。同年9月，刘延东在全国教育信息化工作电视电话会议上提出重点建设好"三通两平台"。"校校通""班班通""人人通"工程的启动实施，标志着我国基础教育信息化水平从加强基础设施建设、资源共享进入到网络学习空间的建设，对教与学方式的变革更加深入。

第四节　以惠民政策保障教育公平

机会公平是保证每个人受教育权利的前提，但由于先天的和后天的各种原因，部分人群处于发展不利地位，不能正常享受到平等的机会。为此，必须采取特殊政策，对这些人群予以必要的支持和帮助，以使他们能够平等地享有大家都有的机会。

一、倾斜政策

由于城乡之间、地区之间发展不平衡，经费、设备、师资等教育资源配置不均衡一直是制约我国教育公平发展的瓶颈。新中国成立后的较长一段时期内，中国投资的重点都在城市、在东部。城乡差距、东西部差距、校际差距始终是困扰中国教育的难题。为促进教育公平发展，21世纪以来，国家将"合理配置教育资源，向农村、边远贫困地区和民族地区倾斜"作为一项根本措施，大力缩小城乡、区域、校际之间的教育差距。

1. 教育资源向农村倾斜，缩小城乡教育差距

自20世纪90年代开始，我国就开始重视扶持农村和中西部地区的义务教育发展，先后实施"燎原计划""贫困地区义务教育工程"等多个项目，推进义务教育的区域与城乡间均衡发展。进入21世纪后，我国结束了双轨制政策，推进城乡一体化。2004年起，中央财政按照新增教育经费主要用于农村的要求，加大对农村义务教育的投入。2004年至2007年，"两免一补"（即免除学杂费、免费提供教科书并补助寄宿生生活费）的农村义务教育经费保障机制在全国农村地区逐步推开，惠及 1.5 亿农村学生，农村地区适龄儿童"上学难"问题基本得到解决；2003 年至 2007 年，中央和地方共同安排资金 100 亿元，实施农村中小学现代远程教育工程，覆盖 36 万所农村中小学；2006 年启动中西部农村义务教育阶段学校教师特设岗位计划；2015 年实施乡村教师支持计划；2011 年启动农村义务教育学生营养改善计划，2017 年底实现了该计划覆盖所有国家级贫困县的目标，使 3 700 万贫困地区的学子受益。①

2. 教育资源向中西部倾斜，缩小区域教育差距

2004 年，国家正式启动西部地区"两基"攻坚计划，中央安排资金 100 亿元实施西部地区农村寄宿制学校建设工程。十八大以后，党中央强调，小康是全国人民的小康，要求"优化教育资源配置，逐步缩小区域、城乡、校际差距，特别是要加大对革命老区、民族地区、边远地区、贫困地区基础教育的投入力度，保障贫困地区办学经费，健全家庭困难学生资助体系"，进一步加快推进中西部教育发展的步伐。2016 年，国家出台《关于加快中西部教育发展的指导意见》，第一次对中西部教育改革发展进行顶层设计，大力促进中西部地区教育的公平发展。2018 年，中央财政转移支付增加到 3 067 亿元，80% 用于中西部农村和贫困地区，四分之一左右用于集中连片特困地区、民族地区。②

3. 教育资源向薄弱学校倾斜，缩小校际教育差距

2002 年《教育部关于加强基础教育办学管理若干问题的通知》首次提出"积极推进义务教育阶段学校均衡发展"的目标。为了推进学校均衡发展，国家逐步取消了重点学校政策，实施义务教育公办学校标准化建设，加大薄弱学校的改造力度，缩小学校间办学条件的差距。2014 年，义务教育"全面改薄"工程正式启动，到 2018 年底，全国 30.96 万所义务教育学校（含教学点）的办学条件达到"20 条底线"要求，占义务教育学校总数的 99.76%。③ 截至 2018 年底，全国 2 717 个县（市、区）已经通过义务教育均衡发展督导评估，占全国总县数的 92.8%，上海、北京、天津、江苏、浙江等 16 个直辖市和省份实现全市、全省县域义务教育基本均衡。

---

① 农村义务教育学生营养改善计划让 3 700 万学生受益［EB/OL］.中华人民共和国教育部政府门户网站，2018-12-28［2019-03-31］.http://www.moe.gov.cn/jyb_xwfb/xw_fbh/moe_2069/xwfbh_2018n/xwfb_20181228/mtbd/201812/t20181229_365354.html.
② 中央财政教育转移支付 80% 用于中西部农村和贫困地区［EB/OL］.搜狐网，2018-08-28［2019-03-30］.http://www.sohu.com/a/250510104_118392.
③ 教育部发布 2018 年全国教育事业发展基本情况：这张成绩单，有看点［EB/OL］.中华人民共和国教育部政府门户网站，2019-02-27［2019-03-31］.http://www.moe.gov.cn/fbh/live/2019/50340/mtbd/201902/t20190227_371408.html.

二、资助政策

人人享有机会公平是公平的底线，但由于先天缺陷或后天不利处境，部分人群仅靠个人努力难以与他人在同一起跑线上起跑。只有对这些困难人群给予特别支持，才可能使他们获得公平的机会。

1. 贫困生资助政策

国家高度重视家庭经济困难学生的入学问题，早在新中国成立初期就建立了人民助学金制度，后来，资助对象范围不断扩大，资助力度不断加大，实现了"应助尽助"。1999年召开的全国教育工作会议强调要增加"对贫困家庭的教育资助"，2002年党的十六大报告提出要"完善国家资助贫困学生的政策和制度"，2012年党的十八大要求"提高家庭经济困难学生资助水平"。为了不让一个家庭经济困难学生失学，国家通过完善政策，建立起了以政府财政投入为主、学校和社会资金为重要补充的经费筹措机制，形成了政府主导、学校和社会广泛参与的"三位一体"资助格局，打造了世界上覆盖范围最为广泛的资助体系。[①] 这些都在制度上保障了"不让一个学生因家庭经济困难而失学"。

2. 精准帮扶政策

自20世纪末期以来，我国政府先后推行了"燎原计划""春蕾计划""国家贫困地区义务教育工程"等政策，重点支持贫困地区儿童就学、农村地区教育发展。党的十八大以来，党中央做出一系列重大战略部署，全面打响了脱贫攻坚战。基于教育扶贫对提高贫困地区人口素质、促进教育均等化发展等方面的重要意义，教育精准扶贫成为国家实施精准扶贫、加快精准脱贫的关键领域。国务院办公厅及教育部等国务院组成部门先后颁布与实施了"学前教育三年行动计划"、"全面改善贫困地区义务教育薄弱学校基本办学条件"、《乡村教师支持计划（2015—2020年）》、"农村义务教育阶段学生营养改善计划"、《国家贫困地区儿童发展规划（2014—2020年）》等，对准教育最薄弱领域和最贫困群体，有针对性地采取倾斜政策，精准帮扶，分类施策，全面保障，努力实现"幼有所育、学有所教""学有良教、学有优教"，带动我国贫困地区教育事业取得长足进步。

3. 办好特殊教育

保障残疾学生的受教育权利是维护其生存权和发展权的重要体现。21世纪以来，党和国家把发展特殊教育视为改善民生、促进社会和谐的重要内容，2014年，

---

① 刘博超. 我们的资助体系是世界上覆盖范围最广的 [EB/OL]. 搜狐网，2017-09-07(8) [2019-06-04]. http://www.sohu.com/a/190289189_162758.

教育部等 7 部委出台《特殊教育提升计划（2014—2016 年）》，明确提出要扩大残疾儿童少年义务教育规模，发展非义务教育阶段特殊教育，"全面推进全纳教育，使每一个残疾孩子都能接受合适的教育"。2017 年，我国视力、听力、智力三类残疾儿童少年义务教育入学率从 20 世纪 80 年代初的不到 10% 提高到了 90% 以上。[①]

三、对口支援政策

"全面提高普及水平，基本实现区域内教育均衡发展，确保人人都享有更好更公平的教育"，这些政策目标要转化为切实行动，仅依靠贫穷落后地区自身的发展力量是难以在短时期内实现的。立足于中国基本国情和面临的历史任务，我国政府发挥社会主义的制度优势，通过教育结对帮扶的形式，"形成教育发达地区与不发达地区、优质学校与薄弱学校之间相对稳定的共建机制，推动双方交流，共享教育经验与成果，提高落后地区教育质量和效益，逐步缩小区域间教育发展差距"[②]。

20 世纪 90 年代，在包括教育对口支援在内的大规模对口扶贫工作实践的基础上，我国开始探索实施独立的教育对口支援工作。1993 年，《中国教育改革和发展纲要》明确提出："认真组织和落实内地省、市对民族地区教育的对口支援。"2000 年，中共中央办公厅、国务院办公厅联合颁发《关于推动东西部地区学校对口支援工作的通知》，正式将教育对口支援工作提升到国家政策层面，同时确立了教育对口支援政策的基本框架，确立了"北京市支援内蒙古自治区，天津市支援甘肃省，上海市支援云南省，广东省支援广西壮族自治区，江苏省支援陕西省，浙江省支援四川省，山东省支援新疆维吾尔族自治区（包括新疆生产建设兵团），辽宁省支援青海省，福建省支援宁夏回族自治区，大连、青岛、深圳、宁波市支援贵州省"的对口支援关系。各省市间采取学校与学校对口支援的形式，受援学校以义务教育阶段学校为主，集中支援国家及省级贫困县的相对薄弱学校。2001 年，教育部颁布《关于实施"对口支援西部地区高等学校计划"的通知》，启动了高校"对口支援"政策。为进一步加大对口支援力度，2010 年教育部颁发《关于进一步推进对口支援西部地区高等学校工作的意见》，完善了相关制度安排。自高校"对口支援"政策实施以来，我国初步构建起了一个以 98 所支援高校和 74 所受援高校为主体的高校

---

① 教育部将提高我国残疾儿童少年义务教育入学率 [EB/OL]. 央广网，2017-07-29 [2019-06-04]. http://china.cnr.cn/news/20170729/t20170729_523874393.shtml.
② 郑刚. 建立教育对口支援长效机制的政策分析 [J]. 中国教育学刊，2012（7）：17-20.

"对口支援"网络。① 在结对帮扶中，西部受援高校的人才培养、科学研究、学科建设等方面的发展均取得了良好成效。

第五节　以规范管理维护教育公平

坚持规范管理、依法治教是党和国家促进和实施教育公平的根本制度保障。新中国成立，特别是改革开放以来，我国逐步建立健全了教育法制保障并始终坚持将依法保障公民平等受教育权利作为制定与修改教育法律法规的重要原则，同时提出要健全保障教育公平的规则程序，要求各级政府和教育行政部门要在实施重大政策及改革措施前制定实施程序、规则，推进在重大政策与改革举措制定过程中的程序化、科学化和民主化水平。② 各地区从地区实际出发，制定各项招生入学行为的具体规范，为依法管理、依规入学提供依据；各级各类学校都实施了校务公开、财务公开制度和招生考试"阳光工程"的社会公开制度，通过制度建设维护了教育公平。此外，我国建立了国家、区域等层级的教育质量国家标准及其评价体系，形成了评估督导制度，有力地推进了义务教育均衡发展，促进了教育公平。

一、依法治教，为教育公平奠定法律基础

中国始终把公民享有受教育权作为一项基本要求，依法赋予中国公民接受教育的权利并由国家保障实现。

1954 年《中华人民共和国宪法》第九十四条规定："中华人民共和国公民有受教育的权利。国家设立并且逐步扩大各种学校和其他文化教育机关，以保证公民享受这种权利。"1986 年《中华人民共和国义务教育法》第四条规定："国家、社会、学校和家庭依法保障适龄儿童、少年接受义务教育的权利。"1995 年《中华人民共和国教育法》是共和国成立以来的第一部关于教育的母法，其中第九条规定："公民不分民族、种族、性别、职业、财产状况、宗教信仰等，依法享有平等的受教育

---

① 付娟. 我国高校"对口支援"政策：成效、问题与优化策略［J］. 浙江师范大学学报（社会科学版），2018（2）：101–106.
② 袁振国. 加强制度建设　大力促进教育公平［EB/OL］. 中华人民共和国教育部政府门户网站，2012-08-09［2019-04-01］. http://www.moe.gov.cn/jyb_xwfb/s5148/201208/t20120809_140424.html.

机会。"第三十六条规定:"受教育者在入学、升学、就业等方面依法享有平等权利。"2006 年修订的《中华人民共和国义务教育法》进一步规定:"凡具有中华人民共和国国籍的适龄儿童、少年,不分性别、民族、种族、家庭财产状况、宗教信仰等,依法享有平等接受义务教育的权利,并履行接受义务教育的义务。"此外,《中华人民共和国职业教育法》(1996 年)、《中华人民共和国高等教育法》(1998 年)、《中华人民共和国民办教育促进法》(2002 年)以及新修订法律、行政法规、政府规章等,均将保障公民受教育权利、促进教育公平作为教育事业发展的基本行为准则。这些法律条款保障了中国公民享有平等的受教育权利,为我国教育公平的推进和实现提供了根本法制保障,体现了我国教育的社会主义本质。

二、明确各级政府责任,发挥政府主导作用

改革开放以前,中国教育经费采取中央集中统一管理的体制。经过 40 年教育办学体制、管理体制和投资体制的改革,中国逐步形成了义务教育"中央和地方分项目、按比例分担"[①]的经费分担模式。同时,根据《中国教育改革和发展纲要》(1993 年)和《国务院关于基础教育改革与发展的决定》(2001 年)等文件规定,高中教育的办学经费主要由市级以下政府财政负担,省级政府进行统筹规划。高等教育阶段实行"中央、省(自治区、直辖市)、中心城市三级办学体制",中央财政主要负责中央各部委所属高校的经费,地方高等院校的经费需求则主要由地方财政供给。各级教育的财政分级拨款思路明确,各级政府财政支出责任清晰,为全国财政教育投入的持续稳定增长提供了制度保障。

三、建立督导问责制度,保障教育公平切实推进

督导制度是我国教育体制的一个重要组成部分,从督学到督政,涵盖了教育各个层级和各个方面。1986 年以后,全国人大常委会分别就《中华人民共和国义务教育法》《中华人民共和国教育法》的执行情况在全国范围内组织了 6 次大规模教育法律执行情况的执法检查,其中重点对各级政府实施义务教育所需经费落实情况进行了全面审查。同时,为了督促各级政府将教育列入公共财政支出的重点领域并保障政府财政教育支出的落实到位,建立了预决算管理制度、信息公开制度,要求

---

① 国务院关于进一步完善城乡义务教育经费保障机制的通知[EB/OL].中国政府网,2015-11-25[2019-06-05]. http://www.gov.cn/zhengce/content/2015-11/28/content_10357.htm.

各地政府在财政预算中单独列项并报同级人民代表大会批准且向社会公布。每年度国家及各地区的教育经费支出情况，以专门统计报告的形式向社会公开，以便于社会监督教育经费增长的落实情况，这为我国各级政府履行教育投入责任、持续加大财政拨款力度提供了良好的监督管理机制。2016年，我国成立了国家教育督导委员会，建立了全面教育督导制度，义务教育均衡发展就是近期最重要的督导工作之一，开创了以督导保障教育公平的新局面。

教育公平并不是平均主义，更不是否认差异。由于人的先天条件有差异，如智力、性格、能力倾向等方面的差异，人在受教育的过程中有不同的教育要求；由于后天努力不同，人在受教育过程中的期望和取得的成果也不同。没有机会平等，就没有教育公平；没有不同人的选择自由，同样没有教育公平。《国家中长期教育改革和发展规划纲要（2010—2020年）》要求"办好每一所学校，教好每一个学生，不让一个学生因家庭经济困难而失学"，推动教育公平迈上一个新台阶。教育公平的理想状态就是基础公平与自由选择统一。一方面，我们要努力保证机会公平，争取过程公平，确保底线标准，在努力实现公共教育资源平等分享的过程中，必须优先实现的是确立底线公平，实行最低标准保障、最低限度保护，缩小绝对差距、消除边缘化；另一方面，我们要承认差异、尊重差异，为不同人的个性化发展和创新拔尖人才的茁壮成长创造条件，形成各展所长、各美其美的丰富多样的生动局面。

第二章
中国共产党的教育公平观

中国共产党在社会主义革命和建设的实践探索中形成了具有中国特色的马克思主义教育公平观：以发展生产力与改革开放促公平，普遍实现人民群众受教育的权利，不断提高教育公平的层次；重视教育公平作为起点公平的基础作用，以教育公平促进社会公平；把教育公平的实现同人的解放和全面发展结合起来，面向教育现代化，"五育"并举，促进人的全面发展。

2001年1月1日，中国政府向全世界宣布：中国如期实现了基本普及九年义务教育和基本扫除青壮年文盲的战略目标。2011年11月，中国再次宣布：中国全面完成了普及九年义务教育和扫除青壮年文盲的战略任务。[1]据联合国教科文组织统计，世界儿童入学率从80%增加到84%，中国功不可没；从1990年到2005年，世界文盲减少1亿人，其中中国减少9 000万。在9个发展中人口大国中，中国是唯一全面实现九年义务教育的国家，成为推动世界全民教育发展的重要力量。[2]2017年初，中国社会科学院发布的《减少不平等与可持续发展》报告指出，中国为全球可持续发展和减少不平等提供了"样板"，其重要表现之一就是实现了完全意义上的免费义务教育，这是世界教育发展史上伟大的历史性跨越，也是可持续发展的重要基础。[3]中国共产党人实现并发展了马克思、恩格斯在《共产党宣言》中提出的思想："对所有的儿童实行公共的和免费的教育。"[4]

实施公共的、免费的教育，通过教育与生产劳动相结合培养全面发展的人，通过生产力发展和社会制度革命来实现教育公平，是马克思主义关于教育公平理论的主要观点。中国共产党继承、丰富和发展了马克思主义教育公平理论，把普遍实现人民群众受教育权利、以教育公平促进社会公平、实现人的全面发展作为教育公平的三大主题，以改革促公平，以发展促公平，通过新中国成立70年来的理论探索和实践创新，形成了中国共产党人的教育公平观。

第一节　人人享有平等受教育权利

马克思主义认为，受教育权是每个公民都应拥有的一项基本权利，是无产阶级改造社会的一项基本条件。在马克思和恩格斯的设想中，对一切儿童实施公共的、免费的教育是共产主义教育的基本原则，是最为基本的教育权利，是社会公平和教育公平的具体体现。在《共产党宣言》中，马克思明确指出，要以社会教育代替家

---

[1] 翟博，刘华蓉，李曜明，张滢，等.我国全面实现"两基"：书写人类教育史上的奇迹[N].中国教育报，2012-09-09.
[2] 中国教育报."两基"耀中华，丰碑立千秋[EB/OL].中华人民共和国教育部政府门户网站.2012-11-13.[2019-07-04]http://www.moe.gov.cn/jyb_xwfb/moe_2082/s6236/s6688/201211/t20121113_144413.html.
[3] 杨月.报告称中国已完全实现免费义务教育系历史性跨越[N].中国青年网，2017-01-13.[2019-07-04] http://news.youth.cn/gn/201701/t20170113_9036015.htm.
[4] 马克思，恩格斯.马克思恩格斯选集（第1卷）[M].北京：人民出版社，1995：294.

庭教育，对一切儿童实行公共的和免费的教育。在《资本论》中，马克思指出，对所有已满一定年龄的儿童，都要实施生产劳动同智育、体育结合的教育，以培养全面发展的人。①在《法兰西内战》中，马克思指出，对全民实施免费的教育，一切学校对人民免费开放。②马克思认为，这种普遍的受教育权是国家的责任，应该得到法律的保护。马克思说："儿童和少年的权利应当得到保护，他们没有能力保护自己，因此社会有责任保护他们……只有通过国家政权施行的普遍法律才能办到。"③恩格斯更是明确提出，国家应出资对一切儿童毫无例外地实行普遍教育，这种教育对任何人都是一样，一直进行到能够作为社会的独立成员的年龄为止。他认为，每一个人都无可争辩地有权全面发展自己的才能，社会应该通过提供教育来促进个人发展，如果一个社会使人们因为缺乏教育而变得愚昧进而沦为贫穷，就对人犯下了双重的罪过。④

中国共产党从诞生之初就深刻认识到教育的重要性，把争取工农平等的受教育权和争取革命胜利、建设属于广大劳工阶层的社会主义紧密联系在一起。早在1936年，毛泽东就在《中国革命战争的战略问题》重要讲话中明确指出，中国共产党的目标是"全国人民都要有说话的机会，都要有衣穿，有饭吃，有事做，有书读，总之是要各得其所"。⑤

新中国成立后的70年里，党和政府一直坚持实现人民群众受教育权利是社会主义制度的本质要求，是教育公平的根本体现，并根据不同历史阶段的社会主要矛盾，创造性地将马克思主义的立场、观点和方法运用于中国社会的具体改造和教育发展中，最大限度地保障人民群众的受教育权利。

一、建国之初向工农兵开门办学，增加劳动人民受教育的机会

旧中国文盲充斥，各级各类教育极为落后，科学文化水平低下，根本不能满足经济社会发展和人民大众对教育的需求。新中国成立后，教育面临两大任务：一是对旧教育的改造，二是社会主义教育制度的创建。毛泽东提出，新中国的教育是"民族的、科学的、大众的"。当时，工农劳苦民众占了全国人口中的绝大多数，大众的文化就意味着"它应为全民族中百分之九十以上的工农劳苦民众服务，并逐渐

---

① 马克思，恩格斯.马克思恩格斯选集（第2卷）[M].北京：人民出版社，1995：212.
② 马克思，恩格斯.马克思恩格斯选集（第3卷）[M].北京：人民出版社，1995：56.
③ 华东师范大学教育系.马克思恩格斯论教育[M].北京：人民教育出版社，1979：207.
④ 马克思，恩格斯.马克思恩格斯全集（第2卷）[M].北京：人民出版社，1957：614.
⑤ 毛泽东.毛泽东选集：第3卷[M].北京：人民出版社，1991：808.

成为他们的文化"。①1949年9月中国人民政治协商会议通过的《共同纲领》第41条规定:"中华人民共和国的文化教育为新民主主义的,即民族的、科学的、大众的文化教育。人民政府的文化教育工作,应以提高人民文化水平,培养国家建设人才,肃清封建的、买办的、法西斯主义的思想,发展为人民服务的思想为主要任务。"②1954年的《中华人民共和国宪法》(以下简称《宪法》)规定:"中华人民共和国公民有受教育的权利。国家设立并且逐步扩大各种学校和其他文化教育机关,以保证公民享受这种权利。"《共同纲领》和《宪法》鲜明地指出了教育公平即教育为人民大众服务是社会主义教育的本质特征,确定了新中国成立初期发展教育公平的价值导向和指导思想。1949年12月,刚刚诞生的共和国召开了第一次全国教育工作会议,强调了教育必须为工农服务,必须为国家生产建设服务的方针,提出教育工作应是普及与提高相结合,在普及的基础上提高,在提高的指导下普及,并指出在当前和以后相当长的时间内,必须把教育工作的重点放在普及上面。各级各类学校必须向工农敞开大门,接收工农干部和工农子女入学。③

为了切实保障工农子弟优先接受教育,体现社会主义教育的鲜明阶级导向,党和政府从学制、学校、学生、教育体系等方面采取了全方位的措施。④

一是对学制进行改革,方便劳动群众及其子女就学。1951年8月,政务院讨论通过的《关于改革学制的决定》指出:"我国原有学制(即各级各类学校的系统)有许多缺点,其中最重要的,是工人、农民的干部学校和各种补习学校和训练班,在学校系统中没有应有的地位;初等学校修业六年并分为初高两级的办法,使广大的劳动人民子女难于受到完全的初等教育。"⑤通过改革各种不合理的年限与制度,充分地保障全体人民,特别是工农劳动人民和工农干部受教育的权利。

二是向工农开门办学,使一切学校向工农群众敞开大门。为了保证社会主义学校真正向工农群众开门,中共中央和中央人民政府采取了一系列重大举措,包括:大力开展工农业余教育;创办工农干部文化补习学校和工农速成中学;创办社会主义新型大学(中国人民大学是新中国成立后我党创办的第一所新型正规大学,学校设本科、专修科和工农文化补习班,主要招收工农干部和有三年以上工龄的产业工人,以培养国家建设迫切需要的财经、政法、外交等专门人才);对教育体系做出

---

① 毛泽东.毛泽东选集(第2卷)[M].北京:人民出版社,1991:708.
② 何东昌.中华人民共和国重要教育文献(1949—1975)[M].海口:海南出版社,1998:7-8.
③ 毛泽东.毛泽东选集(第2卷)[M].北京:人民出版社,1991:708.
④ 中华人民共和国教育部《中国共产党教育理论与实践》编写组.中国共产党教育理论与实践[M].北京:北京师范大学出版社,2001:31-44.
⑤《中国教育年鉴》编辑部.中国教育年鉴(1949—1981)[Z].北京:中国大百科全书出版社,1984:686.

改革，将工农教育纳入国民教育体系。

三是招生向工农倾斜，增加学生中的工农成分。为了迅速改变工农群众被长期排斥于学校大门之外的状况，教育行政部门采取诸多举措，以增加学生中的工农成分。其主要措施有：在城市里的劳动人民聚居区和工矿区，由政府投资，新建了大量的公立中小学；农村采取"公民补助""民办公助"等形式兴办小学，以方便工农子弟就近入学；举办儿童识字班等，放宽儿童入学年龄，免收学杂费，吸收劳动人民子女的失学儿童入学；在各级各类学校招生时，优先录取工农青年和工农子女，有时还采取降低文化考试录取标准及选送、保送、免试入学等办法，给予工农及其子女照顾；在中等以上学校里设置人民助学金和实行减免费的制度，有的地区还免费发放学校课本和学习用品。由于采取了上述诸多得力措施，各级各类学校的学生成分发生了明显的变化。据统计，1952年在全国小学中，工农成分的学生已占学生总数的80%，1953年，工农子女及其他劳动人民子女在全国普通中学已占学生总数的71%。①

四是创立了一系列特殊的方针政策，大力扶持少数民族教育。第一个五年计划期间的主要任务是培养少数民族干部，同时加强少数民族地区的小学教育和成人业余教育。1956年后，少数民族地区在继续培养政治干部的同时又加强对专业技术干部的培养，建立正规大中专学校并有步骤地开展扫盲运动和普及小学教育。

为了保证人民大众受教育权的实现，为社会主义建设培养更多人才，多快好省地扫除文盲、普及教育，中国共产党在1958年提出了"两条腿走路"发展教育事业的方针："必须采取统一性与多样性相结合，普及与提高相结合，全面规划与地方分权相结合的原则。"② 在全国统一的教育目的下，"办学的形式应该是多样性的，即国家办学与厂矿、企业、农业合作社办学并举，普通教育与职业（技术）教育并举，成人教育与儿童教育并举，全日制学校与半工半读、业余学校并举，学校教育与自学（包括函授学校、广播学校）并举，免费的教育与不免费的教育并举"③。"两条腿走路"发展教育事业的方针适应了我国地域辽阔、人口众多、文化底子薄、经济不发达、区域城乡发展不均衡的国情，迅速改变着中国教育的落后面貌。

新中国成立初期，中国共产党通过向工农开门办学，提高劳动人民受教育机会并且在招生时向劳动人民及其子女倾斜，"两条腿走路"，多种形式办学，切合实际地快速拉动了当时教育公平的水平。20世纪50年代初，全国学龄儿童入学率仅

---

① 《中国教育年鉴》编辑部.中国教育年鉴（1949—1981）[Z].北京：中国大百科全书出版社，1984：338.
②③ 中共中央国务院关于教育工作的指示[J].北京师范大学学报，1958（10）：1–5.

20%左右，1956年发展到62.6%，到1965达到84.7%。[①]实践证明，这些教育方针符合当时历史条件，提高了劳苦大众的受教育机会，保障了人民大众的受教育权利，促进了教育公平。

二、改革开放后以改革发展促公平，提高教育公平的质量

教育公平的水平是由生产力发展水平决定的，没有发达的社会生产力，就不会有高水平的社会公平和教育公平。马克思从来都反对从抽象的从人性的角度来谈论公平，而是从经济基础的角度来认识公平，认为公平"始终只是现存经济关系的或者反映其保守方面、或者反映其革命方面的观念化的神圣化的表现"[②]，"人们所达到的生产力的总和决定着社会状况"[③]。在对当时德国工人党提出的"平等的国民教育"进行批评时，他说："平等的国民教育？他们怎么理解这句话呢？是不是以为在现代社会中（而所谈到的只能是现代社会）教育对一切阶级都可以是平等的呢？或者是要求用强制的方式使上层阶级也降到国民学校这种很低的教育水平，即降到仅仅适合于雇佣工人甚至农民的经济状况的教育水平呢？"[④]脱离生产力发展水平来谈教育公平，显然是不切实际的。

1978年，党的十一届三中全会实现了党和国家工作重心的战略转移，党对教育的地位和作用的认识实现了历史性飞跃。邓小平始终把教育看作全党全社会的大事，反复强调"教育是一个民族的事业""教育是现代化的基础"，要求各级领导要像抓经济工作那样抓好教育工作，并指出忽视教育的领导者，是缺乏远见的、不成熟的领导者，领导不了现代化建设。[⑤]

教育公平在教育现代化水平不断提高的过程中不断得到强调。1985年《中共中央关于教育体制改革的决定》明确提出"今后事情成败的一个重要关键在于人才，而要解决人才问题，就必须使教育事业在经济发展的基础上有一个大的发展"，并且确立了"教育必须为社会主义建设服务，社会主义建设必须依靠教育"的指导思想。1992年，党的十四大第一次提出"必须把教育摆在优先发展的战略地位"。1994年，江泽民在改革开放以来的第二次全国教育工作会议上号召全党同志要认真

---

① 卓晴君. 从儿童入学率20%到实现九年义务教育目标——建国60年教育发展辉煌的重要标志[J]. 中国教育学刊，2009（11）：1-6.
② 马克思，恩格斯. 马克思恩格斯选集（第3卷）[M]. 北京：人民出版社，1995：212.
③ 马克思，恩格斯. 马克思恩格斯选集（第1卷）[M]. 北京：人民出版社，1995：80.
④ 马克思，恩格斯. 马克思恩格斯选集（第3卷）[M]. 北京：人民出版社，1995：316.
⑤ 邓小平. 邓小平论教育[M]. 北京：人民教育出版社，1995：171.

学习邓小平教育理论，要像邓小平那样从战略高度重视教育，促进教育的改革和发展，要切实增加对教育的投入，确保优先发展教育事业。之后，党的十五大、十六大都特别强调要把教育摆在优先发展的战略地位。2007年，胡锦涛在党的十七大报告中提出要优先发展教育，建设人力资源强国。在教育优先发展战略地位逐步确立的过程中，教育在现代化建设中的重要作用和地位日益成为广泛的社会共识，我国各级各类教育得到了极大的改变与发展，为教育公平提供了重要基础。

随着教育事业的巩固与发展，教育公平也被提到了空前的高度，成为党和政府教育事业发展的优先选项。2006年8月，胡锦涛在中央政治局第三十四次集体学习时强调，教育涉及千家万户，惠及子孙后代，是体现发展为了人民、发展依靠人民、发展成果由人民共享的重要方面。保证人民享有接受教育的机会，是党和政府义不容辞的职责，也是促进社会公平正义、构建社会主义和谐社会的客观要求。① 这既是对我国社会主义教育制度性质的深刻总结，也为如何实现教育公平指明了方向。2010年7月，在全国教育工作会议上，胡锦涛深刻指出，教育公平是社会公平的重要基础。坚持教育的公益性和普惠性，把促进公平作为国家基本教育政策，是促进社会公平的重要基础性任务。要坚持在经济社会发展的基础上，以发展促公平，以改革促公平，以政策支持促公平，不断满足广大群众日益增长的多层次、多样化教育需求。教育公平被定位为国家基本教育政策，它昭示着我国教育发展进入到了一个追求公平的历史新阶段。

三、新时代以人民为中心，发展优质均衡的教育

马克思主义是人民的理论，人民性是马克思主义最鲜明的品格。马克思曾说"历史活动是群众的活动"②，指出人民群众是历史的创造者。习近平在纪念马克思诞辰200周年的大会讲话中说："马克思主义第一次站在人民的立场探求人类自由解放的道路，以科学的理论为最终建立一个没有压迫、没有剥削、人人平等、人人自由的理想社会指明了方向。马克思主义之所以具有跨越国度、跨越时代的影响力，就是因为它植根人民之中，指明了依靠人民推动历史前进的人间正道。"③

---

① 胡锦涛：努力办好让人民群众满意的教育［N］.人民网，2006-08-31.［2019-07-04］http://politics.people.com.cn/GB/1024/4761143.html.
② 马克思，恩格斯.马克思恩格斯文集（第1卷）［M］.北京：人民出版社，2009：287.
③ 习近平.在纪念马克思诞辰200周年大会上的讲话［N］.人民日报，2018-05-05.

党的十八大以来，我国的改革开放事业和教育发展进入了一个新的时代。习近平关于教育的重要论述，形成了系统完整的新时代中国特色社会主义教育理论体系，标志着我们党对教育规律的认识达到了新高度，为推进和实现教育公平指明了方向、路径和方法。这一理论体系的核心就是以人民为中心，办人民满意的教育。习近平十分关心人民群众的教育获得感，多次强调教育公平是社会公平的重要基础，必须不断促进教育事业发展成果更多更公平惠及全体人民，努力让每个孩子都享有公平而有质量的教育。这些重要论述，既深刻阐明了我国教育的社会主义性质，又鲜明表达了我国教育的人民立场。2012年11月，新一届中央政治局常委首次集体亮相，习近平以"十个更好"回应人民关切，"更好的教育"排在首位。什么是"更好的教育"？"更好的教育"就是既公平又优质的教育，这指明了教育公平的新内涵。

教育既是国计，也是民生，既是攸关国家发展、民族兴衰的百年大计，也是寄托亿万家庭对美好生活的期盼的民生工程。教育公平首先要补短板，让人民群众享有公平的受教育机会。2013年9月，习近平在联合国"教育第一"全球倡议行动一周年纪念活动上发表视频贺词时指出："努力让每个孩子享有受教育的机会，努力让13亿人民享有更好更公平的教育，获得发展自身、奉献社会、造福人民的能力。"2014年6月，习近平就加快职业教育发展做出重要指示，特别指出："要加大对农村地区、民族地区、贫困地区职业教育支持力度，努力让每个人都有人生出彩的机会。"[1] 站在全面建成小康社会的历史关头，习近平始终强调"教育扶贫""教育公平"的重要性："到2020年全面建成小康社会，最艰巨的任务在贫困地区，我们必须补上这个短板。扶贫必扶智。让贫困地区的孩子们接受良好教育，是扶贫开发的重要任务，也是阻断贫困代际传递的重要途径。"[2]

如果说，补齐短板，不让贫困家庭的孩子输在起跑线上，是教育公平的起点，那么，面向每一个学生，办好每一所学校，让每一个孩子都能享受公平优质的教育，就是教育公平的更高要求，也是亿万群众内心的呼唤。机会公平是起点，不断提高质量是不懈的追求。发展公平而有质量的教育，这是新时代教育公平的新内涵。

---

[1] 习近平就加快发展职业教育作出重要指示 更好支持和帮助职业教育发展 为实现"两个一百年"奋斗目标提供人才保障[N].新华网，2014-06-23.[2019-07-04]http://www.xinhuanet.com/video/2014-06/23/c_126660521.htm.
[2] 习近平给"国培计划（2014）"北京师范大学贵州研修班参训教师回信[N].新华网，2015-09-09.[2019-07-04]http://www.xinhuanet.com/politics/2015-09/09/c_1116512833.htm.

第二节 以教育公平促进社会公平

马克思在《关于费尔巴哈的提纲》中指出,"环境是由人来改变的,而教育者本人一定是受教育的","环境的改变和人的活动或自我改变的一致,只能被看作是并合理地理解为革命的实践"。[①] 这些论述深刻地指出了人与环境、教育与社会之间的辩证关系。受过良好教育的人总是更能推动社会生产力的发展,而社会生产力的发展"为一个更高级的,以每个人的全面而自由的发展为基本原则的社会形式建立现实基础"[②]。

教育公平是社会公平的重要组成部分,是社会公平价值观念在教育领域中的体现;同时,教育公平是社会公平的重要基础,是促进社会公平的重要力量。没有社会公平,就不可能设计和安排出可实现教育公平的制度规则;没有教育公平,也就不可能实现良性的阶层流动和社会公平。中国共产党成立以来,始终不渝地将马克思主义教育基本原理与中国革命和建设的实际情况紧密结合起来,重视教育工作在推动经济发展与社会变革中的作用,发展了马克思主义关于教育与社会关系的理论,明确了教育工作在整个社会发展事业中的先导性、全局性和基础性地位,提出了科教兴国、优先发展教育等重要战略。通过教育公平来促进社会公平,是中国共产党教育公平理念的重要内容和价值追求。

一、教育公平是起点公平,是社会公平的基础

任何一项社会制度的设计与安排都有一个依据和基本出发点,都有基本价值取向与理念,这种基本价值理念在不同时期可能有不同反响,但最能激发起广大人民群众认同的还是公平正义的制度与政策。中国人民从来都对公平公正有着无尽的追求与特殊的认同,对接受教育有着无比的热情。"公平、公正、平等"与"教育、学习、求知"是植根于中国传统文化中的普遍性认知。通过教育获得发展的机会,通过教育公平促进社会公平,不仅是马克思主义教育公平与社会公平理论的重要内容,也是中国人民长久以来的社会理念。中华人民共和国的成立和社会主义制度的建立,为实现社会公正平等和教育发展开辟了广阔的道路,实现作为社会公平起点

---

① 马克思,恩格斯.马克思恩格斯选集(第1卷)[M].北京:人民出版社,1995:55.
② 马克思,恩格斯.马克思恩格斯选集(第2卷)[M].北京:人民出版社,1995:239.

的教育公平，也就由理想成为现实。

中国共产党一贯重视教育公平作为起点公平的重要基础作用，将之作为赋予每个人机会、实现阶层流动的重要工具。新中国是一个广大劳动人民当家做主的社会主义国家，要真正实现劳动人民当家做主，就先要提升劳动人民当家做主的能力，提升能力就要从教育开始。如何真正保障劳动人民及其子女的受教育权，是当时的首要问题。1950 年，时任教育部部长的马叙伦在第一次全国工农教育会议上就指出，"中国英勇、勤劳的工人和农民，创造了中国的历史和文明，但在旧中国，他们却被剥夺了享有文化和教育的权利。工农及其子女向来被排斥在国家教育的门外"，因而"中国人民政府把发展工农教育，培养工农出身的新型知识分子，作为自己的极为重要的任务"。① 为适应工人农民的受教育需求，政府采取各种措施，向工农开门办学，千方百计提高劳动人民及其子女的受教育机会。除了保障最广大劳动群众及其子女的受教育权，党和政府十分注重受教育权的平等问题，注重在教育上打破"特权"和"等级"观念。在延安时期，为了解决中央机关领导子女以及烈士遗孤的养育问题，政府成立了供给制的保育院和机关幼儿园等机构。新中国成立后，这种特殊的制度延续下来，成为干部子弟学校。干部子弟学校由于只招收干部子女，具有明显的特权色彩，引起了人民群众的不满。为此，毛泽东特别批示要取消这种干部学校，他说："干部子弟，第一步应划一待遇，不得再分等级；第二步废除这种贵族学校，与人民子弟合一。"② 从 1956 年开始，各地干部子女小学逐步改为普通小学，交由地方教育行政部门接管。③ 干部子女和普通家庭子女一样，接受一视同仁的教育。

改革开放后，党和国家在新的历史条件下，以高考改革为重大突破点，通过各种教育改革措施，建立起了与社会主义市场经济相适应的，面向人人、面向大众的教育，教育公平迈入一个新的时期。教育公平的关键是机会公平，让每一个孩子无论处于什么样的经济状况、位于中国的什么地方，都能享受到平等的基本的公共教育权利，获得自由而全面发展的机会，是教育公平作为起点公平的意义之所在。因此，党和政府高度重视作为机会公平起点的义务教育，将实现全面的免费义务教育作为重中之重，关注困难地区和弱势群体，补短板，不让一个孩子因为家庭困难而失学，同时采取各种措施，防止教育领域的腐败和不公平现象。通过一段时间的艰苦努力，我国不但实现了真正意义上的全面免费义务教育，还在发展普惠性学前教

---

① 何东昌. 中华人民共和国重要教育文献（1949—1975）[M]. 海口：海南出版社，1998：17-21.
② 中央教育科学研究所. 中华人民共和国教育大事记（1949—1982）[M]. 北京：教育科学出版社，1984：78.
③ 何东昌. 中华人民共和国重要教育文献（1949—1975）[M]. 海口：海南出版社，1998：532.

育，普及高中教育、面向人人的职业教育、特殊儿童的融合教育，建设高等教育的困难学生资助体系等方面都取得了巨大的成就，一个体现社会公平、促进社会公平的教育体系已经建立起来并不断得到完善。

进入新时代，党和政府一以贯之，高度重视教育公平的基础性作用。习近平指出，教育是国之大计、党之大计，要站在社会主义新时代建设全局和国家长治久安的战略高度来谋划教育发展，继续坚持教育先导性、全局性、基础性地位，强调以教育公平促进社会公平。2016年9月，习近平在北京八一学校考察时强调："教育公平是社会公平的重要基础，要不断促进教育发展成果更多更公平惠及全体人民，以教育公平促进社会公平正义。要加强对基础教育的支持力度，办好学前教育，均衡发展九年义务教育，基本普及高中阶段教育。要优化教育资源配置，逐步缩小区域、城乡、校际差距，特别是要加大对革命老区、民族地区、边远地区、贫困地区基础教育的投入力度，保障贫困地区办学经费，健全家庭困难学生资助体系。要推进教育精准脱贫，重点帮助贫困人口子女接受教育，阻断贫困代际传递，让每一个孩子都对自己有信心、对未来有希望。"[1]李克强在国家科技教育领导小组第一次全体会议上表示："持续发展经济、不断改善民生、促进社会公正是本届政府的三大任务，教育公平具有起点公平的意义，是社会公平的重要基础，可以使人们通过自身努力，提升参与平等竞争的能力，这有助于促进社会纵向流动。"[2]

二、立足社会公平，解决教育公平的中国问题

人类社会的公平问题从来都是一个历史的概念，也是一个地域的概念，教育公平也不例外。恩格斯说："平等的观念，无论以资产阶级的形式出现，还是以无产阶级的形式出现，本身都是一种历史的产物，这一观念的形成，需要一定的历史条件，而这种历史条件本身又以长期的以往的历史为前提。所以，这样的平等观念说它是什么都行，就不能说是永恒的真理。"[3]"关于永恒公平的观念不仅因时因地而变，甚至也因人而异。"[4]不同国家、不同地区在不同的发展阶段，教育的发展水平不同，教育公平的实现难度也就不同。中国共产党在马克思主义唯物史观的指导

---

[1] 习近平.全面贯彻落实党的教育方针努力把我国基础教育越办越好[N].新华网，2016-09-09[2019-07-04]http://www.xinhuanet.com/politics/2016-09/01/c_1119542262.htm.
[2] 李克强.教育公平是社会公平的重要基础[N].新华网，2013-08-31[2019-07-04]http://www.xinhuanet.com/politics/2013-08/31/c_117173973.htm.
[3] 马克思，恩格斯.马克思恩格斯选集（第3卷）[M].北京：人民出版社，1995：448.
[4] 马克思，恩格斯.马克思恩格斯选集（第3卷）[M].北京：人民出版社，1995：212.

下，面对中国现实国情，攻坚克难，解决具有中国特色的教育难题，在全国范围内全面推进了教育公平。

地广人多是中国最大的国情，由于历史与自然等原因，各地区的经济社会发展很不均衡，教育发展也很不均衡，主要体现为地区差异和城乡差异，其中最大的短板就是中西部农村地区的教育。1992年，党的十四大提出"到本世纪末，基本普及九年义务教育，基本扫除青壮年文盲"，但到2001年时还有15%"两基"未达标的人口地区。这些地区大多是中西部的"老、少、边、穷"地区，有许多家庭还没有彻底解决温饱问题，无暇顾及子女的义务教育。为了解决短板问题，全面实现普及义务教育的目标，党和政府实施了西部"两基"攻坚计划。2003年底，国家科教领导小组审议通过了《国家西部地区"两基"攻坚计划（2004—2007）》；2004年，教育部、发改委、财政部分别与西部12个省区签署了"两基"攻坚计划责任书，实行一把手负责制，建立起"人民教育政府办"的教育管理体制，并在2006年《中华人民共和国义务教育法》修订法案中明确了义务教育的免费原则。为了不让学生因家庭经济困难而失学，党和政府通过采取"一费制""两免一补"等措施，减轻农民的教育经费负担；为了解决西部农村地区学生上学难的问题，中央投入100亿

2007年，甘肃省甘南藏族自治州夏河县实现"两基"。（中国教育报刊社　王鹰/摄）

元,用于实施农村寄宿制学校建设工程;为了解决边远农村地区师资问题,党和政府启动了"农村义务教育阶段学校教师特设岗位计划",特设专项资金招募高校毕业生到西部"两基"攻坚县农村任教。"两基"攻坚计划充分体现了社会主义国家举国体制的优越性,取得了巨大成效。2007年底,西部地区"两基"计划如期完成,西部地区"两基"人口覆盖率从2003年的77%提高到2007年的98%,青壮年文盲率下降到4%以下,保证了义务教育的全面实现。①

  教育公平问题不仅包括历史疑难问题,也包括随着时代发展出现的新问题。马克思说:"问题就是公开的、无畏的、左右一切个人的时代声音。问题就是时代的口号,是它表现自己精神状态的最实际的呼声。"②习近平也深有感悟地指出,改革是由问题倒逼而产生,又在不断解决问题中而深化。作为一个马克思主义政党,与时俱进是中国共产党的一个重要品质,紧扣时代问题、用发展的眼光和办法去解决问题是中国共产党的一贯思路,也是其先进性所在。这一点也充分体现在中国共产党解决农村农民教育问题的过程中:一是进城务工人员随迁子女的就学问题。这是随着我国经济结构转型和城镇化进程的推进而出现的问题,也是我国教育面临的一大时代难题。为了解决这一难题,保证教育公平,党中央国务院多次发文要求流入地政府做好这一工作,并明确指示流入地政府应采取多种形式,接收农民工子女在当地的全日制公办中小学就读,在入学条件等方面与当地学生一视同仁。2006年重新修订的《中华人民共和国义务教育法》明确规定:"父母或者其他法定监护人在非户籍所在地工作或者居住的适龄儿童、少年,在其父母或者其他法定监护人工作或者居住地接受义务教育的,当地人民政府应当为其提供平等接受义务教育的条件。"二是农村师资问题。相对于城镇学校,农村教育资源匮乏,师资短缺问题严重。政府除了采取设置农村教师特设岗位、农村教师补助等方式,还充分利用现代科技来解决这一问题。2003年9月专门召开了全国农村教育工作会议,下发《国务院关于进一步加强农村教育工作的决定》,明确提出:"实施农村中小学现代远程教育工程,促进城乡优质教育资源共享,提高农村教育质量和效益。"经过5年的努力,现代远程教育工程覆盖了中西部36万所农村中小学,1亿多农村中小学生得以共享优质教育资源。③

---

① 国家"两基"攻坚办.国家西部地区"两基"攻坚计划完成情况[EB/OL].中华人民共和国教育部政府门户网站,2007-11-30[2019-07-04].http://www.moe.gov.cn/jyb_xwfb/xw_fbh/moe_2095/moe_2100/moe_1851/tnull_29182.html.
② 马克思,恩格斯.马克思恩格斯全集(第40卷)[M].北京:人民出版社,1982:289.
③ 网友:农村中小学现代远程教育工程产生的效果怎么样?[EB/OL].中华人民共和国教育部政府门户网站,2008-06-13[2019-07-04].http://www.moe.gov.cn/jyb_hygq/hygq_zczx/moe_1346/moe_2870/tnull_35822.html.

第三节　实现人的全面发展

马克思主义第一次把公平正义的实现同人的解放和全面发展结合起来,阐明了人的发展是社会公平正义的标志,人的自由和全面发展是构筑未来社会公平正义的原则和基石。马克思主义的人的全面发展不是指单个人的发展,而是指所有人的发展。教育公平通过促进所有人的发展,为个体的全面发展开辟道路。在这个意义上,教育不公平最终损害的不是个别人或哪个社会阶层的利益,而是整个社会、所有人的利益。

社会主义要解放生产力、发展生产力,也就意味着人的解放与发展。因为生产力是人改造自然的能力,人是生产力的首要因素。"生产力的发展和人的能力的发展从根本上说是一回事,生产力的发展同时也是人的能力的发展,就是人的发展。发展社会生产力的根本途径是促进'个人生产力'水平的提高;个人的充分发展又作为首要生产力推动'社会生产力'的发展。"[1] 因此,解放生产力、发展生产力也就意味着人的解放和发展,而且只有人的解放和发展才能达到生产力的解放和发展。解放和发展生产力与促进人的全面发展、促进教育公平,在逻辑上是完全一致的。

社会正义与教育公平也是通过人来实现的。一个社会绝大多数人对公平正义的理解,决定了这个社会教育公平的诉求。所以,教育到底应该培养什么样的人,是一切教育工作必须首先解决的基本问题,也是人类社会长久以来探索的问题。早在中国的春秋时期,孔子就提出要培养"志于道"的"士","道"被儒家阐释为"在明明德,在亲民,在止于至善"的完美人格修养。在古希腊,亚里士多德曾提出培养"体、智、德"和谐发展、"真、善、美"三位一体的"完善的人",这一思想被十八九世纪的一些资产阶级教育家以及空想社会主义者继承和发展。马克思和恩格斯在前人的基础上,进一步明确提出理想社会的教育目的应该是培养全面发展的人。[2]

马克思深刻认识到工业化时代资本主义机器大生产和劳动分工带来的人的异化问题。他指出:"由于推广机器和分工,无产者的劳动已经失去了任何独立的性质,

---

[1] 袁贵仁.马克思的人学思想[M].北京:北京师范大学出版社,1996:292.
[2] 中华人民共和国教育部《中国共产党教育理论与实践》编写组.中国共产党教育理论与实践[M].北京:北京师范大学出版社,2001:128.

因而对工人也失去了任何吸引力。工人变成了机器的单纯的附属品，要求他做的只是极其简单、极其单调和极容易学会的操作。"①这种资本主义生产方式使人成为机器的附庸、资本的奴隶，被固定在某种狭小的生产方式上，越来越失去自由。显然，不能解决异化问题的教育，不可能是真正公平、平等的教育，因此马克思提出要摆脱这种异化现象，追求人自由而全面的发展。要实现人自由而全面的发展，就要通过教育来充分发挥人的主体性。马克思、恩格斯认为，劳动既具有社会性，也具有科学性，同时又是一般的劳动，劳动者不是用一定方式刻板训练出来的自然力，而是一个主体，这种主体不是以纯粹自然形成的形式出现在生产过程中，而是作为支配一切自然力的那种互动出现在生产过程中。②在此基础上，他们提出了劳动与教育相结合的未来教育形式，认为"从工厂制度中萌发出了未来教育的幼芽，未来教育对所有已满一定年龄的儿童来说，就是生产劳动同智育和体育相结合，它不仅是提高社会生产的一种方法，而且是造就全面发展的人的唯一方法"③。因此，马克思主义关于人的全面自由发展的内涵，包括智力和体力的统一、生存和发展的统一，不仅意味着一个人的身心、精神、才能、个性能得到全面而丰富的发展，而且是每个社会成员都能得到自由、充分的发展。这种教育给每一个人提供全面发展和表现自己全部才能的机会，是教育公平的最高形式，是解放全人类的手段。

一、实现人的全面发展，才有全面发展的教育公平

马克思、恩格斯认为，人的全面发展就是"人以一种全面的方式，就是说，作为一个总体的人，占有自己的全面的本质"④，未来社会"将是这样一个联合体，在那里，每个人的自由发展是一切人的自由发展的条件"⑤。中国共产党全面继承了马克思关于人的全面发展学说，将之作为指导中国共产党发展教育的世界观和方法论武器。新中国一成立，中国共产党就提出要培养全面发展的人。1957年2月，毛泽东在《关于正确处理人民内部矛盾的问题》中提出："我们的教育方针，应该使受教育者在德育、智育、体育几方面都得到发展，成为有社会主义觉悟的有文化的劳动者。"⑥1985年，邓小平从建设中国特色社会主义的实际出发，明确提出了培

---

① 马克思，恩格斯.马克思恩格斯选集（第1卷）[M].北京：人民出版社，1995：278-279.
② 马克思，恩格斯.马克思恩格斯全集（第46卷下册）[M].北京：人民出版社，1980：113.
③ 马克思，恩格斯.马克思恩格斯全集（第23卷）[M].北京：人民出版社，1972：530.
④ 马克思.1844年经济学哲学手稿[M].北京：人民出版社，2000：85.
⑤ 马克思，恩格斯.马克思恩格斯选集（第1卷）[M].北京：人民出版社，1995：294.
⑥ 毛泽东同志论教育工作[M].北京：人民教育出版社.1992：258.

养"有理想、有道德、有文化、有纪律"的"四有"新人的思想。江泽民进一步把培养"四有"新人作为中国特色社会主义文化建设的一个重要任务，认为正确引导和帮助青少年健康成长，使他们能够德、智、体、美全面发展，是一个关系到我国教育发展方向的重大问题。他把实现人的全面发展与社会主义全面建设紧密联系起来，指出："推进人的全面发展，同推进经济、文化的发展和改善人民物质文化生活，是互为前提和基础的。"① 胡锦涛高度关切以人为本、全面发展的问题，他指出，"坚持以人为本、全面实施素质教育是教育改革和发展的战略主题，是贯彻党的教育方针的时代要求，核心是解决好培养什么人、怎样培养人的重大问题，重点是面向全体学生、促进学生全面发展，着力提高学生服务国家服务人民的社会责任感、勇于探索的创新精神、善于解决问题的实践能力"②，强调要把人人可以成才的观念贯穿教育全过程、贯穿社会各行各业。习近平在 2018 年全国教育大会上提出："要努力构建德智体美劳全面培养的教育体系，形成更高水平的人才培养体系。要把立德树人融入思想道德教育、文化知识教育、社会实践教育各环节，贯穿基础教育、职业教育、高等教育各领域，学科体系、教学体系、教材体系、管理体系要围绕这个目标来设计，教师要围绕这个目标来教，学生要围绕这个目标来学。"③ 在 2019 年纪念五四运动 100 周年大会上的讲话中，他强调要"把青年一代培养造就成德智体美劳全面发展的社会主义建设者和接班人"④。社会主义的建设者和接班人，是对社会主义核心价值有高度体认的人，是对构建人类命运共同体有高度体认的人；这样的人，在崇尚公平正义、共同发展的环境中培养和成长，也有决心和能力在未来将社会主义事业不断推进到新的层次，将人类社会对公平正义的定义不断推进到新的层次，将教育公平不断推进到新的层次。

二、德、智、体、美、劳五育并举，培养全面发展的人

培养全面发展的人，需要什么样的教育？马克思、恩格斯认为，"就个人自身来考察个人，个人就是受分工支配的，分工使他变成片面的人，使他畸形发展，使

---

① 江泽民. 在庆祝中国共产党成立八十周年大会上的讲话 [N]. 人民日报，2001–07–02.
② 胡锦涛. 推动教育发展须坚持以人为本 [N]. 人民日报，2010–09–09.
③ 习近平在全国教育大会上强调坚持中国特色社会主义教育发展道路，培养德智体美劳全面发展的社会主义建设者和接班人 [N]. 新华网，2018–09–10 [2019–07–04] http://www.xinhuanet.com/video/2018–09/10/c_129950774.htm.
④ 习近平. 在纪念五四运动 100 周年大会上的讲话 [N]. 新华网，2019–04–30 [2019–07–04] http://www.xinhuanet.com/politics/leaders/2019–04/30/c_1124436427.htm.

他受到限制"①。社会分工把人变成了片面的人，因为分工使个人只能活动于特定范围，只能牺牲其他一切特性而单方面地发展某种特性。因此，能够让人得到全面发展的教育，一定不是偏颇的、狭隘的、局限于某方面的教育。立足于当时的年代，马克思提出："我们把教育理解为以下三件事。第一：智育。第二：体育，即体育学校和军事训练所教授的那种东西。第三：技术教育，这种教育要使儿童和少年了解生产各个过程的基本原理，同时使他们获得运用各种生产的最简单的工具的技能。对儿童和少年工人应当按不同年龄循序渐进授以智育、体育和综合技术教育课程。"②根据马克思主义教育原理，中国共产党确立了以育人为本，促进人的全面发展的教育工作方针。具体说来，就是德、智、体、美、劳五育并举，多方面、全方位地提高人的素质，开发人的潜能，促进人的全面发展。

五育中，德育是人的全面发展的灵魂，智育是促进人的全面发展的基础，体育是促进人的全面发展的基本前提，美育是促进人的全面发展不可缺少的组成部分，劳动教育是促进人的全面发展的重要途径。③这五者尽管内容不同，但相互依存、相互制约、互为条件、不可分割。在过去的 70 年里，中国共产党关于五育并举，已经形成了成熟的思想，有了成功的实践。

实施素质教育，是中国共产党为落实五育并举、实现人的全面发展而采取的一项战略性重要举措。素质教育就是提高全体受教育者综合素质的教育，它以促进人、社会、自然的和谐发展为价值取向，以造就"有理想、有道德、有文化、有纪律"的、德智体美劳全面发展的社会主义事业建设者和接班人为目标。它强调人的全面发展，强调人的创造性，充分注重人的本质和潜能，反对把教育当作一种片面的功利主义的工具。素质教育的提出具有强烈的现实性和针对性。

1978 年恢复高等学校招生考试后，数以千万计的青少年渴望上大学，但高等教育资源供给能力严重不足，高考成了"千军万马过独木桥"。为了增强高考竞争力，学校、学生和家长采取"分数战术""题海战术"，有损学生创造力和全面发展的"应试教育"成为普遍现象。为了纠正这种教育偏差，素质教育这一理念在教育实践中产生，并演化为一股巨大的教育创新思潮。④这一教育理念要求把德智体美劳等有机地统一在教育活动的各个环节中。学校教育不仅要抓好智育，更要重视德

---

① 马克思，恩格斯.马克思恩格斯全集（第 3 卷）[M].北京：人民出版社，1960：514.
② 马克思，恩格斯.马克思恩格斯全集（第 16 卷）[M].北京：人民出版社，1964：218.
③ 中华人民共和国教育部《中国共产党教育理论与实践》编写组.中国共产党教育理论与实践[M].北京：北京师范大学出版社，2001：135-141.
④ 改革开放 30 年中国教育改革与发展课题组.教育大国的崛起 1978-2008[M].北京：教育科学出版社，2008：271.

育，还要加强体育、美育、劳动技术教育和社会实践，使诸方面教育相互渗透、协调发展，促进学生的全面发展和健康成长。为了全面推进素质教育，进一步提高国民素质，1999年中共中央国务院发布了《关于深化教育改革全面推进素质教育的决定》，明确要通过推进素质教育来培养适应21世纪现代化建设需要的社会主义新人，明确提出素质教育"要坚持面向全体学生，为学生的全面发展创造相应的条件，依法保障适龄儿童和青少年学习的基本权利，尊重学生身心发展特点和教育规律，使学生生动活泼、积极主动地得到发展"，提出实施素质教育"应当贯穿于幼儿教育、中小学教育、职业教育、成人教育、高等教育等各级各类教育，应当贯穿于学校教育、家庭教育和社会教育等各个方面"。面向全体学生、为了学生的全面发展、贯穿人才培养的全过程，这三个"全"充分体现了党和政府全面推进素质教育的理念、思路、方法和决心，推动素质教育进入了一个新的阶段。全面推进素质教育，是我国教育事业的一场深刻变革，是教育思想和人才培养模式的重大进步。

教育思想总是在解决重大问题的过程中前行和发展。素质教育以现代化的创新理念、生动活泼的多元形式，全面推动了五育并举，促进了学生的全面发展，因此被认为是"中国改革开放时期社会主义教育实践探索中形成的中国化的教育新理念、新制度、新实践，是中国教育界对马克思主义有关'全面而自由的发展'观点的发展"[①]。

三、面向教育现代化，促进人的全面发展

2019年颁布的文件《中国教育现代化2035》提出了推进教育现代化的八大基本理念：更加注重以德为先，更加注重全面发展，更加注重面向人人，更加注重终身学习，更加注重因材施教，更加注重知行合一，更加注重融合发展，更加注重共建共享。这八大基本理念是对改革开放以来中国共产党教育发展理念和实践的继承与总结，也是中国教育未来发展的指导思想。人类社会已经进入一个知识经济和全球化的时代，国力竞争日趋激烈。中国作为一个后发国家，要尽快提高现代化水平，才能真正赶上发达国家。在这个现代化的进程当中，无论是改革开放之初提出的实现"四个现代化"，还是后来提出的构建社会主义和谐社会、实现中华民族伟大复兴"中国梦"，都与教育现代化密切相关。教育既要着眼于提高整个民族的科学文化素质，使国民经济发展从整体上转到依靠科技进步和提高劳动者素质的轨道

---

① 改革开放30年中国教育改革与发展课题组.教育大国的崛起1978-2008[M].北京：教育科学出版社，2008：273.

上来，提高整个国民经济的知识含量；又要努力培养一大批拔尖创新人才，追赶世界先进水平，为在世界尖端技术和高新技术产业中占有一席之地提供人才保障。[①] 加快教育现代化，就要更加注重人才培养。人不仅是发展的手段，更是发展的目的。要实现教育现代化，首先就要实现人的现代化，要更加注重面向现代化培养全面发展的人；要在现代社会实现人的全面发展，也需要建立在教育现代化的基础上。因此，《中国教育现代化2035》提出，到2035年，"要建成服务全民终身学习的现代教育体系、普及有质量的学前教育、实现优质均衡的义务教育、全面普及高中阶段教育、职业教育服务能力显著提升、高等教育竞争力明显提升、残疾儿童少年享有适合的教育、形成全社会共同参与的教育治理新格局"。

教育现代化将为教育公平和人的全面发展提供更好的条件，也将对教育公平和人的培养提出更高的要求。面向教育现代化，德智体美劳五育并举是中国共产党推进人的全面发展的重要途径；实现人的全面发展，是中国共产党推进教育公平的最终目的。今天所追求的教育公平已经不再是简单的教育普及与低水平公平，而是通过经济社会发展和教育自身变革来实现的更高水平的公平——实现全面发展，因材施教，人人受教，人人出彩。

---

① 中华人民共和国教育部《中国共产党教育理论与实践》编写组. 中国共产党教育理论与实践[M]. 北京：北京师范大学出版社，2001：135-141.

第三章
把教育公平作为国家基本教育政策

面对"穷国办大教育"的现实国情,中国坚持把促进公平作为国家基本教育政策,先后经历了从新中国成立初期面向工农大众、使人人享有平等受教育权利,到改革开放之后公平与效率并重,再到21世纪以来更加注重教育公平三个阶段,把保障公民依法享有受教育权利作为基本要求,把保障受教育者平等的受教育机会作为关键,把促进义务教育均衡发展和扶持困难群体作为重点,把优化教育资源配置作为根本措施,不断强化政府的主要责任,使全社会共同促进教育公平。

1999 年，中国上映了一部电影《一个都不能少》，讲述了 20 世纪 80 年代发生在河北一所落后的农村小学——水泉小学的故事。

水泉小学唯一的老师要回家看望病重的母亲，村长从邻村找来只有十三四岁的农村少女魏敏芝来代课。水泉小学的学生流失严重，只剩 28 人。请假老师临走时再三叮嘱魏敏芝，一定要把学生看住，一个都不能少。魏敏芝虽然自己还是个孩子，但是为了"一个学生都不能少"的承诺，她每天清点人数，守在教室门口，不到时间不让学生走。影片《一个都不能少》真实反映了当时农村落后地区的教育状况，揭示了贫困地区失学孩子对于知识的渴求以及求学的艰难与决心。

新中国成立 70 年来，尤其是改革开放 40 年来，中国政府面对人口多、底子薄、发展极不平衡的教育现状，坚持教育公平发展，把教育公平作为国家基本教育政策，筚路蓝缕，团结奋斗，从"一个都不能少"保障底线公平，到"让每个孩子都享有人生出彩的机会"，展开了我国教育公平发展的壮阔历程。

第一节　教育公平国家政策的形成历程

新中国成立 70 年来，中国政府对于教育公平矢志不渝，从面向工农大众到人人享有平等受教育权利，从"效率优先、兼顾公平"到"均衡发展"，再到 21 世纪上升成为国家基本教育政策。教育公平国家政策的形成与演进历程，是党和国家对教育公平科学认识的战略深化，更是党和国家对教育公平政策实践的制度承诺。

一、新中国成立初期：从面向工农大众到人人享有平等受教育权利

1949 年 10 月，中华人民共和国成立，中国翻开崭新的历史篇章。毛泽东在第一届中国人民政治协商会议第一次全体会议上致开幕词时明确指出："随着经济建设的高潮的到来，不可避免地将要出现一个文化建设的高潮。中国人被认为不文明的时代已经过去了，我们将以一个具有高度文化的民族出现于世界。"[①] 教育是新中国文化建设的重要组成部分，在国家任务从革命战争转向经济建设的过程中，首先

---

① 中共中央文献研究室. 毛泽东文集（第 5 卷）[M]. 北京：人民出版社，1996：345.

面临着"发展什么教育"以及"如何发展教育"的根本问题。

1. 发展为工农大众服务的教育

新中国成立前夕，中国人民政治协商会议通过了《中国人民政治协商会议共同纲领》，明确提出："中华人民共和国的文化教育为新民主主义的，即民族的、科学的、大众的文化教育。人民政府的文化教育工作，应以提高人民文化水平，培养国家建设人才，肃清封建的、买办的、法西斯主义的思想，发展为人民服务的思想为主要任务。""大众的"教育即为工农服务的教育。毛泽东早在1940年的《新民主主义论》中就做了深入论述：新民主主义教育是大众的，因而即是民主的。它应为全民族中百分之九十以上的工农劳苦民众服务，并逐渐成为他们的文化。1950年，时任教育部副部长的钱俊瑞在《人民教育》杂志创刊号发表了《当前教育建设的方针》一文，系统阐述了教育为工农服务的方针，指出："工农是国家的主体，而且在现阶段工农又最缺乏文化。因此我们必须首先用主要的力量给工农以教育。根子扎稳了，树叶才会长得茂盛。工农的基础打开了，别的民主阶级也跟着受到根本的和长远的好处。"[①]

如何发展面向工农的大众教育呢？新中国成立初期，政府颁布各类政策，推进与保障面向工农的大众教育。其一，各级各类学校向工农及其子女敞开大门，扩大工农接受教育的机会。其二，改革学制，从制度上保障工农接受教育的机会。其三，举办工农速成学校和工农干部文化补习学校，大力开展工农群众业余教育。其四，推行识字教育，逐步在全国范围内扫除文盲。

新中国服务工农的教育方针，有力地保障与扩大了工农群众受教育的机会。据统计，1954年全国小学中工农成分的学生占82%，在普通中学中工农成分的学生达60%以上，1958年，工农家庭出身和本人是工农成分的高校新生占新生总数的55.28%。[②]1954年，在职工中扫除文盲130万人，在城市劳动人民中扫除文盲36万余人，在农村中扫除文盲850多万人，职工业余中小学生在校人数290多万人，农民参加业余学校学习的有2 330多万人。[③]从1954年到1965年，我国扫除文盲9 571.3万人，中国的文盲率从解放初期的80%下降到了52%。[④]许多摆脱了文盲状态的农民高兴地说："土地回了家，文化翻了身。"

据《人民教育》报道，吉林榆树县正义村的党支部书记张立珍从1950年开始

---

① 钱俊瑞. 当前教育建设的方针[J]. 人民教育，1950（1）：12.
② 毛礼锐，沈灌群. 中国教育通史（第六卷）[M]. 济南：山东教育出版社，1988：54.
③ 毛礼锐，沈灌群. 中国教育通史（第六卷）[M]. 济南：山东教育出版社，1988：56.
④ 高书国. 中国扫盲工作的成就与经验[J]. 基础教育参考，2014（7）：13.

一直致力于推动农村教育工作。到北京参加全国工农教育会议后,他一回到村子里,便开始对民校工作进行改革,决定让文化学习灵活地围绕生产进行,能集中的便在民校学习,集中困难的便分散学习,平常集中学习,农忙时分散学习,平常学习功课,农忙时着重复习,在一年地里最忙的几段时间,便把学习暂且放一放。为了适应大家不同的情况,除了民校集中学习以外,他还组织了地头小组、夫妻小组、妯娌小组,并运用识字牌、看图识字等多种多样的方法,让村民进行学习。经过几年的发展,在张立珍的支持和推动下,正义村的教育工作有了很大进展。在1950年初,全村799个青壮年农民中,认识1 000个字的只有22人,认识400字以上的只有66人,认识400字以下的有710人。到了1954年,已经有140人认识1 500字,达到了扫盲标准。[①]

2. 人人享有平等受教育权利

1978年12月,党的十一届三中全会做出了将全党工作重心转移到社会主义现代化建设上来的战略决策。党的十二届三中全会做出了经济体制改革的决定。伴随着经济体制改革的探索与推进,我国开始进入到一个以平等权利为基础的市场经济新阶段。在教育领域中,我国的教育公平政策和实践逐渐废除了"文革"期间的政治身份限制,更加强调作为公民的个体都应该平等地享有受教育的机会与权利。

1978年通过的《中华人民共和国宪法》第五十一条明确规定:"公民有受教育的权利。国家逐步增加各种类型的学校和其他文化教育设施,普及教育,以保证公民享受这种权利。"1982年修订颁布的《中华人民共和国宪法》则提出"中华人民共和国公民有受教育的权利和义务"。

此后,1986年国家颁发了《中华人民共和国义务教育法》,其中第四条规定:"国家、社会、学校和家庭依法保障适龄儿童、少年接受义务教育的权利。"《中华人民共和国义务教育法》首次从法律上保障了适龄儿童、少年在义务教育阶段的受教育权利。1995年颁布的《中华人民共和国教育法》第九条规定:"中华人民共和国公民有受教育的权利和义务。公民不分民族、种族、性别、职业、财产状况、宗教信仰等,依法享有平等的受教育机会。"第三十六条规定:"受教育者在入学、升学、就业等方面依法享有平等权利。学校和有关行政部门应当按照国家有关规定,保障女子在入学、升学、就业、授予学位、派出留学等方面享有同男子平等的权利。"

遵循宪法精神,我国建立起了多个层级的教育法律体系,从根本上保障了受教

[①] 林青.吉林榆树县正义村的农民业余文化与文化学习——模范农民业余教育工作者张立珍访问记[J].人民教育,1955(8):54–55.

育者的权益，中国进入到人人享有平等受教育权利的教育公平新阶段。

二、改革开放之后：从"效率优先、兼顾公平"到"均衡发展"

改革开放初期，中国百废待兴，人才严重匮乏，多出人才、快出人才是当时中国发展的迫切要求。在此背景下，教育改革与发展实施了"效率优先、兼顾公平"，通过教育示范、重点发展带动教育全面发展的策略。一方面，为了能够在较短时间内培养大量的各级各类建设人才，鼓励重点学校优先发展、城市教育优先发展和经济发达地区教育优先发展；另一方面，打破了"文革"期间的政治与身份限制，确保了法律面前人人平等的受教育的权利与机会。国家通过颁布《中华人民共和国义务教育法》《中华人民共和国教育法》等一系列教育法律规章，保障了个体平等的受教育权利；同时，通过恢复高考制度，确立了分数面前人人平等的考试招生制度，自愿报名、择优录取的考试制度保障了受教育的平等权利。

"效率优先、兼顾公平"的教育改革与发展政策较好地满足了国家经济与社会发展对于各级各类人才的需要。但是，在"效率优先"的政策取向下，重点学校与普通学校之间、城市与乡村之间、经济发达地区与中西部地区之间的教育差距有所拉大。以城乡生均教育经费为例，"转型期中国重大教育政策案例研究课题组"的研究表明，1996年，城镇小学生均教育经费为844元，农村为466元，城镇是农村的1.81倍，城镇初中生均教育经费为1 374元，农村为863元，城镇是农村的1.59倍。而到了2001年，城镇小学生均教育经费为1 484元，农村为798元，城镇是农村的1.86倍，城镇初中生均教育经费为1955元，农村为1 014元，城镇是农村的1.93倍。[①] 教育差距持续拉大，成为社会关注热点。

面对这一状况，中共中央明确提出了构建社会主义和谐社会的战略决策。2004年9月，党的十六届四中全会通过的《中共中央关于加强党的执政能力建设的决定》提出："要适应我国社会的深刻变化，把和谐社会建设摆在重要位置，注重激发社会活力，促进社会公平和正义，增强全社会的法律意识和诚信意识，维护社会安定团结。"社会公平和正义被摆在了建设和谐社会的突出位置。

在此背景下，缩小教育差距，促进教育均衡发展成为重要政策内容。2001年，国务院颁布《关于基础教育改革与发展的决定》，直面我国"农村义务教育量大面

[①] 转型期中国重大教育政策案例研究课题组.缩小差距：中国教育政策的重大使命[M].北京：人民教育出版社，2005：8.

广、基础薄弱、任务重、难度大"的现实问题，明确提出"坚持基础教育优先发展""完善管理体制，保障经费投入，推进农村义务教育持续健康发展""中央和省级人民政府要通过转移支付，加大对贫困地区和少数民族地区义务教育的扶持力度。省级和地（市）级人民政府要加强教育统筹规划，搞好组织协调，在安排对下级转移支付资金时要保证农村义务教育发展的需要"。该决定吹响了新世纪促进教育均衡发展的号角。2002年5月，在主题为"促进基础教育均衡发展"的第三届全国基础教育论坛上，时任教育部副部长的王湛做了题为《深入贯彻〈国务院关于基础教育改革与发展的决定〉，努力促进基础教育均衡发展》的报告，明确提出"均衡发展是基础教育的本质要求，也是社会主义教育事业的本质要求"。2003年，在河北召开的全国基础教育工作会议进一步强调指出，要坚持基础教育积极、均衡、持续、协调发展。

2005年，教育部颁布《关于进一步推进义务教育均衡发展的若干意见》，首次以"均衡发展"为主题推进义务教育发展，要求逐步缩小学校办学条件的差距，加强农村学校和城镇薄弱学校师资队伍建设，努力提高每一所学校的教育教学质量，切实保障弱势群体学生接受义务教育。

在此期间，《国务院关于进一步加强农村教育工作的决定》进一步明确了农村教育在全面建设小康社会中的重要地位，把农村教育作为教育工作的重中之重。国家先后组织实施了西部"两基"攻坚计划、"农村中小学现代远程教育工程"、"两免一补"政策等，有力地促进了我国区域之间、城乡之间基础教育的均衡发展。

从"效率优先、兼顾公平"到"均衡发展"，我国教育改革与发展的价值取向实现了转型升级，从以发展促公平进入到了以改革促公平的新阶段。

三、21世纪以来：正式提出把教育公平作为国家基本教育政策

进入21世纪以来，教育改革与发展强调"均衡发展"，基础教育均衡协调发展不断推进。《国家教育督导报告2005》显示，2000—2004年，政府对农村义务教育投入的增长率明显高于城市，绝大多数省份生均拨款的城乡之比不断缩小，各地区义务教育学校办学条件进一步改善，农村校舍增加较快，大部分省份生均校舍面积城乡基本相近，中小学校现代教育技术装备水平的城乡差距也不断缩小。[①]

---

① 我国义务教育正向均衡发展方向迈进［EB/OL］.中华人民共和国教育部政府门户网站，2006-02-23［2019-06-08］.http://www.moe.gov.cn/jyb_xwfb/gzdt_gzdt/moe_1485/tnull_14005.html.

2004年，胡锦涛在党的十六届四中全会上提出了"两个趋向"的重要论断："纵观一些工业化国家发展的历程，在工业化初始阶段，农业支持工业、为工业提供积累是带有普遍性的趋向；但在工业化达到相当程度以后，工业反哺农业、城市支持农村，实现工业与农业、城市与农村协调发展，也是带有普遍性的趋向。"在同年12月的中央经济工作会议上，胡锦涛进一步指出，我国现在总体上已到了"以工促农、以城带乡"的发展新阶段。"城市支持农村、工业反哺农业"的新阶段，为"均衡发展"教育政策的进一步深化升级奠定了重要的经济与社会基础。

2007年8月31日，胡锦涛在全国优秀教师代表座谈会上首次提出"要把促进教育公平作为国家基本教育政策"，不断满足人民日益增长的教育需求。此后，这一政策被不断写进党和政府的文件。《国家中长期教育改革和发展规划纲要（2010—2020年）》（以下简称《教育发展规划》）对这一政策给予了全面阐释和工作部署。从"均衡发展"到"把促进教育公平作为国家基本教育政策"，是从具体教育政策到国家基本教育政策的升级深化，更是将教育公平作为首要原则与主导思想贯穿于我国教育改革与发展的全过程之中。

2008年9月1日，一个被历史铭记的日子，在这一天，中国实现了城乡义务教育全部免费；2011年，国家实现全面普及九年义务教育；2014年，义务教育巩固率提高到92.6%，教育均衡发展得到全面推进。教育均衡发展的各项措施切实保障了学龄青少年的基本受教育权利。

随着我国经济社会发展水平和教育普及水平的不断提高，"有学上"的矛盾基本解决，"上好学"逐渐成为社会的主要关切。这也就意味着，在实现教育的初步均衡后，促进教育优质均衡发展成为教育事业改革的新任务。

《教育发展规划》明确提出，要把提高质量作为教育改革发展的核心任务。2016年，李克强在政府工作报告中提出要"发展更高质量更加公平的教育"。2017年，习近平在党的十九大报告中明确提出中国特色社会主义进入了新时代，社会的主要矛盾发生了重大变化，从过去"人民日益增长的物质文化需要同落后的社会生产之间的矛盾"，转化为"人民日益增长的美好生活需要和不平衡不充分的发展之间的矛盾"。在党的十九大报告中，习近平强调指出，要"优先发展教育事业"，"努力让每个孩子都能享有公平而有质量的教育"。2018年9月，习近平在全国教育大会上再次强调，要坚持我国教育现代化的社会主义方向，坚持教育公益性原则，把教育公平作为国家基本教育政策，大力推进教育体制改革创新。

第二节　教育公平国家政策的制度含义

公共政策,是一个政党或国家为解决一定时期的公共问题而制定的行为准则。一般来说,公共政策按照层次可以分为元政策、基本政策与具体政策三种类型。元政策又称总政策,是指导与规范政府各级各类政策行为的理论与方法的总称,是在政策体系中具有统帅或统摄性的总方针。基本政策是中央部门制定的社会领域政策中的主导性原则与指导思想。一方面,基本政策服从于总政策,是总政策在具体社会领域实施中的具体化;另一方面,基本政策又具有统帅作用,是各项具体政策的制定依据。而具体政策亦称部门政策,是针对特定的、具体的公共问题而做出的政策规定,是政府为解决社会现实问题而必须遵循的行动准则。

21世纪以来,党和政府把公平正义作为治国理念,把教育公平作为国家基本教育政策。将教育公平从针对不断拉大的教育差距而实施的具体政策上升为指导教育改革和发展的基本政策,既是国家的战略决策与庄严承诺,也是国家基本的制度安排。教育公平作为国家基本教育政策,蕴含着丰富的制度含义与政策价值。

一、教育公平是教育政策的第一原则

教育涉及千家万户,教育公平是社会公平的重要基础。把教育公平作为国家基本教育政策,就意味着在价值层面上,公平是指导教育政策制定与执行的首要原则。

1. 公平是教育政策的首要价值

公共政策利用公共资源为公众提供服务,这就决定了公共政策首要的和主要的职责就是保障每个社会成员平等地享有社会资源。在现代社会,教育事关国家与民族的命运,事关家庭与个人的幸福。对于教育公共政策而言,公平更应成为首要的价值诉求。公平的教育制度设计与政策安排,不仅直接影响着受教育者能够享受的公共教育资源与教育机会,而且对于保护弱势群体的教育权益,促进社会平等与和谐发展有着极其重要的现实意义。美国学者约翰·罗尔斯(John Rawls)在《正义论》中也阐释过这个道理:"正义是社会制度的首要价值,正象真理是思想体系的首要价值一样。"[①]

教育公平,是中国共产党全心全意为人民服务根本宗旨的重要体现,也是党

---

① 罗尔斯.正义论[M].何怀宏,何包钢,廖申白,译.北京:中国社会科学出版社,1988:1.

和国家一以贯之的持续追求。党的十七大报告提出："促进社会公平正义，努力使全体人民学有所教、劳有所得、病有所医、老有所养、住有所居，推动建设和谐社会。"在2012年十八届中共政治局常委的中外记者见面会上，习近平总书记指出："我们的人民热爱生活，期盼有更好的教育、更稳定的工作、更满意的收入、更可靠的社会保障、更高水平的医疗卫生服务、更舒适的居住条件、更优美的环境，期盼着孩子们能成长得更好、工作得更好、生活得更好。人民对美好生活的向往，就是我们的奋斗目标。"2016年，习近平总书记在庆祝中国共产党成立95周年大会上庄严指出，带领人民创造幸福生活，是我们党始终不渝的奋斗目标。从"有书读"的学有所教到"期盼更好教育"的美好生活，中国共产党通过自身的伟大实践，始终践行着公平是教育政策首要价值的制度理念。

2. 公平是教育政策的基本出发点

教育历来被认为是弥合贫富差距的平衡器。教育发展的公平与否，不仅影响着个体的未来发展与幸福生活，更影响着社会的基本和谐与稳定。正是在此意义上，教育公平是社会公平的重要基石，发挥着社会公平均衡器的重要作用。对于国家而言，教育公平关乎国民素质；对于个人而言，教育公平关乎个人的未来发展。公平的教育可提升国民素养，加强国家经济能力，有力地缩小群体差异，减少社会不公。教育公平作为国家基本教育政策，意味着教育公平是具体教育政策制定的基本出发点。

二、教育公平是教育政策的基本要求

"基本"可以从两个层面上来理解：一是底线意义上的最起码的要求；二是发展意义上的基础性的、适合性的要求。教育公平作为国家基本教育政策，也包括上述两个层面的意义。

在底线意义上，教育公平是国家教育政策的最起码要求，包括两个方面的内容：一是教育权利方面，国家的法律制度要保障每个国民个体都平等享有受教育的权利与机会，不能因为个人的家庭出身、性别、社会地位等而受到歧视；二是教育资源方面，国家应该通过教育政策的部署安排，为每个受教育者个体提供均等的教育资源与条件保障，以使个体的受教育权利与机会建立在坚实的资源与条件基础之上。

在发展意义上，教育公平意味着为每个受教育者个体提供基础性的、适合性的教育。依据个体学生的兴趣与爱好，为其后续的社会性成长与发展提供适合的知识、技能与价值，即因材施教，是促进个体成长与发展的最重要的公平。如果说底线意义上的教育公平更多着眼于教育的起点公平，在形式上保障受教育者个体的公平权利与机会，那么，发展意义上的教育公平则更多着眼于教育的过程公平与结果公平，即在实质上为受教育者个体提供适合的教育，因材施教，是更高层次的教育公平。

三、教育公平是教育政策的长期目标

教育公平是人类社会的美好梦想，努力推进与实践教育公平是现代国家重要的政策目标。从目标意义来看，教育公平作为国家基本教育政策，还意味着目标的长期性与持久性，它不是一蹴而就的，更需要长久坚持，持续推进。

新中国成立 70 年来，教育公平是贯穿于国家教育政策发展过程的重要目标之一，虽然不同历史时期强调的重点不同，但是教育公平的追求是一以贯之、持之以恒。随着经济社会的发展、文明水平的提高，国家调控教育资源的能力将更强，对教育公平的要求将更高，教育公平作为政策目标在未来将得到更好更有力的实施。其内容重点也将随着历史阶段的不同而不断深化，逐步提升。新中国成立初期，教育发展的目标是面向工农的大众教育，教育公平的重点是面向工农群众的扫盲与补习教育；改革开放初期，政府确立了普及义务教育重中之重的战略定位，着力推进适龄儿童的义务教育公平；进入 21 世纪，面对教育差距不断拉大的客观现实，国家明确了教育均衡发展的基本原则；进入新时代，教育公平的重点则升级为优质均衡，让每个孩子享受有质量的公平教育。教育公平的政策目标不断深化升级，呈螺旋式上升的态势。

四、教育公平是教育政策的强制行动

在人类社会的发展历程中，国家是将社会的利益冲突保持在秩序范围内的主要力量。在国家政治中，人民授予政府公共权力，政府代表人民行使公共权力、颁布公共政策管理国家，因此公共政策具有强制性特征。公共政策的强制性是指无论愿意与否，社会个体或群体都必须做出相应行动，否则就要受到相应的问责或惩处。教育公平作为国家教育政策的强制行动，是社会群体利益的矛盾性和国家管理职能的基本性质决定的。

教育公平是国家强制实施、必须为之的行动。教育公平作为一种价值原则，具有重要的导向与约束作用。将教育公平上升为国家基本教育政策，意味着国家将会动用多种力量与资源强制推进与实施教育公平。进入 21 世纪以来，我国针对学校之间、城乡之间以及区域之间的教育发展差距，针对边远贫困地区，不断加强教育扶贫、脱贫的政策部署与安排，针对西部与边远贫困地区的儿童，通过中央财政转移支付方式强制实施西部"两基"攻坚计划、免费午餐计划等政策，努力提升与保障弱势群体与贫困地区的教育公平，这些都是国家针对教育公平强制实施、必须为之的政策行动。正是得益于国家对于教育公平政策的强力推进，中西部地区的教育发展才迈向了更高的台阶，有力地保障了贫困地区与弱势群体的教育平等权益。

政府是教育公平的主要承担者。教育是一种公共物品，是为所有大众服务的，其目的是提高所有人的素质和能力。因此，教育是公益性事业。教育的公益性决定了政府是促进和实施教育公平的首要责任者、主导推动者和最终保障者。保障教育公平是现代政府最重要的基础性职能之一，也只有政府才能真正保证教育公平的切实推进。2007 年，我国把推进教育公平作为政府的基本职能之一。《国家中长期教育改革和发展规划纲要（2010—2020 年）》中明确规定"教育公平的主要责任在政府"。我国各级各类政府要站在民生、社会与国家发展的战略高度去深刻理解教育公平的重要职责，充分利用各种政策工具积极推进教育公平。

不断拉大的教育差距将严重影响教育的持续健康发展。改革开放以来，虽然我国经济和社会快速发展提升，但是在社会转型过程中，社会成员在经济和社会收入方面出现了贫富差距拉大的现象，在教育领域中则突出表现为区域之间、城乡之间、学校之间存在着显著的教育差距，困难群体接受教育的机会与资源处于不利境地。教育具有强化与复制社会不公平的倾向，教育差距将进一步拉大社会差距。照此发展，将严重阻碍社会主义和谐社会的建设。就此而言，更迫切需要政府强制实施与推行教育公平，以保障个体获得平等的社会成长与发展机会。同时，作为推进教育公平的主体，如果政府在履行教育公平的职能过程中存在职责不到位、弄虚作假等问题，也将受到相应的问责惩罚。

五、教育公平是教育政策的全面指南

教育公平作为国家基本教育政策，是指导国家制定各级各类具体教育政策的主导性政策，是具体政策的全面指南。

1. 教育公平贯穿各学段教育政策

教育公平不是专门指向或侧重于某一个具体教育阶段的准则，而是贯穿于学前教育、义务教育、高中教育、高等教育等各个学段以及普通教育、职业教育等各类教育的基本原则。当然，在不同学段、不同类型的教育中，教育公平所指向或侧重的内容会呈现出差异。在学前教育阶段，国家坚持公办与民办并举，扩大普惠性幼儿园的覆盖率；在义务教育阶段，国家在实现九年义务教育的基础上强调义务教育均衡发展，要求每一所学校符合国家办学标准，办学经费得到保障，教育资源满足学校教育教学需要，开齐国家规定课程，教师配置更加合理；在高等教育阶段，高校招生实施"阳光招生"政策，通过公平的招生程序保障人民群众的切身利益。

2. 教育公平贯穿各地方教育政策

在长期的经济与社会发展过程中，因为历史基础与经济政策的原因，我国出现了东中西部三类地区，三类地区的经济与社会发展呈现出不同的面貌与特征。从推进教育公平的角度来看，教育公平是贯穿于全国三类发展地区教育政策的基本原则。虽然三类发展地区推进教育公平的速度、重点与特征各有差异，但是注重教育公平发展是各类地区教育政策必须遵循的基本指南。

3. 教育公平贯穿于整个教育过程

瑞典教育学者胡森（Torsten Husen）从过程角度提出了经典的教育公平"三段论"：教育起点公平、教育过程公平与教育结果公平。教育起点公平是保障学校教育向每个人开放。作为现代社会的普遍人权，教育公平体现了《世界人权宣言》（1948）的基本精神："人人都有受教育的权利，教育应当免费，至少在初级和基本阶段应如此。"教育过程的公平是教育起点公平的进一步深化，既包括让每个孩子在平等的教育条件下接受教育，也包括在教育过程中平等地对待每一位学生。教育结果公平不是让所有人都得到同样的结果，这是不可能的，也是不应该的，而是指为每个人提供适合的教育，尽可能让每个人都得到最好的发展。教育公平贯穿于整个教育过程，不同家庭背景的学生获得平等的机会、过程，得到最好的发展，缩小社会差距的影响，阻断贫困的代际传递。正是在此意义上，教育公平才被称为社会公平的平衡器。

第三节　教育公平国家政策的主要内容

"收入不公影响人一时，教育不公影响人一生。"进入 21 世纪以来，把教育公平作为国家基本教育政策，是中国共产党全心全意为人民服务根本宗旨的一贯体现，也是我国在经济与社会快速发展过程中扭转社会差距不断拉大的现实需求，更是办好人民满意的教育、促进我国教育持续健康发展的基本保障。教育公平作为我国教育改革与发展的基本国策，其基本要求是保障公民依法享有受教育的权利，关键是保障受教育者拥有平等的受教育机会，重点是促进义务教育均衡发展和扶持困难群体，根本措施是优化配置教育资源，主要责任在政府，同时，全社会共同促进教育公平。

一、教育公平的基本要求是保障公民依法享有受教育的权利

"公平"的基本含义和首要含义就是"平等"。恩格斯指出："平等是正义的表现，是完善的政治制度和社会制度的原则。"[1] 教育公平从社会心理上说是社会大多数人对教育现状的认可；从本质上说是受教育者对公共教育资源的平等享有。

平等享有公共教育资源首先是法律上人人享有同样的受教育权。公民在法律面前一律平等既是公民享有的宪法权利，也是针对国家各项工作，特别是制度建设、法制建设的宪法原则。人人享有平等的教育权利是这一权利在教育上的体现。

早在新中国成立时，我国宪法和法律即已明确规定并保护公民的受教育权利。"五四宪法"规定"中华人民共和国公民有受教育的权利"，历经多次修宪活动，公民的受教育权利条款一直予以保留。1978年中华人民共和国第五届全国人民代表大会第一次会议通过的《中华人民共和国宪法》的第三章第五十一条规定："公民有受教育的权利。国家逐步增加各种类型的学校和其他文化教育设施，普及教育，以保证公民享受这种权利。"1982年通过的《中华人民共和国宪法》的第四十六条规定："中华人民共和国公民有受教育的权利和义务。国家培养青年、少年、儿童在品德、智力、体质等方面全面发展。"2004年，《中华人民共和国宪法修正案》第四十六条规定"中华人民共和国公民有受教育的权利和义务"。

依照宪法精神，我国各级各类教育均在法律文本上保障受教育者的权利。1995年通过的《中华人民共和国教育法》进一步规定："中华人民共和国公民有受教育的权利和义务。公民不分民族、种族、性别、职业、财产状况、宗教信仰等，依法享有平等的受教育机会。"1986年通过的《中华人民共和国义务教育法》第四条规定："凡具有中华人民共和国国籍的适龄儿童、少年，不分性别、民族、种族、家庭财产状况、宗教信仰等，依法享有平等接受义务教育的权利，并履行接受义务教育的义务。"在高等教育阶段，1998年通过的《中华人民共和国高等教育法》规定"公民依法享有接受高等教育的权利"。为维护弱势群体接受高等教育的权益，法律

---

[1] 马克思，恩格斯. 马克思恩格斯全集（第20卷）[M]. 北京：人民出版社，1971：668.

进一步规定要"采取措施,帮助少数民族学生和经济困难的学生接受高等教育","高等学校必须招收符合国家规定的录取标准的残疾学生入学,不得因其残疾拒绝招收"。2003 年正式实施的《中华人民共和国民办教育促进法》第三十三条规定:"民办学校依法保障受教育者的合法权益。"第三十四条规定:"民办学校的受教育者在升学、就业、社会优待以及参加先进评选等方面享有与同级同类公办学校的受教育者同等权利。"

二、教育公平的关键是机会公平

平等享有公共教育资源是指在制度和政策上人人享有平等受教育的机会。法律上受教育的平等权利是教育公平的基础,但它只是一种形式上的平等。社会主义法制的平等原则不仅在于满足形式意义上的平等,更重要的是以法律上的平等权为基础,不断追求实质意义上的平等。"社会公平正义是社会和谐的基本条件,制度是社会公平正义的根本保证。"[①] 在各种各样的公共教育资源中,教育机会是最核心也是最重要的教育资源,它意味着一个人接受某种类型和阶段教育的可能性。因此,人人平等地享有公共教育资源最直接地体现为人人平等地享有公共教育机会。

现实社会中的种种教育不平等也主要通过公共教育机会分配上的不平等或社会排斥体现出来。根据美国学者詹姆斯·S. 科尔曼(James S. Coleman)和其他许多研究者的观点,教育机会均等包括入学机会均等、参与教育过程的机会均等、教育结果的机会均等以及教育结果对未来生活前景的影响均等。根据教育的阶段或层次,又可以将教育机会均等划分为学前教育机会均等、初等教育机会均等、中等教育机会均等和高等教育机会均等。从这方面来说,教育公平的关键就在于不同类型或阶段的教育机会在不同社会人群之间的平等分配,或是采取切实可行的措施缩小业已存在的教育机会差距。

三、教育公平的重点是促进义务教育均衡发展

九年义务教育是国民教育的基础,这一领域受教育人数最多、涉及面最广。新中国成立以后,经过多年的艰苦努力,到 21 世纪初期,我国基本完成了大规模普及九年义务教育的历史重任,教育发展实现了大跨越。但由于我国不少地

---

① 中共中央关于构建社会主义和谐社会若干重大问题的决定[EB/OL].人民网,2006-10-16[2019-06-08].http://politics.people.com.cn/GB/8198/84013/84039/84371/5800598.html.

区,特别是农村地区的普及教育是在低起点上和短时间内实现的,基础薄弱、发展差距大、质量不高等突出问题仍然存在。面临这些挑战,党和国家将推进义务教育均衡发展和扶持困难群体作为政府的优先工作加以强调,并采取多项举措进行保障。

国务院和教育部先后颁布《关于进一步加强农村教育工作的决定》(2003)、《关于进一步推进义务教育均衡发展的若干意见》(2005)、《教育发展规划》(2010)、《教育部关于贯彻落实科学发展观进一步推进义务教育均衡发展的意见》(2010)、《县域义务教育均衡发展督导评估暂行办法》(2012)、《关于深入推进义务教育均衡发展的意见》(2012)、《关于全面改善贫困地区薄弱学校基本办学条件的意见》等,把均衡发展作为义务教育的重中之重,通过将农村义务教育纳入财政保障范围、建立义务教育经费保障机制、建立县域义务教育均衡发展督导评估制度、实施"国家贫困地区义务教育工程""中小学危房改造工程"等措施,大力促进义务教育均衡发展。2017年,全国已有2 300个县(市、区)通过义务教育基本均衡发展督导评估国家认定,占全国县(市、区)总数的80%左右;[①] 同年度,《县域义务教育均衡发展督导评估办法》出台,标志着义务教育均衡进入优质发展阶段。

四、教育公平的另一个重点是扶持困难群体

要让每一个公民平等地享有公共教育资源,需要建立弱势群体补偿制度,对弱势群体和个人给予一定的倾斜保护,使他们真正得到平等参与、平等发展的机会。没有这种保护措施,他们就不能正常享有教育机会和教育资源。对弱势群体的倾斜或补偿制度是社会正义和以人为本的合理要求。

1. 保障进城务工人员随迁子女在流入地公办学校平等地接受义务教育

随着20世纪80年代以来的工业化、城镇化进程,大规模人口流动产生了随迁子女和农村留守儿童的教育问题。为保障进城务工人员子女的受教育权利,国家从90年代初开始陆续发布流动儿童管理办法。当时,针对流动儿童在流入地入学问题,主要有申请借读、部分接受非正规教育、限制外流等办法。进入21世纪,城镇化加速推进。2001年,《国务院关于基础教育改革和发展的决定》指出,要重视解决流动人口子女接受义务教育的问题,以流入地区政府管理为主,以全日制公办中小学为主,采取多种形式,依法保障流动人口子女接受义务教育的权

---

① 2017年通过义务教育均衡发展督导评估认定县市区达2 300个[EB/OL].2017-05-24[2019-03-28]. https://xiaoxue.eol.cn/focus/balence/201705/t20170524_1518940_1.shtml.

黑龙江省漠河市对外来务工人员子女入学采取随到随时分班就读的政策,并与当地学生一样享受相关的奖励与补助。图为外来务工人员白冰的儿子在语文课堂上与同学们讨论。(中国教育报刊社　张学军/摄)

利。"两为主"为保障随迁子女在流入地接受教育提供了政策依据。次年,国务院出台《关于进一步做好进城务工就业农民工子女义务教育工作的意见》,再次强调,进城务工就业农民流入地政府负责进城务工就业农民子女接受义务教育的工作,以全日制公办中小学为主。在新型城镇化阶段,随迁子女义务教育迎来新阶段。2016年,国务院颁布《关于统筹推进县域内城乡义务教育一体化改革发展的若干意见》,提出要改革随迁子女就学机制,进一步强化流入地政府责任,将随迁子女义务教育纳入城镇发展规划和财政保障范围。由此,随迁子女入学政策由"两为主"正式转变为"两纳入",为随迁子女在流入地平等地接受义务教育提供了保障。

2. 保障留守儿童接受公平的教育

人口流动在催生出随迁子女教育问题的同时还催生出了留守儿童的教育问题,不少地方出现留守儿童辍学问题、心理健康问题,影响教育公平。政府重视解决留守儿童的困难。2005年，教育部出台《关于进一步推进义务教育均衡发展的若干意见》，对农村留守儿童的教育问题做了专门规定，要求及时解决进城务工就业农民托留在农村的留守儿童在思想、学习、生活等方面存在的问题和困难。2010年，《教育规划纲要》要求"建立健全政府主导、社会参与的农村留守儿童关爱服务体系和动态监测机制"。从2012年开始深入推进义务教育均衡发展后，国家要求"建立健全农村留守义务教育学生关爱服务体系"。2016年，在推进县域内城乡义务教育一体化改革发展的过程中，要求改革"控辍保学"机制，在县级教育行政部门建立动态监测机制，加强对留守儿童的监控，同时提出"建立家庭、政府、学校尽职尽责，社会力量积极参与的农村留守儿童关爱保护工作体系"。留守儿童的安全和教育问题是新型城镇化的产物，教育部门维护留守儿童的受教育权利，对保障其接受公平的教育和健康成长起到了重要作用。

3. 保障残疾学生的受教育权利

特殊教育是推进教育公平、促进社会和谐的重要领域，保障残疾学生的受教育权利是保障其生存权和发展权的重要体现。从20世纪80年代以来，国家逐步将特殊教育纳入教育规划，在重点解决残疾学生义务教育之后，又将工作逐渐向学前教育、职业教育和高等教育延伸。21世纪以来，党和国家把发展特殊教育视为改善民生、促进社会和谐的重要内容。党的十七大报告提出要"关心特殊教育"，十八大强调要"支持特殊教育"，十九大进一步要求"办好特殊教育"，这反映了保障残疾学生公平地享有受教育权利已经成为我国教育发展战略的重要组成部分。对特殊教育的关心和支持是教育公平的重要体现。2010年《教育规划纲要》要求关心和支持特殊教育。为推进教育公平、实现教育现代化，教育部、国家发展改革委等七部委于2014年出台《特殊教育提升计划（2014—2016年）》，要求"全面推进全纳教育，使每一个残疾孩子都能接受合适的教育"。2017年，七部门印发《第二期特殊教育提升计划（2017—2020年）》，进一步推进特殊教育发展。

4. 不让一个孩子因为家庭经济困难而失学

国家重视家庭经济困难学生的上学问题。从新中国成立初开始，国家采取"免费加助学金"的方式支持贫困工农群众子女接受高等教育。改革开放以后，城乡、区域差距影响到社会主义和谐社会发展，党和国家高度重视贫困失学的适龄青少年。1999年召开的全国教育工作会议强调，"要重视解决欠发达地区和人群的教育问题，增加对贫困地区和贫穷家庭的教育资助"。2002年，党的十六大报告提出要"完善国家资助贫困学生的政策和制度"；2010年的全国教育工作会议强调要健全国家资助政策体系，逐步对农村家庭经济困难和城镇低保家庭子女接受学前教育予以资助，提高农村义务教育家庭经济困难寄宿生生活补助标准，改善中小学生营养状况，建立普通高中家庭经济困难学生国家资助制度，完善普通本科高校、高等职业学校、中等职业学校家庭经济困难学生资助政策体系，设立研究生国家奖学金，完善助学贷款体制机制。当前，我国已建立起从学前教育到高等教育的"奖、贷、助、补、免"资助体系。

五、教育公平的根本措施是优化配置教育资源

发展是促进和实施教育公平的基础，但发展并不必然扩大教育公平。以科学发展观为指导，以促进教育公平为取向，统筹规划教育发展的速度、规模、层次、类别，调整教育投入的重点、结构，调整公共教育资源的流向，是促进和实施教育公平的必然要求。

1. 统筹城乡教育发展，向农村倾斜

我国城乡教育差距的突出矛盾是农村教育发展的相对滞后，尤其是中西部农村教育与城市教育差距较大。城乡二元结构是造成城乡教育差距的主要根源。因此，缩小城乡教育差距需要从城乡一体化的战略视野出发，统筹城乡教育发展要在政策和制度设计上向农村倾斜，在公共教育资源配置上优先保证农村教育发展的需要，逐步提高农村教育水平。在党的十六届四中全会上，胡锦涛总书记明确提出，"我们国家的经济社会发展，目前已经到了工业反哺农业、城市支持农村这样一个阶段"。我们要从战略的高度充分认识农村教育发展在国家综合国力提高和新农村建设中的地位和作用，加大对农村教育的支持力度，确保新增教育经费主要用于农村；要建立现代公共教育财政体制，确保农村教育投入到位；要统一城乡办学标准，保障农村办学的基本需要；要不断完善以县为主的基础教育管理体制，加大政府对教育的统筹和投入力度，进一步明确和落实各级政府对义务教育经费投入的比例和职能，依法确保教育经费的"三个增长"和"三个优先"。

2. 统筹区域教育发展，向中西部地区倾斜

我国区域教育差距不仅表现在省际之间，也表现在同一区域之内；不仅表现在基础教育领域，也表现在高等教育领域。区域教育差距的主要矛盾在于中西部地区教育发展明显落后于东部地区，因此统筹区域教育发展的重点是加大对中西部地区的支持力度。

以中西部地区教育为重点，统筹区域教育发展，首先需要继续推进西部大开发和中部崛起战略，加大国家对中西部地区的转移支付力度，推进公共服务均等化；

其次要健全区域协调机制，形成以东带西、东中西共同发展的格局，要健全互助机制，发达地区学校要采取对口支援、捐助等方式帮扶欠发达地区的学校发展；最后要调整中央院校的布局，加大对西部招生倾斜的力度，在教育投资、招生就业政策和人才培养与任用上进一步向中西部地区倾斜，在国家助学贷款体系中提高对中西部地区的资助比例和资助份额。

3. 统筹不同群体的教育发展，向弱势群体倾斜

教育公平的核心在于保障每个人都能享受到平等的受教育机会，使个人能力能够得到最大程度的发展。这就要求教育必须面向所有人。弱势社会群体由于其自身条件的制约和外在环境的影响，他们在相同的政策下很难与其他人获得同等的发展机会，因此必须对弱势群体实行差别对待，采取特殊补偿政策，弥补他们因自身条件制约和外在环境影响而受到的教育不公平。当前，我国教育领域的弱势群体主要包括贫困学生、残障学生、进城务工就业农民子女。要对这三类人群制定特殊政策，重点关注，通过补偿措施使他们受到公平教育。

4. 统筹不同类别学校的发展，向薄弱学校倾斜

学校是实现个体之间教育公平最主要的场域，学校之间的发展不均衡直接制约了教育公平实现的程度。当前，中国校际差距不仅面广，而且程度深刻，几乎贯穿了教育的所有阶段。从某种程度上说，无论是城乡教育差距还是区域教育差距，其最直接、最基本的表现形式都是学校之间的差距。城乡之间、不同地区之间，甚至同一区域内、同一城市中，不同学校在经费投入、办学硬件设施、师资水平、生源质量等方面也存在巨大差距。这是产生择校现象的主要原因。形成校际差距的原因很复杂，有历史原因，也有现实原因，有政策原因，也有社会原因；有主观原因，也有客观原因。但校际差距是人们感受最直接、反应最强烈的差距，是实现教育公平的重要障碍。缩小校际差距首先要着力改造薄弱学校，确保所有学校达到基本建设标准，做到建设有标准、发展有特色。

六、教育公平的主要责任在政府

现代政府的基本教育职能就是保障教育的公益性和公平性，政府是促进教育公平的主体。《教育规划纲要》明确指出"教育公平的主要责任在政府"。维护教育公平，政府责无旁贷。

政府保障与推进教育公平的责任，首先表现为政府积极转变教育改革与发展理念，重视与强调教育公平。21世纪以来，政府积极转变教育发展观念，摒弃效率至上与重点优先的理念，积极扩大公共服务，促进教育公平，推进教育优质均衡发展，努力办好每一所学校，促进每一个学生健康、幸福成长。其次表现为政府积极制定教育政策法律，依法行政、依法办学，切实保障社会成员平等的受教育权利与机会。新中国成立70年来，国家遵循宪法精神，颁布实施了《中华人民共和国教育法》《中华人民共和国义务教育法》《中华人民共和国民办教育促进法》等一系列的教育法律规章制度，改革开放以来制定了数量众多的专项与综合性的教育政策，积极推进教育公平，有力地保障了社会成员平等的受教育的权利与机会。最后表现为政府积极创新教育体制机制，破解教育公平难题。伴随市场经济的深化推进与社会阶层的多元分化，我国教育领域内出现了诸如流动儿童、留守儿童等诸多有关教育公平的新问题。国家积极通过教育制度与机制创新，实施"两纳入"政策并建立"关爱服务体系"，保障了流动儿童与留守儿童的合法受教育权益，促进其健康成长。

七、全社会要共同促进教育公平

"穷国办大教育"是中国教育面临的最大挑战，"人民教育人民办"是中国人民齐心协力、团结奋斗的历史特征。特别是在"两基"奋进历程中，面对"贫困地区多、人口居住分散、义务教育规模庞大、教育经费短缺、办学条件差"①的现实情况，在政府落实教育财政投入不断增长的情况下，各地秉持自力更生、因地制宜、广开筹资渠道的原则，鼓励与支持各级学校的学生勤工俭学，号召人民群众出钱捐物献力，创造性地开展集资办学、捐资助学，并通过"村办小学、社办初中、县办高中"的方式，在全国掀起了声势浩大、持续不断的群众性扫盲运动、普及义务教育运动。在政府和全社会的不懈努力下，我国的义务教育普及实现了超常规的发展，在发展中国家率先实现了全民教育目标，完成了从人口大国、文盲大国到教育大国的历史性跨越。

进入21世纪，社会力量积极兴教办学，民办教育不断发展壮大，有效地增加了教育服务供给，扩大了人民群众受教育的机会；同时，各种社会资源通过各种途径进入教育领域，如公有、民营、外资等社会力量以转让土地使用权、实物出资、货币出资等多种形式投资教育，在保障教育资源供给等方面发挥了重要作用。

"小智治事，中智治人，大智治制。"新中国成立70年来，我国教育事业的跨

---

① 翟博，刘华蓉，李曜明，张滢. 人类教育史上的奇迹——来自中国普及九年义务教育和扫除青壮年文盲的报告[N]. 中国教育报，2012-09-09.

越式发展取得的历史性成就和进步，离不开教育公平这一基本国策的科学确立与全面实施。中国作家路遥曾在《平凡的世界》里写道："这家里只要有一个上学的，这个家就有希望。"从新中国成立初期"面向工农的大众教育"到新时代"公平而有质量的教育"，正是因为中国持之以恒地普及教育，推进教育公平，才点燃了中国亿万家庭的教育火种和对未来的信心与希望。

第四章
发展普惠性学前教育

新中国成立以来，特别是《国家中长期教育改革和发展规划纲要（2010—2020年）》颁布以来，我国着力解决"入园难""入好园难""入园贵"等问题，扩大学前教育资源的总量以大幅提升学前教育的入学机会公平，不断提升学前教育的质量以实现学前教育的质量公平，大力发展普惠性幼儿园以降低幼儿园的收费水平，使学前教育的面貌发生了翻天覆地的变化，普及普惠安全优质的学前教育发展格局正在形成。

2018年3月,家住福建省泉州市泉港区育英幼儿园附近的陈移红给孩子交了一个学期的保教费1 620元,没想到学期末时幼儿园突然退还给她324元;2018年9月,她接到通知只需交1 134元,比上学期又少交了162元。"咋还越交越少了?"陈移红一时间有点懵。

泉港区育英幼儿园园长刘小红给家长们解答了这个疑问:经区教育局评定,育英幼儿园为四级普惠性民办园,区政府对普惠性民办园逐年增加资金补助,"幼儿园在收取学生学费时扣减相应额度的政府补助金,所以学费会越来越少,直至与同级同类公办园收费一致"。

泉港区政府开启普惠性民办园与公办园"同级同价"改革,孩子在同一所民办幼儿园上学,幼儿园办学条件和质量越来越好,学费却越来越少。如此好事正在福建省泉州市泉港区上演。①

实际上,和陈移红一样,还有千千万万个家庭享受到了我国学前教育发展带来的红利。新中国成立以来,特别是《国家中长期教育改革和发展规划纲要(2010—2020年)》(以下简称《教育规划纲要》)颁布以来,我国坚持学前教育公益普惠基本方向,推动学前教育深化改革规范发展,采取切实措施化解"入园难""入园贵"难题,切实增强了人民群众的教育获得感。

学前教育是终身学习的开端,是国民教育体系的重要组成部分,是重要的社会公益事业。为了促进教育公平,缓解人民群众反映强烈的"入园难""入园贵"难题,我国学前教育事业一路爬坡过坎,实现了跨越式发展,取得了历史性成就,使更多的幼儿享受到了普及普惠、安全优质的学前教育,一步步向党的十九大提出的"幼有所育"目标迈进。

第一节 扩大资源破解"入园难"

新中国成立初期,我国各类幼儿园发展较为迅速。1952年已有幼儿园0.65万所,比1949年增加4倍,入园幼儿42.4万人,比1949年增加2倍以上。② 1953年起,我国进入了社会主义改造和社会主义建设阶段。在"一五"期间(1953—1957年),幼

---

① 龙超凡."评估定级"撬动民办园质量提升[N].中国教育报,2019-01-13.
② 唐淑.中国学前教育史(第三版)[M].北京:人民教育出版社,2015:313.

儿园数量稳步递增。1957年，全国有幼儿园1.64万所，入园幼儿108.8万人。①

经过了一段坎坷曲折的历程后，2009年，全国幼儿园共有13.8万所，在园幼儿2 658万人，学前三年毛入园率达到50.9%。②当时，虽然我国学前教育获得了长足发展，但从总体上看，学前教育是各级各类教育中十分薄弱的环节，成为群众反映强烈、社会高度关注的重大民生问题。

2010年《教育规划纲要》颁布以后，我国学前教育发展迎来了鼎盛时期，到2017年，全国幼儿园25.5万所，在园幼儿4 600万人，学前三年毛入园率达到79.6%，③分别比2009年增加11.7万所、增加1 942万人、提高28.7个百分点。

一、三个学前教育三年行动计划

为落实《教育规划纲要》精神，2010年11月21日，国务院印发《关于当前发展学前教育的若干意见》（以下简称"国十条"）。

1. 第一个三年行动计划

"国十条"要求各省、自治区、直辖市政府深入调查，准确掌握当地学前教育基本状况和存在的突出问题，结合本区域经济社会发展状况和适龄人口分布、变化趋势，科学测算入园需求和供需缺口，确定发展目标，分解年度任务，落实经费，以县为单位编制学前教育三年行动计划，有效缓解"入园难"。

为了支持各地实施好三年行动计划，教育部会同财政部、国家发展改革委实施了8个国家学前教育重大项目，重点扶持中西部农村地区和城市薄弱环节。2011年至2013年，中央财政学前教育项目经费投入500亿元，带动地方各级财政投入1 600多亿元。全国财政性教育经费中学前教育占比从2010年的1.7%提高到2012年的3.4%。这些项目主要可分为四大类：一是幼儿园建设类，支持中西部农村扩大学前教育资源；二是综合奖补类，鼓励社会参与、多渠道多形式举办幼儿园；三是实施幼儿教师国家级培训计划；四是建立学前教育资助制度，对家庭经济困难儿童、孤儿和残疾儿童入园给予资助。（此即"一期行动计划"）这些项目发挥了重要的引领和激励作用。

3年间，各地新建2.5万余所幼儿园，利用农村中小学布局调整的富余资源和其他公共资源改扩建幼儿园3.4万余所，依托农村小学增设附属幼儿园4.6万余所。

---

① 唐淑.中国学前教育史（第三版）[M].北京：人民教育出版社，2015：317.
② 苏令."国十条"如何化解"入园难"[N].中国教育报，2010-12-30.
③ 2017年全国教育事业发展统计公报[EB/OL].中华人民共和国教育部政府门户网站，2018-07-19[2019-07-10].http://www.moe.gov.cn/jyb_sjzl/sjzl_fztjgb/201807/t20180719_343508.html.

中央财政学前教育巡回支教项目支持陕西、贵州等13个省、自治区、直辖市设立支教点1 500余个，聘用乡村幼儿园教师和志愿者4 000余名，受益幼儿约4万人。此外，各地普遍建立了学前教育资助制度，资助家庭经济困难幼儿超过400万人次。

3年间，各地积极采取多种方式配备补充幼儿园教师，使幼儿园教师队伍持续壮大。2013年，全国幼儿园教职工达283万人，比2010年增加98万人，增长53%。教育部不仅加大了幼儿园教师的培养力度，批准升格了9所幼儿师专，2013年培养幼儿园教师的高等院校和中等师范学校已达739所，在校生规模达53.7万人，比2010年增加了25.8万人，增长了近1倍；而且还加大了培训力度，幼儿园教师"国培计划"投入11亿元，培训农村幼儿园教师29.6万名。[①]

据统计，2013年全国共有幼儿园19.86万所，比2010年增加4.82万所，增长了32%，在园幼儿达到3 895万人，比2010年增加918万人，增长了31%，增加数量相当于过去10年增量的总和，全国学前三年毛入园率达到67.5%，比2010年增加了10.9个百分点，提前实现了"十二五"规划提出的60%的目标。

3年间，各地积极研究制定规范城镇小区配套幼儿园建设和管理的办法，新建、补建、回收了一批配套幼儿园，并办成公办园或委托办成普惠性民办园，小区配套幼儿园已经成为扩大城镇普惠性学前教育资源的主渠道。

2. 第二个三年行动计划

为了巩固第一个三年行动计划的成果，加快学前教育发展，进一步解决"入园难"问题，促进学前教育可持续发展，推进教育公平，保障和改善民生，2014年底，经国务院同意，教育部、国家发展改革委、财政部印发《关于实施第二期学前教育三年行动计划的意见》，决定于2014年至2016年实施第二期学前教育三年行动计划（以下简称"二期行动计划"）。

"二期行动计划"提出：通过以区县为单位制定幼儿园总体布局规划，合理确定公办园布局；通过政府购买服务、减免租金、对普惠性民办园给予补贴等措施，推动各地新建、改扩建公办园，利用中小学增设附属幼儿园，支持城镇街道和农村集体举办公办园，扶持普惠性民办园发展。

之后，各地加紧落实"二期行动计划"，回应老百姓对普惠性学前教育资源的期待。比如贵州省铜仁市仅2014—2015年就投入3.8亿元，建成2005所山村幼儿园，实现了学前教育资源行政村全覆盖。全市学前三年毛入园率从一期行动计划结束时的77.1%提升到91.7%，农村学前教育覆盖率更是从10%提升到100%。

---

① 万玉凤.学前教育三年行动计划圆满完成［N］.中国教育报，2014-02-27.

2016年，全国学前三年毛入园率达到77.4%，"入园难"进一步得到缓解，学前教育发展迈上新的台阶。但总体上看，学前教育仍存在普惠性资源供给不足、教师数量短缺、保教人员工资待遇偏低、幼儿园运转困难、保教质量参差不齐等问题。

3. 第三个三年行动计划

2017年，经国家教育体制改革领导小组会议通过，教育部、国家发展改革委、财政部、人社部日前联合下发《关于实施第三期学前教育行动计划的意见》，正式启动实施2017—2020年第三期学前教育行动计划，保持工作力度不减，持续推进学前教育的改革发展，努力回应人民群众对接受良好学前教育的期盼。

第三期学前教育行动计划的主要目标是：到2020年，基本建成广覆盖、保基本、有质量的学前教育公共服务体系；全国学前三年毛入园率达到85%，普惠性幼儿园覆盖率（公办幼儿园和普惠性民办幼儿园在园幼儿数占在园幼儿总数的比例）达到80%左右。

亮眼的数据增长实实在在地表明，我国学前教育已经改变了体量小、规模小的历史。这其中，政府主导实施的三个学前教育三年行动计划功不可没。

二、规范小区配套幼儿园建设使用

加强小区配套园建设是扩大学前教育资源，破解城镇幼儿"入园难"，满足城镇幼儿就近入园需求的重要保障。居住小区一般称小区，幼儿园作为城镇小区配套公共服务设施的重要组成部分，必须按照相关标准予以配建，为3—6岁适龄儿童提供保育教育服务，这在国家多个政策文件中都有明确的规定性要求。

2002年修订的《城市居住区规划设计规范》规定，居住区公共服务设施（也称配套公建）应包括教育、医疗卫生、文化体育、商业服务、金融邮电、社区服务、市政公用和行政管理及其他八类设施。幼儿园是为小区学龄前儿童提供保教服务的公共服务设施。《中共中央国务院关于进一步加强城市规划建设管理工作的若干意见》要求"健全公共服务设施……配套建设中小学、幼儿园、超市、菜市场，以及社区养老、医疗卫生、文化服务等设施，大力推进无障碍设施建设，打造方便快捷生活圈"。

2010年印发的"国十条"规定城镇小区根据居住区规划和人口规模配套建设幼儿园，新建小区配套幼儿园作为公共教育资源由政府统筹安排，办成公办园或委托办成普惠性民办园。之后，各地积极行动起来，纷纷出台相关文件，加快了小区配套幼儿园建设的步伐。

2010年以来，南京坚持把小区配套幼儿园建设作为扩大普惠性学前教育资源供给的主要途径。南京市委市政府先后出台《关于学前教育普惠优质发展的实施意见》《关于加快推进学前教育现代化建设的实施意见》等4个文件。市政府与各区政府签订责任状,明确要求到2020年各主城区适龄幼儿在普惠性幼儿园就读比例不低于85%、其他区不低于90%,并通过召开专题推进会、实施年度监测、开展重点督查等方式,推动各区加快建设,新增小区配套普惠性幼儿园249所。

与此同时,南京市积极争取省市人大支持,及时修编完善《南京市中小学幼儿园用地保护条例》,强化对幼儿园规划配建五项"硬约束":明确规划标准,每千人按36名适龄幼儿配建相应规模幼儿园;明确责任主体,市规划局应会同市教育局编制幼儿园用地控制专项规划并纳入地区控制性详细规划;明确配建原则,配套建设幼儿园应和开发建设首期项目同步规划、同步建设、同步交付使用;明确移交规范,将配套幼儿园的建设要求和产权归属在土地出让合同中予以明确,凡约定产权属于教育行政主管部门的,建成后须无偿移交;明确执行规范,小区建设凡未按照规定配建幼儿园的,一律不予办理竣工验收备案和房屋产权登记。

8年来,南京市级财政投入"幼儿园增量工程"和"普惠性幼儿园促进工程"的专项奖补资金超过15亿元,支持引导各区加快小区配套普惠性幼儿园建设,积极将2011年之前小区配建非普惠幼儿园通过"回购"转办成普惠性幼儿园,全市新增幼儿学位8.4万个,其中新增小区配套普惠性学位超过7.33万个、占比达87%,全市普惠性幼儿学位占比从2011年的54%提高到2018年的78%。[①]

广州市在2016年和2018年两次以政府令的形式制定了居住区配套公共服务设施管理暂行规定,确保幼儿园与首期建设的居民住宅区同步规划、同步设计、同步建设、同步验收。暂行规定明确要求,幼儿园、小学等设施应当先于住宅首期工程或者与其同时申请建设工程规划许可证,并在住宅首期工程预售前先行验收,取得建设工程规划验收合格证。两份政府令的颁布为配套幼儿园建设提供了强有力的制度保障。2016年1月至2018年12月,广州市已建设移交新建居住区配套幼儿园196所,其中办为公办幼儿园的有95所,办为普惠性民办幼儿园的有94所,这两类普惠性幼儿园占比达96.4%,极大地促进了广州市学前教育的普惠健康发展。

截至2019年1月,全国已有17个省、自治区、直辖市出台城镇小区配套幼儿园建设管理的具体办法,加强了小区配套幼儿园的规范管理,扩大了学前教育资源,有效缓解了城区幼儿的"入园难"现象。尽管取得了很大的成就,但小区配套

---

① 南京市教育局.下好小区配套园建设这手"关键棋"[EB/OL].中华人民共和国教育部政府门户网站,2019-01-22[2019-07-10]. http://www.moe.gov.cn/jyb_xwfb/xw_fbh/moe_2069/xwfbh_2019n/xwfb_20190122/dfjy/201901/t20190122_367636.html.

园建设及管理还在路上，还有许多问题和困难需要克服。

2017年对全国学前教育调研的结果显示，一些地方的城镇小区，有的没有配建幼儿园，有的虽然建了但没有办成公办园或委托办成普惠性民办园，这是造成城镇"入公办园难""入普惠性民办园难""就近入园难"的重要原因。2018年11月，中共中央、国务院印发《关于学前教育深化改革规范发展的若干意见》（以下简称《学前教育规范发展若干意见》），提出规范小区配套幼儿园建设使用，并要求对小区配套幼儿园规划、建设、移交、办园等情况进行治理。为贯彻落实党中央、国务院的决策部署，切实回应人民群众关切，经国务院同意，国务院办公厅专门发文部署开展专项治理，通过全面摸排、分类整改，集中解决小区配套幼儿园规划、建设、移交、办园等环节存在的突出问题。

2019年1月9日，国务院办公厅印发了《关于开展城镇小区配套幼儿园治理工作的通知》（以下简称《通知》），部署在全国开展城镇小区配套幼儿园摸底排查和清理整治工作。《通知》明确了治理任务：一是解决规划不到位和建设不到位问题，二是解决移交不到位问题，三是解决使用不到位问题。《通知》要求：2019年6月底前完成已建成但未移交的配套幼儿园的移交手续；2019年9月底前，对于需要回收、置换、购置的，完成相应工作；2019年12月底前，对需要补建、改建、新建的配套幼儿园，完成相关建设规划；2020年12月底前完成配建项目竣工验收。

三、优化布局，大力发展农村学前教育

在发展学前教育的过程中，农村学前教育是短板。由于发展起步晚，农村学前教育存在着学前教育资源不足、"大班额现象"严重、教育质量偏低等问题。大力发展农村学前教育，努力扩大农村学前教育资源，让农村幼儿"有园上""上好园"，是促进教育公平绕不过去的一道坎儿。

对于农村学前教育发展，国家高度重视。2010年颁布的《教育规划纲要》提出到2020年"基本普及学前教育"的发展目标，同时指出要"重点发展农村学前教育"。2010年11月21日，国务院印发的"国十条"指出，要努力扩大农村学前教育资源。各地要把发展学前教育作为社会主义新农村建设的重要内容，将幼儿园作为新农村公共服务设施统一规划，优先建设，加快发展。各级政府要加大对农村学前教育的投入。从2010年开始，国家实施推进农村学前教育项目，重点支持中西部地区，地方各级政府要安排专门资金，重点建设农村幼儿园。乡镇和大村独立建园，小村设分园或联合办园，人口分散地区举办流动幼儿园、季节班等，配备专职

江西省丰城市于2011年出台专项文件,为5万余幼儿(多为农村留守儿童)建设公办幼儿园。图为曲江集镇新区的曲江中心幼儿园。(中国教育报刊社 鲍效农/摄)

巡回指导教师,逐步完善县、乡、村学前教育网络。改善农村幼儿园保教条件,配备基本的保教设施、玩教具、幼儿读物等。创造更多条件,着力保障留守儿童入园。发展农村学前教育要充分考虑农村人口分布和流动趋势,合理布局,有效使用资源。

2011年9月,财政部、教育部印发《关于加大财政投入支持学前教育发展的通知》和《支持中西部地区利用农村闲置校舍改建幼儿园的实施方案》等7个项目方案。"十二五"期间,中央财政安排500亿元,实施4大类7个项目,重点支持中西部地区和东部困难地区发展农村学前教育。

2011—2014年,全国乡村幼儿园新增13 899所。其中,公办园10 689所,占76.9%,民办园3 774所,占27.2%。学前教育财政长期投入不足的状况有了明显改善。有5年完整数据的10个样本县在5年内对农村学前教育投入的经费增长1 011.5%。其中,2009—2014年,甘肃集中连片贫困地区学前教育财政性经费从9 842万元增加到108 976万元,增幅达1 007.3%。[1]

---

[1] 刘焱.学前教育专题评估报告有关情况介绍[EB/OL].中华人民共和国教育部政府门户网站,2015-11-24[2019-07-10]. http://www.moe.gov.cn/jyb_xwfb/xw_fbh/moe_2069/xwfbh_2015n/xwfb_151124/151124_sfcl/201511/t20151124_220800.html.

东北师范大学中国农村教育发展研究院 2015 年全国农村教育大调查数据显示，两期"三年行动计划"实施过后，我国农村学前教育事业得到快速发展。截至 2015 年，全国农村幼儿园园数为 77 260 所，较上一年增加 4 677 所，增长率为 6.44%。幼儿园班数也由过去 5 年的负增长转为增加 10 308 个。

2016 年，全国 239 812 所幼儿园中，农村（镇区和乡村）幼儿园占 69.03%，依然是学前教育的大头。2016 年，全国由教育部门举办的幼儿园有 66 119 所，其中，城区 9 769 所，镇区 21 492 所，乡村 34 858 所。与 2015 年相比，教育部门所办的幼儿园，城区增加 854 所，增长 10%，镇区增加 1 673 所，增长 8%，乡村增加 6 107 所，增长 21%，增速最快。同时，乡村幼儿园教师规模和学历层次也取得了快速提升。2012 年到 2016 年，全国乡村幼儿园教师数增幅达 61.40%，幼儿园专任教师学历为大专及以上者比例由 46.42% 提高到 62.46%，二者增幅均超过城区和镇区同期数字。

为大力发展农村学前教育，四川、云南等地实施了"一村一幼"计划。2015 年起，四川省在大小凉山彝区实施"一村一幼"计划。2017 年起，四川省将"一村一幼"计划支持范围由彝区 13 个县扩展到民族自治地方 51 个县（市）。截至 2018 年 6 月底，累计开办村级幼教点 3 100 个，设立教学班 3 975 个，招收幼儿 12.67 万人。①

在云南省永善县，自 2018 年大力推进"班改幼""一村一幼"工作以来，已实现一个乡镇有一所中心公办幼儿园的目标。截至目前，永善县共有村级幼儿园（"一村一幼""班改幼"项目）126 个，占全部幼儿园的 80.3%，在园幼儿 3 529 人，占在园幼儿总数的 31.4%。"一村一幼""班改幼"项目在该县学前教育，特别是农村学前教育的发展中起到了举足轻重的作用。②

在发展农村学前教育方面，新疆的力度、速度也很大。2016 年秋季学期开学时，南疆四地州农村学前三年双语教育普及率还只有 58.9%。为了更好地推进农村学前三年免费双语教育，新疆维吾尔自治区党委强化顶层设计，出台了建设管理和经费保障等系列政策，连续召开推进会、督办会、督导检查通报反馈会，层层签订目标责任书，全面实行党政主要领导负责制，统筹推进农村学前教育各项工作，积极为农村幼儿园建设开辟"绿色通道"，高位推动学前双语教育工作。2017 年初，

---

① 凉山推行"一村一幼"办实办优学前教育[EB/OL]．四川新闻网，2018-08-28[2019-07-10]．http://ls.newssc.org/system/20180828/002493882.html.
② 周先会．"班改幼""一村一幼"给山村学前教育带来了新希望[N/OL]．第一现场播报，2019-02-21[2019-07-10]．https://baijiahao.baidu.com/s?id=1626073088919801971&wfr=spider&for=pc.

自治区与各地（州、市）签订责任书，确定农村幼儿园建设项目4 387个，实际开工建设4 408个，各地（州、市）筹措资金84亿元，有效保障了项目顺利实施。到2017年秋季开学，所有"应建尽建"项目全部如期完成，全区农村在园幼儿数达到117.62万人，实现了"一个幼儿园都不能差、一个孩子也不能落"的目标。[①]

第二节 提升水平寻解"入好园难"

教育公平不仅指入学机会公平，更指教育质量公平。在学前教育领域，即指不仅要让每个幼儿获得公平的入园机会，更要使每个幼儿享受的学前教育质量公平。多年来，在扩大学前教育资源，破解"入园难"的同时，我国也是多措并举，努力提升学前教育质量，努力缩小城乡学前教育质量差距，进而寻解"入好园难"，从而在更深层次上推动教育公平发展。

一、全面改善幼儿园办园条件

1986年，为逐步改善学前教育办学条件，提高幼儿园的教育质量，国家教委印发《幼儿园教玩具配备目录》。1989年国家教委发布《幼儿园工作规程（试行）》，1996年国家教委发布《幼儿园工作规程》，2016年教育部发布新版《幼儿园工作规程》，对幼儿入园和编班以及幼儿园的安全、卫生保健、教育、校舍、设备、经费等事项进行了规定。

2010年颁布的"国十条"指出：要加强对幼儿园玩教具、幼儿图书的配备与指导，为儿童创设丰富多彩的教育环境；严格执行幼儿园准入制度，各地根据国家基本标准和社会对幼儿保教的不同需求，制定各种类型幼儿园的办园标准，实行分类管理、分类指导，分类治理、妥善解决无证办园问题，对目前存在的无证办园进行全面排查，加强指导，督促整改；强化幼儿园安全监管，加强安全设施建设，配备保安人员，健全各项安全管理制度和安全责任制，落实各项措施，严防事故发生。

2017年，教育部《幼儿园办园行为督导评估办法》，要求对幼儿园的办园条件和安全卫生等进行督导评估。在办园条件上，主要考察幼儿园办园资质、办园经

[①] 苏令，蒋夫尔，蔡继乐，欧媚.新疆：农村孩子都能免费就近入园[N].中国教育报，2017-09-20.

费、规模与班额、园舍与场地、设备设施、玩教具材料和图书等情况；在安全卫生方面，主要考察幼儿园安全和卫生制度、膳食营养、卫生消毒、健康检查、疾病防控、安全教育、安全风险管控、校车及使用情况等。

在确保幼儿园建设规范、安全、达标的情况下，各地积极行动，改善幼儿园的办园条件。北京市出台了《关于进一步加强学前教育管理的意见》等一系列文件，加强学前教育管理，确保幼儿园安全规范发展。健全幼儿园安全风险防控机制包括完善幼儿园安全技术防范系统，确保实现监控探头在园内全覆盖，监控系统视频保存30天，并做到有专人值守；建立健全幼儿园日常巡查制度、法治副园长制度等一系列安全制度，要求幼儿园在看护幼儿时一般要有两名工作人员同时在场；建立教育、公安等部门处置联动机制，切实保护幼儿安全。

2018年，北京市出台了《北京市学前教育专职督查队伍建设与管理暂行办法》，在编制紧张的情况下，特批了100多个事业编制，组成了市区两级学前教育专职督查队伍，对幼儿园进行全覆盖的日常巡检。同时，全面实施幼儿园责任督学挂牌督导制度。专职督查与挂牌督导相结合，对全市各类幼儿园的办园条件、安全卫生、保育教育、教职工队伍、内部管理等方面进行有重点的定期巡查，及时发现问题，跟踪督促整改情况，确保整改到位。

2018年印发的《学前教育规范发展若干意见》提出要全面改善办园条件，幼儿园园舍条件、玩教具和幼儿图书配备应达到规定要求。国家制定幼儿园玩教具和图书配备指南，广泛征集、遴选符合幼儿身心发展特点的优质游戏活动资源和体现中国优秀传统文化、现代生活特色的绘本。各地要加强对玩教具和图书配备的指导，支持引导幼儿园充分利用当地自然和文化资源，合理布局空间、设施，为幼儿提供有利于激发学习兴趣的安全、丰富、适宜的游戏材料和玩教具，防止盲目攀比、不切实际。

《学前教育规范发展若干意见》同时提出，各地要将无证园全部纳入监管范围，建立工作台账，稳妥做好排查、分类、扶持和治理工作。加大整改、扶持力度，通过整改、扶持来规范一批无证园。达到基本标准的，颁发办园许可证；整改后仍达不到安全卫生等办园基本要求的，地方政府要坚决予以取缔，并妥善分流和安置幼儿。2020年底前，各地要稳妥完成无证园的治理工作。

针对近年来出现的"入园难"、"入园贵"、监管弱等一系列问题，各地纷纷行动起来，通过排查、治理、分类、整改，对那些实在不具备安全、卫生等办园条件的幼儿园，该停止的停止，该关门的关门。

为了提高办园质量，各地一方面不断加大投入，积极改善幼儿园办学条件，另一方面把握住底线要求，对于不符合办园条件的且整改后仍不合格的，坚决予以取缔。在各方不断的努力下，我国幼儿园的办园条件整体提升，办园质量持续提高。

二、注重保教结合，规范幼儿园办园行为

"一岁能背诵五言绝句，两岁识字2 000个、背诵30首以上古诗，三岁识字达到3 000个，四岁左右能流畅地读书、看报纸，五六岁时会使用汉语字典，喜欢古典文学或现代文学。"面对这些明显忽悠人的不负责任的宣传语和高昂的学费，家长们竟趋之若鹜，争相解囊。[①]

前些年，学前教育市场缺乏监管，学前教育"小学化"现象严重，各种让人眼花缭乱的噱头满天飞，不仅忽悠瘪了家长的钱包，更耽误了孩子的成长，给孩子的未来发展造成了不可挽回的负面影响。

学前教育作为一个独立的学段，有自己的教育理念、教育目标、教育内容和教育方法，既不能被其他学段所取代，也不能照搬照抄其他学段。为满足社会公众有园上、上好园的期待，教育部门在探索扩大普惠性幼教资源的同时，更加关注幼儿园保教质量的提升与科学保教方式的探索。

2010年颁布的《教育规划刚要》指出："学前教育对幼儿身心健康、习惯养成、智力发展具有重要意义。遵循幼儿身心发展规律，坚持科学保教方法，保障幼儿快乐健康成长。"同年印发的"国十条"也提出，要"坚持科学保教，促进幼儿身心健康发展。加强对幼儿园保教工作的指导，2010年国家颁布幼儿学习与发展指南。遵循幼儿身心发展规律，面向全体幼儿，关注个体差异，坚持以游戏为基本活动，保教结合，寓教于乐，促进幼儿健康成长。加强对幼儿园玩教具、幼儿图书的配备与指导，为儿童创设丰富多彩的教育环境，防止和纠正幼儿园教育'小学化'倾向"。

2011年12月28日，教育部下发《关于规范幼儿园保育教育工作防止和纠正"小学化"现象的通知》，要求规范办园行为，防止和纠正学前教育"小学化"现象，保障幼儿健康快乐成长。

2012年2月12日，教育部印发《学前教育督导评估暂行办法》，并在"幼儿园办园行为督导评估指标与要点"中指出，教育活动涉及健康、语言、社会、科学、

[①] 苏令.别在儿童教育的道路上南辕北辙［N］.中国教育报，2010-05-07.

艺术各领域，内容适宜，不提前教授小学教育内容。

2012年9月，教育部印发《3-6岁儿童学习与发展指南》（以下简称《指南》），从健康、语言、社会、科学、艺术五个领域描述了幼儿学习与发展的特点与规律，提出了3—6岁各年龄段儿童学习与发展的目标和相应的教育建议，为广大教师实施科学保育和教育提供了指导。《指南》的落实强化了科学的教育观和儿童观，明确了生活和游戏对幼儿发展的创值。

为配合《指南》落地，宣传科学的学前教育发展理念与育儿知识，增强社会共识，从2012年起，教育部将每年的5月20日至6月20日定为学前教育宣传月。各地教育部门通过组织开展大型公益讲座、专家访谈、现场咨询，幼儿园通过举办主题开放日、家长讲座、亲子游戏等活动，使科学的幼儿教育理念与知识深入人心。

随着《指南》的落实和学前教育宣传月的推进，"游戏"是幼儿特有的生活和学习方式，同时也是幼儿园最基本的教学组织方式，成了全社会的共识。一些地区开始用游戏撬动幼儿园课程改革，开启课程游戏化的进程。比如，江苏省自2014年开始在全省范围内开展幼儿园课程游戏化探索，浙江安吉更是将游戏提升到了幼儿园教学活动的中心位置。

经过多年的整治和宣传，科学保教理念深入人心，幼儿园教育"小学化"现象得到了有效遏制。但是，一些社会培训机构却成了反对幼儿园"小学化"的法外之地，他们利用教育行政部门权限触及不到的空当，以"幼小衔接"之名，忽悠家长，提前教授幼儿小学化知识，成了学前教育"小学化"的重灾区。之后，相关部门开始了对培训机构的整治力度。

2018年7月，教育部印发《关于开展幼儿园"小学化"专项治理工作的通知》（以下简称《通知》），从幼儿园教学内容、教学方式、教育环境、师资要求及小学零起点教学等方面进行明确规定，坚决制止各种形式的"小学化"，为幼儿身心健康发展创造良好环境。《通知》严禁教授小学课程内容：对于提前教授汉语拼音、识字、计算、英语等小学课程内容的，要坚决予以禁止；对于幼儿园布置幼儿完成小学内容家庭作业、组织小学内容有关考试测验的，要坚决予以纠正；社会培训机构也不得以学前班、幼小衔接等名义提前教授小学内容，各地要结合校外培训机构治理予以规范。

三、加强幼儿园教师队伍建设

提高学前教育质量，幼儿教师队伍建设是关键。高质量的幼儿教师队伍是推动实现学前教育质量公平的重要保障。但长期以来，幼儿教师队伍是基础教育教师队伍中最薄弱的部分。2008年，一项针对11个省市幼儿园教育质量的抽样调查的结果显示，近70%的园长没有幼教专业的大专及以上学历，近半数教师无专业职称，近38%的幼儿教师没有教师资格证书。①

2011年，全国共有幼儿园16.68万所，在园幼儿（包括附设班）3 424.45万人，幼儿园园长和教师共149.60万人，②师（包括园长）幼比为1∶23，远远低于国家1∶15左右的相关规定。幼儿教师队伍面临着数量不足、整体质量偏低、待遇低、社会保障不落实等问题已成为制约目前我国学前教育事业可持续发展的瓶颈。

为加强幼儿教师队伍建设，国家进行了一系列的政策上的顶层设计，从中央到地方也都开始了行之有效的行动。2010年颁布的《教育规划纲要》提出，要严格执行幼儿教师资格标准，切实加强幼儿教师培养培训，提高幼儿教师队伍整体素质，依法落实幼儿教师地位和待遇。

2010年底颁布的"国十条"提出要加快建设一支师德高尚、热爱儿童、业务精良、结构合理的幼儿教师队伍。各地应当根据国家要求，结合本地实际，合理确定师幼比，核定公办幼儿园教职工编制，逐步配齐幼儿园教职工；健全幼儿教师资格准入制度，严把入口关；依法落实幼儿教师地位和待遇；切实维护幼儿教师权益，完善落实幼儿园教职工工资保障办法、专业技术职称（职务）评聘机制和社会保障政策；对长期在农村基层和艰苦边远地区工作的公办幼儿园教师，按国家规定实行工资倾斜政策；对优秀幼儿园园长、教师进行表彰。

"国十条"还要求完善学前教育师资培养培训体系：办好中等幼儿师范学校，办好高等师范院校学前教育专业，建设一批幼儿师范专科学校；加大面向农村的幼儿教师培养力度，扩大免费师范生学前教育专业招生规模，积极探索初中毕业起点五年制学前教育专科学历教师培养模式，重视对幼儿特教师资的培养；建立幼儿园园长和教师培训体系，满足幼儿教师多样化的学习和发展需求。2012年2月10日，教育部印发《幼儿园教师专业标准（试行）》。2012年9月20日，教育部、中央编办、财政部、人力资源社会保障部印发《关于加强幼儿园教师队伍建设的意见》。2013年1月8日，教育部印发《幼儿园教职工配备标准（暂行）》。

基于此，各地根据要求，结合本地实际，采取多种形式加强幼儿教师队伍建设。2011年，山东省东营市编办为全市公办幼儿园核增编制，将全市40个乡镇

---

① 苏令.学前教育发展难题怎么破解［N］.中国教育报，2010-03-19.
② 2011年全国教育事业发展统计公报［EB/OL］.中华人民共和国教育部政府门户网站，2012-08-22［2019-07-10］http://old.moe.gov.cn//publicfiles/business/htmlfiles/moe/moe_633/201208/141305.html.

（街道）中心幼儿园全部设置为股级事业单位。2012年《山东省公办幼儿园编制标准》出台后，市编制部门依据省定标准予以调整，当年就全面完成了公办幼儿园机构编制和人员编制核定工作。截至2018年11月，东营市、县两级政府分别有2—8所公办幼儿园，每个乡镇政府（街道办）至少举办1所公办中心幼儿园。全市共有75所公办幼儿园纳入事业机构编制管理，占全市公办性质幼儿园总数的31%，共核定1835个事业编制。与此同时，该市有计划地公开招聘在编教师。各县区将幼儿教师选拔纳入事业单位工作人员公开招聘。2011—2017年，全市新增幼儿教师2335人，其中在编教师783人，采取政府购买服务等方式配备保教人员约900人。截至2018年11月，该市共有在编幼儿教师1423人，约占公办幼儿园教师总数的60%。公办幼儿教师编制核定和公开招聘政策吸引了更多优秀人才加入幼儿教师队伍。以2017年为例，全市幼儿园教师资格证报考人数为4871人，约为2012年报考人数的3倍。①

长期以来，公办幼儿园编制内和编制外教师收入差距过大，一直是制约幼儿园教师队伍建设的主要原因之一。为解决公办幼儿园体制内外教师收入差距大的问题，浙江省杭州市上城区在学前教育公共财政支出方式和公办幼儿园收入分配方式等两个层面做了有益的尝试和探索。

2009年，浙江省杭州市上城区公办幼儿园在职教师共计606名，其中全额拨款事业编制教师206名，自收自支事业编制教师83名，非事业编制教师317名，非事业编制教师占教师总数的一半以上。

为打破身份壁垒，缩小收入差距，调动教师积极性，上城区对所有公办幼儿园经费实行收支两条线管理，收取的保教费统一上缴区财政，区教育局按照学前教育事业经费标准统一拨付到各幼儿园。学前教育事业经费主要由人员经费、生均公用经费和专项经费组成。学前教育公共财政支出方式的变革为实现公办幼儿园编内外教师"同岗同酬"奠定了物质基础。改革后，各公办幼儿园在可支配财政经费的保障下，着力推行"同岗同酬"的举措，实行"淡化身份、按岗定薪、岗变薪变"的收入分配方法，即针对全额拨款事业编制教师、自收自支事业编制教师、非事业编制教师，统一按照所聘任的岗位决定其工资收入。

2012年，上城区12所公办幼儿园见习期或未定级事业编制教师人均年收入（指应发数，不含应缴纳的保险、公积金等）46959元，非事业编制教师46562元；

---

① 东营市教育局.创新思路 强化措施 建设高素质幼儿园教师队伍[EB/OL].中华人民共和国教育部政府门户网站，2018-11-29[2019-07-10].http://www.moe.gov.cn/jyb_xwfb/xw_zt/moe_357/jyzt_2018n/2018_zt11/zt1811_sd/zt181110_gzcx/201811/t20181129_361856.html.

初级职称事业编制教师59 289元,非事业编制教师58 698元;中级职称事业编制教师71 470元,非事业编制教师71 373元。[①]通过近几年的实践,上城区基本上实现了公办幼儿园编制内外教师"同岗同酬"。"同岗同酬"的收入分配方式使全区学前教育事业能留得住优秀教师,为提升学前教育办学水平提供了人才保障,促进了区域内学前教育事业优质均衡发展。

除了山东东营、浙江杭州,各地也都积极探索加强幼儿教师队伍建设的方式和途径。截至2017年,已有15个省、自治区、直辖市制定了幼儿园教师编制标准,为幼儿园核定幼师缺口、建立相应补充机制提供了重要依据。2017年,全国幼儿园教职工达到419.29万人,与2010年的130.53万人相比,增幅高达221%。随着国家持续加大对幼师培养的投入,未来几年,幼师的缺口将会持续缩小。为提高既有幼师质量,从2011年开始,教育部将幼师培训纳入"国培计划"并向中西部农村幼儿园骨干教师倾斜。据统计,幼师"国培计划"开展以来,到2018年,中央财政已投入29亿元,累计培训中西部地区农村幼儿园骨干教师100多万人次。

第三节 着力普惠化解"入园贵"

学前教育是非义务教育,家长需要分担一部分幼儿园的办园成本。当前,由于公办园数量少,而民办园要承担场地、人员经费等办园成本,幼儿园特别是民办园的收费居高不下。在一些一线城市,动辄每月收费万元的幼儿园不是个例。这些都给家长带来了沉重的经济压力和心理负担。在保证保教质量的前提下,降低幼儿园的收费水平是促进教育公平、改善民生的必要举措。为此,加大财政投入,大力发展普惠性幼儿园就成了一条重要的政策选项和化解"入园贵"的必由之路。

一、加大政府投入,健全学前教育成本分担机制

每月10元钱就可以上民办园,这并非不可思议的事,而是发生在湖南省株洲市的真实案例。从2012年4月开始,湖南省株洲市在普惠性民办园建设方面进行

[①] 张毕波. 编制内外教师也可同岗同酬[N]. 中国教育报,2013-06-23.

了积极探索和尝试。在全国大中城市幼儿园保教费普遍上涨20%—30%的情况下,株洲市城区的普惠性民办园的保教费却不升反降(不含政府补助)。

2012年初,利用中央、省扶持民办学前教育奖补资金,株洲市各县市通过减免租金、以奖代补等方式,确定普惠性民办幼儿园148所,提供普惠性学位近2万个。城区启动普惠性民办幼儿园建设工程,通过申报、评估定级、遴选、复评、核价、公示等程序,认定首批城区普惠性民办幼儿园86所。市、区两级财政按5∶5的比例安排专项经费1 300万元,提供普惠性园位13 000个,财政补贴每名幼儿每年1 000元。凡接受补贴的普惠性民办幼儿园收费实行分级限价:一级保育教育费每生每月不高于500元,二级不高于400元,三级不高于300元。[①]

株洲之所以能够减轻幼儿家长负担,降低民办幼儿园收费,加强财政经费支持起到了关键作用。因此,化解"入园贵"难题需要改变学前教育过度依赖市场、投入资金主要来自社会和家长缴费的现状,需要多种渠道增加学前教育经费,核心是要加大中央和地方政府财政的投入,切实落实各级政府承担投入的责任。只有这样,才有可能构建以普惠性资源为主体的办园体系。

2010年,《教育规划纲要》明确提出要加大政府投入,完善成本合理分担机制,对家庭经济困难幼儿入园给予补助。之后,同年颁布的"国十条"也提出要多种渠道加大学前教育投入:各级政府要将学前教育经费列入财政预算;新增教育经费要向学前教育倾斜;财政性学前教育经费在同级财政性教育经费中要占合理比例,未来3年要有明显提高;各地根据实际研究制定公办幼儿园生均经费标准和生均财政拨款标准;制定优惠政策,鼓励社会力量办园和捐资助园;家庭合理分担学前教育成本;建立学前教育资助制度。

"国十条"明确了学前教育经费要纳入各级政府财政预算,这项政策确立了学前教育纳入各级政府公共财政中的预算会计体系,表明了中央决心建立学前教育稳定的财政经常性投入的长效机制,这一政策将结束自新中国成立以来,中央财政从未对学前教育专项拨款的历史,形成中央和地方各级财政共同承担学前教育经费的新局面。建立不断增长的财政投入机制将彻底改变学前教育经费在教育经费的总盘子中比例过小的状况。建立规范的财政拨款机制不仅可以规范政府对幼儿园的拨款行为,还可以生均标准为依据,有效监测各地生均经费落实情况,对促进地方政府提高公办幼儿园生均经费水平起到积极作用。

"国十条"不仅提出要建立对贫困家庭儿童、孤儿、残疾儿童接受学前教育的

---

① 苏令,易彬.普惠性民办园是这样炼成的[N].中国教育报,2012-12-09.

资助制度，而且还提出了要发展残疾儿童康复教育。

办好学前教育，需要最大幅度地增加政府投入，但也不能像义务教育那样完全由政府包下来。"国十条"要求制定优惠政策，减免税收，积极动员社会力量投资办园和捐资助园，拓宽学前教育经费来源渠道，要形成政府投入、社会举办者投入、家庭合理负担的投入机制。

在之后实施两期学前教育三年行动计划和当前正在实施的第三期学前教育三年行动计划的过程中，各地纷纷落实经费，加大学前教育投入力度，这对于努力构建覆盖城乡、布局合理的学前教育公共服务体系，保障适龄儿童接受基本的、有质量的学前教育起到了重要的支撑作用。

2018年颁布的《学前教育规范发展若干意见》指出要优化经费投入结构：国家进一步加大学前教育投入力度，逐步提高学前教育财政投入和支持水平，主要用于扩大普惠性资源、补充配备教师、提高教师待遇、改善办园条件。中央财政继续安排支持学前教育发展资金，支持地方多种形式扩大普惠性资源，深化体制机制改革，健全幼儿资助制度，重点向中西部农村地区和贫困地区倾斜。研究中央专项彩票公益金等支持学前教育发展的政策。地方各级政府要健全学前教育经费投入机制，规范使用管理，强化绩效评价，提高使用效益。

为减轻幼儿家长负担，《学前教育规范发展若干意见》还指出要健全学前教育成本分担机制。要求各地要从实际出发，科学核定办园成本，以提供普惠性服务为衡量标准，统筹制定财政补助和收费政策，合理确定分担比例。到2020年，各省（自治区、直辖市）制定并落实公办园生均财政拨款标准或生均公用经费标准，合理确定并动态调整拨款水平；因地制宜地制定企事业单位、部队、街道、村集体办幼儿园财政补助政策；根据办园成本、经济发展水平和群众承受能力等因素，合理确定公办园收费标准并建立定期动态调整机制。民办园收费项目和标准根据办园成本、市场需求等因素合理确定，向社会公示，并接受有关主管部门的监督。非营利性民办园（包括普惠性民办园）的收费具体办法由省级政府制定。营利性民办园收费标准实行市场调节，由幼儿园自主决定。地方政府依法加强对民办园收费的价格监管，坚决抑制过高收费。

针对家庭经济困难儿童和特殊儿童，《学前教育规范发展若干意见》提出要完善学前教育资助制度。各地要认真落实幼儿资助政策，确保接受普惠性学前教育的家庭经济困难儿童（含建档立卡家庭儿童、低保家庭儿童、特困救助供养儿童等）、孤儿和残疾儿童得到资助。

这些举措的贯彻落实有利于推动学前教育公平发展，减轻幼儿家长负担，化解

"入园贵"，让家庭经济困难幼儿和特殊幼儿也能享受到低价且有质量的学前教育。

二、构建以普惠性资源为主体的办园体系

发展学前教育必须坚持公益性和普惠性，努力构建覆盖城乡、布局合理的学前教育公共服务体系，保障适龄儿童接受基本的、有质量的学前教育；必须坚持政府主导、社会参与、公办民办并举，落实各级政府责任，充分调动各方面的积极性。只有构建以普惠性资源为主体的办园体系，才能有效促进教育公平，化解"入园贵"难题。

2010年，《教育规划纲要》明确要建立政府主导、社会参与、公办民办并举的办园体制。大力发展公办幼儿园，积极扶持民办幼儿园。同年颁布的"国十条"也指出：大力发展公办幼儿园，提供"广覆盖、保基本"的学前教育公共服务；加大政府投入，新建、改建、扩建一批安全、适用的幼儿园；不得用政府投入建设超标准、高收费的幼儿园。

2018年，《学前教育规范发展若干意见》提出，到2020年，全国学前三年毛入园率要达到85%，普惠性幼儿园覆盖率（公办园和普惠性民办园在园幼儿占比）要达到80%。

为实现这一目标，《学前教育规范发展若干意见》提出要调整办园结构，着力构建以普惠性资源为主体的办园体系，坚决扭转高收费民办园占比偏高的局面。要大力发展公办园，充分发挥公办园保基本、兜底线、引领方向、平抑收费的主渠道作用。按照实现普惠目标的要求，公办园在园幼儿占比偏低的省份逐步提高公办园在园幼儿占比，到2020年，全国这一数据原则上达到50%，各地可从实际出发确定具体发展目标。积极扶持民办园提供普惠性服务，规范营利性民办园发展，满足家长不同选择性需求。

为此，中央财政支持学前教育发展专项资金2018年安排150亿元，2019年在此基础上提高到168.5亿元，支持各地扩大普惠性资源，完善体制机制，加强教师队伍建设，提高保教质量。国家发展改革委、教育部启动实施优质普惠学前教育资源扩容建设工程，2019年安排专项资金10亿元，支持11个省、自治区、直辖市试点，引导激励地方加大投入，重点加强幼儿园园舍建设，有效增加普惠性学前教育资源。

在多渠道扩大普惠性学前教育资源方面，各地纷纷行动起来。北京通过利用疏解腾退空间新建改扩建幼儿园、支持国有企事业单位和街道办园、以租代建等多种

方式，扩大普惠性资源供给，2018年新增学前学位超过3万个，2019年拟再新增学位3万个。天津2019年计划新建、改扩建幼儿园150所，新增学位4万个。河北提出到2020年实现行政村普惠性学前教育全覆盖，每个乡镇至少办好1所公办中心园，每个常住人口在3 000人以上的村至少建成1所标准化公办园。山东2018—2020年每年新建、改扩建幼儿园超2 000所，新增学位50万个以上。河南2019年计划新建、改扩建幼儿园1 000所，新增学位10万个。四川实施幼儿园建设工程，2018年投入35.9亿元，新建幼儿园878所，新增幼儿学位12.9万个；2019年规划投入44亿元，预计新建幼儿园838所，新增幼儿学位13.4万个。

与此同时，各地纷纷完善投入保障机制。截至2019年4月，全国已有30个省（区、市）和新疆生产建设兵团出台了公办园生均公用经费标准或生均财政拨款标准。北京建立普惠性学前教育投入保障机制，对于普惠性幼儿园，无论公办、民办，政府的生均补助标准是一样的，家长缴纳的学费是一样的，实现了办园标准统一、财政补助统一、收费标准统一、教师待遇统一，公共财政阳光普照。山东制定710元/生/年的公办园生均公用经费财政拨款标准和普惠性民办园生均补助标准，惠及所有公办园和普惠性民办园。河南建立公办园生均财政拨款制度，按照市属幼儿园5 000元/生/年、县级及以下幼儿园3 000元/生/年的标准核拨。重庆按照600—800元/生/年的标准对普惠性民办园进行补助。

各地还加强公办园教师编制补充。截至2019年4月，已有17个省、自治区、直辖市和新疆生产建设兵团制定了公办园教职工编制标准。山东省2018年加大公办园教师核编力度，有1 700多所公办园被新纳入机构编制管理，并通过充分挖掘现有编制资源，新增编制从改革管理、精简收回等待分配编制中调剂解决，新核增编制6 000余名。贵州建立公办园教师编制补充机制，2018年补充公办园在编教师近5 000人，2019年将继续按这一规模补充公办园在编教师。

三、规范发展民办园，遏制过度逐利行为

当前，虽然我国学前教育事业快速发展，资源迅速扩大，普及水平大幅提高，管理制度不断完善，"入园难"问题得到有效缓解，但同时也要看到，由于底子薄、欠账多，目前学前教育仍是整个教育体系的短板，发展不平衡、不充分问题十分突出，"入园难""入园贵"依然是困扰老百姓的烦心事之一。

实际上，"入园难""入园贵"的问题在20世纪90年代中期并不突出。这与当时幼儿园的整体结构和服务性质相对合理有关。从教育统计的口径来看，当时的幼

儿教育机构有四类：教育部门办园、其他部门办园、集体办园和私立园。这四类幼儿园中，前三类占到了幼儿园总数的90%左右，其经费实行的都是国家、单位和幼儿家庭共同分担的投入机制，家庭负担部分的比例不大。

然而，随着经济体制改革，企业剥离社会功能，事业单位精简机构，公办性质的幼儿园，特别是企事业单位和集体办园迅速被关、转、改，导致我国幼儿园的结构发生了根本性的改变。原先撑起我国幼儿教育大半壁江山的企事业单位和集体办园急速萎缩，取而代之的是完全靠家长付费且要从中营利的民办园。到2008年，全国部门办园和集体办园占全国幼儿园总量的比例已降至17%，而民办园占到62%，在城市则已高达70%。[①]

学前教育属于非义务教育阶段，民办幼儿园在学前教育发展过程中发挥了重要作用，在一定程度上缓解了幼儿入园的压力，其贡献是不容否认的。但部分民办园过度逐利，特别是一些社会资本将营利性民办园打包上市的做法加剧了"入园贵"现象，影响了学前教育的公益属性。也有个别民办园不顾"除收取保育教育费、住宿费及市人民政府批准的代办服务性收费外，不得再向幼儿家长收取其他任何费用"的相关规定，以"服装和被褥费""占位费""兴趣班""培训费"等理由乱收费，引发社会关注。

为规范发展民办园，《学前教育规范发展若干意见》明确指出，要稳妥实施分类管理，遏制过度逐利行为，分类治理无证办园。

针对部分民办园过度逐利行为，《学前教育规范发展若干意见》明确了"社会资本不得通过兼并收购、受托经营、加盟连锁、利用可变利益实体、协议控制等方式控制国有资产或集体资产举办的幼儿园、非营利性幼儿园"，"民办园一律不准单独或作为一部分资产打包上市。上市公司不得通过股票市场融资投资营利性幼儿园，不得通过发行股份或支付现金等方式购买营利性幼儿园资产"等规定，填补制度空白，堵住监管漏洞，促进学前教育回归教育本位。

《学前教育规范发展若干意见》还规定，民办园应依法建立财务、会计和资产管理制度，按照国家有关规定设置会计账簿，收取的费用应主要用于幼儿保教活动、改善办园条件和保障教职工待遇，每年依规向当地教育、民政或市场监管部门提交经审计的财务报告。

《学前教育规范发展若干意见》规范发展民办园，遏制过度逐利行为，从维护社会公平和学前教育公益性的高度，对社会资本在学前教育领域过度逐利的行为做

---

① 苏令.学前教育发展难题怎么破解[N].中国教育报，2010-03-19.

出了限制性规定和规范性要求,这些规定对有效遏制当前一些资本吞噬普惠性资源、盲目扩张和过度逐利的乱象,对于学前教育回归公益普惠属性,促进民办学前教育规范发展具有十分重要的现实意义。《学前教育规范发展若干意见》发布后,率先在美国股市掀起波澜,在美国纽交所上市的某幼儿园运营商股价暴跌53%。第二日,港股与A股的相关个股也纷纷低开走跌。

在新的历史阶段,要坚持积极鼓励、大力支持、正确引导、依法管理的方针规范民办园发展,让普惠性民办园解决教育的刚需,高端的幼儿园满足一些家长的个性化教育需求,这样才能更好地推动学前教育健康发展,保证学前教育发展中的高质量教育公平。

第五章
艰苦卓绝地普及义务教育

中国用不足世界3%的教育经费支撑了全世界22%的受教育人口。新中国成立后,在教育极为落后、经济极为困难的情况下,政府采取和民间共同办教育的"两条腿走路"的方针,基本普及了小学教育;改革开放以后,我国又以"再穷不能穷教育,再苦不能苦孩子"的精神,团结奋进,在2000年实现了"基本普及九年义务教育,基本扫除青壮年文盲"的目标。后又通过西部地区"两基"攻坚战和建立农村义务教育经费保障机制等重大举措,使九年免费义务教育在中国大地上全面实现。

贵州省雷山县方祥乡位于黔东南苗族侗族自治州的西南部，其乡政府所在地平祥村设有一所民族完全小学——方祥乡中心小学，这所学校除服务平祥村之外，还要接收方祥乡周边教学点小学三年级以上的学生，大部分学生需要在学校留宿。20世纪80年代初期，学生留宿期间，要自带薪火、米菜，并且自己烧饭，学校没有能力提供伙食。

《中华人民共和国义务教育法》颁布后，学生人数上升，方祥乡中心小学的小学生、初中学生达到800人，学校开始安排烧饭，但柴、米、油、盐仍是学生自己带。

1998年后，学校实行了服务社会化，搞承包制。学生不用挑菜挑米来学校了，但要交钱，然而有的家长没有钱，只有自家种的菜。

2006年，国家对农村贫困家庭实行"两免一补"政策，学生免交学杂费、教科书费，还有寄宿生活费补助，一下子解决了这一难题。当地村民说："苗家孩子最高兴的事就是上学，在学校住得好、吃得饱、玩得开心，学校里还有电脑室、图书室等。"

贵州省雷山县浓缩了中国普及义务教育的历程。2011年11月，中华人民共和国用事实向世界宣告：中国全面实现免费九年义务教育和扫除青壮年文盲，为社会公平奠定了最重要的基础。正如美国经济学家萨缪尔森所说，在走向平等的道路上，没有比免费提供公共教育更为伟大的步骤了。

第一节　普及初等义务教育

普及义务教育，为每个公民提供基本的教育机会，是中国近百年来的教育梦想。但只有新中国成立后，实行义务教育的梦想才真正从理想走向实践，开启了波澜壮阔、可歌可泣的伟大征程！

一、明确目标，普及初等义务教育

从新中国诞生的第一天起，中国政府就把提高民族素质、普及义务教育当作义不容辞的责任。1949年9月，中国人民政治协商会议第一届全体会议通过的《中国人民政治协商会议共同纲领》规定要"有计划有步骤地实行普及教育"，把普及义务教育纳入重要的议事日程。

新中国成立前,人民受教育程度很低。全国学龄儿童入学率仅为20%,只相当于日本1890年左右的水平。全国人口的文盲率达80%以上,15岁以上人口平均受教育年限为1.6个初等教育当量年,低于美国和英国1820年的水平。[1]

刚刚站立起来的新中国,百废待兴。为了保障人民大众的受教育权,提升国民素质,中国政府根据中国实际,确定了义务教育的第一步目标——普及小学教育,确立了教育公平的底线。1951年3月,教育部召开的第一次全国初等教育及师范教育会议提出:1952—1957年,争取全国平均有80%的学龄儿童入学,从1952年开始,争取10年内基本普及小学教育。1956年最高国务会议通过的《1956到1967年全国农业发展纲要(草案)》规定:"从1956年开始,按照各地情况,分别在7年或者12年内普及小学义务教育。"此后,各地通过在乡或者社设立业余文化学校,开展群众集体办学、私人办学等措施,使小学教育获得了较大程度的普及,小学从1949年的34.68万所增加到54.73万所,在校学生从2 439.1万人增加到6 428.3万人。[2]

1958年9月19日,中共中央、国务院颁布《关于教育工作的指示》,在总结新中国成立以来教育工作经验的基础上,提出"两条腿走路"方针,力求"统一性与多样性相结合、普及与提高相结合、全面规划与地方分权相结合",实行"国家办学与厂矿、企业、农业合作社办学并举,普通教育与职业(技术)教育并举,成人教育与儿童教育并举,全日制学校与半工半读学校、业余学校并举,学校教育与自学并举,免费教育与收费教育并举"六个"并举"。1964年,教育部召开会议,要求进一步贯彻"两条腿走路"的方针,逐步实行两种教育制度,提出在1965年和第三个五年计划期间积极发展小学,特别是简易小学,解决农村儿童入学问题,使普及小学教育的规模稳步发展,质量不断提高。

二、两条腿走路,实现"一无两有"

改革开放初期,由于基础太薄弱,加上工作上的失误,我国五年制小学教育尚未普及,新文盲还在继续大量产生。为了切实改变这种状况,1980年12月,中共中央、国务院颁布了《关于普及小学教育若干问题的决定》,提出:"在80年代,全国应基本实现普及小学教育的历史任务,有条件的地区还可以进而普及初中教育。"针对当时我国人口众多且经济困难、财力不足的现实,该文件明确指出:"普

---

[1] 中国教育与人力资源问题报告课题组.从人口大国迈向人力资源强国[M].北京:高等教育出版社,2003:24.
[2] 郭福昌,韦鹏飞,吴德刚,张安民.中国教育改革发展简论[M].北京:教育科学出版社,1993:87.

及小学教育，不可能完全由国家包下来，必须坚持'两条腿走路'的方针，以国家办学为主体，充分调动社队集体、厂矿企业等各方面办学的积极性。还要鼓励群众自筹经费办学。"针对农村办学条件差，有的甚至连必要的校舍与课桌凳都没有的窘境，文件特别规定："农村小学的校舍修建和课桌凳的购置，一般应由社队主要负责，国家酌情给以补助。国家补助费大体按所需的三分之一的比例列入省、市、自治区预算，使用时根据实际情况，有的可以不补，有的可以少补，有的可以多补。中央希望，经过集体与国家共同努力，切实改善农村办学条件。用两三年或稍长一些的时间，做到'校校无危房，班班有教室，学生人人有课桌凳'，以保证教学工作的正常进行。"这就是"一无两有"的历史要求。

文件下达后，各地积极响应，纷纷采取措施，落实有关要求。时任国务委员、国家经委主任的张劲夫1979年曾经回到家乡，看到学校的孩子们还在旧屋子里上课，课桌椅也都是泥砖垒的，感触很深。他担任安徽省委第一书记后，认真贯彻中共中央、国务院《关于普及小学教育若干问题的决定》精神，亲自抓普及教育。他下乡了解教育情况，倾听如何改善办学条件的各种意见，对群众关于修建校舍问题的来信亲自阅处。他在一份群众来信上批示说："看来欠账太多，在农业好转后，多依靠群众来解决，凤阳县决定每人拿一元钱改善此事。"批示印发给了全省各县党政领导部门，立即引起了广大干部的重视。颍上县委第一书记阎建民、县长孙潮海等领导同志带领区委书记到校舍修建工作搞得好的滁县参观学习，并就地讨论，统一认识，制定规划。他们充分发动群众，通过各种渠道，一年集资436万元，新建、改造了3 514间砖瓦结构的校舍，添置了4 800张课桌椅，使全县中小学破烂不堪的面貌有了初步改观。在省与地、县党政领导的带动下，安徽全省在修建中小学校舍方面取得了较大成绩。

吉林省怀德县在修建校舍、改善办学条件上采取国家补助一点、群众支持一点、勤工俭学解决一点的做法，使全县中小学校舍由"一缺、二旧、三破"变成了"校校无危房，班班有教室，学生人人有课桌凳"，而且全县96.5%的校舍成了砖房。有些有条件的农村小学还附设了幼儿班，开展了学前教育。

山东省教育厅和财政厅组成联合调查组，到鲁北平原和胶东山区进行调查研究，并组织少数县进行维修校舍的试点。两厅还组织各地、市去吉林省怀德县学习取经，同时总结了他们自己试点的齐河、平邑县的经验，制定重点分配使用经费、以县为单位分期分批进行校舍改造的规划。在实施规划的过程中，教育与财政部门又根据各自的职责范围，各尽所能，互相协作。省教育厅深入基层，加强检查、督促，要求各地、市、县教育部门由局长或副局长挂帅，成立三五人到十几人的专门班子，常年抓校舍修建工作。他们深入社队，从调查摸底、制定规划到组织发动、具体落实，以至筹款备料、检查施工、保质保量，将修建校舍各方面的工作都抓了起来。与此同时，省财政厅连年召开全省行政、文教财务工作会议，把集中地方财力尽快解决农村中小学的"黑屋子""土台子"作为会议的重点内容，进行讨论和部署。各地、市、县财政部门根据地方党委、政府和财政厅的部署，也积极支持、关心校舍改造工作，并在地方财政比较困难的情况下，尽力挤出专款，扶持社队和群众修建校舍。在省教育与财政部门的通力合作下，山东省危险房、破旧房、黑屋子占校舍总数的比例由1979年的51.7%下降为1982年的28.8%，缺课桌凳的学生人数占学生总数的比例由1979年的50%降为27.3%。[①]

"两条腿走路"调动了各方办教育的积极性，实现了教育经费的多渠道筹措，有效改善了小学教育阶段的办学条件，保障了小学办学的正常运作，为普及小学义务教育创造了重要条件，积累了经验。

三、宪法为普及初等义务教育提供法律保障

中国普及义务教育之路极其艰难。据1982年人口普查数据显示，中国29个省、市、自治区（香港、澳门、台湾除外）的文盲和半文盲占总人口的23.5%。也就是说，约4个中国人中就有1个是文盲或半文盲。[②]

1982年12月4日，第五届全国人民代表大会第五次会议修订《中华人民共和国宪法》，第四十六条明确规定："中华人民共和国公民有受教育的权利和义务。"第十九条规定："国家举办各种学校，普及初等义务教育。"这是新中国成立以来第一次以国家根本大法的形式对普及义务教育做出明确规定，从此，中国普及义务教育有了法律依据，进入依法普及义务教育的时代，其意义极其深远与巨大。

第二节　基本普及九年义务教育

中国普及义务教育不能脱离中国经济社会与人口的客观现实。中国是一个发展中

[①] 倪振良.为实现"一无两有"而努力——全国中小学校舍维修工作经验交流会侧记[J].人民教育，1982（8）.

[②] 顾明远，刘复兴.改革开放30年中国教育纪实[M].北京：人民出版社，2008：314.

国家，却承载着世界上规模最大的教育重担。人口多、底子薄、经济文化落后，特别是贫困地区多、人口居住分散、义务教育规模庞大、教育经费短缺、办学条件差，这是普及义务教育之初我国教育发展环境的基本特征。中国基础教育规模堪称世界之最。中国人口占世界总人口的五分之一，其中18岁及以下人口有3.84亿。中国教育的规模到底大到什么程度？原国务院副总理李岚清在他的教育访谈录中说，全国"1990年有23 654万人、2002年有31 873万人在各级各类学校里学习，比美国的总人口还要多。这就是我们的国情。要办好这样一个世界上最庞大的教育事业，要多少经费啊"①。

中国"穷国办大教育"的现实注定了普及义务教育的艰难，难在国家财力有限，教育经费短缺。中国用了不足全世界3%的教育经费，支撑了全世界22%的受教育人口。国家财政用于基础教育的支出虽然年年有所增加，但面对2.17亿在读学生、1 000多万教职工，仍显得捉襟见肘。1979年，我国的教育投资是65亿元，到1986年已达到214亿，7年增加了2倍多，但把这些经费分摊到每个人身上时又少得可怜。以我国20世纪80年代的国力，支撑起这样大的教育事业实属不易。

据不完全统计，80年代初，全国中小学危房占校舍总面积的16%，其余的校舍也多是土草房、老祠堂、破庙宇或旧民房。"有砖不过千，有门没法关，有窗垒着砖，有顶露着天""土坯墙，椽子瓢，用材尽是箭杆杨，没过几天成危房"……这些当年在中国大地流传甚广的顺口溜，便是当时中国农村中小学校舍的真实写照。

面对"穷国办大教育"的现实，要想在短期内突破历史和现实的滞重，实现百年义务教育之梦想，中国教育面临着前所未有的严峻挑战！

一、决心如磐，迎难而上定大计

普及义务教育是中国经济社会发展的必然要求，也是中国共产党和中国政府的坚定决心。1985年5月，邓小平在我国改革开放后第一次全国教育工作大会上说："一个十亿人口的大国，教育搞上去了，人才资源的巨大优势是任何国家比不了的。"他强调："现在小学一年级的娃娃，经过十几年的学校教育，将成为开创二十一世纪大业的生力军。中央提出要以极大的努力抓教育，并且从中小学抓起，这是有战略眼光的一招。如果现在不向全党提出这样的任务，就会误大事，就要负历史的责任。"正是在这次会议上，《中共中央关于教育体制改革的决定》颁布，第一次明确提出在全国"有步骤地实行九年义务教育"。

---

① 李岚清. 李岚清访谈录［M］. 北京：人民教育出版社，2004：55.

面对这一决定，当时有人认为中国连初等义务教育都还没有完全普及，"普九"太早了，只能普及五年义务教育。据时任国家教委副主任、担任《中华人民共和国义务教育法》起草小组组长的柳斌回忆，更多的人认为，"文化大革命"前我国就已经提出了普及小学教育的目标，1980年、1982年，教育部和全国人大又先后在相关文件里明确普及小学教育的要求，到了1985年怎么还是只普及小学教育？①

1986年4月12日，在北京人民大会堂，第六届全国人民代表大会第四次会议审议通过了《中华人民共和国义务教育法》，明确我国实施九年义务教育，规定了九年义务教育的性质、对象、学制、教师学历、处罚措施等，将党和国家政策上升为国家意志，以国家立法的形式确定了下来，彰显了中国普及九年义务教育的坚定决心。

为了使普及九年义务教育的目标如期实现，中国采取了分区分步实施的战略（见表5-1）。《中共中央关于教育体制改革的决定》《关于中华人民共和国义务教育法草案的说明》将我国划分为三类地区并对每类地区的普及进程做出了部署。第一类地区是大城市、东南沿海和内地经济文化比较发达的地区，要求在1990年前后基本实现九年义务教育。第二类地区是经济文化中等发展程度的城镇和农村，要求1990年前后基本普及初等义务教育，同时积极创造条件，在1995年前后实现九年义务教育。第三类地区是经济文化不发达地区，要随着经济的发展，争取在20世纪末基本上普及初等义务教育。②从此，普及义务教育的战鼓响彻中华大地。

表5-1 中国普及九年义务教育规划

三步	时间	目标	地区
第一步	1994—1996	累计在占全国总人口40%—45%的地区"普九"	主要是城市和发展较快的农村
第二步	1997—1998	累计在占全国总人口60%—65%的地区"普九"	经济发展中等地区
第三步	1999—2000	累计在占全国总人口85%的地区"普九"	经济发展中等区和贫困地区中条件比较好的5%人口所在地区

二、重点突破，加快普及九年义务教育的步伐

1992年10月12日，在党的十四大上，江泽民向全党全国人民发出号召："必

---

① 顾明远，刘复兴.改革开放30年中国教育纪实[M].北京：人民出版社，2008：313.
② 改革开放30年中国教育改革与发展课题组.教育大国的崛起[M].北京：教育科学出版社，2008：138.

须把教育摆在优先发展的战略地位,努力提高全民族的思想道德和科学文化水平,这是实现我国现代化的根本大计。"同时提出"到本世纪末,基本普及九年义务教育,基本扫除青壮年文盲"。

1993年2月13日,中共中央、国务院印发《中国教育改革和发展纲要》,把实现"两基"作为我国20世纪90年代的奋斗目标。1994年中共中央、国务院召开的全国教育工作会议把"两基"作为我国教育工作的"重中之重",提出了"双八五"的目标:以县统计占全国总人口85%的地区普及九年义务教育;初中阶段的入学率达到85%左右,全国小学适龄儿童入学率达到99%以上;全国基本扫除青壮年文盲,使青壮年非文盲率达到95%以上。由此,到2000年基本普及九年义务教育,基本扫除青壮年文盲,成为党中央、国务院确定的我国教育事业发展的"重中之重",成为全党全社会的一项紧迫而艰巨的历史性任务。

1. 实施"国家贫困地区义务教育工程"

根据全国普及义务教育分区分步走的战略,第一类地区按期实现普九问题不大,困难在第二类地区与第三类地区。第二类地区属内陆地区,人口稠密,国家级贫困县数量较多,且很多是老革命根据地。这些地区虽然教育发展基础尚好,但经济水平较低。第三类地区大部分为少数民族、边远地区,由于历史和地理环境等原因,教育和经济基础条件相对第二类地区更差一些,地方财政更为困难,有的地方人民群众的温饱问题尚未解决。这些难点不突破就很难如期实现普及九年义务教育的目标。为此,国家教委和财政部利用中央普及义务教育专款和地方各级政府的配套资金,组织实施"国家贫困地区义务教育工程",集中有限财力攻坚。国家教委和财政部规定,首先将财力投向国家级贫困县,即列入"国家八七扶贫攻坚计划"的592个贫困县,适当兼顾省级贫困县,中央资金投入国家贫困县所占的比例不低于70%;在选定项目县时,国家级贫困县县数或人口数应不低于项目县总数或项目覆盖人口总数的70%。这一工程的目标是首先保证项目省普及六年小学教育,在此基础上兼顾一部分地区普及九年义务教育。

由国家教委和财政部组织实施的"国家贫困地区义务教育工程"是我国有史以来规模最大、中央专项投资最多的全国性教育扶贫工程。1995—2000年,国家投入39亿元中央专款,实施了第一期"国家贫困地区义务教育工程",其中28.4亿元用于西部地区。工程实施范围集中在852个贫困县,其中国家扶贫开发工作重点县有568个。一期工程加快了中西部地区实现"两基"的进程,改善了贫困地区义务教育办学条件,提高了教育资源利用率。

"十五"期间,国家实施了第二期"国家贫困地区义务教育工程",再次投入中

1995年5月,海南省琼中黎族苗族自治县红毛希望小学,学生王叶正在读书。(中国教育报刊社 刘全聚/摄)

央专款50亿元(其中90%用于西部地区),加上地方配套资金26.3亿元,共计投入资金76.3亿元。按照规划,522个项目县共新建、改扩建中小学10 663所,培训中小学校长和教师约46.7万人次,添置仪器设备1.6万台套,购置课桌凳205万套,新增图书资料2 300万册,向1 100万人次的小学和初中学生免费提供教科书,为近2万所农村中小学配备信息技术教育和远程教育接收设备。[①]

2. 实施"希望工程"

普及九年义务教育的任务十分浩繁,所需资源极其巨大,单靠政府有限的财政,难以解决所有问题。为此,要充分发挥社会的热情,汇聚社会支持义务教育的力量。为资助特困家庭和儿童,1989年10月,共青团中央建立中国少年发展基金会,将解决贫困地区儿童失学问题作为工作重点。这项助学扶贫的事业被称为"希望工程"。发扬中华民族尊师重教、义务兴学的优良传统,依靠全社会的力量,助

[①] 实施国家贫困地区义务教育工程[EB/OL].中国政府网,2006-09-23[2019-07-11].http://www.gov.cn/ztzl/fupin/content_396671.htm.

学扶贫，推进教育事业，特别是贫困地区教育事业的发展，是其任务与目的。截至2017年，全国"希望工程"累计接受捐款140.4亿元，资助困难学生574.8万名，援建希望小学19 814所、"希望厨房"5 861个、"希望工程"图书室29 170个，培训教师106 558名。

3. 实施"春蕾计划"

为了使千千万万失学女童重返校园，在全国妇联的领导下，中国儿童少年基金会发起"春蕾计划"，在海内外民间集资，设立帮助女童入学的专项基金，资助农村贫困地区女童接受免费初等义务教育，以解决农村贫困地区女童上学难的问题。截至目前，"春蕾计划"已资助女童369万人次，捐建春蕾学校1 811所，对52.7万人次女童进行职业教育培训，编写发放护蕾手册217万套。

上述两项工程及一项计划针对普及九年义务教育的困难环节，精准发力，有效地解决了贫困地区儿童和女童的就学问题，为加快普及九年义务教育做出了重大贡献。

三、基本普及，实现历史性跨越

2000年底，我国小学在校生13 013.25万人，适龄儿童入学率为99.11%，小学毕业生升学率为94.89%，与1985年相比，入学率和升学比率分别增加3.2个百分点、26.49个百分点；我国初中在校生6 167.7万人，毛入学率为88.6%，与1985年相比，毛入学率增加51.84个百分点。至此，我国很好完成了"双基"目标中基本普及九年义务教育的目标。2001年1月1日，江泽民同志在全国政协新年茶话会上向全世界庄严宣布，中国如期实现了基本普及九年义务教育的战略目标。

第三节 全面实现免费九年义务教育

到2000年，我国完成了基本实现"两基"目标的历史性任务，主要是实现了"双八五"的规划目标，其余15%的"两基"未达标人口大多处在"老、少、边、贫"地区，这些地方经济薄弱，有许多人还没有彻底解决温饱问题，完成"两基"攻坚的任务更加艰巨。即使是已通过"两基"验收的一些地方，也仅仅是达到了"两基"的基本要求，依然存在着低水平、基础弱、不全面、不稳固的现象。

根据国家"全面建设小康社会"的社会经济发展目标，胡锦涛要求把农村教育作为教育工作的"重中之重",提出了"力争到 2010 年在全国实现全面普及九年义务教育和全面提高义务教育质量"的目标,并针对我国义务教育发展不平衡,农村义务教育基础薄弱、水平偏低的现状,对不同地区提出了不同的目标:力争用 5 年时间完成西部地区"两基"攻坚任务;到 2007 年,西部地区"普九"人口覆盖率达到 85% 以上,青壮年文盲率下降到 5% 以下;已经实现"两基"目标的地区,特别是中部和西部地区,要巩固成果、提高质量。巩固提高"两基"成果、实施西部"两基"攻坚计划成为 21 世纪初我国推进义务教育改革与发展的基础性工作。

一、攻坚克难,实施西部"两基"攻坚计划

2001 年至 2007 年,我国"两基"工作进入攻坚克难、巩固提高、逐步免费的新阶段。西部是中国的欠发达地区,也是中国实现"两基"、全面推进全民教育最后的"硬骨头"。西部 12 个省、自治区、直辖市,人口众多、资源丰富、地域广大,约占三分之二的国土面积。全国贫困人口有近一半在西部,国家扶贫开发工作重点县有一多半在西部。到 2002 年底,虽然全国已有 91.8% 的地区人口基本普及了九年义务教育,青壮年文盲率降低到 5% 以下,但西部地区"两基"人口覆盖率只有 77%,仍有 410 个县级行政单位尚未实现"两基",人均受教育年限仅为 6.7 年。

难就难在这 410 个县经济社会发展滞后,教育基础薄弱,其中贫困县有 215 个、少数民族县有 309 个、边境县有 51 个。当时,全国尚未脱贫的 3 000 万人口,绝大部分生活在这些地区,人民群众贫困程度深,当地适龄儿童上学面临诸多困难。这些地区自然条件非常艰苦,多为高山、高原、高寒和荒漠、半荒漠地区,普及义务教育的办学成本、就学成本远远高于其他地区。

2003 年 9 月 19 日,温家宝在第一次全国农村教育工作会议上神情凝重地讲述了他在农村考察时看到的、放心不下的"三件小事":山西吕梁山区一所小学在简陋的窑洞里上课的情形;甘肃靖远一位双目失明的农妇希望孩子能上学的哭求;陕西秦岭水灾后佛坪县唯一幸存的学校里孩子们读书的身影。"三件小事"深深打动了在座的省长、部长们的心。也就是在这次会议上,国家第一次公开提出了把实现西部"两基"当作"攻坚战"来打的计划。2003 年 12 月 30 日,国家科教领导小组审议通过了教育部、国家发展改革委、财政部和国务院西部开发办制定的《国家西部地区"两基"攻坚计划(2004—2007 年)》。2004 年 7 月 5 日,一场特殊的签约仪式在北京举行。教育部、国家发展改革委、财政部分别与西部 12 个省、自治区、直辖市和新疆生产建设兵团郑重签署了"两基"攻坚计划责任书,省长们立下"军

令状"。接下来,各级政府层层签订责任书,攻坚县实行政府一把手负责制。

1. 实施"农村寄宿制学校建设工程"

为解决制约西部农村地区实现"两基"的瓶颈问题,中央投入 100 亿元,用于实施"农村寄宿制学校建设工程"(以下简称"寄宿制工程"),从 2004 年起,用 4 年左右时间,新建、改扩建一批以农村初中为主的寄宿制学校。"寄宿制工程"共覆盖中西部地区 953 个县,其中西部 536 个,中部 417 个。共批复项目学校 7 651 所,其中,西部 5 371 所,中部 2 280 所,初中 5 113 所,小学 2 538 所。"寄宿制工程"的实施有效地解决了高海拔地区和边境海岛地区无学校和办学条件差的问题。海拔 3 000 米以上项目学校有 495 所,4 000 米以上项目学校有 152 所,5 000 米以上项目学校有 3 所,边境海岛地区项目学校有 486 所。"寄宿制工程"的实施基本解决了西部农村地区学生"进得来"的问题。满足了 195.3 万新增学生的就学需求,其中初中生 150.5 万人,小学生 44.8 万人;满足了 207.3 万新增寄宿生的寄宿需求,其中初中生 165 万人,小学生 42.3 万人。"寄宿制工程"的实施极大地改善了农村学校的办学条件。中西部农村地区校舍总面积新增 1 381 万平方米,其中西部新增 1 076 万平方米。410 个攻坚县农村学校校舍总面积新增 972 万平方米,生均校舍面积从 2003 年的 3.92 平方米增加至 2006 年的 4.66 平方米。工程优先保证了学生生活服务用房和教学用房。新增校舍中,学生宿舍 699 万平方米,占新增校舍面积的 50.6%,学生食堂 146 万平方米,占 10.6%,教学及教学辅助用房 514 万平方米,占 37.2%,行政办公用房 18 万平方米,占 1.3%。

2. 推进"农村义务教育阶段学校教师特设岗位计划"

普及九年义务教育的关键是建立一支思想素质和业务素质优良、合格且稳定的教师队伍。2006 年,经国务院同意,教育部、财政部、人事部、中央编办启动了"农村义务教育阶段学校教师特设岗位计划"(以下简称"特岗计划")。中央财政设立专项资金,招募高校毕业生到西部"两基"攻坚县农村学校任教,及时缓解了"两基"攻坚县教师不足、素质不高的问题。特岗教师犹如一股春风吹进了广袤的田野,农村孩子不仅能上学,还能接受好老师带来的优质教育。至 2011 年底,国家"特岗计划"共招聘 23.5 万名特岗教师,赴 22 个省区、1 023 个县、2.8 万所农村学校任教。服务期满后,特岗教师连续 3 年留任比例均达 87%以上。

一花引来百花开。各地纷纷按照各自的情况实施了地方"特岗计划"。

湖北省为解决"老、少、边、贫"地区乡村学校缺少合格教师和骨干教师不稳定的问题,于 2004 年启动了"农村教师资助行动计划"。2006 年以后,湖北省又结合"特岗计划",每年选派优秀大学本科毕业生到乡镇以下农村学校任教,他们被称为"资教"教师。目前，湖北通过这项计划已选派2万多名教师到农村学校任教，为加强农村中小学教师队伍建设、提高教师队伍整体素质发挥了积极作用。

宁夏为解决宁南山区中小学教师紧缺问题，要求山区机关事业单位限期清退所占用的教职工编制；同时，从2004年至2007年，每年组织1 000名大学生志愿者到山区乡以下学校支教1年，所需费用全部由自治区财政承担。

广西2004—2006年共招聘录用了4.5万名中小学教师，在分配教师编制时，重点向寄宿制工程学校和教学点倾斜。

甘肃从2007年起，每年为农村中小学新增5 000个教师编制，并从全省普通高校选拔5 000名毕业生到农村中小学支教。

重庆2002年一次性按照教师合格标准，从农村义务教育阶段学校代课人员中招聘8 000名公办教师。

新疆2003—2007年累计投入5 700万元，培养培训少数民族汉语和"双语"教师1万多名。

3. 实施农村中小学现代远程教育工程

农村地区，特别是贫困地区，教育基础薄弱，教育资源匮乏，教师资源整体水平不高，但又没有更多的资源投入，靠自身提升教育教学质量具有太多的困难，而用信息化带动教育发展不失为有效的办法，是解决农村贫困地区学生"学得好"问题的有效途径。在这个背景下，2003年9月，全国农村教育工作会议召开，下发了《国务院关于进一步加强农村教育工作的决定》，明确提出："实施农村中小学现代远程教育工程，促进城乡优质教育资源共享，提高农村教育质量和效益。"经过5年的努力，中央和地方共投入111亿元，其中中央投入50亿元，地方投入61亿元。远程教育工程共配备教学光盘播放设备40.2万套、卫星教学收视系统27.9万套、计算机教室和多媒体设备4.5万套，工程覆盖中西部36万所农村中小学。1亿多农村中小学生得以共享优质教育资源，各地有80多万名教师接受了较为系统的远程教育应用培训。同时，逐步建立和完善了以县为主，国家、省、地（市）、县四级技术服务支持体系，使所有中西部农村中小学生可以与城市学生共享优质教育资源。孩子们高兴地说："大山再也挡不住知识了！"

2007年底，中国西部地区基本普及九年义务教育、基本扫除青壮年文盲攻坚计划如期完成，西部地区共有368个县（市、区）和其他县级行政区划单位实现"两基"，24个省、自治区、直辖市全面实现"两基"，西部地区"两基"人口覆盖率从2003年的77%提高到2007年的98%，青壮年文盲率下降到4%以下。全国共有3 022个县（市、区）和其他县级行政区划单位实现"两基"，"两基"人口覆盖率达到99%，青壮年文盲率下降到3.58%。这标志着我国全民教育达到了一个新的水平。

2011年底，随着我国西部42个边远贫困县实现"两基"目标，全国所有县（市、区）和其他县级行政区划单位、所有省级行政区全部通过普及九年义务教育和扫除青壮年文盲的国家验收，实现"两基"目标，全国"两基"人口覆盖率达到100%，初中阶段毛入学率超过100%，青壮年文盲率下降到1.08%。

中国全面实现"两基"目标，为世界全民教育和文明进步作出了重大贡献。目前，在9个发展中人口大国中，我国是唯一全面实现联合国全民教育目标的国家。中国实现"两基"目标，所取得的全民教育的突出成就获得了国际社会的高度评价。联合国教科文组织认为，中国为世界全民教育发展作出了突出贡献，是发展中国家推进全民教育的成功范例。[①]

二、实现免费，建立义务教育经费保障机制

在我国全面实现"两基"目标的过程中，实现"两基"困难的县大都是贫困县、少数民族县和边疆县，是贫困人口聚集区域，学生上学的学费和各项杂费对于这些贫困地区的家庭而言是一笔不小的开支，有的家庭确实难以承担，这也是导致贫困地区适龄儿童辍学的重要原因。中共中央党校经济学部中国农村九年义务教育调查组总结了影响学生继续求学的五个因素，即贫困、学困、校困、师困、前景贫困，其中，贫困是首要因素。为此，减轻农民负担工作被摆上了议事日程。

1. 推行"一费制"

1990年以来，教育收费一直呈上升趋势，很多学校擅自加收教育款项，造成乱收费现象，无形之中加重了学生家庭的经济负担。为治理乱收费，切实减轻学生家长，特别是农村家长的负担，自2000年始，教育部、国家计委、财政部多次下发专门通知，要求各地严格规范收费审批的程序，稳定收费标准，禁止一切乱收费行为。2001年5月，国务院颁发《国务院关于基础教育改革与发展的决定》，规定："采取有力措施，坚决刹住一些地方和学校的乱收费，控制学校收费标准，切实减轻学生家长特别是农村学生家长负担。在国家扶贫开发工作重点县等农村贫困地区义务教育阶段，实行由中央有关部门规定杂费、书本费标准的'一费制'收费制度。"

所谓"一费制"就是在严格核定杂费、课本费标准的基础上，一次性统一向学生收取费用。中共中央办公厅、国务院办公厅2001年8月召开了"全国减轻农民

---

① 改革开放30年中国教育改革与发展课题组.教育大国的崛起1978–2008 [M].北京：教育科学出版社，2008：165.

负担工作电视电话会议",将实行贫困地区农村中小学收费"一费制"作为减轻农民负担的7项重点工作之一。2002年2月26日,教育部、国家计委、财政部又下发了《关于切实做好2002年农村贫困地区义务教育阶段"一费制"试行工作的通知》。2004年3月,教育部、国家发展改革委、财政部下发《关于在全国义务教育阶段学校推行"一费制"收费办法的意见》,要求从2004年秋季开始,在全国政府办的普通小学和普通初中实行"一费制",并且要求进城务工人员随迁子女接受义务教育的收费与当地学生一视同仁。"一费制"规范了农村中小学的收费行为,在制止学校乱收费和教育腐败方面成效显著,提高了入学率,降低了辍学率。

2. 实施"两免一补"工程

针对农村贫困地区在校生因贫失学、辍学率上升的趋势,为了让农村贫困孩子在学校"留得住",2003年,《国务院关于进一步加强农村教育工作的决定》提出,争取让全国农村的家庭经济困难学生都能在义务教育阶段享受到"两免一补"政策,即免除学杂费、免费提供教科书和补助家庭经济困难寄宿生生活费,努力做到不让学生因家庭经济困难而失学。2005年底,国务院决定深化农村义务教育经费保障机制改革,从2006年春季学期开始,免除西部地区农村义务教育阶段学生学杂费,从2007年春季学期开始,免除全国所有农村义务教育阶段学生学杂费。同时,继续对义务教育阶段家庭经济困难的学生免费提供教科书并补助寄宿生生活费。

"新的学期到学校,'两免一补'真热闹;爸爸妈妈开怀笑,同学们乐得呱呱叫;老师轻松把名报,勤奋学习把国报。"这是2006年春季开学时流传在重庆市石鞋中学的一首新童谣。这年的春天,春寒料峭,但对于西部农村的孩子们来说,这个新学期却格外温暖,因为从今以后,他们上学再也不用缴纳学杂费了!

3. 实现免费义务教育

2005年11月10日,教育部发布《中国全民教育国家报告》,提出力争到2010年全国农村地区全部实行免费义务教育,到2015年全国普遍实行免费义务教育,这是中国政府第一次明确提出实施免费义务教育时间表。同年11月28日,温家宝在联合国教科文组织第五届全民教育高层会上表态:"从明年(2006年)开始,中国将用两年时间在农村全面免除义务教育阶段的学杂费。"从而将在农村实行免费义务教育的时间提前了3年。

2006年6月29日,全国人大常委会通过修订《中华人民共和国义务教育法》,首次将义务教育免费原则写入了法律,且在第二条明确规定:"实施义务教育,不收学费、杂费。"

免费义务教育,这个几代中国人的梦想,终于逐步成为现实。随之而来的是,几年间，许多因贫困而失学的农村学生开始返校上学，农民群众奔走相告、欢欣鼓舞。据悉，仅广西壮族自治区就回流学生 21 万名，四川省回流的学生也达 20 万之多。

由此，我国农村地区适龄儿童"上学难、上学贵"的问题得到了基本解决，农村学生入学率出现整体性的较大幅度的提升，"普九"成果得到了进一步巩固。

全部免除义务教育阶段学杂费，实现免费上学，惠及 1.5 亿农村学生。农民群众高兴地说："种田不纳税，上学不缴费，农民得实惠，和谐好社会。"

4. 建立义务教育经费保障机制

长期以来，由于中国人口规模巨大，经济基础薄弱，中央和地方财政都十分困难，有限的财政很难支撑如此庞大的义务教育体系。在改革开放初期，百废待兴，各行各业都在逐步恢复，也需要大量资金，财政根本拿不出更多的经费来发展教育事业。中国向来有尊师重教的传统，改革开放后，党和国家重视教育发展，老百姓办学热情高，愿意资助教育事业。在此背景下，山东平度创造了"人民教育人民办，办好教育为人民"的经验，并被迅速推广到全国，调动了地方政府和人民办学的"两个积极性"，开了以政府为主、社会支持和人民参与发展教育的先河。

1985 年的《中共中央关于教育体制改革的决定》和 1986 年的《中华人民共和国义务教育法》把义务教育的管理体制正式确定为"在国务院领导下，实行地方负责、分级管理"的体制，把办学权、管理权下放给地方，实行"县、乡、村三级办学，县乡两级管理"的制度。这一制度事实上是"以乡为主"的管理体制。

20 世纪 90 年代末，随着乡镇企业的式微和国家分税制改革的推进，地方财政日益困难，加上后来停止农村教育集资、取消农村教育费附加等政策，"分级办学，分级管理""以乡镇为主"的农村基础教育管理体制难以维系农村教育的发展。"最大规模的教育给了最没钱的政府"，财力薄弱的县乡政府几乎承担了义务教育财政支出的全部。农村义务教育成为我国教育事业发展中最为薄弱的一环，发展举步维艰。特别是一些贫困地区的乡镇，更是不能维持农村义务教育的日常开支，拖欠教师工资的情况屡见不鲜，有的甚至连基本的办公经费都不能保障。在此背景下，2001 年国务院颁发了《国务院关于基础教育改革与发展的决定》，明确规定农村义务教育管理"实行在国务院领导下，由地方政府负责，分级管理，以县为主的体制"。同年 6 月，国务院召开全国基础教育工作会议，要求实现"两个转变"，即农村义务教育的经费由以农民承担为主转为以政府承担为主和农村义务教育管理由以乡镇为主转为以县为主。2003 年，国务院出台《国务院关于进一步加强农村义务教育工作的决定》，再次确认农村义务教育"以县为主"的管理体制。

这一管理体制随着时间的推移也逐步暴露出它的不足：一是"以县为主"没有明确各级政府的责任，并不能从根本上解决农村义务教育经费严重不足的问题，特别是农村贫困地区的经费更是难以保障；二是在县域内配置教育资源并不能彻底改变区域之间的教育发展差距，教育均衡、公平问题仍然严峻。特别是历经分税制、税费改革以后，农村义务教育经费更是逃不脱"小马拉大车"的窘境。为了改变这一局面，2005年12月，《国务院关于深化农村义务教育经费保障机制改革的通知》明确将农村义务教育全面纳入公共财政保障范围，建立中央和地方分项目、按比例分担的农村义务教育经费保障机制。2006年6月29日，全国人大常委会通过修订《中华人民共和国义务教育法》，在第二条明确规定"国家建立义务教育经费保障机制，保证义务教育制度实施"，从法律的角度明确了"义务教育经费投入实行国务院和地方各级人民政府根据职责共同负担"的经费保障体系，确定了义务教育经费保障机制，使农村义务教育经费投入重心上移，并加强中央和省级政府对义务教育的投入责任，进一步对"地方负责、分级管理""以县为主"的管理体制做出重大调整，完成了"人民教育人民办"向"人民教育政府办"的根本性转变，从而确保了义务教育经费的投入，也为义务教育的均衡发展创造了条件。

建立农村义务教育经费保障新机制，是党中央、国务院从构建社会主义和谐社会和建设社会主义新农村的大局出发所做出的重大决策，是惠及亿万农民群众的民心工程，是促进农村义务教育持续健康发展的治本之策。新机制提出，在2006年至2010年的5年内，中央和地方各级政府将累计新增农村义务教育经费2 182亿元，全部免除农村义务教育阶段学生学杂费，对贫困家庭学生提供免费教科书并补助寄宿生生活费，提高公用经费保障水平，建立校舍维修改造长效机制，巩固和完善农村中小学教师工资保障机制。这一政策惠及40多万所农村中小学、5 000多万名农村义务教育阶段学生，大量因贫辍学的农家娃得以重返校园。建立义务教育经费保障新机制使人人接受义务教育机会的公平上升到公平的机会，使所有有困难的孩子能够不失时机地享受到这种机会。

三、提高质量，控辍保学，树立第一人口大国的义务教育丰碑

虽然我国在2011年宣布全面实现了"两基"目标，但农村贫困地区由于各种原因，辍学现象比较突出，部分地区教育质量堪忧，所以义务教育阶段的巩固提高任务仍然艰巨。2010年颁布的《国家中长期教育改革和发展规划纲要（2010—2020年）》明确要求巩固义务教育普及成果，提出"到2020年，全面提高普及水平，全

面提高教育质量，基本实现区域内均衡发展，确保适龄儿童少年接受良好义务教育"。

其重点是关注民族地区和经济欠发达地区的义务教育均衡发展。一方面，通过出台有关乡村教师、小规模学校和寄宿制学校的政策，鼓励教师在边远艰苦地区长期从教；另一方面，把全面推进中小学教育信息化作为促进义务教育均衡发展的重要战略举措，大力开发和整合优质教育资源，在义务教育阶段学校，特别是农村薄弱学校大力开展教育信息化建设，不断促进城乡优质教育资源共享，有效促进教育质量提高。同时，率先实施农村义务教育营养改善计划，实施面向贫困地区定向招生专项计划，进一步加大现有国家教育发展项目对贫困地区的倾斜力度。

"十一五"规划以来，我国连续推出三个《国家基本公共服务均等化发展规划》，把义务教育作为基本公共教育服务重点保障。各地区推进基本公共服务均等化规划，并按照各地实际情况提高均等化标准，通过政府购买服务和财政补贴等方式，扩大公共教育资源覆盖面。各地不断完善资助政策体系，根据教育普及程度和经济发展情况，逐步提高对连片特困地区家庭经济困难和城镇低保家庭子女接受教育的资助标准，扩大覆盖面。确保弱势群体接受均等的公共教育服务。

针对特别贫困地区的困难，近年来，一方面，实施精准教育扶贫工程，全面改善贫困地区义务教育薄弱学校的基本办学条件。全面实施贫困地区农村义务教育营养改善计划，显著提高农村学生的身体素质；继续推进国家专项计划、地方专项计划、高校专项计划等，大幅增加重点面向农村贫困地区的招生人数；加强各级教育的贫困学生资助力度，不让一个孩子掉队。另一方面，不懈追求，全面提高人才培养质量。制定乡村教师支持计划，促进师资均衡配置，提高教师的教育教学水平；深化考试招生制度改革，力争在人才培养体制上取得突破；研制学科课程标准与学业质量标准等，完善教育质量标准和监测评价体制等，密集出台新的改革举措，显示中国对"更好更公平的教育梦"的不断追求。

自实行义务教育以来，在我国广袤的西部地区，"控辍保学"一直是一场没有硝烟的战斗。为了让义务教育政策惠及每一个西部孩子，各级党委政府做出了极大的努力，千方百计，排除万难，因地制宜，创造性地开展工作，积累了许多宝贵经验。

2003年3月16日，甘肃省酒泉市肃州区总寨镇人民政府决定，对于永哉等12名义务教育阶段学生的法定监护人依法进行起诉。镇长马建斌向法庭递交了起诉书，依法请求判令被告人尽到监护人义务，送子女上学。经双方陈述、辩护，最终总寨镇人民法庭做出民事调解："被告人继续履行监护人义务，让子女返校接受教育至初中毕业……"第二天，12名监护人先后把孩子送到了学校。人民政府用法律武器捍卫了12名学生受教育的权利,使他们顺利地完成了九年义务教育。为了破解"控辍保学"难题,肃州区教育局坚持"普九"重中之重不动摇,把"控辍保学"纳入了政府工作的议事日程。仅2003年,全区就先后动员247名辍学学生返校。一时间,依法督学、以情劝学、教改促学在当地蔚然成风。

2006年,宁夏泾源县泾河源镇年满16岁的回族女孩吴芹回到阔别两年的红土中学继续上初二。两年前,因为母亲生病,她不得不辍学回家照顾母亲,后来母亲干脆反对她继续上学。2005年春节前后,由镇里和村上的几位干部组成的劝学小组了解到她的情况后,多次上门动员她返校。了解到吴芹辍学的真正原因是因为家贫后,劝学小组拿定主意,由村里出面,无偿给吴家3头奶牛,解决她家的经济困难。村长还趁热打铁地说:"让娃儿上学吧,如今国家的政策多好啊,不仅免了娃儿上学的学杂费,还给补贴呢!再说,娃儿不上学,没有知识,将来外出打工也不容易呀!"多管齐下,终于打动了吴芹的父母,他们不好意思地说:"村里这么照顾我们,再不让娃儿上学,今后在村里别抬头了。"

从2005年至2006年,像吴芹这样辍学后又被劝返校的初中学生在当地有1 800多人。在这个数字的背后活跃着一个个由县、乡、村领导和工作人员组成的劝学小组。由于当地群众思想观念保守,劝学小组在工作中遇到了极大的困难。有一次,县长带着劝学小组成员来到一位村民家劝学。没想到家长的态度非常强硬,不仅不为所动,还把县长一行人轰出了家门。"再难也得做工作!"截至2006年,泾源县全县的适龄人口初中入学率由原来的46.7%一跃提高到95.8%,达到了"普九"标准。

普及九年义务教育是一部战天斗地的宏大史诗,谱写的是一曲动人心魄的壮丽凯歌。据2018年全国教育事业统计,我国共有义务教育阶段学校21.38万所,九年义务教育巩固率达94.2%,达到发达国家的平均水平,成为发展中国家中最靓丽的一道风景线。

第六章
促进义务教育均衡发展

义务教育普遍实现以后，由于我国经济社会发展不平衡，各地义务教育资源配置不合理、学校发展不均衡。进入21世纪，我国把实现义务教育的均衡发展作为促进教育公平的关键环节，国家进行了顶层设计，制定了时间表、路线图，各省、自治区、直辖市制定了义务教育均衡标准，县级政府各部门协同履职，迅速提高了义务教育均衡发展水平，显示了一个负责任大国推进教育公平的决心、智慧与担当。

地处北京市北郊的北苑中学是一所地地道道的农村中学,但从校园内的建筑和校园环境来看,很难想到这是一所农村学校。说起学校近年来的变化,校长代宝刚掩饰不住内心的兴奋。他说:"推进义务教育均衡发展,实施初中建设工程和中小学达标工程,让我们这样的农村校有了脱胎换骨的变化。"

几年前,北苑中学的校园还破旧不堪,操场上黄土露天,一刮风就满天灰尘,一下雨就满地泥泞。从2006年到2010年,市区两级财政为这样一所生源以外来务工人员子女为主的农村校投入了3 700多万元。北苑中学的变化只是北京市近年来推进义务教育均衡发展的一个缩影。在推进义务教育均衡发展上,北京市强调政府的法定责任,每年新增教育经费的70%用于农村教育。[1]北京市推进义务教育均衡发展的这个案例是全国大力推进义务教育均衡发展的写照。

义务教育强制性、免费性和普及性的本质属性决定了适龄儿童少年学生应就近入学,学校应就近招生。但现实生活中,一个时间内,义务教育阶段学校办学水平差异大、择校问题越来越严重等现象层出不穷,成为和谐社会中的不和谐"音符"。

第一节 义务教育均衡发展的迫切要求

2010年前后,我国虽然已经完全实现了免费九年义务教育,但长期以来由于我国经济发展不平衡,各地义务教育发展的差距很大。均衡发展是我国义务教育普及后的迫切要求。

一、义务教育经费投入差距大

义务教育经费投入城乡差距大。预算内教育事业费指国家拨付用于发展社会各种教育事业,特别是义务教育事业的经费支出,包括人员经费支出和公用经费支出[2],是教育事业健康发展的重要保障。2010年,全国普通小学生均预算内教育事业费城乡之比为1.19∶1,其中东部地区城乡差距最大,为1.29∶1,西部地区为1.07∶1,中部地区为1.05∶1,青海、湖南、上海3个省和直辖市城乡差距有所扩

---

[1] 翟博,蔡继乐,李凌,王超群.首都新曲奏华章[N].中国教育报,2012-07-03.
[2] 人员经费支出指的是学校教职工(包括临时聘用的人员)的各类劳动报酬和为上述人员缴纳的各项社会保险费等,以及对个人和家庭的补助。公用经费支出指学校购买商品和服务的支出(不包括用于购置固定资产的支出)以及其他资本性支出。

大。2010年，全国普通初中生均预算内教育事业费城乡之比为1.18∶1，其中东部地区城乡差距最大，为1.34∶1，西部地区为1.15∶1，中部地区为1.01∶1，西藏、青海、湖南、上海4个省、自治区、直辖市城乡差距有所扩大。总体来说，2010年，四川、青海、上海、海南、重庆、广东6个省、自治区、直辖市的义务教育投入城乡差距有所扩大。①

义务教育生均公用经费的区域、省际、县际差距大。公用经费水平是衡量教育投入水平的一项重要指标，直接关系到学校日常运转和教学活动的开展。公用经费水平的高低关系着学校教学活动开展的质量。但根据国家教育督导团发布的《国家教育督导报告2005》，相当多的小学、初中生均预算内公用经费严重不足，"保运转"问题依然突出。2004年，全国尚有113个县（区）的小学、142个县（区）的初中生均预算内公用经费为零，这些县（区）85％以上集中在中、西部地区。在江苏、河南、河北、陕西和广西，分别都有10个以上的县初中生均预算内公用经费为零。公用经费为零，学校根本无法正常运转、无法正常开展各项教学活动。

报告还显示，2004年，有三分之二的省份的生均预算内公用经费县际差距在10倍以上，初中尤为严重。东部地区的江苏、广东、天津，中部地区的河南和河北，西部地区的陕西和广西，都有相当一部分县（区）初中生均预算内公用经费不足本省平均水平的一半。2004年，初中生均预算内公用经费，东部地区平均为304元，西部地区为121元，东、西部地区之比2.5∶1。与2000年相比，初中生均拨款东、西部地区之比有所扩大，小学情况也与之类似。而中部地区小学、初中生均拨款均低于西部地区，其中生均预算内公用经费约低20％，与东部地区的差距则更大。②

即使是在国家建立义务教育经费保障机制后，生均公用经费支出的省际差距依然较大，明显大于经济差距。2010年，人均地方公共财政支出最高的省份与最低的省份的倍率为5.1，城镇居民平均每人全年可支配收入最高的省份与最低的省份的倍率为2.4，农村居民家庭人均纯收入最高的省份与最低的省份的倍率为4.1，而城镇小学、农村小学、城镇初中和农村初中生均公用经费支出水平最高的省份与最低的省份的倍率分别达到12.2、13.3、9.5和15.2，明显大于经济差距。③

---

① 教育部财务司，上海市教科院智力开发研究所.中国教育年度发展报告2005—2010［M］.北京：人民教育出版社，2013：97–98.
② 国家教育督导团发布《国家教育督导报告2005》［EB/OL］.中国政府网，2006-02-23［2019-07-11］.http://www.gov.cn/jrzg/2006-02/23/content_209293.htm.
③ 教育部财务司，上海市教科院智力开发研究所.中国教育经费年度发展报告2005—2010［M］.北京：人民教育出版社，2013：14.

二、义务教育学校办学条件差距大

衡量一所学校办学条件的指标很多,如占地面积、建筑面积、教学仪器设备、图书等。《国家教育督导报告2005》显示,小学和初中生均教学仪器设备配置水平,农村和中、西部地区依然较低,城乡间、地区间差距均较大。从城乡来看,2004年,农村小学生均教学仪器设备值为167元,城乡之比为2.9∶1,农村初中生均教学仪器设备值为269元,城乡之比为1.4∶1。① 2010年,农村小学、初中生均教学仪器设备值分别为305元、528元,远低于城市的739元、902元,城乡之比分别为2.4∶1和1.7∶1。② 2010年与2004年比较来看,小学城乡差距略有缩小,但初中城乡差距反而扩大了。

从地区来看,2004年,东部地区小学生均仪器设备值为382元,中部地区为266元,西部地区为213元,东、西部地区之比为1.8∶1,东、中部地区之比为1.4∶1。东部地区初中生均仪器设备值为474元,中部地区为289元,西部地区为242元,东、西部地区之比为2.0∶1,东、中部地区之比为1.6∶1,均比2002年有所扩大。③ 据统计,2010年,小学生均教学仪器设备值,东部地区为1 006元,中部地区为441元,西部地区为526元,④ 东部地区约为中、西部地区的2倍;初中生均教学仪器设备值,东部地区为1 295元,中部地区为571元,西部地区为520元,⑤ 东部地区超过中、西部地区2倍多。分省、自治区、直辖市来看,2010年,小学生均教学仪器设备值最高的上海(2 451元)是最低的江西(151元)的16.2倍,初中生均教学仪器设备值最高的上海(4 326元)是最低的云南(233元)的18.6倍。⑥

三、义务教育学校师资、生源差距大

义务教育学校质量存在很大差距,特别是师资水平等软性条件的差距所造成的教育不公平应当成为关注的重点。根据《国家教育督导报告2005》,部分地区农村学校教师不足,城镇学校"大班额"现象严重,校际之间优质教育资源配置不均衡

---

① 国家教育督导团发布《国家教育督导报告2005》[EB/OL].中国政府网,2006-02-23[2019-07-11].http://www.gov.cn/jrzg/2006-02/23/content_209293.htm.
② 教育部发展规划司.2010全国教育事业发展简明统计分析(内部资料)[R].2011:58.
③ 国家教育督导团发布《国家教育督导报告2005》[EB/OL].中国政府网,2006-02-23[2019-07-11].http://www.gov.cn/jrzg/2006-02/23/content_209293.htm.
④ 教育部发展规划司.2010全国教育事业发展简明统计分析(内部资料)[R].2011:207.
⑤ 教育部发展规划司.2010全国教育事业发展简明统计分析(内部资料)[R].2011:229.
⑥ 教育部发展规划司.2010全国教育事业发展简明统计分析(内部资料)[R].2011:58.

问题比较突出。我国义务教育学校的中级及以上职务教师比例,城乡间、地区间差距较大。2004年,全国农村小学高级教师的比例为35.9%,农村初中一级及以上职务教师的比例为32.3%,分别比城市低8.9个百分点和14.5个百分点。2010年,农村小学中、高级职称教师比例为52.1%,城市为58%,城乡差距为5.9个百分点;农村初中中、高级职称教师比例为52.3%,城市为64.6%,城乡差距为12.3个百分点。2010年与2004年相比,城乡中、高级职称教师比例差距略有缩小,但幅度不大。[①]

农村小学教师配置偏紧,农村义务教育教师学历层次城乡差距明显。根据《2004:中国教育发展报告》,从学科分布看,农村教师结构性缺编的整体情况比城市严重,各科均缺编的学校几乎占三分之一以上,其中,专职音、体、美教师和计算机、英语等学科的专任教师,各地普遍较缺。[②]据统计,2010年,农村小学生师比为17.4∶1,比城市低1.8,农村初中生师比为15.0∶1,与城市持平,农村小学教师配置明显偏紧。[③]2010年,全国农村小学大专及以上学历教师比例达到75.4%,城市为92.4%,城乡相差17个百分点;农村初中本科及以上学历教师比例为59.4%,城市为82.7%,城乡相差23.2个百分点,差距较大。

义务教育学校发展的不均衡已成为影响社会稳定和制约教育健康发展的瓶颈问题。义务教育城乡间、地区间、学校间的差距普遍存在。在城市,小学、初中择校热"高烧"不退,重点学校人满为患,学生的课桌挤到教师讲台边的现象比比皆是;在农村,父母进城陪读成为风潮,导致县镇学校挤不下、农村学校生源少的结构性矛盾突出,一些农村学校还出现了教师多于学生的极端现象。更为严重的是,由于义务教育阶段学校差距大,招生的恶性化竞争、学校的同质化发展、只关注学生考试分数等怪相丛生。

四、弱势群体难以享受公平的义务教育机会

贫困家庭学生、城市流动儿童、农村留守儿童成为义务教育的弱势群体,难以享受公平的受教育机会,突出地表现为贫困家庭学生因贫辍学、城市流动儿童难以在流入地就学、农村留守儿童因无父母陪伴而产生心理问题等。

我国贫困家庭数量庞大,家庭贫困仍是导致学生辍学的一个重要原因。2008

---

① 教育部发展规划司.2010全国教育事业发展简明统计分析(内部资料)[R].2011:57.
② 顾明远,檀传宝.2004:中国教育发展报告——变革中的教师与教师教育[M].北京:北京师范大学出版社,2004:31.
③ 教育部发展规划司.2010全国教育事业发展简明统计分析(内部资料)[R].2011:53.

年，国家制定新的农村贫困线测算标准，不再区分贫困人口和低收入人口，而以原来的低收入标准作为新的农村贫困标准，则当年农村贫困标准为1 196元，按这一标准测算，2008年年末农村贫困人口为4 007万人。①2009年中国农村贫困监测报告数据显示，截至2008年底，民族自治地方贫困人口达2 102.4万，占当年全国贫困人口的52.5%，全国民族扶贫县共267个，占全部国家扶贫县的45.2%。②2012年末，全国农村贫困人口为9 899万人。③陕西省妇联权益部与西安市社科院社会学所对陕西省两个贫困县的4个乡镇义务教育阶段儿童辍学状况进行的实际调查表明，家庭贫困仍是导致学生辍学的一个重要因素，且对女生的影响要大于男生。因父母双亡、父死母另嫁、父母智力低下或身体病残、单亲家庭、天灾人祸、家庭子女多等造成的家庭经济困难无力供养而辍学或正面临辍学的孩子不少，且女孩子因家庭经济原因辍学的要多一些。④

随着城镇化水平的不断提高，进城务工的农民越来越多，其子女就学的问题也就越来越突出。2005年我国城镇化率只有42.99%，2010年提升至49.9%。根据《中国2010年第六次人口普查资料》样本数据推算，城乡流动儿童规模为3 581万，在2005年基础上增加了41.37%，且有增长的趋势。2010年，我国小学阶段（6—11周岁）和初中阶段（12—14周岁）学龄儿童在流动儿童中所占比例分别为27.89%和13.21%，规模分别为999万和473万，与2005年相比，义务教育阶段流动儿童共增加347万，增幅为30.83%。⑤2006年新修订的《中华人民共和国义务教育法》从法律上确定了流动人口流入地政府要为流动人口子女提供平等接受义务教育的条件，但迫于义务教育学校容纳能力有限、财政压力大等原因，影响了流入地义务教育学校接纳流动儿童的数量。部分学校担心接纳流动儿童会影响教学质量而不愿意接收流动儿童，或者制造条件，"择优录取"成绩好的流动儿童；流动儿童的流动性强、对其的管理不规范确实会影响学校的正常教学和管理，于是一些学校开始变相收费，致使外来人员不堪重负。

农村留守儿童的教育是我国城镇化发展产生的又一个问题。根据《中国2010年第六次人口普查资料》样本数据推算，全国有农村留守儿童6 102.55万，占农村

---

① 中华人民共和国国家统计局.2008年全国国民经济和社会发展统计公报［EB/OL］.国家统计局官网，2009-02-26［2019-07-20］.http://www.stats.gov.cn/tjsj/zxfb/200902/t20090226_12542.html.
② 金东海，王爱兰，路宏.民族地区义务教育阶段贫困学生就学资助问题研究［J］.教育与经济，2011（2）.
③ 陈炜伟.2017年末我国农村贫困人口减少到3 046万人［N］.人民日报海外版，2018-02-02.
④ 赵银侠，宁焕侠，杨晖等.从社会支持系统看贫困地区儿童辍学现象——陕西贫困地区儿童辍学现象调研［N］.咸阳师范学院学报，2008年（4）.
⑤ 全国妇联.我国农村留守儿童状况研究报告［J］.世界教育信息，2015（6）.

儿童总数的37.7%，占全国儿童总数的21.88%。与2005年全国1%抽样调查估算数据相比，5年间全国农村留守儿童增加约242万。2010年，我国义务教育阶段留守儿童规模为2 948万，其中小学阶段（6—11岁）和初中阶段（12—14岁）学龄儿童分别占32.01%和16.30%，规模分别为1953万和995万。[1]留守儿童大多是交给爷爷奶奶照料或请他人照料，监护人一般年龄较大、文化水平低，或者由于要承担沉重的家庭内外事务，时间精力有限，不可能辅导小孩的学习，造成留守儿童学习落后，不少留守儿童学习目的不明确，学习习惯不好，不能完成家庭作业，逃学和辍学等情况时有发生。由于留守儿童长期与父母分离，在家里缺少与父母交流的机会，生理和心理上的需求得不到满足，长期下来往往会出现消极情绪。当遇到问题时，由于缺乏家长的正确引导，他们更容易产生严重的心理问题。有学者从心理学的角度对留守儿童问题进行了研究，发现留守儿童群体中性格内向儿童所占的比例要明显高于非留守儿童群体，并且前者神经过敏的比例要明显高于后者。一些教师认为，近一半的留守儿童存在性格缺陷，表现为冷漠、内向、孤独、自卑等。[2]

第二节 义务教育均衡发展的国家顶层设计

早在2001年，国务院下发的《关于基础教育改革与发展的决定》就指出了我国基础教育总体发展水平的不平衡状况。为扭转教育非均衡发展阶段产生的诸多教育、社会问题，党中央、国务院把农村教育作为教育工作的重中之重，明确提出新增教育经费主要满足农村教育发展的要求，组织实施国家西部地区"两基"攻坚计划、"农村中小学现代远程教育工程"，实行资助贫困家庭学生就学的"两免一补"政策，有力地促进我国区域之间、城乡之间义务教育的均衡发展，缩小地区差距。2005年，教育部出台《关于进一步推进义务教育均衡发展的若干意见》，要求各级教育行政部门统一思想认识，把推进义务教育均衡发展摆在重要位置，争取政府及有关部门的大力支持，努力推进义务教育均衡发展。2006年新修订的《中华人民共和国义务教育法》明确规定"国务院和县级以上地方人民政府应当合理配置教育资源，促进义务教育均衡发展"，这是首次从法律上规定"义务教育均衡发展"。2010年，《国家中长期教育改革和发展规划纲要（2010—2020年）》（以下简称《教育规

---

[1] 全国妇联.我国农村留守儿童状况研究报告［J］.世界教育信息，2015（6）.
[2] 王章华，黄丽群.农村留守儿童教育问题研究综述［J］.职业时空，2008（12）.

划纲要》）明确提出，要推进义务教育均衡发展，均衡发展是义务教育的战略性任务，是促进教育公平的重点工作。

中央高度重视并务实推进义务教育均衡工作，充分发挥我国的制度性优势和团结奋斗的民族精神，通过顶层制度设计，明确推进义务教育的主要任务目标、与各省签订义务教育均衡备忘录、加大财政投入做好保障、启动国家义务教育均衡督导评估工作等都显示了一个负责任大国推进教育公平的决心与智慧、勇气与担当。

一、明确义务教育均衡发展的主要任务和目标

1.明确义务教育均衡发展的主要任务

2010年7月，中央发布了《教育规划纲要》，把均衡发展作为义务教育的战略性任务，明确了建立健全义务教育均衡发展保障机制，推进义务教育学校标准化建设，均衡配置教师、设备、图书、校舍等资源的目标。

《教育规划纲要》从三个方面提出了均衡发展的重点。一是切实缩小校际差距，着力解决择校问题：加快薄弱学校改造，着力提高师资水平；实行县（区）域内教师、校长交流制度；实行优质普通高中和优质中等职业学校招生名额合理分配到区域内初中的办法；义务教育阶段不得设置重点学校和重点班；在保障适龄儿童少年就近进入公办学校的前提下，发展民办教育，提供选择机会。二是加快缩小城乡差距：建立城乡一体化义务教育发展机制，在财政拨款、学校建设、教师配置等方面向农村倾斜；率先在县（区）域内实现城乡均衡发展，逐步在更大范围内推进。三是努力缩小区域差距，加大对革命老区、民族地区、边疆地区、贫困地区义务教育的转移支付力度，鼓励发达地区支援欠发达地区。

2.明确义务教育均衡发展的目标

《教育规划纲要》提出，到2020年，要"全面提高普及水平，全面提高教育质量，基本实现区域内均衡发展，确保适龄儿童少年接受良好义务教育"。为贯彻落实《教育规划纲要》，2012年9月5日，国务院印发《关于深入推进义务教育均衡发展的意见》，进一步提出推进义务教育均衡发展的基本目标：每一所学校符合国家办学标准，办学经费得到保障。教育资源满足学校教育教学需要，开齐国家规定课程。教师配置更加合理，提高教师整体素质。学校班额符合国家规定标准，消除"大班额"现象。率先在县域内实现义务教育基本均衡发展，县域内学校之间差距明显缩小。到2015年，全国义务教育巩固率达到93%，实现基本均衡的县（市、区）比例达到65%；到2020年，全国义务教育巩固率达到95%，实现基本均衡的

县（市、区）比例达到 95%。

二、签署义务教育均衡发展备忘录，压实省级政府职责

教育部与各省、自治区、直辖市签署义务教育均衡发展备忘录，体现了国家对各省份意见的尊重，采用了协商的方式，上下一心，团结协作，形成合力，为深入推进义务教育均衡发展共同努力。签署义务教育均衡发展备忘录也充分体现了分类指导、实事求是的原则，在坚持基本要求的前提下，体现一省一特色。从 2011 年 3 月开始，教育部分三批先后与各省、自治区、直辖市签署了义务教育均衡发展备忘录，对未来十年义务教育改革与发展进行了系统规划。2012 年 9 月 6 日，教育部与四川、西藏、甘肃、青海四省、自治区人民政府正式签署了义务教育均衡发展备忘录。至此，31 个省、自治区、直辖市和新疆生产建设兵团全部完成了备忘录的签署工作。[①]

在实施备忘录的过程中，教育部还通过组织实施的义务教育学校标准化建设、农村义务教育阶段学校教师特设岗位计划、中小学教师国家级培训计划等项目，在义务教育经费保障机制、中小学校舍安全工程、农村义务教育薄弱学校改造、教师的配置与培训、教育信息化等方面加大对各省、自治区、直辖市的支持力度。

三、高度关注农村地区和困难群体，补齐义务教育均衡发展的短板

1. 出台农村义务教育政策，守住教育公平的起点

中国义务教育最大的"分母"在农村，最薄弱的环节也在农村。如果无法补齐短板、保住底线、清除内部存在的巨大差异，义务教育均衡发展的基础就是不牢固的。为守住教育公平的起点，补齐农村教育发展中突出存在的短板问题，国家采取了一系列政策措施，以"组合拳"方式向农村地区倾斜。2005 年国务院印发《关于深化农村义务教育经费保障机制改革的通知》，次年，义务教育保障新机制的覆盖范围已经从西部扩大到中部和东部的全部农村地区，不仅有效减轻了农民家庭子女接受义务教育的经济负担，而且打破了多年来制约普及农村义务教育的经费瓶颈，成为继免除农业税之后又一个德政工程和民心工程。2012 年至 2014 年，国家下拨农村义务教育经费保障资金以 2.08%、6.45% 的比例逐年递增。[②] 从 2014 年起，在

---

① 政府签署备忘录：开启义务教育均衡发展新篇章 [N]. 中国教育报，2012-09-07.
② 教育规划纲要中期评估义务教育专题评估报告显示——九年义务教育实现全面普及 [N]. 中国教育报，2015-11-27.

提高农村义务教育公用经费基准定额的基础上，国家进一步提高农村寄宿制学校公用经费。而在提高乡村教师待遇方面，仅2013年，中央财政就对已实施乡村教师补助的205个县给予了综合性奖补，共安排资金9.15亿元。2015年国务院办公厅印发《乡村教师支持计划（2015—2020年）》，提出到2020年，努力造就一支素质优良、甘于奉献、扎根乡村的教师队伍，为基本实现教育现代化提供坚强有力的师资保障。① 2016年《国务院关于统筹推进县域内城乡义务教育一体化改革发展的若干意见》就如何采取有效措施，打破体制机制障碍、城乡二元结构壁垒，彻底解决缩小校际差距、城乡差距的问题，以乡村教育为重点，全面提高教育质量，提出了目标任务和明确要求。

2. 关注贫困地区和薄弱学校，兜住教育公平的底线

"不让一个学生因贫困辍学"是中国政府的郑重承诺。2013年，国务院部署全面改善贫困地区义务教育薄弱学校基本办学条件，审议通过教育部、国家发改委、财政部《关于全面改善贫困地区义务教育薄弱学校基本办学条件的意见》，把满足基本需求放在首位，调整中央和省级财政教育支出结构，最大限度地向贫困地区义务教育薄弱环节倾斜。2013年，仅学生营养改善计划一项就惠及3 000多万名农村贫困地区义务教育阶段学生。2014年，农村义务教育学生营养餐补助标准从3元/人提高至4元/人，进一步提高了3 000多万名农村孩子的营养保障水平。2017年，国务院办公厅印发《关于进一步加强控辍保学提高义务教育巩固水平的通知》，明确要求：政府要履行义务教育控辍保学法定职责，补短板、控底线，完善行政督促复学机制，建立义务教育入学联控联保工作机制。用人单位不得违法招用未满16周岁的未成年人；父母或者其他法定监护人应当依法送适龄儿童少年按时入学接受并完成义务教育；学校要建立和完善相关制度，配合做好劝返复学工作。优化学校布局规划，规范学校撤并程序，加强寄宿制学校建设，在人少路远、交通不便的地方适当保留或设置教学点，妥善解决农村学生上学远和寄宿学生家校往返交通问题。切实保障适龄儿童少年依法接受义务教育，确保实现到2020年全国九年义务教育巩固率达到95%的目标。

四、加大财政投入，优先保障义务教育均衡发展

义务教育要实现均衡发展，财政投入上的优先保障是重要前提。2012年，国家财政性教育经费支出达2.3万亿元，首次突破2万亿元，占国内生产总值的比例

---

① 柴葳，万玉凤. 教育强国的足迹·教育规划纲要实施5周年特别报道：求解公平[N]. 中国教育报，2015-12-17.

达 4.28%，实现了《教育规划纲要》提出的 4% 这一目标，成为我国教育史上的一个重要里程碑。国家财政对义务教育的投入力度不断加大。2017 年，全国义务教育经费投入占全国教育经费总投入的 45.9%，总投入达到 19 358 亿元，普通小学生均一般公共预算事业费达到 10 199 元，初中达到 13 769 元。2018 年，义务教育阶段，全部在校生享受了免学杂费政策和国家免费教科书政策，8 615.77 万名学生享受了地方免费教科书政策；3 700 万名学生享受了营养膳食补助，1 499.58 万名学生享受了寄宿生生活费补助。①

五、启动国家义务教育督导评估认定工作

推进教育公平，实现义务教育均衡发展的目标和任务，需要一个强有力的推动机制，开展督导评估成为推进义务教育均衡发展的重要抓手，但如何评估、以什么标准评估成为摆在教育决策者和执行者面前的一个难题。为判断义务教育均衡发展的状况及程度，迫切需要一把科学合理、易于测量的"尺子"。2012 年，教育部印发《县域义务教育均衡发展督导评估暂行办法》，让县级政府对判断义务教育均衡发展情况有了科学的"度量尺"，为义务教育学校摸清了"家底"，让薄弱学校争取资源有了政策依据，让老百姓心中有了衡量公平的工具，最终让每一个孩子都接受到公平的义务教育。

《县域义务教育均衡发展督导评估暂行办法》的主要内容可以概括为"一个门槛""两项内容""一个参考"。

"一个门槛"即基本办学标准评估。要求在对一个县进行评估认定前，要对其所辖义务教育阶段学校是否达到本省基本办学标准进行评估。达到这一条件的县才有资格接受义务教育均衡督导评估认定。

"两项内容"是义务教育均衡督导评估认定的核心内容，包括对县域义务教育校际间差距的评估和对县级政府推进义务教育均衡发展工作的评估两个方面。

对县域义务教育校际间差距的评估是以生均教学及辅助用房面积、生均体育运动场馆面积、生均教学仪器设备值、每百名学生拥有计算机台数、生均图书册数、师生比、生均高于规定学历教师数、生均中级及以上专业技术职务教师数等 8 项指标来分别计算小学、初中综合差异系数。评估其是否达到义务教育基本均衡评估的标准为：小学综合差异系数不高于 0.65，初中综合差异系数不高于 0.55。

---

① 全国受资助学生达 1.35 亿人次［N］.中国教育报，2019-03-01.

对县级政府推进义务教育均衡发展工作的评估主要通过入学机会、保障机制、教师队伍、质量与管理等 4 个方面的 17 项指标来衡量,每个指标赋一定分值,总分为 100 分;达到 85 分以上的县方可视为达到此项评估的要求。考虑到省情不同,省级在制定实施办法时可适当增加对县级政府工作评估指标。

"一个参考"是指将公众对本县义务教育均衡发展状况的满意度作为评估、认定一个县是否实现义务教育基本均衡的重要参考依据。

县域义务教育均衡发展督导评估认定自 2013 年启动以来,以平均每年 400 个县的速度在推进。截至 2018 年底,全国有 2 717 个县实现义务教育基本均衡发展,占全国总县数的 92.7%。中西部地区实现义务教育基本均衡发展的县数比例达到 90.5%。有 16 个省(区、市)整体通过评估认定。据统计,2013—2017 年,通过义务教育基本均衡县督导评估,全国共新建、改扩建学校约 26 万所,补充教师 172 万名,增加学位 2 725 万个,参与交流的校长和教师达 243 万人次。[①]

根据 2018 年初教育部门对全国 24 个大城市的重点监测调研数据,包括 19 个副省级及以上城市和福州、南昌、郑州、长沙、贵阳等 5 个省会城市在内的 24 个城市中,有 18 个城市已实现公办小学学生全部免试就近入学,[②] 上海、沈阳、深圳、济南、青岛等 9 个城市公办初中(不含寄宿制)学生也已全部实现免试就近入学。这表明,通过多措并举、持续治理,受社会广泛关注的"择校热"问题得到了有效缓解。

第三节　义务教育均衡发展的省级政府统筹

《中共中央关于全面深化改革若干重大问题的决定》明确提出"扩大省级政府教育统筹权"。省级政府是我国地方行政建制的最高层次,是相对独立的区域经济社会发展的规划单位。在我国教育管理体制中,省级政府具有独特的地位和优势。[③] 我国义务教育阶段拥有 20 多万所学校、1.5 亿学生。面对如此庞大的教育体系,推进义务教育均衡发展,必须充分发挥省级政府在义务教育布局结构调整、教师队伍建设、教育经费使用等方面的统筹作用,在省域范围内优化义务教育资源配置、推进教育公平、激发教育活力。

---

① 迈向公平而有质量的教育 [N].中国教育报,2018-09-05.
② 胡浩.我国 18 个重点监测大城市"幼升小"全部实现免试就近入学 [N].新华网,2018-02-05 [2019-07-12]. http://www.xinhuanet.com/city/2018-02/06/c_129806275.htm.
③ 谢广祥.如何扩大省级政府教育统筹权 [J].求是,2014-02-01.

一、制定省级义务教育均衡发展标准

《县域义务教育均衡发展督导评估暂行办法》规定，义务教育发展基本均衡县的评估认定应在其义务教育学校达到本省、自治区、直辖市办学基本标准后进行。2013年前后，各省、自治区、直辖市都根据相关的义务教育学校办学国家标准，相继制定了既适应当地经济社会发展状况，又与国家标准基本相符的省级义务教育均衡发展标准，并予以公布。制定省级义务教育均衡发展标准，为省级及以下各级政府合理配置义务教育资源、合理分解义务教育均衡发展的任务提供了抓手和依据，也便于省级及以下各级政府及相关部门对照义务教育学校基本办学标准的达成情况，有针对性地采取措施，推进教育公平。如湖北省的义务教育均衡标准包括生均用地面积、体育活动用地、生均校舍建筑面积、多媒体教室、生均图书等；云南省的义务教育均衡标准包括生均校舍建筑面积、班额、职师比、专任教师学历等。

二、明确各省份推进义务教育均衡发展的时间表

在各省级政府与教育部签署的义务教育均衡发展备忘录中，各省、自治区、直辖市都明确了推进义务教育均衡发展的时间表，大部分省、自治区、直辖市设置了2012年、2015年的阶段目标，这对各省份系统规划义务教育发展，推进义务教育均衡发展，促进义务教育公平发挥了重要的指导作用。可以说，如何均衡配置教育资源，缩小义务教育差距，成为备忘录签署后各省级政府的所思所想、所作所为。

各省、自治区、直辖市根据确定的义务教育均衡发展的目标、任务和责任层层分解、逐级落实。如北京、黑龙江、福建、浙江等地采取了省级政府与辖区内所有市级或县级政府签署义务教育均衡发展责任书（责任状）等形式，天津、河北、上海、浙江、广东等地通过加大财政投入、开展学校标准化建设、组织教育对口支援等多种形式，促进均衡配置教育资源，实现优质资源共享，提升薄弱学校办学水平，整体提高区域内教育质量，使义务教育均衡发展工作取得了积极进展。

三、加大投入，不断改善办学条件

近年来，各省、自治区、直辖市的财政部门紧紧围绕义务教育均衡发展备忘录的目标，加强义务教育均衡发展的总体规划，明晰投入方向，调整支出结构，不断加大财政资金对义务教育的投入力度，公用经费逐年增加，运转水平明显改善，教

近年来,云南省昆明市禄劝彝族苗族自治县投资12亿余元实施"农村中小学校标准化建设""教育信息化"等项目,建设42所农村中小学标准化学校,对251所中小学排危重建。上图为汤郎箐小学2018年所用的乒乓球台,下图为该校2011年时用的乒乓球台。(新华社 蔺以光/摄)

学质量显著提高，有力地促进了各地义务教育事业持续、快速、均衡发展。

根据中央安排，2014年山西农村义务教育阶段学校公用经费基准定额提高40元，达到年生均公用经费小学600元、初中800元。按照中央规定的资金分担比例，山西省财政积极安排资金2 000万元，确保提标政策落实到位。为促进全省义务教育均衡发展，吉林财政加大资金投入，提高经费保障水平。广西壮族自治区实施课桌椅更新工程、薄弱学校改造计划等教育系列工程，支持义务教育学校硬环境建设，提高义务教育办学条件。其中，2010—2013年，自治区本级财政累计安排4.2亿元，为3 557所农村义务教育阶段乡镇普通初中、中心小学和九年一贯制学校的298万名学生配置了新课桌椅；各级财政累计筹措70.45亿元农村义务教育薄弱学校改造计划资金，基本实现了41个国家和自治区营养改善计划试点县"校校有食堂"，并为义务教育学校配备多媒体、图书、教学仪器等。[①] 贵州省建立与地方财力状况、办学需求和物价水平等合理联动的各级各类公办学校生均财政拨款稳定增长机制。内蒙古自治区安排5亿元集中解决农村牧区义务教育阶段学校存在的"大通铺"、旱厕、学生宿舍卫生和淋浴设施短缺、食堂土灶台、火炉取暖等问题。[②]

四、促进师资均衡配置，提升教师职业吸引力

教师是教育的第一资源。在义务教育阶段，老百姓最关心教师资源的分配情况。在推进义务教育均衡发展的过程中，各省、自治区、直辖市在如何促进教师资源均衡配置方面想尽办法、动足脑筋。主要采取的办法有：健全教师补充机制，完善编制管理，通过定向培养、全科教师、特岗、支教、转岗培训等多种方式，重点解决乡村教师短缺问题，优化教师专业、学科、年龄和性别结构；完善校长和教师交流机制，促进师资均衡配置；创新培训内容和形式，持续促进教师的专业成长；提高教师待遇，增强教师职业吸引力；等等。

新疆启动地方特岗计划，改革招聘方式，形成上下联动的教师补充格局，13个县2017年共补充义务教育阶段教师1.4万人。湖南实行向农村倾斜的差别化待遇，落实了每人每月200—1 400元不等的多项乡村教师补助政策。西藏大力实施教师"暖心工程"，为中小学建设教工之家，为偏远学校教师发放交通补贴、生活补助、

---

① 各地财政：大力支持义务教育均衡发展［EB/OL］.中华人民共和国财政部网站，2014-09-05［2019-07-12］. http://www.mof.gov.cn/xinwenlianbo/quanguocaizhengxinxilianbo/201409/t20140902_1134701.html.
② 教育部.2018年全国义务教育均衡发展督导评估工作报告［EB/OL］.中华人民共和国教育部政府门户网站，2019-03-26［2019-07-12］. http://www.moe.gov.cn/fbh/live/2019/50415/sfcl/201903/t20190326_375275.html.

防寒服，购买人身意外保险，协调解决教师夫妻两地分居问题。[①]

五、组织省、自治区、直辖市内教育对口支援，实现优质资源共享

各省将义务教育作为重要的民生工程，给予高度重视，把保障和改善民生放在对口支援工作的优先位置，统筹安排教育对口支援工作，着力解决各地各族群众最直接、最现实、最迫切的教育问题。在省、自治区、直辖市内的对口支援活动中，各级教育行政部门要提供必要的服务和工作条件，积极协调支援方与受援方的沟通，各级各类学校要在全面落实各项对口支援任务的同时，不断拓宽合作渠道、创新合作方式、完善合作机制，促进互利共赢。

得益于教育对口支援工作，浙江省不少地区学校的办学条件不断改善，办学能力不断提升，对于促进浙江省教育均衡发展起到了极大的推动作用。浙江省已启动了4轮教育对口支援工作，29个受援县（市、区）全部通过了国家义务教育发展基本均衡县评估认定。据景宁县教育局统计，近5年来，该县获得援助资金700万元，新建校舍面积达59 208平方米，加固面积达49 624平方米，创建义务教育标准化学校16所，占全县学校总数的72.7%，强化名师结对培养40人，开展支教和挂职交流26人。[②]广东省的对口支援工作落得实、出成效。位于沿海经济发达地区的广州市、深圳市、汕头市、中山市、东莞市、江门市、佛山市、顺德市等9个市对口扶持15个扶贫开发工作重点县。地级以上市辖区内经济条件较好的县级市、镇或学校扶持本市贫困地区或经济条件较差地区的中小学，加快推进贫困地区和农村的义务教育均衡发展。

第四节　义务教育均衡发展的县级政府行动

我国基础教育实行以县为主的管理体制，这决定了县级政府在推进义务教育均衡发展过程中的主体地位。《县域义务教育均衡发展督导评估暂行办法》规定，"县

[①] 教育部.2018年全国义务教育均衡发展督导评估工作报告［EB/OL］.中华人民共和国教育部政府门户网站，2019-03-26［2019-07-12］.http://www.moe.gov.cn/fbh/live/2019/50415/sfcl/201903/t20190326_375275.html.

[②] 张乐琼.对口支援，山乡教育换新颜［N］.浙江教育报，2017-05-08.

级人民政府对本县义务教育均衡发展状况进行自评。自评达到要求的，报地市级复核后，向省级提出评估申请"。这进一步明确了县级政府的主体责任和市级政府的复核责任。2012年9月5日，国务院印发《国务院关于深入推进义务教育均衡发展的意见》，把县域义务教育均衡发展作为考核地方各级政府及其主要负责人的重要内容。我国各县级政府在推进义务教育均衡发展过程中强化组织领导，将义务教育均衡发展工作落到实处，各部门协同履职，通过体制机制创新，采取多种措施，有力缩小中小学校办学条件、教师的校际差距。

一、优化县级政府各部门协同履职

各县强化组织领导，确保义务教育均衡发展的各项工作协调推进。县级政府明确，由以县政府的主要领导为第一责任人，财政、人事、教育、发改、公安等部门负责人为成员的推进义务教育均衡发展工作领导小组负责教育工作的总体谋划、指挥调度和组织协调，将义务教育均衡发展工作职责和任务落到实处。

在全面推进义务教育均衡发展的工作过程中，财政、公安、税务、国土、发改、卫生、建设、规划等相关职能部门切实履行职责，高效合作，大力支持教育发展，教育经费足额拨付，教育费附加足额征收，教育用地优先规划，教育环境综合治理，形成了全社会重视教育、关心教育、支持教育的强大合力。

广东省台山市教育部门加强同有关部门的协调沟通，编制完善义务教育规划，积极推动县域内城乡义务教育均衡化改革发展的各项措施落实到位。发展改革部门将义务教育纳入国民经济和社会发展规划，在编制重大项目计划时优先支持义务教育学校建设项目。财政和教育部门深入贯彻落实进一步完善城乡义务教育经费保障机制的相关政策，积极建立和完善城乡统一、重在农村的义务教育经费保障机制。公安部门加强居住证管理，建立随迁子女登记制度，及时向同级教育行政部门通报有关信息。民政部门将符合条件的特殊困难流动留守儿童和家庭经济困难儿童纳入社会救助政策保障范围，落实兜底保障职责。机构编制和人力资源社会保障部门为推动实现统筹分配城乡学校教职工编制和岗位提供政策支持。国土资源部门依法切实保障学校建设用地，联合城乡规划部门编制《台山市教育设施布局专项规划（2017—2035）》，初步控规出64块教育用地。[①]

[①] 台山市教育局. 县域义务教育均衡发展工作情况［EB/OL］. 2018-11-08［2019-07-12］. http://www.cnts.gov.cn/jyj/0700/201811/a598991ce7da487889a5566260fcbd01.shtml.

二、加强农村和薄弱学校改造,缩小城乡学校差距

加强农村学校和薄弱学校的硬件建设,推进教育硬件资源配置均衡化,是县级政府缩小城乡学校差距的主要措施之一。各县全面落实义务教育经费保障机制,对义务教育均衡发展需求始终做到"三优先三增长",即"发展规划优先安排、财政资金优先保障、公共资源优先满足,教育财政拨款增长高于财政经常性收入增长、在校学生人数平均教育费用逐步增长、教师工资和学生人均公用经费逐步增长"。

四川省凉山州冕宁县把教育作为第一民生工程,把推进义务教育均衡发展作为教育工作的重中之重,不断加大教育财政投入,优化资源配置,千方百计改善城乡办学条件,努力缩小城乡、校际之间的差距,让城乡孩子共享优质的教育资源。多年来,为办好每一所学校,冕宁县把教育作为财政支出重点倾斜部门予以优先保障,紧紧围绕教育发展总体规划,明晰投入方向,调整支出结构,完善义务教育经费保障机制,不断加大财政资金对义务教育的投入力度,教育经费逐年增长,运转水平明显改善。①

山东省烟台市芝罘区先后投入薄弱学校扶持资金 3 100 万元,专项用于办学条件改善、仪器配备以及"班班通"工程建设;先后投入资金 170 万元,全面完成薄弱学校课桌椅更新;投入 870 万元,完成了 24 所薄弱学校"班班通"工程建设,实现了全区中小学教育信息装备配备一体化;投入 100 万元为 3 所学校高标准建成录播教室;投入 600 万元,完成城郊中小学仪器配备以及实验室改造,城郊学校全部达到省级规范化办学标准;全区学校集中供暖率达到 100%;投入 500 万元,在全区中小学安装直饮水设备,全区中小学生全部喝上了免费、健康、安全的直饮水。②

三、加强教师交流与培训,缩小校际师资差距

义务教育均衡发展不仅要有好的教学设施和办学条件,更要有一个均衡的教师资源配置作为保障。多措并举加强教师交流与培训,确保城乡师资均衡配备,是各县级政府缩小城乡学校差距的又一主要措施。教师管理涉及人事、组织、财政等多个部门,教师交流与培训的改革举措要落实到位,需要各县党委、政府高度重视这一工作,并注意加强相关部门与教育部门之间的统筹和协调。县级政府主要采取以下办法:开展城乡教师援助工程,通过开展城乡交流、校际交流、结对帮扶、定期

---

① 穆玉菊.冕宁:教育均衡之"花"绚丽绽放[N].凉山日报,2016-07-12.
② 张其天.烟台芝罘区优秀教师将到薄弱学校轮岗[N].烟台晚报,2014-08-30.

支教、挂职锻炼等活动，促进师资的均衡配置；落实教师全员培训制度，组织教师参加各级培训；实施乡村教师支持计划，提高教师从教待遇。

不少县级教育部门以教师流动为契机，突破体制障碍，以教师人事制度综合改革来推动教师流动常态化。

以浙江省嘉善县为例，很多教师流动的政策设计是"刚柔并济"的。如在职称评审的条件上，嘉善县规定，城镇义务教育学校教师申报中学高级职称须有3年农村任教经历，申报中级职称要有2年相关经历，并在评先、评优上向在流动工作中做出成绩的教师倾斜。同时，为了鼓励更多教师勇于流动，教师从家门口到学校都有专车接送，从城镇学校流动到农村学校的教师每个月拿到的津贴是原来的3倍，参与流动的名师可以优先享受一年一次的学术休假。①

在安徽省芜湖市弋江区，考虑到只有19所中小学、1 100名教师的区情，区里决定建立教师无校籍管理工作机制，成立教师管理中心，区属中小学所有在编、在岗教师实行"区管校用"，教师管理由"编制管理"向"岗位管理"转变，教师由"学校人"向"系统人"转变，实现教师资源的合理分配。为了促进教师系统内的流动，弋江区教育局将更多精力放在了教师的融合上，淡化教师对无校籍管理的关注，如成立学科工作站和名师工作站，引导教师参加学科活动，关注各种教学和教研活动，让教师真正去做教育，促使全区教师的有效融合。②

四、体制机制创新，助推义务教育均衡发展

在推进义务教育均衡发展的过程中，针对如何办好一批家门口的好学校，县级政府立足实际，积极探索，创造了一体化办学、集团化办学、新优质学校等多种模式，为撬动义务教育均衡发展提供了新动力、注入了新活力。

重庆市永川区在14所城乡学校创新开展一体化办学试点，在城乡教育同步方面打出一系列"组合拳"：创新"互联网+教育"模式，建成教育城域网，配备云课堂、"班班通"等，智慧教育基础条件和应用能力全面提升；创新开展城乡学校对口帮扶、"领雁工程"，实施片区教研，创新推进卓越课堂、实践大课堂"1+5"行动计划，初步形成义务教育发展与城镇化进程同步推进、基本协调的格局。③

贵州省镇远县实施集团化（学区化）办学改革。为探索突破区域发展差距，2014年镇远县启动实施了义务教育集团化（学区化）办学模式改革，组建了2个初中教育

---

①② 冯永亮，康丽.教师流动破解均衡难题［N］.中国教师报，2014-09-20.
③ 胡航宇.重庆永川区：一体化办学解"乡村弱城镇挤"［N］.中国教育报，2018-08-04.

集团、4个小学教育集团,并在城区学校实施"一校多区"办学体制改革。城区学校实施"一校多区",有效化解了城区中小学"择校热"和"大班额"问题。①

第五节　向更加公平更高质量的义务教育迈进

2015年5月,联合国教科文组织在韩国仁川发布了《仁川宣言》和《教育2030行动框架》,提出2030年全球教育的总体目标是"确保包容和公平的优质教育,让全民终身享有学习机会"。2015年,我国义务教育普及率超过高收入国家平均水平,义务教育发展水平跃居世界中上行列。②《中国教育现代化2035》将实现优质均衡的义务教育作为八项主要发展目标之一。进入新的历史时期,义务教育均衡发展承载着人民群众对教育公平和优质教育的新期望。

一、广大人民群众"上好学"需求呼唤公平优质的义务教育

进一步扩大优质教育资源覆盖面,满足广大人民群众"上好学"的现实需求,已经成为新时期各级政府推进义务教育均衡发展的重要任务。2016年国务院发布《国务院关于统筹推进县域内城乡义务教育一体化改革发展的若干意见》,明确各地要在县域义务教育发展基本均衡的基础上促进义务教育优质均衡发展,探索市(地)域义务教育优质均衡发展实现路径。这就要求各级政府要将义务教育工作重心转到全面提升教育质量上来,更多地关注教师队伍建设、学校管理、课程教学改革、学校信息化建设,最终实现让学生全面发展的目标。③

二、义务教育优质均衡发展成为未来的重要方向

2017年3月20日,国务院教育督导委员会发布《县域义务教育优质均衡发展督导评估办法》,指明新时期义务教育发展的工作重点和方向,引领教育行政部门把握

---

① 王芳君.集团化办学助推义务教育均衡[N].贵州民族报,2018-07-11.
② 教育经费占GDP的4%　保卫战背后的温情[N].中国青年报中青在线,2017-09-22.
③ 教育部督导局.开展优质均衡督导评估,推进义务教育公平优质发展[EB/OL].中华人民共和国教育部政府门户网站,2017-05-23[2019-07-12].http://www.moe.gov.cn/jyb_xwfb/xw_fbh/moe_2069/xwfbh_2017n/xwfb_070523/170523_sfcl/201705/t20170523_305438.html.

方向，聚焦质量，真正把工作重心转移到教师素质提升、课程教学改革、学生全面发展上，全面提高义务教育质量，满足人民群众"上好学"的现实需求。该办法还明确规定县域义务教育优质均衡发展评估结果，是上级人民政府对县级人民政府及其主要负责人履行教育职责进行评价、对地区教育发展水平进行综合评估的重要依据。

三、未来推进义务教育优质均衡发展的时间表

2019年2月，国家发展改革委网站公布了由国家发展改革委、中央宣传部、教育部等18个部委联合发布的《加大力度推动社会领域公共服务补短板强弱项提质量，促进形成强大国内市场的行动方案》，将推进义务教育均衡发展作为行动任务之一，明确提出推进义务教育优质均衡发展的时间表是：到2022年全面实现全国县域义务教育基本均衡发展，约20%的县（市、区）实现义务教育优质均衡发展。

未来，广大人民群众多样化可选择的教育需求将更多地得到满足，全体人民在共建共享发展中的获得感、幸福感、安全感将得到有效增进，每个孩子都将能享受到更公平更高质量的教育！

第七章
发展面向人人的职业教育

就业能力是生活的保障和获得社会尊严的基础。为了使每个人都过上有尊严的生活，我国努力举办面向人人的职业教育。从提出面向人人的职业教育到实现面向人人的职业教育，从为每个人提供平等的受职业教育机会到努力让每个职业教育学生的人生出彩，中国职业教育体系的形成经过了艰难的发展历程。《国家中长期教育改革和发展规划刚要（2010—2020年）》发布后，特别是党的十九大以后，我国职业教育的质量大幅提升，国家对职业教育的资助力度不断加大，劳动者的尊严不断提升。

2009年3月31日，时任国务院总理的温家宝视察湖北思远信息技术培训学院时说，职业教育就是就业教育，是面向人人、面向全社会的教育。他说，就业不仅关系他们的生活，而且关系他们的社会地位和人的尊严。[①] 2010年12月26日，温家宝通过广播与民众交流时再次谈及对"尊严"和"幸福"的理解。他说，所谓幸福，就是要通过我们不断地发展生产和改革开放，使人们的生活水平不断提高，使每一个人都能过上更加体面的生活。[②] 中国政府一直非常重视职业教育，把职业教育和就业、人的尊严与幸福紧紧联系在一起。

1949年，我国仅有中等职业学校564所、学生77 095人；[③] 2018年，全国中等职业教育学校发展到1.03万所、在校生1 551.84万人；职业技工学校也从1950年的3所学校、在校生3 600人发展到2017年的2 490所学校、在校生338.21万人。新中国成立70年来，职业技术教育培养了亿万劳动技术大军，为他们获得人生价值、过上有尊严的生活创造了无可替代的条件。

第一节　面向人人职业教育的政策形成

改革教育学制、发展面向人人的职业教育是中华人民共和国建立时教育政策发展的初衷和主要内容，但受制于当时经济发展水平较低和社会文化落后的情况，职业教育面向人人发展仅是教育平民化的继承和扩展，其内核仅限于强调帮助底层人民接受简单的技能培训。经过半个多世纪，我国才在政策中把"面向人人"这一概念以文本形式固化下来，强调每个人都应该接受职业教育或者职业启蒙教育。经过70年的努力，我国职业教育面向人人的实质内涵经历了"平民化""面向人人""人人出彩"等序列转化，终于实现了职业教育面向人人发展的阶段性突破。

---

① 薛丽华.温家宝：职业教育就是就业教育要大力发展［EB/OL］.中华人民共和国教育部政府门户网站，2009-04-01［2019-07-12］.http://www.moe.gov.cn/jyb_xwfb/s6052/moe_838/tnull_45462.html.
② 温家宝再论尊严和幸福：每个人都能过上更体面生活［EB/OL］.凤凰网，2010-12-26［2019-07-12］.http://news.ifeng.com/mainland/special/wenjiabaojiaoliu2010/content-2/detail_2010_12/26/3703803_0.shtml.
③ 杨金土.职业教育兴衰与新旧教育思想更替——百年职业教育回顾［J］.教育发展研究，2004（02）：1-4.

一、逐步追求职业教育发展面向人人的价值（1949—2009）

1. 以公平的教育政策理念探索发展面向人的职业教育

所谓面向人人的职业教育，就是服务全体人民平等地接受职业教育。关注关乎每个人的生涯发展的职业教育或者职业启蒙教育是教育公平在职业教育维度的展开。

新中国成立初期，国家迅速转变新中国成立前普遍采用的散点式平民化职业教育探索，建构系统的面向各类底层工人、农民的职业教育院校。但受制于当时经济基础薄弱、人口众多、幅员辽阔的国情，新中国成立初期的教育发展思想是"两条腿走路"，即一方面国家办学，另一方面群众办学，主要为了使更多的人能够接受教育，尤其是工农群众。1958年，中共中央、国务院印发的《关于教育工作的指示》指出："既要有中央的积极性，又要有地方的积极性和厂矿、企业、农业合作社、学校和广大群众的积极性，……我们的原则，是在普及的基础上提高，在提高的指导下普及，是'两条腿走路'，不是'一条腿走路'。"可见，即使在亟待发展经济、振兴产业的共和国初创时期，以职业教育的形式普及面向人人的教育是党和国家的重要教育原则和方针。

1978年改革开放之后，中国特色社会主义市场经济发展带来技能型人才需求增加，加之职业院校又逐步积累了面向市场办职业教育的经验，我国逐渐以调整高中教育结构的方式，提升职业教育服务人人的广度、深度。当时，代表性的政策是《国务院批转教育部、国家劳动总局关于中等教育结构改革的报告的通知》。该通知指出："中等教育结构改革，主要是改革高中阶段的教育。要使高中阶段的教育适应社会主义现代化建设的需要，应当实行普通教育与职业、技术教育并举，全日制学校与半工半读学校、业余学校并举，国家办学与业务部门、厂矿企业、人民公社办学并举的方针。"即通过高中阶段教育结构改革，实现职业教育多元办学，使高中阶段受教育人数逐步增加。虽然政策文本并没明确提出"面向人人"的概念，但在制度设计上已开始照顾工人、农民等群体接受职业教育的差异需要，这为日后职业教育面向人人差异化发展奠定了基本建制框架。1996年，我国通过了《中华人民共和国职业教育法》，在法律上确立了"公民有依法接受职业教育的权利"，为职业教育面向人人奠定了法律基础。到1999年，江泽民在第三次全国教育工作会议上强调，要"努力办好各级各类职业技术教育，发展职业教育是科教兴国战略和经济与社会可持续发展的重要途径"，同时也指出发展职业教育是加快人力资源开发、全面提升劳动者素质的必然要求。由此把人口负担转化为各级各类丰富的人力资源，这个认识过程与职业教育面向人人发展联系密切。

2. 以中国特色社会主义市场经济引领发展面向人人的职业教育

除了制度和法律保障，随着改革开放的逐步深化，职业教育面向人人发展逐步服务于经济发展并积累了经济基础。一方面，在我国产业结构从农业经济转向工业经济以及非国有经济成分逐步增加的发展过程中，面向人人的职业教育发挥了服务经济发展的重要作用；另一方面，经济发展又反过来推动职业教育以更好的质量服务于人人。2003 年，我国人均 GDP 超过 1 000 美元，国家具有了一定的经济实力，于是 2005 年国务院发布了《国务院关于大力发展职业教育的决定》，强调落实"科教兴国，人才强国"战略，培养数以亿计的劳动者，扶持建设 1 000 个县级职教中心，重点建设 1 000 所示范性中等职业学校和 1 000 所示范性高等职业学校。这一系列政策旨在为更多人提供更高质量的职业教育，以便实现职业教育服务人人的目标。

二、政策文件中正式出现"面向人人"概念（2010—2016）

市场经济具有自然制造贫富差距的弊端，我国的社会主义市场经济也不例外，它给教育公平带来了一定的挑战。"面向人人"真正作为政策话语固化下来并不容易。经济发展不一定带来社会教育制度的公平，也可能会造成教育的贫富差距扩大。21 世纪的前 10 年，人们从关心经济发展转向关注社会问题，尤其是由教育导致的社会不公平问题。2002 年党的十六大提出了社会主义市场经济改革的目标，"社会就业比较充分"成为中国实现小康社会的国家发展战略。21 世纪的第二个 10 年刚开始，为了促进教育公平，《国家中长期教育改革和发展规划纲要（2010—2020 年）》（以下简称《教育规划纲要》）提出"职业教育要面向人人、面向社会，着力培养学生的职业道德、职业技能和就业创业能力"，这为职业教育后续应该走面向人人的道路奠定了基本的政策话语。迄今，职业教育仍然在寻求更深入地面向人人发展。

党的十八大以来，以职业教育公平服务社会公平的政府要求得到进一步提高。2012 年，刚当选中共中央总书记的习近平在会见中外记者时首先提到教育公平的相关议题。他指出，党的十八大以来，"中职教育免学费政策覆盖 91.5% 的学生"[1]。此外，在 2014 年全国职业教育工作会议上，习近平就加快发展职业教育做出了重要指示，强调一方面要与时代经济发展相匹配，"弘扬劳动光荣、技能宝贵、创造伟大的时代风尚，营造人人皆可成才、人人尽展其才的良好环境，努力培养数以亿计

---

[1] 孔方斌. 人民网评：让每个人享有受教育的机会 [EB/OL]. 人民网，2018-09-11 [2019-07-12]. http://opinion.people.com.cn/n1/2018/0911/c1003-30286353.html.

的高素质劳动者和技术技能人才",另一方面要平衡各地区、民族差异,"要加大对农村地区、民族地区、贫困地区职业教育支持力度,努力让每个人都有人生出彩的机会"。[①] 因此,人们开始把职业教育"面向人人"的内涵转化为"人人出彩",即除了强调全体人民具有平等地接受职业教育的机会外,更强调要按照每个人的特点给予适当的职业教育。面向人人发展职业教育的观念逐步得到深化,使职业教育从强调在数量上促进教育公平转化为强调在质量上促进教育公平,让每个人具有在工作中实现自我价值的机会。

三、逐步深化面向人人发展职业教育(2017—)

党的十九大以来,人们逐步对教育公平有了更深入的认识,并在实质意义上系统化地探索和实践教育公平。人们已然普遍承认社会分层理论,即默认社会发展、分化必然会导致不平等的社会现象,教育公平的关键在于辨析哪些差距是合理的、哪些差距是不合理的,并集中精力解决后者,因为人们不允许以不公正的方法制造不平等。2019年2月,国务院印发的《国家职业教育改革实施方案》文本中的第一句话就指出"职业教育与普通教育是两种不同教育类型",把两者在层次上进行区分并不公平,面向人人的职业教育应当是每个人能够按照自己的生涯路径出彩的教育系统。实际上,"人人出彩"既是面向人人的职业教育理念的深化,也是近年来我国职业教育发展政策的现实逻辑。

"人人出彩"相较于以往的"面向人人",除了面向各类职业需要、个人生涯发展阶段,还有要以高质量的职业教育服务每个人的涵义。"人人出彩"不仅是以往面向人人的职业教育公平理念的继承,更是对农村地区、民族地区、贫困地区等欠发展地区的人民以及高素质技术技能劳动者都应该具有差异化精彩人生、幸福人生的教育公平理念的深化。为了让所有人都有公平接受教育的机会,习近平把加快发展职业教育作为促进教育发展和教育公平的突破口,提出秉承"人人可学、时时可学、处处可学"的理念,发展满足不同劳动者需要的职业教育体系,即中职教育、高职教育与应用型本科教育乃至专业硕士学位教育作为一个完整的体系,服务于各年龄阶段学生以使"人人可学",整合教育与培训以方便学生和劳动者"时时可学",完善已有的职业资格证书与新开发的"1+X证书制度"以使学生通过考证的形

---

① 更好支持和帮助职业教育发展为实现"两个一百年"奋斗目标提供人才保障[N].人民日报,2014-06-24.

式实现"处处可学"。① 此外,职业教育系统加大了对经济欠发达地区以及弱势的妇女、农民、失业人员、残疾人和退伍军人等群体的支持力度,使职业教育能够惠及更多的地区和人民。

但由于我国人口规模基数大且仍处于社会主义初级阶段,面向人人发展职业教育仍然面临一些困难。相比于国际上 150 多个国家都建立了国家资格框架制度,我国不仅缺乏成熟的职业资格认证系统,也缺乏全国统一的国家资格框架,这是未来面向人人发展"人人可学、时时可学、处处可学"的职业教育的最大障碍。此外,我国职业教育整体上质量并不算高,加上没有形成崇尚技能的社会文化环境,许多企业和家庭仍然不认可职业教育。这使得职业教育不仅难以服务于职业院校学生的知识学习、技能培养,也难以介入普通教育的生涯启蒙和生涯探索。

总之,教育公平在职业教育方面是面向人人发展,"面向人人"也是我国职业教育发展的重要理念和实践追求。尽管这条发展道路充满艰辛——我国职业教育发展基数大、基础弱且传统文化对其不认可,但我国始终把发展面向人人的职业教育作为价值追求和政策目标,所以职业教育的面向人人理念和价值逐渐为大众所接受。今天,面向人人的现代职业教育格局已然初步形成,我国职业教育发展逐步从数量大国转向质量强国,取得了一系列阶段性成就。

第二节 面向人人职业教育的发展成就

新中国成立 70 年来,在国家政策规制和市场活力的激发下,我国始终坚持面向人人发展职业教育,积极实践,勇往直前,形成了具有自身特色的职业教育发展路径,在扩大人民受教育机会、提高劳动者就业质量、提升学生综合素质、提升劳动者尊严等方面取得了一系列成就。

一、面向人人的职业教育大幅度扩大了人民受教育的机会

受教育权是现代社会公民的基本权利,只有保障这项基本权利,才能进一步实现更深层次的职业教育公平。职业教育发展促进了教育整体的普及化、多样化,真

---

① 尹春容. 对习近平关于职业教育重要论述的思考［J］. 学校党建与思想教育,2019(08):75-78.

正保障了个体接受教育的权利。新中国成立以来,得益于我国始终坚持大力发展职业教育,动员更多社会资源参与发展面向人人的职业教育,因而在四方面取得了突破性的成就:高中阶段学生有学可上;职业教育有向上发展的通道;不同职业生涯发展阶段的人都有接受职业教育与培养的机会;职业教育进一步面向弱势群体。

1. 中等职业教育助力普及高中阶段教育

从1949年新中国成立到党的十八大以来,中等职业教育发展为普及高中阶段教育做出了突出贡献。新中国成立当年,我国就把中等职业教育摆在了重要的地位,第一次全国教育工作会议就指出,"中等学校着重向中等技术学校发展,培养大批中级建设干部"[①]。1951年《政务院关于改革学制的决定》再次强调扩大教育,服务工农干部、工农群众,为社会经济发展提供基础。在人类发展的历史长河中,工人和农民历来是被教育排斥的对象,这是中国历史上首次系统地保障了工农干部、工农群众受教育的权利,其明显特征是"教育为国家建设服务,学校向工农开门"。在当时经济条件受限制的情况下,我国强调以劳动教育和职业教育来让更多人接受教育。

1985年《中共中央关于教育体制改革的决定》明确提出了职业教育招生规模要与普通教育"平分天下",这是支撑职业教育发展的关键力量。如果没有具体的"平分天下"的规定,"大力发展"的概念就难以落实到行动上。[②]再者,党的十一届三中全会要求开始实施改革开放的国策,为后来职业教育的发展逐步积累经济基础定下了战略方向。在之后的10多年里,职业教育迎来了大发展。就全国而言,高中阶段的职业教育学生和普通高中生在数量上基本平分秋色,甚至有些省份的职业教育学生人数迅速超过了普通高中学生人数,比如上海的职业教育学生人数与普通高中教育学生人数的比例就达到了6∶4。到1993年,《中国教育改革和发展纲要》已经指出,高中阶段职业技术学校在校学生人数有较大幅度增加,未升学的初中毕业生和高中毕业生普遍接受不同年限的职业技术培训,使新增劳动力在上岗前都能得到必需的职业技术训练。到2012年,《国家教育事业发展第十二个五年规划》指出,"职业教育发展实现重大突破,高中阶段教育毛入学率超过80%",这一方面解决了普通教育的升学压力,另一方面又为许多难以考上高中的学生提供了技能学习的路径,真正意义上实现了职业教育应该扩大人民受教育机会的办学初衷。其后,《教育部关于积极推进高中阶段教育事业发展的若干意见》提出,"重视发展高中阶段教育事业,积极发展包括普通教育和职业教育在内的高中阶段教育,为初中毕业

---

① 董存才. 中国大百科全书(教育)[M]. 北京:中国大百科全书出版社,1985:553.
② 徐国庆. 从分等到分类:职业教育改革发展之路[M]. 上海:华东师范大学出版社,2018:22.

生提供多种形式的学习机会"。此后，2017年，《国家教育事业发展"十三五"规划》明确提出在义务教育阶段开展职业启蒙教育。由此，义务教育阶段学生也成了职业教育面向人人发展的服务对象。

2. 高等职业教育是高等教育大众化的重要支撑

高等职业教育发展为中国高等教育大众化提供了重要支撑，使难以考入大学的高中阶段毕业生有上大学的机会。1999年《中共中央国务院关于深化教育改革，全面推进素质教育的决定》指出："高等职业教育是高等教育的重要组成部分。要大力发展高等职业教育，培养一大批具有必要的理论知识和较强实践能力，生产、建设、管理、服务第一线和农村急需的专门人才。现有的职业大学、独立设置的成人高校和部分高等专科学校要通过改革、改组和改制，逐步调整为职业技术学院（或职业学院）。支持本科高等学校举办或与企业合作举办职业技术学院（或职业学院）。省、自治区、直辖市人民政府在对当地教育资源的统筹下，可以举办综合性、社区性的职业技术学院（或职业学院）。"《国务院关于大力推进职业教育改革与发展的决定》指出："大中城市和经济发达地区要在继续发展中等职业教育和职业培训的同时，积极发展高等职业教育，有条件的市（地）可以举办综合性、社区性的职业技术学院。"这一系列政策促进了高等职业教育快速发展。迄今，高等职业教育已占高等教育的半壁江山。没有高等职业教育的发展，偌大的中国要实现高等教育大众化是难以想象的。

高职发展促进了区域协调发展，使更多的贫困地区学生拥有了进入高等院校学习的机会。在2000年到2010年的10年间，每10万全国常住人口中拥有大学（大专以上）文化程度的人数由3 611人增长到8 930人，每10万四川、广西、安徽、云南、贵州和西藏等6省、自治区常住人口中拥有大学（大专以上）文化程度的人数则由不足2 500人分别增长到5 200人以上。在高职迅速发展的这10年间，这一指标最高和最低省区（不含直辖市）的差异由4.8倍下降为2.3倍，增加了欠发达地区学生接受高等教育的机会。[①] 反过来，随着高职教育均衡发展，不同专业之间、劳动力市场之间的不公平现象逐步好转，提高了职业教育的整体吸引力。[②]

事实上，近20年来我国高等职业教育发展的主要目标是促进教育普及、教育公平，服务产业转型升级，推动区域均衡发展。[③] 从最初的6所高职学校[④] 到2019年

[①] 马树超，范唯. 高职教育：为区域协调发展奠定基础的十年 [J]. 中国高等教育，2012（18）：12–16.
[②] 谢良才. 论职业教育结果公平与职业教育的吸引力 [J]. 中国高教研究，2016（04）：105–110.
[③] 徐国庆. 从分等到分类：职业教育改革发展之路 [M]. 上海：华东师范大学出版社，2018：93–105.
[④] 姜大源. 论中国高等职业教育对世界教育的独特贡献 [J]. 中国职业技术教育，2015（36）：10–18.

的 1 418 所高职学校、5.8 万个专业点，高职学校在校生达到了 1 134 万人，满足了各类产业经济发展的主要人才需求。90% 以上的学生在毕业半年内能够就业，其中大部分学生来自农村和城市中低收入家庭。近三年，850 万家庭通过第一代高职大学生改变了原有的社会经济地位。高职发展促进了社会公平、教育公平。[①]

3. 职业教育为技能人才能力提升提供了更高层次的教育、更广泛的培训通道

快速发展和完善职业教育与培训系统，为个人技能提升和接受更广泛的培训建立了平台。从个人的职业生涯发展来看，选择职业教育路径的学生既有向上升学的需要，也有在生涯发展的不同阶段再次接受职业教育与培训的需要。为了让技能人才也有接受更高层次教育、更广泛培训的通道，我国本科院校逐步向应用型转型，建立了应用型本科，甚至专业硕士学位教育以及规模化的培训制度。

这些成绩的取得并不容易。21 世纪以前，一方面，因为职业教育的最高层次止步于高等职业教育，所以职业教育常被人称为"断头"教育，这说明纵向的职业教育路径并没有打通，职业教育难以满足个人的生涯发展需要，另一方面，职业培训系统几乎没有建立起来，学校职业教育与外界职业培训完全没有打通。这一系列问题到 21 世纪初才逐步得到解决。

《国务院关于大力推进职业教育改革与发展的决定》指出：就学校职业教育而言，"'十五'期间，职业教育要为社会输送 2 200 多万名中等职业学校毕业生、800 多万名高等职业学校毕业生"。就培训而言，"'十五'期间每年培训城镇职工 5 000 万人次，培训农村劳动力 1.5 亿人次；积极实施国家再就业培训计划，每年为 300 多万名下岗失业人员提供再就业培训"；"'十五'期末，中等职业学校面向农村的年招生规模要达到 350 万人，面向西部地区的年招生规模要达到 120 万人，为农村和西部地区培养留得住、用得上的实用人才"。《教育规划纲要》强调"坚持学校教育与职业培训并举，全日制与非全日制并重"。这一系列教育与培训事实和政策推动行为为技术技能人才能力提升和技能扩展提供了更多机会。

4. 职业教育政策进一步向弱势人群倾斜

受传统文化观念偏见和社会资源分配不平衡的影响，教育发展、社会发展会出现不平衡。职业教育是目前世界上多数国家实现教育公平的一种有效措施，因为它能够通过增加受教育机会，帮助在社会地位和学业上处于弱势的群体，如家庭经济困难人群、残疾人群、"后进生"、妇女等人群通过学习知识、培养技能，在社会上立足。

---

① 谢俐. 中国特色高职教育发展的方位、方向与方略[J]. 现代教育管理，2019（04）：1–5.

在我国，妇女自新中国成立以来就具有与男性平等的职业教育受教育权，所以我国接受职业教育受阻的人群主要是前三类。对此，我国的措施是加大对弱势群体的补助和制定专项计划，以职业教育资助弱势群体。就经济弱势群体而言，新中国成立后和改革开放之前，由于学校办学规模较小，当时的职业学校主要向经济地位比较弱势的工农倾斜。改革开放后，学校规模快速发展，国家采取的主要措施是鼓励和调动地方及企业加大对职业教育的经费投入。比如，1985年《中共中央关于教育体制改革的决定》提出"要充分调动企事业单位和业务部门的积极性，并且鼓励集体、个人和其他社会力量办学"，1991年《国务院关于大力发展职业技术教育的决定》强调"各级政府、各级财政部门、各有关业务主管部门及厂矿企业要从财力和政策上支持职业技术教育的发展"。虽然这一系列措施增加了人民受教育的机会，但由于经费主要靠地方和企业，难免因为地方经济差异和企业类型区别而导致区域间资助弱势群体的力度不统一。

这个问题从党的十八大以来逐步得到了解决。2002年《国务院关于大力推进职业教育改革与发展的决定》重点强调了"中央财政增加职业教育专项经费，重点用于补助农村和中西部地区加强职业教育师资培训、课程教材开发和多媒体教育资源建设以及骨干和示范职业学校建设"。在此基础上，2005年《国务院关于大力发展职业教育的决定》中的部署特别强调了中央和地方都要安排经费来以中等职业教育的形式帮助农村贫困家庭和城镇低收入家庭子女接受教育。之后，政府逐步关注从国家层面解决教育经费的不平衡问题。比如，2006年，时任总理温家宝在全国教育工作座谈会中强调国家应该把职业教育放在"更加重要，更加突出"的地位来抓。这为进一步从国家层面注重职业教育经费公平问题奠定了政策规划的舆论基础。其后，一系列文件出台，比如，2007年国务院颁布《国务院关于建立健全本科高校、高等职业学校和中等职业学校家庭经济困难学生资助政策体系的意见》，财政部、教育部印发《中等职业学校国家助学金管理暂行办法》等。这一系列措施旨在为更多贫困家庭学生接受职业教育解决经济上的后顾之忧，使职业教育服务弱势群体的覆盖面更广。

党的十九大以来，相对于以往强调区域优先发展而言，国家在更加关注平衡发展的同时兼顾区域优先发展。党的十九大报告指出，"中国特色社会主义进入新时代，我国社会主要矛盾已经转化为人民日益增长的美好生活需要和不平衡不充分的发展之间的矛盾"。这为后续社会、经济和教育的发展提出了追求平衡发展的总体目标。

就进一步加大职业教育对贫困地区的支持而言，我国从2016年开始要求东部地区职业集团、高职院校、中职学校等对西部地区进行结对帮扶，通过东部地区学校兜底式招收西部贫困家庭子女，毕业后根据学生意愿优先推荐其在东部地区就业等方式，实现东西部协同发展。有关部门相继出台了《职业教育东西协作行动计划（2016—2020年）》《高中阶段教育普及攻坚计划（2017—2020年）》《深度贫困地区教育脱贫攻坚实施方案（2018—2020年）》。2018年，政府部门经过深入调研后盘查了建档立卡的贫困学生数，按照调查结果确定招生计划，协调东西部招生情况进行精准扶贫；建立财政扶贫基金，按西部地区每生每年3 000元左右的标准给予资助，东部地区按照每生每年不少于1 000元的标准给予资助，主要用于学生的交通、住宿、课本教材、服装等方面。

《教育部等四部门关于加快发展残疾人职业教育的若干意见》从招生规模、专业设置、办学模式等方面扩大残疾人接受职业教育的机会。例如，要求职业院校以随班就读、专门编班的形式扩大招收残疾学生的规模，禁止职业院校拒绝符合规定录取标准的残疾学生入学；在职业院校中设置符合残疾人学习的专业，扩大残疾人就读专业的选择机会，为他们提供合适的职业教育；获得一定成绩的职业教育院校的残疾学生，如获得由教育部主办或联办的全国职业院校技能大赛三等奖以上奖项或由省级教育行政部门主办或联办的省级职业院校技能大赛一等奖的以及具有高级工、技师资格（或相当职业资格）、获得县级劳动模范先进个人称号的在职在岗残疾人，拥有通过面试升入高等院校学习的机会。

二、面向人人的职业教育广泛地提高了劳动者的就业质量

1. 数以亿计劳动者的素质得到提升

职业教育的发展使就业规模不断扩大、质量逐步提升，广泛地提高了劳动就业质量。1996年颁布实施的《中华人民共和国职业教育法》的第一条指出，制定本法的目的是"提高劳动者素质"。2005年国务院颁布的《国务院关于大力发展职业教育的决定》，主要就是为了"适应全面建设小康社会对高素质劳动者和技能型人才的迫切要求，促进社会主义和谐社会建设"。党的十九大以来，中国培养了数以亿计的高素质劳动者和专门人才。

从1979年到1985年的短短6年间，我国城镇新就业人数超过了5 400万人，1979年的失业率为5.4%，到1985年，失业率已经下降到1.8%。[①] 到2017年末，就业人员总量77 640万人，比1978年增加了37 488万人，增长了93%，平均每年

---

① 宋士云. 中国劳动就业制度改革启动的历史考察［J］. 聊城大学学报（社会科学版），2015（5）.

增长961万人；城镇就业人员总量达到42 462万人，比1978年增加了32 948万人，增长了346%，平均每年增长845万人。此外，自改革开放以来，除20世纪70年代末的知青返乡和90年代国企改革期间导致较多员工下岗以外，从80年代中期到20世纪末，城镇登记失业率一直在3.1%以下，新世纪后在4.0%以下。十八大以来，我国政府在经济发展中采取了中高速发展政策，失业率稳定在4.0%左右，城镇调查失业率稳定在5.0%左右的较低水平，劳动力市场运行平稳，求人倍率持续保持在1.0以上。① 这主要得益于我国政策历来强调发展面向人人的职业教育。总之，职业教育发展一方面解决了劳动者本身的就业问题，另一方面又满足了社会对技术技能型人才的需求，成为经济社会发展的重要保障。反过来，产业经济发展又进一步促进职业教育快速发展，从而形成职业教育面向人人发展的社会良性循环系统。

2. 职业教育质量提升带动劳动者就业质量提高

新中国成立70年来，职业教育既提高了劳动者的就业质量，也为世界劳动者贡献了力量。就中职教育而言，从新中国成立后到20世纪末期，我国坚持中等专业教育培养专业干部和中级技术人才。这顺利帮助干部实现了知识化和专业化的转型，成为基层领导干部的中坚力量。此外，中等职业教育也提高了农户的收入水平。1989年国家统计局数据显示，当时的农户人均收入与户主受教育情况分别为文盲户442.84元、小学户542.96元、初中户616.3元、高中户639.85元、中等职业教育户740.9元，中等职业教育户的收入明显高于其他学历农户的收入，且同1985年的数据对比，人均增长率依次为文盲户45.6%、小学户54.9%、初中户56.1%、高中户53.9%、中等职业教育户68%，中等职业教育户的增幅最高。② 到2012年时，《国家教育事业发展第十二个五年规划》指出，"15岁以上人口平均受教育年限达到9年左右，有知识有文化的年轻一代成为新增劳动力的主体"。劳动者受教育程度普遍提升，就业质量也随之提高。

"十二五"期间，中等职业教育逐步积累发展经验，以上海为首的城市的中等职业教育逐步走向国际化。上海78%的中职学校与国外教育机构有不同程度的合作交流，合作培养了5 605名本市中职生。2016年，上海中等职业教育国际化论坛召开，上海市医药学校、上海工商外国语学校、上海市交通学校和上海电子工业学校

---

① 中华人民共和国国家统计局人口和就业司.就业总量持续增长，就业结构调整优化——改革开放40年经济社会发展成就系列报告之十四［EB/OL］.中华人民共和国国家统计局官网，2018-09-12［2019-07-12］.http://www.stats.gov.cn/ztjc/ztfx/ggkf40n/201809/t20180912_1622409.html.
② 中华人民共和国教育部.共和国教育50周年（1949—1999）［M］.北京：北京师范大学出版社，1999：308.

在会上与澳大利亚、俄罗斯、英国和德国的相关院校与机构签订了成立职教联盟合作意向书。①一方面，这提升了我国中职学生的国际化水平和国际化能力；另一方面，我国也为中等职业教育的国际发展提供了本土经验。以往被人低看的中等职业教育学生在上海逐渐成为受人尊重的国际化劳动者。

就高职教育而言，经过几十年发展，高职成为体现中国特色、职业特色和原创特色的重要教育类型。高职学生已成为 300 人以下中小企业技术升级和发展的主要力量，高职教育也承担着我国教育国际化发展的重担，如天津职业技术师范大学以中国高职院校为蓝本在埃塞俄比亚建立职业技术学院，宁波职业技术学院创办发展中国家职业教育研究院，广西建立"边境职业教育联盟"，武汉铁路职业技术学院在中泰高铁建设框架下与泰国的 5 所学院联合培养高铁运营、管理、维修人才，苏州工业园区职业技术学院每年接收新加坡和芬兰等国相关院校 500 名学生进行学分制学习等。② 2019 年，教育部职成司副司长谢俐表示："一线新增的从业人员 70% 以上来自职业院校毕业生，有力提升了我国人力资本素质，支撑了经济社会发展。"③总之，中国职业教育质量提升的同时，劳动者的就业质量也相应得到了提升。

三、职业教育向普通教育渗透，提升了学生的综合素质

职业教育应该面向人人发展已是目前全世界教育界的共识，因为每个人在生涯发展中都需要进入职业角色，职业启蒙、职业探索和职业选择是每个学生都应该参与的活动，普通教育学生也应该接受最基本的职业训练。新中国成立以来，我国逐步强调职业教育应该向普通教育渗透乃至融合，这为提高学生综合素质立下了汗马功劳。反过来，我国从职业教育发展之初就强调应该重视学生的文化知识学习，这也提高了职业教育学生的综合素质。正是普职打通、互相渗透，才在整体上提高了学生的职业素养、信息素养和生活素养等。

受传统"学而优则仕"的整体文化观念影响，职业教育中加入普通文化课程是人们较能接受的教育行动，但让职业教育课程渗透入普通教育却较为困难，所以实现普职融通是非常困难的事情。20 世纪 90 年代，我国开始从政策上促进普职融通，

---

① 上海中等职业教育国际化论坛召开，对接国际标准铸造人才［EB/OL］.新华网，2016-12-10［2019-07-12］. http://www.xinhuanet.com/politics/2016-12/10/c_129399027.htm.
② 姜大源.论中国高等职业教育对世界教育的独特贡献［J］.中国职业技术教育，2015（36）：10-18.
③ 谢俐.中国特色高职教育发展的方位、方向与方略［J］.现代教育管理，2019（04）：1-5.

1993年中共中央、国务院印发《中国教育改革和发展纲要》，指出"各地要积极发展多样化的高中后教育，对未升入高等学校的普通高中毕业生进行职业技术培训。普通中学也要分别不同情况，适当开设职业技术教育课程"。1999年，《中共中央国务院关于深化教育改革，全面推进素质教育的决定》指出，"学校教育不仅要抓好智育，更要重视德育，还要加强体育、美育、劳动技术教育和社会实践，使诸方面教育相互渗透、协调发展，促进学生的全面发展和健康成长"。这为职业教育渗透普通教育，提高普通教育学生的综合素质提供了政策基础。

21世纪后，国家十分重视学生综合能力的培养，并取得了一系列成就。《教育规划纲要》强调大力发展职业教育，"满足经济社会对高素质劳动者和技能型人才的需要"。2018年，习近平在全国教育大会上强调"要在增强综合素质上下功夫，教育引导学生培养综合能力，培养创新思维""要在学生中弘扬劳动精神，教育引导学生崇尚劳动、尊重劳动，懂得劳动最光荣、劳动最崇高、劳动最伟大、劳动最美丽的道理，长大后能够辛勤劳动、诚实劳动、创造性劳动"。这一系列行动带动社会纷纷开展职业体验和职业探索活动。

职业体验活动广泛而深入的推行是职业教育向普通教育渗透以提升学生综合素质的代表性成果。2010年，上海职业教育工作重点提出"积极利用开放实训中心的资源优势，研究设计面向普通中学、适合其学生特点、普职渗透的劳技教育方案"，次年，进一步明确了普职渗透的做法，利用开放实训中心的资源优势，根据普通学生的特点进行普职渗透探索。这让初中学生初步接触到了职业教育、职业分类。2014年，上海市教育委员会主办了第一届职业体验日活动，影响范围极广，包括50所中等职业学校、66个市级开放实训中心、35个校级实训中心，涉及14个专业大类及212个职业体验项目，全市近3万余名中小学生参与体验。这不仅促进了上海学校的普职融通，还对周边省市形成了示范效应，逐渐建立起面向人人发展职业教育的社会文化氛围。到2019年，中小学参观人次平均每年以20%以上涨幅增长，真正实现了"走进一所学校、体验一个项目、了解一门职业、感受一种文化"。其他省市纷纷参观效仿，迄今基本形成普通教育与职业教育融合的发展态势，普通学生综合素质因此整体提升。

四、职业教育的类型地位得到确认，提升了劳动者的尊严

职业教育的类型地位得到确认后，教育资源投入增加，办学条件提升，提高了职业学校的尊严，也提高了职业学校毕业生的尊严，劳动者得到了社会认可。我国

逐步从整体上做到了让每个人都生活有尊严、工作有尊严。

1. 职业教育院校从"二流学校"逐步转化为培养技能人才的摇篮

职业教育类型地位的确认使职业教育院校从"二流学校"转变为培养技能人才的摇篮。新中国成立时,尽管我国已在劳动教育和职业教育领域努力使教育公平化,但由于教育普及率很低,难免会生长出精英教育的文化,20世纪70年代末恢复高考之后,这种趋势更严重了,使当时的教育制度、法规、政策也难免忽视职业学校的存在。比如,作为20世纪后半世纪新生事物的高等职业学校难以得到中央政府和地方政府的财政支持,甚至高职三年学习时间所收取的学费比普通本科四年学习时间所收取的学费更高。即便到了2016年,高职教育生均公共财政预算教育经费投入也仅为1.3万余元,较本科教育生均财政经费投入的1.8万余元相差较多。

进入21世纪后,尤其是2002年国务院颁发《国务院关于大力推进职业教育改革与发展的决定》以及2005年国务院颁发《国务院关于大力发展职业教育的决定》等一系列强调大力发展职业教育的文件后,我国逐步加大了对职业教育的投入。迄今,几乎所有的中职学校已经实行公费招生且根据学生的贫困程度给予一定的补助。2019年,国务院总理李克强在《政府工作报告》中强调,"引导一批普通本科高校转为应用型大学。中央财政大幅增加对高职院校的投入,地方财政也要加强支持",高职扩招100万,扩大"高职院校奖助学金覆盖面、提高补助标准,加快学历证书和职业技能等级证书互通衔接"。实际上,国家职业教育类型意义的提升既得益于国家经济和产业发展,也进一步推动了国家经济和产业发展。

2. 接受职业教育的学生、劳动者的尊严得到了显著提升

新中国成立70年来,职业教育的地位逐渐提升,学生和劳动者的尊严也因此得到了显著提升。党的十八大以来,该现象更加突出,教育部部长陈宝生在多个场合强调职业教育学校应该"香起来"。职业教育地位的提升使接受这些教育的学生、劳动者的社会地位逐步提升。

第一,把职业教育看作是一种类型这一理念使中职学生既能就业,也能参加高考升学,使职业教育学生得到了应有的尊重。职业教育类型地位得到确认后,其具备了自身的办学特色并逐步融入了教育系统,因而中职学生不再是以往被学术路径抛弃的"后进生"。在技能学习路径下,他们不仅能就业,也能参加高考或通过"中高贯通""中本贯通"的方式进行升学。因此,职业教育不再低于普通教育的教育类型,而是与普通教育一样受人们尊重的教育类型。经过职业教育的学生也能够积累学习经验、具有生涯发展和职位提升的机会,他们获得了在学习场域和工作世界应该得到的尊严。

第二，劳动者地位逐步得到提升。"我国户籍人口城镇化率从 2012 年的 35% 增加到 2017 年的 42.35%，8 000 多万农村转移人口成为城镇居民。"① 其后，随着中国城市化进程的扩大，城镇居民中的农村转移人口数量仍然在增加。面对如此大量且缺乏专业技能的劳动力，我国的做法主要是通过职业教育提高其专业技能水平，以专业技能来提升劳动者的尊严。当然，这建立在职业教育作为一种类型被普遍接受的前提下，没有社会认可的职业教育类型地位，劳动者只能接受民间经验式培训，甚至没有机会参加培训，其尊严提高难以想象。我国在 70 年的发展中逐步加大了对职业教育的投入和宣传力度，并在各时期都有不同政策强调职业教育的类型地位。

此外，政府通过加大投入，促进了农村转移劳动力的职业教育和技能培训，进而推进了城市化进程和市民化进程。② 劳动者因为具有不可替代的技能，所以提升了在社会中的地位，获得了应有的尊严。再者，随着职业院校整体质量的提升，接受职业教育的学生逐步获得社会认可，甚至许多技能娴熟的大专学生比普通本科学生更受企业认可。这让以往因缺乏技能而难以就业的人获得了就业机会，整体上提升了社会技能人才供给能力，服务于社会建设和发展。这些社会行动整体上提升了劳动者的尊严。

要提高劳动者的尊严，劳动者自身素质的提升必不可少，国家层面的宣传也十分重要。党的十八大以来，国家层面的职业教育宣传逐步向全社会建立了职业教育的良好形象，整体上提升了职业院校的尊严。2015 年 5 日 10 日，国务院总理李克强批示北京举行全国首届"职业教育活动周"，主题是"支撑中国制造，成就出彩人生"，主要目的是"加快发展现代职业教育"。迄今为止，几乎每年的 5 月都会在国家领导人的充分重视和人民的充分关注下举办"职业教育活动周"，宣传和展示中国的职业教育及劳动者。2019 年的活动主题是"迎祖国七十华诞，展职教时代风采"，开展了中国职业院校技能大赛、中等职业学校"文明风采"等活动，举办了系列《国家职业教育改革实施方案》培训会、大国工匠和职业教育名师论坛活动等。这一系列宣传活动展示了职业教育院校的真实风采，并在人民心中建立起对职业院校的良好形象，整体上提升了职业院校的尊严。职业院校尊严的提升带来了人们对职业教育学生和劳动者的整体接受和认可，他们也因此逐步在社会中得到了应有的尊重、尊严。

---

① 吴绮雯，武力. 改革开放 40 年来我国城镇就业体制和劳动力转移政策变迁探析 [J]. 求实，2019（02）：61-72，111.
② 唐羚，郑爱翔. 职业教育对农村劳动力转移贡献的实证分析——基于华东地区面板数据的分析 [J]. 职业技术教育，2017，38（01）：49-52.

第三节　面向人人职业教育的发展经验

迄今为止，我国建成了全世界最大规模的职业教育体系，既形成了促进普及高中阶段教育的中等职业教育系统，也产生了为高等教育大众化做出重要贡献的高等职业教育系统，还建立了更高层次的应用型本科职业教育系统以及服务于社会技能发展的再培训系统和服务于弱势群体的职业教育及培训系统，积累了发展职业教育的重要经验。

一、依托产业经济，发展面向人人的职业教育

1. 把产业经济发展作为职业教育发展的基础

经过新中国成立以来 70 年的努力，尤其是经过改革开放 40 年的努力，中国经济有了突破性发展，人民生活水平有了极大提高，职业教育面向人人的理念逐步有了从理念到实践的基础。

把产业发展与职业教育放在同等重要的地位是新中国成立时和党的十一届三中全会以来职业教育发展的基本路径。新中国成立初期，百废待兴，几乎没有专门的职业教育学校。1952 年，国家需要安置的旧社会遗留下来的城市失业工人多达 400 万人。[①] 因此，新中国成立后 17 年左右的时间里，我国在逐步引进苏联工业技术的同时还建立了各种形式的职业教育学校和短期培训制度，使更多的人民接受职业教育或者短期培养。1950 年，我国仅有技工学校 3 所，学生人数为 3 600 人，但到 1965 年时，我国已有 400 所技工学校，学生人数增加到 18.3 万人；中等技术学校在 1950 年是 500 所，学生人数为 9.8 万人，但到 1965 年时已经增加到 871 所，学生人数为 39.2 万人。[②]

党的十一届三中全会后，中国全面推行改革开放，服务人人发展的规模化职业教育由此逐步形成和发展。[③] "改革开放以来，中国经济以年平均 9.5% 的速度增长，其中 1992—1997 年高达 11%。1996 年，中国的国内生产总值按可比价格计算是 1978 年的 5.45 倍"，这为我国发展面向人人的职业教育奠定了坚实的产业经济

---

① 中华人民共和国教育部. 共和国教育 50 周年（1949—1999）[M]. 北京：北京师范大学出版社，1999：303.
② 杨金土. 职业教育兴衰与新旧教育思想更替——百年职业教育回顾[J]. 教育发展研究，2004（02）：1-4.
③ 杨金土. 中国经济转型期的职业教育改革[J]. 职教论坛，1998（12）：4-11.

基础。[①]总之，改革开放迄今，职业教育的发展基本延续了邓小平对教育的基本论述——必须和国民经济发展的要求相适应。《教育规划纲要》提出将"职业教育纳入经济社会发展和产业发展规划，促使职业教育总体规模、专业设置与经济社会发展需求相适应"，"鼓励行业组织、企业举办职业学校，鼓励委托职业学校进行职工培训"，"制定优惠政策，鼓励企业接收学生实习实训和教师实践，鼓励企业加大对职业教育的投入"。这一系列政策都强调了职业教育发展的产业经济基础作用及其与职业教育的互动关系。

2. 从国家层面推动各级各类职业教育发展

新中国成立以来，我国从国家层面推动各级各类职业教育发展，这有助于在全国范围内形成职业教育面向人人发展的合力。我国在20世纪80年代实施的一系列国家层面的职业教育政策使我国中等职业教育大力发展，成为高中阶段教育"半边天"；90年代的一系列国家层面的职业教育政策使我国高等职业教育办学权力下放，使高等职业教育占到高等教育的半壁江山；90年代至21世纪初，逐步建立起职业资格证书和劳动培训制度；21世纪前十多年的时间里，国家制定和执行了职业教育质量提升制度、职业教育公平政策，同时在全国层面对发展各级各类职业教育进行了大力宣传和推动。在2014年召开的全国职业教育工作会议上，时任国务院副总理的马凯强调，"要建立健全覆盖城乡全体劳动者，贯穿劳动者从学习到工作的各个阶段，适应劳动者多样化、差异化需求的职业培训体系，不断完善职业培训政策，大力推行订单式培训、定岗培训、定向培训等与就业紧密联系的培训模式，大规模开展职业培训"。党的十八大以来，我国又推动面向人人的职业教育向让"人人出彩"的职业教育发展。

党的十八大和十九大以来，依托产业经济成为职业教育发展的主旋律。2019年《国家职业教育改革实施方案》的具体目标指出，"经过5—10年左右时间，职业教育基本完成由政府举办为主向政府统筹管理、社会多元办学的格局转变"，以便进一步依托产业经济来发展职业教育。

二、协调政府和市场的职能，充分发挥双方对职业教育发展的作用

中国职业教育的发展少不了政府和市场两种角色的共同作用。一方面，政府在职业教育面向人人的过程中起主导作用；另一方面，企业积极参与职业教育办学对

[①] 杨金土. 中国经济转型期的职业教育改革[J]. 职教论坛，1998（12）：4-11.

实现职业教育面向人人办学起了关键性作用。

1. 政府把发展职业教育放在突出地位

从一定意义上说，职业教育的发展历史就是政府始终把职业教育放在突出地位的历史。1951年，毛泽东指出："培养技术人员，是我们国家的根本之图。"1952年，政务院发布《关于整顿和发展中等技术教育的指示》，指出"培养技术人才是国家经济建设的必要条件，而大量地训练与培养中级和初级技术人才尤为当务之急"。1963年，周恩来在《关于中小学和职业教育问题的讲话》中指出："职业教育十分重要，必须努力办好。"1978年，邓小平充满远见地在全国教育工作会议上提出科学技术是第一生产力，它奠定了技术发展与职业教育发展相结合的基本政策背景，把职业教育发展提升到了要解决社会技术技能人才需求就必须重视职业教育的地位。

20世纪80年代，政府的教育政策发展方向主要是大力发展职业教育、调整职业教育结构，使职业教育服务于更多类型和更大范围的学生需要。比如，1980年国务院批转教育部、国家劳动总局《关于中等教育结构改革的报告》，就把改革中等教育结构，大力发展职业技术教育等作为教育改革的重要内容。1985年《中共中央关于教育体质改革的决定》重点做出了"调整中等教育结构，大力发展职业教育"的方针指导。20世纪90年代则进一步深化发展职业教育内涵，以制度化和法治化为基本依据。例如，从1991年、1996年的全国职业教育工作会议以及1991年国务院发出《关于大力发展职业技术教育的决定》，到1996年国家正式颁布实行《中华人民共和国职业教育法》以建立职业教育发展的法定地位，这一系列政策动作都体现了我国政府一直把职业教育发展放在突出地位。

党的十八大以来，我国越来越重视职业教育发展，将其定位于教育发展乃至社会发展的战略地位，这也是习近平提出的以教育公平促进社会公平的重要环节。[1]职业教育在短短的几十年内快速发展、从无到有，具备了以制度化实体服务各类人才需要的能力，这是国际上难以寻找的案例。而我国之所以能做到这一点，主要得益于政府把发展职业教育放在突出的位置。总之，中央政府把发展职业教育放在与发展经济同等重要的地位上，各地政府切实推进职业教育发展，将其列入地方经济、教育发展的总体规划，是职业教育面向人人发展的主导力量。

2. 充分激活市场参与职业教育的积极性

改革开放以来，我国更加强调激活市场参与职业教育的积极性。从"两条腿走路"到今天职业教育办学的"多元参与"，除了政府把发展职业教育放在突出位置，

---

[1] 尹春容. 对习近平关于职业教育重要论述的思考[J]. 学校党建与思想教育，2019（08）：75-78.

2013年11月25日,宁夏工商学院化学系学生在企业教师的指导下进行离心泵的拆装。(中国教育报刊社 张学军/摄)

市场在发展面向人人的职业教育中发挥了重要作用。这主要得益于我国政策逐步刺激、提高市场参与职业教育的积极性。比如,奠定近10年基本教育政策的《教育规划纲要》在已往强调市场活力的基础上再次强调调动行业企业的积极性,"建立健全政府主导、行业指导、企业参与的办学机制,制定促进校企合作办学法规,推进校企合作制度化"。虽然政府把发展职业教育放在重要的地位,但如果缺乏经济和市场的支持,职业教育面向人人发展几乎是不可能的,这是我国发展的基本经验。因此,21世纪后的政策方向主要是依靠行业企业来发展职业教育。例如,2005年《国务院关于大力发展职业教育的决定》强调了"依靠行业企业发展职业教育,推动职业院校与企业的密切结合",这对21世纪后企业积极参与职业教育产生了基础性作用。

到2019年,国务院颁布《国家职业教育改革实施方案》,"具体目标"部分指出,未来5至10年,基本形成职业教育由社会多元办学格局。1997年,我国有民办职业中学689所,在校学生18.4万,仅占同类全国学校和在校生的6.7%和3.6%。但当时已经开始总结经验,把职业教育发展方向转向更大面积地建立校董事会或校务委员会，实行校长负责制，以便能使职业教育供给适应快速变化的劳动力市场。这为后续民办职业学校的发展奠定了基础。根据教育部2018年全国教育事业发展统计数据，民办中等职业学校已有1993所（不含技工学校数据）。总之，经过几十年的艰辛探索，政府逐步扩大职业教育办学自主权，企业参与职业教育的积极性逐步提高。

3. 注重发挥政府和市场的"双主体"功能

同时发挥政府和市场对职业教育面向人人发展的促进作用，得益于我国明确了政府和市场各自的职能边界。我国发展职业教育始终坚持发挥政府和市场的"双主体"功能。2014年，国务院召开改革开放以来的第三次全国职业教育工作会议，中共中央总书记习近平提出要"引导社会各界特别是行业企业积极支持职业教育，努力建设中国特色职业教育体系"，李克强总理进一步强调"统筹发挥好政府和市场作用，既要加大政府支持，又要通过政府购买服务等方式，更多促进社会力量参与，形成多元化的职业教育发展格局"。[①] 这既是对"两条腿走路"发展职业教育的继承，也为党的十九大以来我国职业教育发展所强调的政府与市场"双主体"功能的发挥奠定了基调。这是新中国成立以来职业教育的基本政策发展方向，也是未来发展面向人人的职业教育仍需坚持的政策方向。

三、以规模发展、质量提升服务全体学生，关注每个人

新中国成立初期，我国就把中等职业教育列为让劳动者平等接受教育以及培养干部的重要教育类型，其后大规模的职业教育发展以1978年改革开放为肇始，即基于产业经济需要来发展职业教育，又在日益丰富的中国特色市场经济环境中培养了更多社会发展、经济发展所需要的职业教育人才。我国的基本经验是：以规模发展和质量提升服务全体学生，关注每个人，发展面向人人的职业教育。

1. 以规模发展、质量提升服务全体学生

中国发展职业教育的基本经验是要以经费支持和政策强力推动，从而促进规模发展和质量提升，才能服务全体学生发展。服务全体学生发展包括两层意思：一是以职业教育服务职业教育学生和普通教育学生；二是加大服务弱势地区和弱势群体的力度。我国职业教育发展既注重服务职业教育学生，也重视服务普通教育学生，同时强调平衡区域间和人群间的差异，依靠职业教育规模的扩大和质量的提升以及

---

① 更好支持和帮助职业教育发展为实现"两个一百年"奋斗目标提供人才保障［N］.人民日报，2014-06-24.

向普通教育渗透，提高职业教育技能型人才培养的效果，同时也提高普通教育学生的综合素质。

2. 关注每一个人

关注每个人既包括更广泛地服务全体劳动者，也包括个体生涯发展意义的生命纵向关照。面向人人的职业教育除了规模发展、平衡发展，更为重要的是让人民满意。新中国成立70年来，我国职业教育发展围绕更广泛地服务全体劳动者和对个体生涯发展的充分关注来进行。就更广泛地服务全体劳动者而言，我国既大体建立了从中等职业教育、高等职业教育到应用型研究生教育的职业教育类型人才培养体系，又逐步打造了以职业资格证书和"1+X"证书为中介的服务全体劳动者的技能培训系统。此外，除了建立服务于全体学生和社会人员培训的职业教育实训中心，我国还在发达城市中试点直接针对普通教育学生和社会人员的职业体验活动，并在国家层面推行"国家职业教育活动周"，服务职业教育体验、培训和宣传。就关注个体的生涯发展路径而言，从高考综合改革到"职教高考"的探索，我国建立了基于自身特色的升学制度，完善了职业生涯发展制度。尤其在系统化的职业学校和社会培训功能方面，我国进行了大胆探索，积累了丰富经验，并且实实在在地以项目资金推动职业教育面向人人发展。

经过艰苦卓越的奋斗，我国以职业教育规模发展和质量提升为路线，大幅扩大了人民受教育的机会，提高了劳动者的就业质量，提升了学生的综合素质，从而在整体上提升了劳动者的尊严。这主要得益于我国依托产业经济发展面向人人的职业教育，并且充分发挥政府和市场的职能，以规模发展、质量提升服务全体学生，关注每个人。未来，我国职业教育服务"人人出彩"这一目标的彻底实现仍然需要深化以经济发展来促进职业教育公平发展的发展模式，同时让职业教育服务每个人的发展来带动经济社会的公平发展、质量提升，建立良性循环的职业教育发展模式。

第八章
不让一个学生因家庭经济困难而失学

新中国成立之初就有了学生资助政策的雏形。70年来，中国逐步形成了世界上最庞大、最完善的学生资助体系，包括奖励体系、补助体系、勤助体系、贷款体系、减免体系；实现了"三个全覆盖"，即家庭经济困难学生全覆盖、从学前教育到研究生教育所有学段全覆盖、公办民办学校全覆盖；做到了"应助尽助"，切实地兑现了"不让一个学生因家庭经济困难而失学"的庄严承诺。

在中国，每年被高校录取的学生在收到录取通知书的同时都会收到"国家资助，助你飞翔"的《高校本专科学生资助政策简介》。这份简介告诉每一位新生，如果你的家庭有困难，请毫不犹豫地申请国家助学金或国家助学贷款，学校将通过"绿色通道"为有需要的学生提供资助，确保"不让一个学生因家庭经济困难而失学"。这一政策从 2007 年起实施，至今已为超过 1.15 亿学生提供了助学金或贷款，使他们解除了后顾之忧，安心学习。

事实上，学生资助政策从新中国成立开始便具雏形。70 年来，中国已经逐步形成了世界上最庞大、最完善的学生资助体系，包括奖励体系、补助体系、勤助体系、贷款体系、减免体系，实现了"三个全覆盖"，即家庭经济困难学生全覆盖、从学前教育到研究生教育所有学段全覆盖、公办民办学校全覆盖，做到了"应助尽助"，切实兑现了"不让一个学生因家庭经济困难而失学"的庄严承诺。

第一节　从人民助学金到多元资助体系

《中华人民共和国教育法》规定，公民都有平等受教育的权利，但每年都会有一些家庭经济困难的学生难以支付学费。为保障这些学生能够享有接受教育的权利，新中国从成立开始就建立了学生资助政策，并在各个时期根据国家经济状况和教育实际，不断扩大资助对象的范围，不断加大资助力度，保证了数以亿计的家庭经济困难学生顺利完成学业，发展成才。

一、人民助学金制度的建立和调整

1. 人民助学金制度的开始

新中国成立之初，国家百废待兴，各类教育基本都暂时沿用公费制的资助制度。在此基础上，许多地方政府结合本地实际，制定了高等学校和中等学校助学金的临时性实施方法，但标准各不相同。为了尽快全面接管和改造旧教育，满足培养社会主义建设人才的需要，保障广大人民及其子女接受教育的权利，1952 年 7 月，中央人民政府政务院下发了《关于调整全国高等学校及中等学校学生人民助学金的通知》，将高等教育的公费制进一步调整为标准相对统一的人民助学金制度。通知指出，"为着积极改善青年学生的健康状况，并逐步统一学生待遇的标准……并对原有人民助学金的标准作适当的调整",明确要求:在废除学费的前提下,将全国高等学校及中等学校学生的公费制一律改为人民资助金;人民资助金应以适当解决学生的伙食和其他实际的物质困难为目的;在同一地区内同级同类学校同样学生的人民资助金的标准必须一致。①当月,教育部又下发了《关于调整全国各类学校教职工工资及学生人民助学金标准的通知》,规定:"普通中学:高级中学学生实行占总人数30%的每人每月95 000元的助学金。中等专业学校(师范学校、技术学校等)学生实行占人数100%的每人每月10万元的助学金;初级专业学校(初级师范、初级技术学校等)学生实行占总人数100%的每人每月9万元的助学金。"②

对接受高等教育的专科、本科学生及研究生来说,他们从此全部享受国家"免学费加人民助学金"的资助政策,既不需要为入学的学费发愁,也不用为在校学习和生活的费用担忧,能够全身心地投入到学习之中,学好本领,报效祖国。政策为切实保障贫困家庭学生公平受教育的权利,贯彻当时制定的"高等学校为工农开门"的方针,发挥了积极而有效的作用。

2. 人民助学金制度不断细化

人民助学金制度初步形成后,针对不同学校类型、不同家庭背景、不同学生来源等复杂情况,国家陆续出台了多个具体办法,调整助学金的发放标准,对制度加以完善。1954年12月,高等教育部、教育部联合颁发了《关于改进全国高等学校、中等专业学校及工农速成中学的调干学生人民助学金的使用办法》,以适当帮助解决参加工作多年、家庭经济负担重的老干部在学习期间生活上的困难。规定从1955年1月起,根据调干学生入学前的职务及工资级别,分为五等发给其人民助学金。

为了提高人民助学金的使用效率,1955年8月,高等教育部颁发了《关于执行全国高等学校(不包括高等师范学校)一般学生人民助学金实施办法的指示》,要求从当年10月起,全国高等学校(高等师范院校除外)学生人民助学金的发放对象由原来的全体学生改为部分学生。该办法指出:"随着国民经济的发展,工资和国民收入逐年增加,能供给子女进入高等学校学习的家长也日渐增多;又由于青年学生政治觉悟普遍有所提高,凡家庭可以供给生活费用的学生,教育他们自愿放弃领取人民助学金,已不是困难的问题。"规定:"凡家庭富裕能自费者,不发给助学金,凡能自费半数或三分之一伙食费者,发给所缺部分;完全无力负担者,发给全部伙食费。经济特殊困难的学生的其他费用,许可另外申请补助。"对革命烈士子女学生、少数民族学生、归国华侨学生,"在和一般学生同等经济条件下优先予以

---

① 张爽. 我国高校学生资助政策研究[D]. 长春:吉林财经大学,2015.
② 币制改革后,95 000元、10万元、9万元分别相当新人民币9.5元、10元、9元.

照顾"。考虑到全国不同地域经济发展水平和物价差异较大，因此将全国细分为10类地区，按切合各地实际消费水平的标准进行发放。

1960年1月，国务院转发教育部《关于改进工人、农民、干部、学生和研究生人民助学金标准问题的报告》及有关文件，规定对连续工龄在3年以上的工人、干部以及从事农业劳动3年以上的农民学生，发给工人、农民、干部学生人民助学金，标准比一般学生高。

1963年8月，国务院批转了教育部《关于调整中等专业学校学生人民助学金问题的报告》，建议把中等技术学校人民助学金的享受比例由原来的100%降为60%—80%。

1964年，随着"三年自然灾害"的结束，国民经济状况有所好转，在此情况下，国家对助学金的调整主要以扩大比例、提高标准为主，资助范围从原有的70%非师范生上升到75%非师范生，同时资助标准也有所提高。

3. 人民助学金制度的停止与恢复

"文化大革命"期间，各级教育均受到严重破坏，人民助学金制度也基本中断实施，直到"文化大革命"结束前后才陆续得以恢复。

1973年《国务院批转国家计委和国务院科教组关于中等专业学校、技工学校办学中几个问题的意见》颁布，中等职业教育的资助制度开始恢复。

1977年教育部、财政部根据国务院《关于1977年高等学校招生工作的意见》，制定了《关于普通高等学校、中等专业学校和技工学校学生实行人民助学金制度的办法》，规定"一般学生实行人民助学金制度"；"高等师范、体育（含体育专业）和民族学院的学生，以及中等专业学校中的师范、护士、助产、艺术、体育和采煤等专业学生的人民助学金享受面按百分之百计算，其它高等院校、中等专业学校和技工学校的学生，其人民助学金的享受面按百分之七十五计算"；"国家职工被录取的研究生和满五年工龄的国家职工进入普通高等学校、中等专业学校和技工学校学习的学生，在校学习期间，工资由原单位照发，一切费用自理"。其中，中等专业学校和技工学校人民助学金标准，6类地区每人每月17元，少数民族学生可再增加2元。人民助学金中的伙食费标准，6类地区中等专业学校和技工学校每人每月14元。发给学生伙食费多少，要根据学生家庭经济情况酌情评定，一般可分成3个等级，具体等级标准由省、市、自治区有关部门做出规定。该办法的出台和实施标志因"文革"而中断的人民助学金制度正式得以恢复。

高校学生在享受"免学费加人民助学金"的资助政策的同时，他们的就业也纳入国家劳动计划，由国家统一分配，也就是"包分配"。这种做法是与当时的社会经济形势相适应的。这一方面促进了高等教育的发展，迅速培养起一批国家急需的各行各业的高素质建设者；另一方面给贫困家庭子女提供了后顾无忧的享受高等教育的机会——按照当时的经济发展水平，让普通工农子弟缴费上大学显然并不现实。概括而言，在 20 世纪 90 年代以前，我国高等学校普遍实行人民助学金制度，伴以免收住宿费、补贴伙食费及交通费半价优惠等辅助方式，是当时高等教育学生资助制度的鲜明特色。

中等专业学校的人民助学金，师范、护士、助产、艺术、体育和采煤等专业的学生的享受面按 100% 计算，其他专业的学生的享受面按 75% 计算，实际评定享受助学金的学生人数可以超过规定的比例，其等级评定与高等学校相同。

普通中学的人民助学金，国家没有统一规定享受比例，由各省、自治区、直辖市制定具体办法。由于经济条件的差异，各地区的助学金的享受面也不尽相同。经济条件好的地区的享受比例小些，经济条件差的地区的享受比例要大些。对于重点中学的享受比例，在一般学校的基础上适当增加。中学生助学金标准，全国规定 1974 年起按城市每生每年 2 元，县级和农村每生每年 3 元编列预算。有些较困难的少数民族地区、边远地区，可以适当提高。

二、改革开放后人民助学金与奖学金的结合

改革开放以来，随着时代的发展，学生资助政策发生了很多变化。党和政府更加高度重视对经济不发达地区、家庭经济困难学生的各种资助，密集出台了很多配套政策。

1. 助学金制度的弊端日益显现

由于新中国成立后实行计划经济制度，受计划经济的影响，高等教育的管理体制也表现出严重的"计划性"特征：学生经过高考选拔进入大学以后就一下成为"国家人"，今后的一切几乎就由国家包办。人民助学金虽然保障了工农大众受教育的权利，但是这种"吃大锅饭"的平均主义资助方式存在的弊端也愈发明显。一是在学生数量不断增加的情况下，国家财政承受着越来越大的压力；二是无论家庭经济状况好坏，差不多人人有份，资助的针对性、效益都不高，甚至有的学生使用助学金时大手大脚，把人民给的钱用在不该用的地方；[①] 三是不能鼓励先进、鞭策后进，发挥经济的激励导向功能，充分激发大学生的进取心，反而可能让他们形成依赖性和惰性。对此，1986 年印发的《关于改革现行普通高等学校人民助学金制度的报告》指出："国家对高等学校学生包得过多，不利于鼓励先进和调动广大学生奋

---

① 柯亨利. 改革人民助学金制度刍议［J］. 中国高等教育，1986（07）.

发向上、刻苦学习的积极性,不利于促进学生思想、品德健康成长……"随着时代的发展,延续多年的人民助学金制度已经到了不改不行、非改不可的关头。

2. 从助学金向奖学金过渡

1983年7月,国家颁布《普通高等学校本、专科学生人民助学金暂行办法》和《普通高等学校本、专科学生人民奖学金暂试办法》,对"免学费加人民助学金"资助政策进行调整。改革主要包括两方面:其一,降低助学金的发放比例,开始发放奖学金,从两者并存逐渐过渡到以奖学金为主;其二,高校招生"双轨制",可招收一定数量的"委托生"和"自费生",学校向委托单位和自费生个人收取一定的培养费,体现出从"免费上学"到"交费上学"的变化。

1985年5月颁布的《中共中央关于教育体制改革的决定》要求:"要改革人民助学金制度。师范和一些毕业后工作环境特别艰苦的专业的学生,国家供给膳宿并免收学杂费。对学习成绩优异的学生实行奖学金制度,对确有经济困难的学生给以必要的补助。"由此带来的明显变化是,学生资助不再只是"助困",而是开始注重对学生"奖优"。

在这一时期,中等职业教育采用的资助方式从"免学费加人民助学金"变为"免学费加奖学金加助学金",不再是传统的平均主义做法。这有利于提升资助的针对性和效益,也有利于激励学生发奋学习,争取在学业上取得优异的成绩。

高等教育资助体系的进一步转型开始于国务院和原国家教委、财政部下发的相关通知,包括1986年《国务院批转国家教育委员会、财政部关于改革现行普通高等院校人民助学金制度报告的通知》、1987年《普通高等学校本、专科学生实行奖学金制度的办法》和《普通高等学校本、专科学生实行贷款制度的办法》。这些文件规定,从1987年起,高校全面实施奖学金和学生贷款制度,这也标志着我国人民助学金制度开始退出历史舞台。

《普通高等学校本、专科学生实行奖学金制度的办法》规定设立优秀学生奖学金、专业奖学金、定向奖学金三种奖学金(见表8-1)。

表8-1 三种奖学金适用对象及奖励标准

奖学金类型	适 用 对 象	奖 励 标 准
优秀学生奖学金	用于奖励德、智、体全面发展,品学兼优的学生。	分三个等级:一等优秀学生奖学金,按学生人数的5%评定,每人每年350元;二等优秀学生奖学金,按学生人数的10%评定,每人每年250元;三等优秀学生奖学金,按学生人数的10%评定,每人每年150元。

(续表)

奖学金类型	适用对象	奖励标准
专业奖学金	用于奖励考入师范、农林、体育、民族、航海等专业的学生。	分三个等级：入学第一年一律享受三等专业奖学金，每人每年300元。从第二学年开始，按学生人数的5%评定一等专业奖学金，每人每年400元；按学生人数的10%评定二等专业奖学金，每人每年350元；其余85%仍享受三等专业奖学金。
定向奖学金	用于奖励立志毕业后到边疆地区、经济贫困地区和煤炭、矿业等艰苦行业工作的学生。	分三个等级：一等每人每年500元；二等每人每年450元；三等每人每年400元。 说明：定向奖学金的款额由有关部门和地区每年或一次性拨付给学校。凡领取定向奖学金的学生，一律不再享受优秀学生奖学金或专业奖学金。

该办法的后两种"奖优"的学生资助方式，体现出较强的激励导向和调节作用，鼓励大学生投身国家急需的行业，引导一些人才流向边疆地区、经济不发达地区。

3. 贷学金制度的实施

《普通高等学校本、专科学生实行贷款制度的办法》包含以下具体要求：（1）贷款对象：面向经济确有困难、学习努力、遵守国家法律和学校纪律的学生；（2）操作程序：根据实际需要由本人提出申请，经学校和银行审核批准给予贷款；（3）贷款额度：最高贷款限额每人每年不超过300元，按月平均发放给贷款学生；（4）发放比例：严格控制在本、专科学生人数的30%以内；（5）偿还办法：学生毕业后由其所在工作单位一次性垫还，见习期满后，五年之内由所在单位从其本人工资中逐月扣还。另外，学生在校期间的贷款利息由国家承担，负责发放和催还等全部管理工作则由学校承担。

从实际效果来看，这个办法还存在很多不完善的地方。其一，由于贷学金额度非常有限，主要满足贫困学生的学费之需，而学习、生活的开支费用，对这些家庭来说仍然是难以解决的难题。其二，高校需要为学生提供担保，这是个令高校"头疼"的"不情愿"的任务，因为学生毕业离校之后，学校不再对其具有约束力，学校自然不愿意承担、也难以有效履行这种责任。从实施情况看，这一办法也导致了较高的贷学金违约率。其三，银行考虑到贷款额度小、风险高、管理难度大，不太愿意贷款。其四，学生觉得还款压力大、手续烦琐，贷款积极性也不高。可谓各方面都不太讨好。

考虑到我国社会征信体系尚不健全，许多家庭，特别是贫困家庭仍然面临困境，来自这些家庭的学生甚至上不起大学，国家进一步对资助制度加以完善。1993年7月，财政部和原国家教委发布《关于对高等学校生活特别困难学生进行资助的通知》，通过减免学费、提供困难补助经费、提高奖学金标准等方式，解决对为数不多的特困生的资助问题。贷学金制度的实施意味着一种间接的社会资助融入到学生资助体系。吸纳社会力量兴办教育，无疑给有限的教育经费注入了新的血液，给教育带来新的活力。

三、多元学生资助体系的形成

1994年，原国家教委发布《关于核定委属高校办学收费标准的通知》，要求从当年开始，37所高等院校将自费与公费"并轨"，实行统一的收费制度。由此，收费制度在我国高等教育中开始全面推行。

1. 确保特困生得到资助

在收费政策出台前后，国家在继续进行以奖学金为主的奖贷学金资助的基础上，开始以财政拨款的方式推行"特困补助""勤工助学""减免学费"等资助措施。1993年，针对来自农村和边远贫困地区的特困生设立了"特困补助"。1994年，原国家教委发布《关于普通高等学校设立勤工俭学助学基金的通知》，要求高校通过各种途径为家庭贫困的学生提供勤工俭学的机会，让他们通过自己的劳动付出，用所学的知识、技能获得比较稳定、可靠的经济来源。1995年，原国家教委又发布《关于普通高等学校经济困难学生减免学杂费有关事项的通知》，对部分经济困难的学生减免学杂费，直接减轻他们的经济负担。1999年8月，教育部印发《国家助学贷款管理操作规程（试行）》的通知，通过减轻经济困难学生的还贷负担来进行资助，对接受国家助学贷款的学生给予利息补贴，其中，学生所借国家助学贷款利息的50%由财政贴息，其余50%由学生个人负担。[①]

2. 建立在公正基础上的政策调整

资助政策的不断调整和完善体现出时代的进步和高等教育的转型。高等教育既产生社会效益又带来个人效益：一方面，为国家培养高素质的劳动者、建设者，提高社会生产力；另一方面，可以提升个人的综合能力水平和在人力市场中的竞争力，进而增加个人的就业机会和参与工作之后的经济、地位回报。根据"谁受益，谁付

---

① 顾明远，石中英．国家中长期教育改革和发展规划纲要（2010—2020年）解读[M]．北京：北京师范大学出版社，2010：407．

费"的市场原则，政府作为公共利益的受益者代表，理应对高等教育进行投资，而大学生作为个体受益者，也应当付出一定的学习费用成本。同时，随着改革开放的持续推进，我国经济快速发展，人民生活水平不断改善，国民素质不断提升，对接受高学历教育有更多的诉求，国家对人才的要求也更加提高。由此，高等教育步入了从"精英化"转向"大众化"的轨道。在新的时代背景下，由国家承担所有教育经费已经不太现实，会在很大程度上妨碍国家财政的正常运转，对未接受高等教育的家庭来说是一种隐性的不公平。而且，多数家庭的经济状况已具备了承担学习费用的能力。综合考量相关因素，高校合理收取一定的学费以改善教育条件、提升教育质量是进入新时代后正确的举措，有利于维护高等教育机会的均等和社会公正。

概括而言，我国对高校学生的资助机制逐步完善，在这一过程中，国家发挥了主导作用，社会资助渠道逐渐拓宽，资助方式越来越多元化，逐渐形成更加专业化、人性化、制度化的资助体系。

第二节 "奖、助、勤、贷、免"实现"应助尽助"

新中国成立70年来，学生资助政策体系不断完善，资金投入快速增加，内涵不断丰富，资助层次更加清晰。在义务教育阶段，全面实行城乡义务教育"两免一补"政策；在高中教育阶段，扩大中职免学费覆盖范围，将中等职业学校和普通高中国家助学金标准进一步提高；出台普通高中建档立卡等家庭经济困难学生免学杂费政策；在高等教育阶段，设立国家奖学金、国家励志奖学金、国家助学金、研究生学业奖学金，完善研究生"三助"岗位津贴，调整国家助学贷款标准，延长国家助学贷款还款期限，放宽财政贴息范围。完善的学生奖励体系、助学体系、勤助体系、贷款体系、减免体系全面建成。

一、奖学金体系

奖学金最初是指政府、高等院校及其他资助机构为奖励优秀学生而设立的资助资金。[①] 从我国奖学金设置的功能来看，主要可以分为奖优型奖学金和资助型奖学

---

① 张民选. 理想与抉择：大学生资助政策的国际比较 [M]. 北京：人民教育出版社，1998：11.

金。新中国成立后，为了保证工农群众受教育权的实现，我国选择了免费高等教育加人民助学金的政策。党的十一届三中全会后，普遍性的人民助学金逐渐被奖学金取代。

随着改革的逐步深入，原有人民助学金制度的弊端逐渐显现。为解决人民助学金存在的问题，1983年，原国家教委和财政部联合发布《普通高等学校本、专科学生人民助学金暂行办法》和《普通高等学校本、专科学生人民奖学金试行办法》，降低了人民助学金的比例，设立了"人民奖学金"，同时指出"学生的助学金应逐步改为以奖学金为主"。虽然人民奖学金只是占了很小一部分比例，但却打破了我国原有学生资助制度的单一模式，是我国探索大学生资助制度改革迈出的重要一步。

1987年，原国家教委和财政部出台了《普通高等学校本、专科学生实行奖学金制度的办法》，"为了奖励高等学校学生在校期间，刻苦学习，奋发向上，德、智、体、美、劳等全面发展；鼓励学生报考师范、农林、体育、民族、航海等专业和立志毕业后到边疆地区、经济贫困地区工作，国家和有关部门设立优秀学生奖学金、专业奖学金和定向奖学金"。该办法的出台与实施标志着实施了近40年的人民助学金制度的废止以及我国贫困生资助体系中的奖学金制度的确立。

为适应世界发展潮流和国内经济发展形势，中共中央、国务院在1999年发布了《关于深化教育改革，全面推进素质教育的决定》，提出"调整现有教育体系结构，扩大高中阶段教育和高等教育的规模"，确立了高等教育扩招和缴费上学的格局。为保证新录取的经济困难学生顺利入学、已在校的经济困难学生顺利完成学业，2002年，财政部、教育部印发《国家奖学金管理办法》，该办法提出，国家奖学金是中央政府对家庭经济困难、品学兼优的全国普通高等学校全日制在校本、专科生提供的无偿资助。国家奖学金获得者，其所在学校减免其当年的全部学费。[①]这是我国政策中首次将家庭经济困难作为国家奖学金的评选条件之一，也是我国奖学金制度上的一次重要尝试。为进一步做好资助高校贫困家庭学生的工作，2005年，财政部、教育部印发《国家助学奖学金管理办法》，决定设立"国家助学奖学金"，针对全日制在校本、专科学生中的贫困家庭学生。国家助学奖学金分为国家奖学金和国家助学金两种形式，由"重奖"贫困学生改为"平均资助"贫困生中的优秀学生。该办法执行后，2002年发布的《国家奖学金管理办法》同时废止。自从2002年设立国家奖学金之后，我国各地以资助优秀贫困学生为目标设立的奖学金越

---

① 何昌东.中华人民共和国重要教育文献[M].海口：海南出版社，1998：1184.

来越多。在国家奖学金管理规则的要求下,各省(直辖市)自主设立奖励优秀贫困学生的省(直辖市)政府奖学金,进一步充实了学生奖学金资助体系。

为实施科教兴国和人才强国战略,优化教育结构,促进教育公平和社会公正,2007年,国务院颁布《关于建立健全普通本科高校高等职业学校和中等职业学校家庭经济困难学生资助政策体系的意见》,将建立以政府为主导的家庭经济困难学生资助政策体系作为主要目标,提出"完善国家奖学金制度",规定每年奖励5万名学生,奖励标准为由原来的每人每年5 000元提高到8 000元,所需资金由中央负担。同时,中央与地方共同设立国家励志奖学金,奖励资助普通本科高校和高等职业学校在校全日制本、专科生中品学兼优的家庭经济困难学生。2018年,各类奖学金共奖励全国普通高校学生916.84万人次,相比2012年增加了150.92万人次,奖励金额250.47亿元,占高校资助资金总额的21.77%,比2012年增加118.79亿元。除了政府的资助外,各高校还利用自有资金、社会组织和个人捐赠资金等,设立了各种奖学金、助学金,对家庭经济困难的学生进行资助。奖学金制度成为学生资助体系中的重要一环。至此,一个以政府为主导的家庭经济困难学生多元混合资助体系已经形成。①

表8-2 高校奖学金奖励人数与金额(2012—2018)

年 份	2012	2013	2014	2015	2016	2017	2018
人数(万)	765.92	772.10	842.66	820.74	875.01	867.54	916.84
金额(亿元)	131.68	140.37	170.33	178.66	210.19	232.89	250.47

图8-1 高校奖学金奖励人数与金额(2012—2018)

---

① 余秀兰.60年的探索:建国以来我国大学生资助政策探析[J].北京大学教育评论,2010(1):151-163.

二、助学金体系

为促进教育公平，激励贫困生勤奋学习、积极进取，在德、智、体、美诸方面全面发展，中央财政出资设立了国家助学金，帮助贫困生顺利完成大学学业。国家助学金是面向全国全日制普通高校在校本、专科生中的贫困生发放的，是国家为帮助这些学生完成学业而提供的生活补贴。

1. 助学金政策的产生

1949 年，文化管理委员会发布了《学生人民助学金暂行条例》，该条例将公费制改称为"人民助学金"。作为北平解放后的第一部关于助学金的条例，该条例对实施人民助学金的基本思想、人民助学金的资助对象以及申请人民助学金的程序等基本内容与基本事项做了相关的规定。1952 年，教育部对人民助学金的资助标准做出了调整并规范了人民助学金的评审程序。这一时期所颁布的关于人民助学金的政策文件标志着我国人民助学金制度的形成以及资助政策的确立，在全国范围内统一了人民助学金的资助标准以及资助对象，使人民助学金逐渐走向规范与统一。

2. 人民助学金政策的三次调整

1955 年，教育部与高等教育部联合发出了《关于制发高等学校一般人民助学金分地区标准的通知》，该通知将全国划分为 10 类地区，人民助学金的发放依据地区的不同而异。1960 年 1 月，国务院转发了《关于工人、农民、干部学生人民助学金标准的暂行规定》。该规定明确提出，自当年 2 月起，各省、自治区、直辖市在一定程度和范围内具备了设置人民助学金资助指标以及调整人民助学金资助额度的权力。这次调整的主要目的在于适当限定地方权力，缩小各地区差异。1964 年，党和政府对人民助学金制度的实施做了第三次调整。经由本次调整，人民助学金资助学生的比例得到了扩大，人民助学金的资助标准也得到了提升。此时，加上民族院校以及师范院校的学生，高等院校中受人民助学金资助的学生比例业已达到 80％以上。

"文化大革命"开始后，高等学校停止招生，高等教育事业的发展受到了冲击。1977 年以后，人民助学金制度才得以恢复正常实施。1983 年，财政部会同教育部联合下发了《普通高等学校本、专科学生人民奖学金试行办法》，明确提出设立"人民奖学金"这一新的贫困生资助形式，打破了我国原有学生资助制度的单一模式，开始实行奖、助学金双轨并行的助学金制度。1986 年 7 月，国务院批转了《关于改革现行普通高等学校人民助学金制度的报告》，明确指出我国高等教育存在对学生

"包得过多"的现象和问题,并明确要求改革这一现状。1987年,《普通高等学校本、专科学生实行奖学金制度的办法》和《普通高等学校本、专科学生实行贷款制度的办法》的发布与实施标志着实施了近40年的人民助学金制度废止。

3.国家助学金政策的恢复与发展

为解决高校日益突出的贫困生问题,1993年,财政部与原国家教委联合下发了《关于对高等学校生活特别困难学生进行资助的通知》,明确要求各个高等院校对于家庭特别贫困的学生,发放定期和不定期的困难补助,以帮助贫困生顺利完成学业。2005年,教育部与财政部联合印发了《国家助学奖学金管理办法》,在已有的资助体系中首次设立了高校国家助学金这一新的资助模式,完善和优化了贫困生的资助体系与模式。2007年6月,教育部与财政部根据国务院提出的"完善国家助学金制度"精神,联合制定并印发了《普通本科高校、高等职业学校国家助学金管理暂行办法》。该办法较为具体、系统地提出了国家助学金制度的归口管辖、资金来源、申请条件、资助范围、资助标准及指标分配等重要事项,这标志着我国现行国家助学金制度的产生。2019年4月,财政部、教育部、人力资源社会保障部等部门联合制定并印发了《学生资助资金管理办法》。该办法较为具体、全面、系统地提出了资助范围和标准、资金分担和预算安排、资金管理和监督等重要事项,并指出学校是学生资助资金使用的责任主体,应当切实履行法人责任,健全内部管理机制,具体组织预算执行等。

三、勤工助学体系

新中国成立之后,百废待兴,教育经费不能满足教育事业发展的矛盾日益突出。1958年,共青团中央发布《关于在中学生中提倡勤工俭学的决定》,指出勤工俭学"可以在节约国家财政开支的情况下,有利于更多的工农子女入学"。由此,大规模的勤工俭学活动广泛开展。到1966年,勤工俭学活动弥补了教育经费的不足,改善了办学的物质条件,促进了教育质量的提高和教育事业的发展。

随着改革开放以及社会主义市场经济体制的逐步确立,人民助学金制度开始改革。家庭经济困难学生的学习和生活受到了这一政策的影响,少数学生自发从事经商活动并有发展的趋势。由于对学生从事商业性服务活动的认识不一致并且缺乏必要的管理,不少高校学生的勤工活动出现了偏离政策目的、影响教学秩序等现象。为此,1990年,原国家教委颁布《普通高等学校学生管理规定》,对勤工俭学活动进行了专门规定,认为其主要内容是"与专业学习相结合的科学技术和文化服务；有利于培养劳动观点和自立精神的劳动服务"，并明确规定"除商业和旅游类校（院）系科（专业）可举办实习商店外，学生个人不得从事经商活动"。

勤工活动中具有标志意义的事件是在20世纪80年代初，复旦大学科技咨询开发中心提出将"勤工俭学"改为"勤工助学"，认为前者是致力于劳工以俭省学费，后者则致力于自立成才，将所从事的活动与专业学习、能力培养、自身素质提高及个人的全面发展紧密结合起来。为配合1992年高校收费制度改革，1993年，原国家教委、财政部联合发布了《关于进一步做好高等学校勤工助学工作意见的通知》，认为勤工助学活动"是对广大学生，特别是家庭经济困难学生的有效资助办法，支持他们安心完成在校学业"。1994年3月，国务院决定从总理预备金中挤出1.735亿元作为启动经费，支持全国369所中央部（委）属院校的特困生勤工助学，随后原国家教委、财政部颁发了《关于在普通高等学校设立勤工助学基金的通知》，明确勤工助学的目的、经费来源和使用等问题。

随着勤工助学活动的不断深入开展，为落实《中共中央国务院关于进一步加强和改进大学生思想政治教育的意见》，2005年，共青团中央、教育部联合下发了《关于进一步做好大学生勤工助学工作的意见》，指出作为高等教育收费制度改革的一项重要配套措施，"勤工助学有助于贫困家庭学生获得一定经济收入、缓解经济困难，帮助他们自立自强，体现了思想政治教育'坚持解决思想问题与解决实际问题相结合'的原则，是关心和服务贫困家庭学生的有效途径，对促进社会公平和正义、构建和谐校园都具有重要作用"，并明确了大学生勤工助学工作的内容，完善了大学生勤工助学工作的管理，加强了大学生勤工助学工作的保障。2007年，教育部、财政部联合发布了《高校学生勤工助学管理办法》，进一步推动高校对勤工助学的规范化管理。

在新的历史时期，勤工助学的内涵有了进一步的发展，其受益面得到了进一步扩展。2017年，教育部、公安部、外交部以部长令的方式联合发布了《学校招收和培养国际学生管理办法》，其中新增了勤工助学规定，允许接受高等教育的国际学生在校学习期间参加勤工助学活动。2018年，教育部会同有关部门修订印发了《高等学校勤工助学管理办法》，强化了勤工助学的资助育人导向，提高了勤工助学的薪金标准。

近年来，勤工助学活动发展迅速，其质量也不断提高。2007年至2011年，全国普通高等学校勤工助学基金累计发放1 335.25万人次，发放金额74.11亿元；2013年至2018年累计发放2 100.67万人次，发放总额152.01亿元。（见图8-2）勤工助学活动向规范化和法制化方向发展，社会化和大众化程度增强，"育人"功能越来越受到重视，引起了学校、政府及其他社会各界的重视，表现为勤工助学投入不断增加、社会参与日益广泛、自愿参加勤工助学的学生人数不断上升，勤工助学的规模和影响不断扩大。

数据来源：历年中国学生资助发展报告[EB/OL].中华人民共和国教育部政府门户网站，[2019-07-15]. http://www.moe.gov.cn/.

图8-2　2013—2018年勤工助学参与人次与资助总额示意图

四、国家助学贷款体系

助学贷款是由政府主导、财政贴息，银行、教育行政部门与高校共同操作的专门帮助高校贫困家庭学生的银行贷款。目前，我国已经形成了以校园地国家助学贷款和生源地信用助学贷款为主要形式的比较完善的助学贷款体系，在解决家庭经济困难学生上学问题上发挥了重要的作用，最大限度地实现了教育机会均等，促进了教育公平。

1. 国家助学贷款制度应运而生

20世纪90年代末，随着我国高等教育收费制度的改革以及高校的不断扩招，高校学生家庭经济困难问题凸显，很多学生无力缴纳在校期间的费用。对困难学生的资助引起了社会的广泛关注，党和国家领导人非常重视这项工作，力促相关部门在制度上不断探索、调整和完善。

1999年6月，国务院办公厅发布《关于国家助学贷款的管理规定（试行）》，指定中国工商银行为国家助学贷款的承办银行，并先行在北京、天津、上海、重庆4个直辖市以及武汉、沈阳、西安、南京4个省会城市共8个城市进行试点，面向39个部委、局、总公司所属的136所高校中的经济困难学生。但在试点的过程中发现,因为要实行"担保贷款",而家庭经济困难学生又很难找到担保人,所以获得国家助学贷款的学生很少。

2000年2月,国务院办公厅发布《关于助学贷款管理的若干意见》,取消"担保贷款",改用"信用贷款",免除了学校和学生贷款管理中心对贷款到期无法收回的代偿责任。这项措施试行后,仅2000年,全国就有6万多名学生获得了助学贷款。

2000年8月,国务院办公厅发布《关于助学贷款管理的补充意见》,明确提出实施助学信用贷款的区域范围由8个试点城市扩大到全国,贷款对象由全日制本、专科学生扩大到研究生、第二学士学位学生,承办银行由中国工商银行扩大到全部4家国有独资银行。但此阶段由于发放贷款风险较高,银行的积极性不高。2001年,全国虽然有20多万名学生获得了贷款,但与学生的实际需求仍存在较大差距。2003年,中国人民银行关于"双二十"的规定也极大地影响了学生贷款。面对这些问题,新的国家助学贷款机制亟待建立。

2004年6月12日,国务院办公厅发布《关于进一步完善国家助学贷款工作的若干意见》,并且印发了《国家助学贷款风险补偿专项资金管理办法》《国家助学贷款财政贴息管理办法》等配套文件,正式实施国家助学贷款新机制。

2006年9月1日,教育部、财政部联合颁发《高等学校毕业生国家助学贷款代偿资助暂行办法》,该办法建立了我国高等教育国家助学贷款的代偿机制。

2. 生源地信用助学贷款全面铺开

2007年8月,财政部、教育部、国家开发银行联合发出《关于在部分地区开展生源地信用助学贷款试点的通知》,在江苏、湖北、重庆、陕西、甘肃5个省市开展生源地助学贷款试点。该试点工作的实施标志着国家助学贷款进入校园,国家助学贷款和生源地信用助学贷款共存的新发展阶段。

生源地信用助学贷款按年度申请、审批和发放。每个借款人每年申请的贷款原则上不超过6 000元,主要用于解决学生在校期间的学费和住宿费问题。贷款期限原则上按全日制本、专科学制加10年确定,最长不超过14年。

2014年4月,为进一步落实生源地信用助学贷款的风险补偿机制,财政部、教育部印发《生源地信用助学贷款风险补偿金管理办法》,充分发挥风险补偿金的风险防控和奖励引导作用,促进生源地信用助学贷款工作健康持续发展。

2014年7月,教育部等4部委下发的《关于调整完善国家助学贷款相关政策措施的通知》明确规定"全日制研究生原则上可以申请校园地国家助学贷款",研究生每年最高贷款额度由6 000元提高到12 000元,进一步解决研究生收费制度改革后研究生的培养费用和生活费用问题。

2011年8月19日，甘肃省白银市会宁县甘沟驿乡五十铺村五南社的大学新生唐雷领到了生源地助学贷款5 050元，正好够缴一年的学费和住宿费。（中国教育报刊社　张学军/摄）

　　2015年7月，教育部、财政部、中国人民银行、银监会联合下发《关于完善国家助学贷款政策的若干意见》，规定"贷款最长期限从14年延长至20年"，这极大地缓解了包括研究生在内的所有大学生的还款负担，保证贷款学生毕业后可以在取得一定发展后再还款，体现了党和政府对贷款学生的高度重视和关怀。党的十八大以来，每年国家助学贷款的发放金额的增幅都比较大（见图8-3），更多地惠及家庭

数据来源：中国学生资助工作报告（2012—2018）.

图8-3　2012—2018年国家助学贷款的发放金额

经济困难学生。

五、学费减免体系

学费减免通常指减收或者免收学费。新中国成立初期，由于大多数家庭无力承担子女接受高等教育的高昂费用，而当时国家建设急需大量高层次人才，于是由国家财政负担高等学校办学所需的全部费用。"免学费加人民助学金"政策普遍实行于新中国成立初期至改革开放以前，为培养国家建设急需的高层次人才、促进教育公平做出了突出贡献，但这只是特殊历史背景下的产物。

从20世纪80年代开始，随着社会主义市场经济的逐步确立，"免费上大学"制度的低效日渐明显，加之国家财力有限，难以支付全部学生上大学的费用，于是国家采取了"少收费"的方式。

20世纪90年代，我国普通高等学校的招生政策、收费政策和毕业生就业政策面临大调整，在大扩招的同时实行高等教育收费政策。受此影响，普通高等院校中部分学生因家庭经济条件所限，交纳全部学杂费有困难，面临失学的可能。为确保这部分学生的学业不受影响，原国家教委于1995年发布《关于对普通高等学校经济困难学生减免学杂费有关事项的通知》，在收取学杂费的普通高等院校中，对困难学生实行减免学杂费政策。此后，高等教育学费减免政策的适用范围和适用人群也在不断扩大。

为营造全社会尊师重教的氛围，国家从2007年秋季开始在教育部直属师范大学实行师范生免费教育，免费教育师范生在校学习期间免除学费、免缴住宿费并补助生活费。2018年，国家将"免费"师范生改为"公费"师范生。

为提高退役士兵的就业能力、加强军队建设和维护社会稳定，国家于2011年秋季学期开始对考入全日制普通高等学校的自主就业退役士兵实施学费减免，并将其中经济困难的学生纳入高校学生资助政策范围。

面向家庭经济困难学生的免学费政策率先在高等教育阶段实行，很快扩展到义务教育、中等职业教育和普通高中阶段，并且免费的范围也在扩大。

进入21世纪，义务教育"两免一补"成为一项利好政策。2001年，教育部、财政部制定了《关于对全国部分贫困地区农村中小学生试行免费提供教科书的意见》。2003年，《国务院关于进一步加强农村教育工作的决定》指出，要"重点扶持中西部农村地区家庭经济困难学生就学，逐步扩大免费发放教科书的范围。逐步帮助学校免除家庭经济困难学生杂费，对家庭经济困难的寄宿学生提供必要的生活补助"。2005年的中央1号文件提出，到2007年，争取全国农村义务教育阶段贫困家庭学生都能享受到免书本费、免杂费、补助寄宿生生活费的政策。值得一提的是，经过艰苦卓绝的努力，2007年，我国在农村义务教育阶段全面实现"两免一补"；2017年春，我国全面实现城乡义务教育学生免除学杂费、免费提供教科书。从2006年到2018年，义务教育免费教科书投入从36.62亿元增长到168.61亿元，累计投入2 201.73亿元。①

在2006年以前，中等职业教育仅按照"政府适当补贴、学校适当减免学费、学生适当交费"原则加以实行。2006年，财政部、教育部联合颁布《关于完善中等职业教育贫困家庭学生资助体系的若干意见》，要求中等职业学校都要建立学费减收和免收制度。从2012年开始，中等职业学校在校生中所有农村（含县镇）学生、城市涉农专业学生和家庭经济困难学生的学费（艺术类相关表演专业除外）全部免除。此后，各地陆续出台政策，先行免除中等职业学校的正式学籍学生的学费。从2009年到2015年，国家对中职免学费政策共投入514亿元，覆盖面近90%。2018年，全国1 098.33万中等职业学校学生享受免学费政策。

在推进精准扶贫的背景下，国家于2016年开始免除普通高中建档立卡家庭经济困难学生的学杂费，有力地保障了高中阶段家庭经济困难学生的受教育权利。2016—2018年，受益学生达531.13万人次，累计投入已达58亿元。

各类形式的减免，不仅丰富了学生资助体系，而且体现了公益、助困、引导的结合，体现了从保障型资助向发展型资助转变的理念，体现了教育公平迈上新台阶。

第三节　学生资助政策的进一步完善

党的十八大以来，以习近平同志为核心的党中央始终坚持以人民为中心的发展思想，高度重视教育公平，高度重视家庭经济困难学生的上学问题。2014年中央经济工作会议曾指出，"要让贫困家庭的孩子都能接受公平的有质量的教育，不要让孩子输在起跑线上"。习近平总书记强调，要"健全家庭困难学生资助体系"。十八大以来砥砺奋进，学生资助工作取得重大进展，确保"不让一个学生因家庭经济困

---

① 根据2012—2018年度中国学生资助发展报告统计所得，其中2012年度提供了2006—2012年的数据。

难而失学",为家庭经济困难学生实现人生梦想提供了强有力的保障。教育部陈宝生部长在2017年9月29日的《人民日报》上发文对此进行了全面深刻的阐述。

一、学生资助政策体系空前完善

党的十八大以来,教育部、财政部等有关部门认真贯彻落实中央决策部署,坚定不移地持续推进我国学生资助政策体系建设,在原有政策的基础上,5年间又相继出台了6项新的资助政策,完善了11项原有资助政策。

在高等教育阶段:设立研究生国家助学金、研究生学业奖学金,完善研究生"三助"岗位津贴;出台高校学生应征入伍服义务兵役国家资助办法;将国家助学贷款标准从6 000元提高到本、专科生8 000元、研究生1.2万元,并相应提高基层就业和应征入伍服兵役贷款代偿标准;延长国家助学贷款还款期限,放宽财政贴息范围;出台对直接招收为士官的高校学生施行国家资助的政策;将预科生和科研院所、党校、行政学院、会计学院等培养单位的研究生全面纳入高等教育学生资助政策体系覆盖范围;将中央高校博士研究生国家助学金标准由每年1.2万元提高到1.5万元,地方高校博士研究生国家助学金标准由每年不低于1万元提高到每年不低于1.3万元。

在高中教育阶段:扩大中职免学费覆盖范围,将民族地区中职学生全部纳入免学费范围;将中等职业学校和普通高中国家助学金标准由年生均1 500元提高到2 000元;出台对普通高中建档立卡的家庭经济困难学生免学杂费的政策。

在义务教育阶段:为农村学生免费配发汉语字典;出台并全面实行城乡义务教育"两免一补"政策;将营养膳食补助标准从每人每天3元提高到4元;扩大农村义务教育学生营养改善计划实施范围,实现国家扶贫开发重点县全覆盖。

经过5年来的努力,我国家庭经济困难学生资助政策体系的完善程度前所未有,实现了"三个全覆盖",即从学前教育到研究生教育所有学段全覆盖、公办民办学校全覆盖、家庭经济困难学生全覆盖,特别是在高等教育阶段,实现了家庭经济困难学生入学前、入学时和入学后"三不愁"。

二、学生资助资金投入快速增加

党的十八大以来,随着学生资助政策体系的不断完善,逐步形成了以财政投入为主、学校和社会资金为重要补充的"三位一体"资助格局,资助经费投入快速增加,资助规模不断扩大,实现了"应助尽助",为家庭经济困难学生顺利入学、完成学业奠定了坚实基础。

5年来,我国学生资助资金的总额累计近7 000亿元(不含义务教育阶段"两免"和营养膳食补助),年均增幅10.66%。年资助金额从2012年的1 126.08亿元增长至2016年的1 688.76亿元,增长了49.97%。其中,财政投入累计达4 781亿元,年均增幅7.69%,占资助资金总额的68.48%;学校和社会投入累计达1 251.97亿元,占资助资金总额的17.93%;国家助学贷款累计发放948.93亿元,占资助资金总额的13.59%。

5年间,数以千万计的家庭经济困难学生在国家学生资助政策的帮助下顺利入学、完成学业。全国累计资助学前教育、义务教育、普通高中、中职教育、高等教育等各教育阶段学生(幼儿)4.25亿人次(不含义务教育阶段"两免"和营养膳食补助)。资助学生(幼儿)从2012年的8 413.84万人次,增长至2016年的9 126.14万人次,增长了8.47%。

国家对家庭经济困难学生经济保障水平的快速提升,切实减轻了经济困难家庭的经济负担,增强了人民群众的获得感。

三、学生资助内涵不断丰富

党的十八大以来,我国学生资助工作围绕立德树人根本任务,更新理念,拓展功能,创新方式,走出了一条中国特色的学生资助之路。

在资助理念上,实现了从保障型资助向发展型资助的重大拓展,以社会主义核心价值观为引领,培育受助学生的思想品德、创新精神、实践能力和人文素养,促进学生全面发展。

在政策功能上,形成了助困、奖优和引导相结合的政策架构。国家助学金、国家助学贷款、困难补助等立足解决经济困难;国家奖学金、国家励志奖学金、学业奖学金和校内奖学金等侧重奖励优秀;基层就业、应征入伍国家资助和师范生免费教育政策强化就业引导。各项资助政策互为补充,共成体系,形成了功能多元的政策体系。

在资助方式上,既强化精准,又注重保护受助学生的尊严。对于建档立卡学生、低保家庭学生、农村特困救助供养学生、孤残学生、烈士子女等特殊困难群体,均按最高标准进行资助。对其他家庭经济困难学生,通过大数据分析、个别访谈等方式了解甄别,按照家庭经济困难程度给予资助。在资助过程中,各地各校积极探索实施隐性资助，努力保护学生个人及家庭的隐私，保护学生的尊严。

四、学生资助政策对经济社会发展贡献突出

党的十八大以来，我国学生资助事业取得的长足进展，促进了经济和社会事业的发展。

1. 促进了教育公平实现质的飞跃

我国学生资助政策体系的不断完善和投入力度的不断加大，使教育公平这一崇高理念落地生根，成为实实在在的社会现实。家庭经济困难学生不再因学费问题而失去上学机会，充分享有了公平的教育机会。在校家庭经济困难学生不再为生活费用发愁，不再因经济问题辍学或失学，可以踏踏实实地安心学习，可以像其他同学一样顺利地完成学业。

2. 保障了教育事业健康快速发展

学生资助工作的深入开展有力地促进了我国各教育阶段入学率和巩固率的提高。5年间，学前教育毛入学率从2012年的64.50%提高到2016年的77.40%，义务教育巩固率从2012年的91.80%提高到2016年的93.40%，高中阶段毛入学率从2012年的85.00%提高到2016年的87.50%，高等教育毛入学率从2012年的30%提高到2016年的42.7%。

3. 提升了人力资源开发水平

学生资助保障力度的不断加大，较大幅度地提高了各教育阶段家庭经济困难学生（幼儿）的物质生活水平，明显改善了家庭经济困难学生（幼儿）的营养结构，有效地增强了家庭经济困难学生（幼儿）的身体素质。我国学生资助政策的引导作用促进了中等职业教育的发展和高中阶段教育结构的调整，促进了中初级技能型人才的培养；增强了我国高等教育阶段艰苦专业、亟须专业和师范专业的吸引力，引导数十万名优秀师范生投身农村基础教育；改善了我国基层干部队伍的素质结构，赴基层就业大学生人数超过28万；为我国实现强军目标输送了一大批优质兵员，应征入伍的大学生达43万。

4. 加快了脱贫攻坚步伐

我国学生资助政策体系的不断完善和投入力度的不断加大有效防止了低收入和经济困难家庭因子女上学费用致贫和返贫的现象。对于贫困家庭来说，学生资助政策不仅解除了其子女上学费用这一经济负担，减小了他们脱贫的压力，还帮助他们的子女通过接受教育来提高科技文化素质、掌握一技之长，增强自我发展

能力，改变个人及其家庭的命运，促进了其家庭稳定脱贫和高质量脱贫，阻断了贫困的代际传递。

五、努力开创学生资助工作新局面

与社会保障一样，学生资助是一项长期的工作。从我国的国情来看，学生资助工作还任重而道远。站在新的历史起点上，面对新的形势和任务，我国学生资助工作在进一步完善政策体系和加大投入力度的基础上，还需要继续努力。

1. 在规范管理上下功夫

学生资助政策多元、学段多元、对象多元，迫切需要进一步法治化、规范化。要规范学生资助管理制度，规范各级监管责任，规范学生资助程序，规范资金管理，规范信息管理，规范机构队伍建设，不断提高学生资助管理水平。

2. 在精准资助上下功夫

全面推进精准资助机制建设，综合运用大数据分析，探索建立量化评估指标体系，对受助对象进行科学评估和准确认定。根据不同地区经济社会发展水平来确定资助标准，根据不同对象的受助需求进行精准帮扶。改进和完善资助资金发放机制和发放办法，实现资助对象精准、资助标准精准和资金发放时间精准，切实把好事办好、实事办实。

3. 在资助育人上下功夫

以立德树人为根本任务，全面构建资助育人机制，完善资助育人工作的有效载体、职责分工、经费保障等，实现资助育人工作的常态化、制度化、规范化。针对不同群体、不同需求，创造条件，提供多样化、个性化的资助育人平台和模式。紧紧围绕"培育和践行社会主义核心价值观"这一核心，强化创新精神和实践能力"两项能力"，加强励志教育、诚信教育和社会责任感教育"三项教育"，促进家庭经济困难学生更好地成长成才，帮助他们享有人生出彩的机会，享有梦想成真的机会，享有同祖国和时代一起成长、进步的机会。

第九章
实现特殊儿童的融合教育

新中国成立70年来,我国的特殊教育实现了从慈善到权利、从隔离到融合的巨大跨越。政府通过将特殊教育纳入国民教育体系、同步实施义务教育等一系列政策,保障了特殊儿童平等受教育的权利;通过完善体系来促进教育公平,实施多元安置方式,满足了不同类型特殊儿童的多样化教育需求;通过政策驱动、改革创新,使融合教育成为特殊教育的主体形式。如今,普特融合的中国特殊教育模式已初步形成。

2005年的央视春节联欢晚会上,中国残疾人艺术团的21位聋人姑娘演绎的舞蹈《千手观音》把吉祥和祝福送进千家万户,感动了全中国。领舞的聋人姑娘邰丽华神态圣洁高雅,舞姿优美,给人以视觉的享受与心灵的震撼。她和她的同伴代表中国残疾人艺术团先后出访90多个国家,以艺术与心灵的完美融合,令世界为之动容,更为残疾人特有的精神与能力发出赞叹。她本人则被誉为"美与人性的使者""全球6亿残疾人的形象大使"。

邰丽华,1976年11月出生于湖北省宜昌市,2岁时因高烧注射链霉素失去听力。7岁入学,在宜昌与武汉的聋校完成了基础教育。15岁时,因在残疾人艺术节舞蹈比赛中获得第一名,被选入中国残疾人艺术团。17岁时考入湖北美术学院,通过融合的方式接受高等教育,是这所普通高校的第一批聋人学生。毕业后先后在武汉聋校、湖北省残联、中国残疾人艺术团工作,现为中国残疾人艺术团团长及总监、全国政协委员。她真切地感受到,教育是残疾人获得生存与发展权利并真正享有尊严的基本保障。

为了特殊儿童融合教育权利的实现,新中国成立70年来,特别是改革开放以来,我国政府和广大特教工作者立足本国实际,借鉴国际融合教育经验,历经艰难与坎坷,使我国千百万残疾儿童得到补偿发展、融合发展。

第一节 从慈善到权利:保障特殊儿童受教育机会

2014年,刘延东副总理在全国特殊教育工作电视电话会议的讲话中说,我国是联合国《残疾人权利公约》的最早发起国和首批缔约国之一。保障残疾人受教育权是我国政府向国际社会做出的庄严承诺。我国残疾人口的数量比世界上大多数国家的总人口还多,充分保障残疾人的受教育权利既是我国社会文明进步的重要标志,也是对世界残疾人事业的重要贡献。这番话充分表达了我国政府保障残疾人平等受教育权的坚定决心。

一、探索:特殊教育纳入国民教育体系(1949—1977)

在人类历史上,残疾儿童从受人嘲弄、歧视、侮辱到开始接受教育,经历了一个曲折发展的过程。"鳏寡孤独废疾者皆有所养"是中国传统社会残疾人观最基本

2005年的央视春节联欢晚会上,中国残疾人艺术团的舞蹈《千手观音》感动了全中国,领舞是邰丽华。(中国残疾人艺术团/摄)

的特征。这种慈善救济举措体现的是富有同情心的关怀，仅能解决残疾人的部分生活问题，却难以使其自立自强，提高其社会地位，从根本上改变命运。

新中国成立前，特殊教育学校主要为宗教团体和私人所办。新中国成立后，国家很快出台了接收与改造原有盲聋哑学校的政策。1951年发布了《关于改革学制的决定》，要求各级人民政府"应设立聋哑、盲目等特种学校，对生理上有缺陷的儿童、青年和成人，施以教育"。[①]1953年，教育部设立了盲聋哑教育处，直属教育部领导，其主要职能是：掌握盲聋哑教育的工作方针、政策，拟定有关的法规并组织贯彻实施；检查盲聋哑学校的教学与行政工作，制订教学计划、教学大纲，组织教材的编辑、审定、出版、供应工作，培训师资及组织在职教师进修等，推动特殊教育的建设与发展。盲聋哑教育处的设立改变了以往特殊教育无主管部门的局面。1957年，教育部《关于办好盲童学校、聋哑学校的几点指示》中提出"整顿巩固、逐步发展、改革教学、提高质量"的工作方针，规范了两类学校的性质、培养目标、教学要求、师资培训、学生管理等重要工作，提出加强教育行政部门对盲校和聋校的领导，建议中央直辖市、省辖市和县所属的盲童学校和聋哑学校，其行政和业务由教育行政部门直接领导。虽然当时的国民经济刚刚复苏，新中国百废待兴，但特殊教育事业得到了较快的恢复和发展，到1960年，盲聋哑学校激增至479所，学生共26 701人。

二、起步：特殊教育突破普及初等教育最薄弱的环节（1978—1990）

党的十一届三中全会之前，仅有少数盲、聋儿童有机会接受特殊教育。20世纪50年代末，北京、大连曾有过短期的"低能班""智力培育学校"，后陆续停办。直到1979年，上海市第二聋哑学校创办了智力落后儿童特殊班，首批招收了24名轻度智力障碍学生。1981年，国内首个专门招收智力障碍儿童的特殊教育学校——上海市长宁区辅读学校建立。继上海之后，北京、天津、山东、黑龙江、吉林、江苏、浙江、湖北、湖南、安徽等地也相继创办了智力障碍教育学校（班）。

1982年，残疾人受教育问题被正式写入《中华人民共和国宪法》："国家和社会帮助安排盲、聋、哑和其他有残疾的公民的劳动、生活和教育。"与此同时，在国家推行九年义务教育的背景下，残疾儿童的教育问题开始受到关注。1985年5月27日，中共中央《关于教育体制改革的决定》明确提出"在实行九年义务教育的同

---

① 顾定倩，朴永馨，刘艳虹.中国特殊教育史资料选［M］.北京：北京师范大学出版社，2010：1546.

时，还要努力发展……盲、聋、哑、残人和弱智儿童的特殊教育"。1986年4月12日，第六届全国人民代表大会第四次会议通过的《中华人民共和国义务教育法》明确了"地方各级人民政府为盲、聋哑和弱智的儿童、少年举办特殊教育学校（班）"的责任。在原国家教委等部门随后印发的《关于实施"义务教育法"若干问题的意见》和《中华人民共和国义务教育法实施细则》以及各地方政府和教育部门制定的实施义务教育法的地方性法规条例中，对残疾儿童义务教育的入学年龄、在校年限、办学形式、学校（班）设置及布局、家庭经济困难学生的助学补贴和师资培训等，均做了具体规定。[1] 至此，三类残疾儿童接受义务教育有了法律保障。

1987年，全国盲、聋、弱智儿童学校已从新中国成立前的42所发展到504所，普通学校附设特教班500多个；在校学生从此前的2 000余人发展到5.2万余人。即便如此，我国特殊教育依然是普及初等教育最薄弱的环节，[2] 全国7—15岁学龄盲童、聋童和智障儿童的入学率仅为3%、5.5%、0.33%。[3] 如此低的入学率很快引起有关部门和社会各界的普遍关注。1988年11月，原国家教委、民政部和中国残疾人联合会召开了首次全国特殊教育工作会议，提出我国的特殊教育事业在数量上和质量上都跟不上客观形势发展的需要，为切实保障残疾少年儿童受教育的权利，必须采取积极的态度和有力的措施。随即，《中国残疾人事业五年工作纲要（1988—1992）》要求："要采取多种措施，使盲童、聋童入学率从现在的不足6%，分别提高到10%和15%，弱智儿童入学率要有大幅度提高；发达地区的残疾儿童入学率应有更大的提高。"1989年，国务院办公厅转发了由原国家教委、民政部和中国残疾人联合会共同制定的《关于发展特殊教育的若干意见》，要求"把残疾少年儿童教育切实纳入普及义务教育的工作轨道。各级教育部门把残疾少年儿童教育同当地实施义务教育工作统一规划，统一领导，统一部署，统一检查。今后，要将残疾少年儿童教育发展规划执行情况作为检查、验收普及初等教育的内容之一"。1990年召开了第二次全国特殊教育工作会议。1988年至1990年的短短3年中，特殊教育学校由577所发展到820所，普通学校附设的特殊教育班由599个发展到2 651个，在校学生由5.7万人发展到10.5万人，分别增长42%、342%、81%。[4]

---

[1] 李仲汉.改革开放时期的中国特殊教育[J].现代特殊教育，2001（1）：44-46，34.
[2] 国务院办公厅转发国家教委等部门《关于发展特殊教育的若干意见》的通知[EB/OL].人民网，1989-05-04［2019-07-12］.http://www.people.com.cn/item/flfgk/gwyfg/1989/112701198943.html.
[3] 王娜梅.残疾儿童入学率过低引起关注，全国特殊教育工作会议在京开幕[N].人民日报，1988-11-19（3）.
[4] 国家教委、国家计委、财政部、民政部、劳动部、人事部、中募委、中国残联关于切实做好"八五"期间残疾人教育工作的通知[EB/OL].中国残疾人联合会官网，1991-07-20［2019-07-12］.http://www.cdfl.org.cn/zcwj/200804/t20080403_38143.shtml.

三、追赶：特殊教育"同步"实施义务教育（1991—2000）

虽然特殊教育发展速度很快，但由于起点低，整体发展依然严重滞后于我国教育的发展水平，发展不平衡问题突出，有些地区并未把残疾儿童教育切实纳入义务教育轨道。当时，我国初等教育学龄儿童入学率已达97.8%，76%的县宣布普及初等教育，而相当多的残疾少年儿童仍入学无门，盲、聋、弱智儿童的入学率更低。① 经国务院批准，全国残疾人工作专题会议于1991年7月15日召开，国务院领导和33个部委、团体的负责人出席了会议，要求各地"八五"期间"力争使具有接受普通教育能力的残疾儿童与本地区其他少年儿童的义务教育水平相同步"。《中国残疾人事业"八五"计划纲要（1991年—1995年）》进一步明确了"同步"实施义务教育的要求，并提出了量化指标："使可以接受普通教育的残疾儿童、少年与当地其他儿童、少年的义务教育水平同步；使需要接受特殊教育的视力、听力、言语和智力残疾儿童、少年的初等义务教育入学率，在城市和发达与比较发达的地区达到60%左右，中等发展地区达到30%左右，困难地区有较大提高"；"统计义务教育对象时，必须包括残疾儿童、少年，并将视力、听力、言语和智力残疾儿童、少年专项列出。普及义务教育计划中，要明确规定特殊教育的任务指标，并制定专项实施办法。督导、检查、验收义务教育工作时，要将特殊教育任务指标的执行情况作为其中的内容或标准"。

1993年2月，中共中央、国务院印发《中国教育改革和发展纲要》，将"基本普及九年义务教育"和"基本扫除青壮年文盲"作为20世纪90年代教育发展的目标，"两基"作为提高整个民族素质的奠基工程，成为教育发展的重中之重。很显然，尽快提高残疾儿童少年的入学率，让更多的残疾儿童少年有机会接受教育，是实现"两基"目标的重要基础。为此，原国家教委提出要对残疾儿童少年入学"给予特别扶持"。② 1994年9月，原国家教委发出《关于颁发〈普及义务教育评估验收暂行办法〉的通知》，在"评估项目及指标要求"中，对残疾儿童少年的义务教育入学率指标提出了更高的要求："各类适龄残疾儿童、少年，在城市和经济文化发达的县达到80%左右，其他县达到60%左右（含在普通学校随班就读的学生）。"随后的"九五"期间，国家对残疾儿童少年义务教育入学率有了更高的要求，即"可以接受普通教育的残疾儿童少年入学率努力达到与当地其他儿童少年同等水平。

---

① 国家教委、国家计委、财政部、民政部、劳动部、人事部、中募委、中国残联关于切实做好"八五"期间残疾人教育工作的通知［EB/OL］.中国残疾人联合会官网，1991-07-20［2019-07-12］. http://www.cdfl.org.cn/zcwj/200804/t20080403_38143.shtml.
② 国家教育委员会关于在九十年代基本普及九年义务教育和基本扫除青壮年文盲的实施意见［EB/OL］.［2019-07-12］. http://www.baidu.com/sfedu_wenku/view/d7838ebbf23482fb4daa580/0116c175eoele03.

到2000年，视力、听力言语和智力残疾儿童少年的入学率全国平均分别达到80%左右"[①]，并与21个省、自治区、直辖市的教育行政部门签订了残疾儿童义务教育项目责任书。从1988年的不足6%到2000年的80%，毋容置疑，国家在提高三类残疾儿童少年入学率上投入了巨大的努力。

20世纪八九十年代，我国残疾儿童少年接受义务教育人数从1988年的5.76万人迅速增长至1999年的37.16万人，增长了5.45倍（见图9-1）。

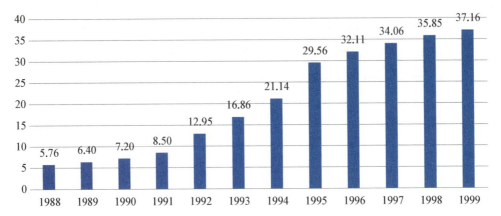

注：该统计数据包括在特殊教育学校、普通学校特殊教育班以及随班就读的学生，大量在普通学校就读但未被认定为随班就读对象的残疾学生未统计在内。

图9-1　1988—1999年残疾儿童少年接受义务教育人数（万人）

四、普及：特殊教育面向95%以上的残疾儿童（2001—）

进入21世纪，"普及"依然是我国特殊教育发展的重要命题，同时，残疾儿童少年接受义务教育也成为普及九年义务教育和巩固提高普及九年义务教育成果与水平的一项重要任务。这一阶段，适龄残疾儿童少年义务教育入学率的提升也进入了攻坚克难期。

首要的困难是提高认识。政府官员、教育行政干部，尤其是基层干部中，还有不少人没有把教育看作是残疾儿童少年应有的权利，而是把特殊教育看作是慈善，是对残疾儿童少年的福利或施舍。在教育资源有限的情况下，"先办好普通孩子的教育，再来为特殊孩子做慈善"的想法并不鲜见。其次，工作推进的难度越来越大。尚未入学的三类残疾儿童少年大多为中度、重度以及极重度残疾的儿童少年，

---

① 残疾儿童少年义务教育"九五"实施方案[EB/OL].中国政府网，1996-05-09［2019-07-12］.http://www.gov.cn/ztzl/61/content_627743.htm.

主要分布于经济欠发达、交通不便的地区，入学问题往往更为棘手。最后是进一步拓展服务对象的困难。我国以三类残疾儿童少年为主要教育对象的特殊教育的水平远远落后于国际特殊教育的水平，与国内残疾儿童少年教育的实际需求也相去甚远，甚至与国际国内相关法规的要求也有一定距离。《中华人民共和国残疾人保障法》明确规定："残疾人包括视力残疾、听力残疾、言语残疾、肢体残疾、智力残疾、精神残疾、多重残疾和其他残疾的人。"国家保障适龄残疾儿童少年接受义务教育的权利，意味着所有适龄残疾儿童少年，不论其障碍类型及障碍程度，都有权接受义务教育。2007年3月30日，中国常驻联合国代表在《残疾人权利公约》上签字，承诺确保残疾人享有与健全人相同的权利，包括受教育权。

这里讲一个案例。盛夏酷暑，上海市青浦区辅读学校校长陈建军带领着几位教师，一家一户挨个敲门。全区符合入学条件的首批18名残障孩子早在半年前就被安置就读，而第二批12个重度残障儿童却因信息不全，无法一下子开展教育工作。教师们第一次登门时，许多家长戒备地问："教这样的孩子，你们收钱吗？我们可没钱哦。""我们都是特教学校的教师，是来为您家的孩子免费送教上门的。虽然孩子的智力水平和行为能力偏低，但也不能剥夺他受教育的权利呀！"教师们一遍遍地耐心解释，终于说服了家长。被这样"挖"出来的残障儿童共有800多名，他们绝大多数有智障、肢体残疾或言语障碍，连家长都对孩子的教育失去了信心。然而，上海本着"一个都不能少"的原则，按其残障程度，采取随班就读、进入特教学校、送教上门、定期开展家教指导或提供资料等方式因材施教，使分布在17个区县的重度残障孩子同样享受义务教育的权利。

近年来，尤其是近十年来，为了更有效地提高残疾儿童少年的入学率，使残疾儿童少年与同龄普通儿童少年享有同等的受教育权，国家连续出台多项政策，在持续提高入学率量化指标要求的基础上，对特殊教育对象的范围有了新的要求：于2009年正式提出"逐步解决重度肢体残疾、重度智力残疾、失明、失聪、脑瘫、孤独症、多重残疾儿童少年的教育问题"[①]，并逐步扩大至全体残疾儿童少年。（见表9-1）

表9-1 2001—2020年残疾儿童少年义务教育入学率指标

年　度	主　要　指　标	来　　源
2001—2005	大中城市和经济发达的地区：95%以上； 已实现"两基"的农村地区：85%以上； 未实现"两基"的贫困地区：60%以上。	关于"十五"期间进一步推进特殊教育改革和发展的意见

---

① 关于进一步加快特殊教育事业发展的意见［EB/OL］. 2009-05-07.

（续表）

年度	主要指标	来源
2006—2010	基本普及残疾儿童少年义务教育，适应接受普通教育的残疾儿童少年入学率达到与当地健全儿童少年同等水平；三类残疾儿童少年义务教育入学率达到国家要求。	中国残疾人事业"十一五"发展纲要（2006年—2010年）
	城市和经济发达地区：基本达到当地普通儿童少年水平；已经"普九"的中西部农村地区：逐年提高；未"普九"地区：达到70%左右。	关于进一步加快特殊教育事业发展的意见
2011—2016	全国基本普及残疾儿童少年义务教育；三类残疾儿童少年义务教育入学率达到90%以上；其他残疾人受教育机会明显增加。	特殊教育提升计划（2014—2016年）
2017—2020	残疾儿童少年义务教育入学率达到95%以上。	第二期特殊教育提升计划（2017—2020年）

根据中国残疾人联合会对残疾人的监测数据，在2007—2013年的6年时间中，残疾学生义务教育入学率提升了9.4个百分点（见表9-2）；2000—2014年，实名登记的未入学学龄残疾儿童少年数量从39.06万人降至8.10万人，下降了79%（见图9-2）。

表9-2 2007—2013年学龄残疾儿童少年义务教育入学率监测情况（%）

年度	2007	2008	2009	2010	2011	2012	2013
入学率（%）	63.3	63.8	69.5	71.4	72.1	71.9	72.7

数据来源：中国残疾人联合会.2007—2013年残疾人状况监测报告.［2019-07-12］.http://www.cdpf.org.cn/sjzx/jcbg/index.shtml.

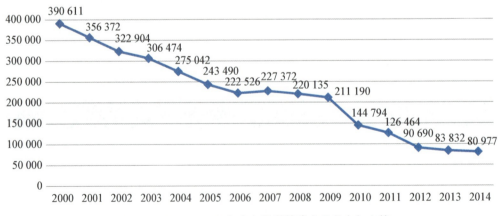

图9-2 2000—2014年未入学学龄残疾儿童少年人数

历经 40 年，从三类残疾儿童少年义务教育入学率不足 6% 到基本普及残疾儿童少年义务教育，绝大部分残疾儿童少年真正有学上，我国在保障残疾儿童少年受教育机会、促进残疾人教育公平方面实现了巨大跨越。

第二节　从单一到多元：健全特殊儿童教育体系

特殊儿童是一个异质的群体，不同障碍类型、障碍程度的儿童之间差异很大，需要多元安置方式，才能满足特殊儿童的多样化教育需求。

一、以特殊教育学校为骨干

特殊教育学校作为最悠久、最传统的特殊儿童教育安置方式，在我国特殊儿童教育中始终起着最重要的骨干作用。改革开放之前，尽管当时也有部分残疾儿童就读于普通学校，但并未接受真正意义上的特殊教育，特殊教育学校几乎是残疾儿童接受特殊教育的唯一场所。一直以来，国家特别重视特殊教育学校的建设，1989 年起设立特殊教育学校建设专项投资，用于补助地方特殊教育学校校舍建设。针对中西部地区特殊教育学校总量不足、覆盖范围有限、办学条件亟待改善的现实情况，教育部和国家发改委联合发布《"十一五"期间中西部地区特殊教育学校建设规划（2008—2010 年）》，以推进中西部地区特殊教育学校建设。《国家中长期教育改革和发展规划纲要（2010—2020 年）》（以下简称《教育规划纲要》）进一步明确了全国范围内特殊教育学校的建设目标为"到 2020 年，基本实现市（地）和 30 万人口以上、残疾儿童少年较多的县（市）都有一所特殊教育学校。各级各类学校要积极创造条件接收残疾人入学，不断扩大随班就读和普通学校特教班规模"，极大地推进了特殊教育学校的发展。新中国成立 70 年来，特殊教育学校从单一的专门招收视障、听障儿童的盲、聋学校拓展至招收智力障碍儿童的培智学校以及招收各类残疾儿童的综合特教学校，学校数量从 1949 年的 42 所增至 2018 年的 2 152 所（见图 9-3），在特殊教育学校接受教育的残疾学生人数也从 1949 年的 2 000 余人发展至 2018 年的 33.35 万人，学校数和在校学生数分别增加 50.2 倍和 165.8 倍。

特殊教育学校除了数量增加之外，其服务功能也发生了很大变化。20 世纪 80 年代后期开始，随着大量轻度障碍学生到普通学校随班就读，特殊教育学校开始招

图 9-3　1949—2018 年我国特殊教育学校数量变化情况

收中度、重度，甚至是极重度障碍的学生，同时也开始大量招收自闭症、脑瘫以及多重残疾的学生。一位培智学校校长说，"我们学校的招生对象就是别的学校都进不去的学生"，这些学生障碍类型复杂、障碍程度较重，对特殊教育与相关专业服务的需求程度更高，特殊教育学校的设施设备条件相对完备、专业力量相对集中，更有条件为他们提供满足其多样化需求的适当教育。此外，特殊教育学校还承担着融合教育资源中心的作用，为在普通学校随班就读的特殊学生提供必要的专业服务。

二、以普通学校为主体

普通学校数量多、分布广，方便特殊儿童就近入学，同时也有利于促进教育融合，是特殊儿童教育安置的主体形式。残疾儿童，特别是轻度智力障碍儿童进入普通学校学习的现象其实早已存在。1987 年第一次全国残疾人抽样调查显示，在入户调查的 6 岁以上学龄残疾儿童中，已上普通学校的占 54.3%，上特教学校的仅占 0.95%。单一的特殊教育学校安置方式远远不能满足数量巨大的残疾儿童上学的需求。为了加快特殊教育的发展步伐，1988 年 11 月，原国家教委明确提出要实行多种形式办学，有计划地在一部分普通小学附设特殊教育班或吸收能够跟班学习的残疾儿童随班就读，形成一条投资少、见效快、效益大的残疾儿童少年教育发展的路子。历经 30 余年的努力，普通学校附设特教班和随班就读已成为特殊教育的主体形式。2018 年教育部统计数据显示，普通小学、初中随班就读和附设特教班在校生 33.24 万人，占特殊教育在校生总数的 50.01%。随班就读和特教班的推进从根本上改变了特殊儿童教育的隔离状态，也符合大多数特殊儿童的发展需求。"优先采取普通教育方式"被写入 2017 年修订的《中华人民共和国残疾人教育条例》。

三、以送教上门和远程教育为补充

据国务院残疾人工作委员会组织的全国残疾人基本服务和需求专项调查显示，截至 2015 年，全国仍然有 24 万适龄未入学的残疾儿童少年，其中 80% 以上分布在中西部农村地区。[①] 普及残疾儿童义务教育，就是想方设法解决这些儿童的上学问题。他们的受教育难度更大，其中部分儿童障碍程度非常严重，需要专人护理，而国内当前很多特殊教育学校及普通学校尚不具备接收这类儿童的教育安置条件。长期以来，这些孩子只能在家由家人照料，没有受教育的机会。1994 年颁布的《中华人民共和国残疾人教育条例》提出"对因身体条件不能到学校就读的适龄残疾儿童、少年，采取其他适当形式进行义务教育"，但仅有上海、天津、北京等地进行了地方性的送教上门服务的探索。为切实解决全体残疾儿童少年的教育问题，2014 年起，国家实施了第一期特殊教育提升计划，要求以区县为单位，对残障儿童进行实名登记，并对登记在册的没有入学的残障儿童要求全范围、零拒绝，逐一安置。对需要专人护理，不能到学校就读的残疾儿童少年，由县级人民政府教育行政部门统筹安排，通过提供送教上门或者远程教育等方式实施义务教育并纳入学籍管理，以解决残疾儿童少年教育的"最后一公里"问题。

四、两头延伸，完善特殊教育体系

1. 积极发展残疾儿童学前教育

早期发现、早期干预对残疾儿童的发展有极其重要的价值。1988 年发布的《中国残疾人事业五年工作纲要（1988—1992）》提出"大力提倡在残疾儿童家庭、特殊学校附设的学前班、普通幼儿园增设的特教班中，对残疾儿童进行行走定向、听力语言、心理康复、智力开发和功能训练"。随后发布的 1990 年的《中华人民共和国残疾人保障法》、1994 年的《中华人民共和国残疾人教育条例》和 1996 年的《中国残疾人事业"九五"计划纲要（1996 年—2000 年）》均对残疾儿童接受学前教育提出了具体要求，强调重视对残疾幼儿的早期发现、早期康复和早期教育。各地陆续开展了形式多样的关于残疾儿童学前教育的探索，通过特殊幼儿园、普通幼儿园特教班、特殊教育学校附设学前班以及融合教育等多种途径实施教育，各地民政、残联等部门举办的残疾儿童福利及康复机构也成为残疾

[①] 朱永新. 让教育更温暖：特殊教育那些必须正视的问题［N］. 光明日报，2016-07-21（15）.

儿童学前教育的重要力量。但总体而言，在很长一个时期内，残疾儿童学前教育发展速度较慢，接受学前教育的残疾儿童人数非常有限，始终是我国特殊教育事业发展中的短板。

2010年，国务院发布了《关于当前发展学前教育的若干意见》（也称《第一期学前教育三年行动计划》），提出："建立学前教育资助制度，资助……残疾儿童接受普惠性学前教育。发展残疾儿童学前康复教育。"2014年，教育部、国家发展改革委和财政部联合颁发了《关于实施第二期学前教育三年行动计划的意见》，提出"努力增加残疾适龄儿童的入园机会"。2014年教育部等七部委联合颁发的《特殊教育提升计划（2014—2016年）》将"积极发展学前教育"作为提高特殊教育普及水平的重点任务之一，要求各地"将残疾儿童学前教育纳入当地学前教育发展规划，列入国家学前教育重大项目。支持普通幼儿园创造条件接收残疾儿童。支持特殊教育学校和有条件的儿童福利机构增设附属幼儿园（学前教育部）"。中国残疾人联合会连续多年实施残疾人事业专项彩票公益金助学项目，为全国家庭经济困难的残疾儿童享受普惠性学前教育提供资助，2011年以来，受资助的学前残疾儿童人数逐年递增（见图9-4），资助对象覆盖各类残疾儿童。除此之外，各地也积极地通过多种渠道来争取资金，为更多的残疾儿童接受学前教育提供支持。一系列政策与支持，有效推动了学前特殊教育的发展。

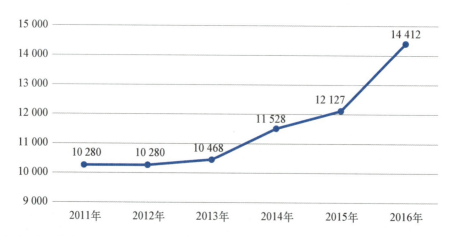

资料来源：中国残疾人联合会.2011—2016年年度数据［EB/OL］.中国残疾人联合会官网，2018-03-15［2019-07-12］. http://www.cdpf.org.cn/sjzx/sjcx/ndsj/.

图9-4　2011—2016年残疾人事业专项彩票公益金助学项目资助人数

2. 加快发展残疾人高中阶段教育

接受高中阶段教育是促进残疾人发展的重要途径。残疾人高中阶段教育的主要形式是特殊教育普通高中及职业教育。相较于义务教育阶段的毕业生人数，残疾人高中阶段教育尚有很大的发展空间。加快发展残疾人职业教育有利于更好地实现残疾人受教育的权利，提升残疾人受教育的水平，促进教育公平，推进实现教育现代化；有利于帮助残疾人提高就业创业能力，促进残疾人就业和全面发展，更好地融入社会。1993年，原国家教委和中国残联分别在南京试办聋人普通高中、在青岛试办盲人普通高中，实行普通高中教育与职业教育结合的双轨教育，成效显著。此后，各地陆续举办了一批特殊教育高中。但因为特殊教育普通高中数量较少，所以接受高中阶段教育的残疾儿童人数很少，仅占义务教育阶段毕业的残疾学生人数的10%左右，且主要集中于视障和听障两类。《特殊教育提升计划（2014—2016年）》强调要"大力发展以职业教育为主的残疾人高中阶段教育"，"扩大残疾人中等职业学校招生规模，紧密结合经济社会发展需求和残疾人特点合理调整专业结构，为残疾学生提供更多选择"。为加快发展残疾人职业教育，2018年，教育部等四部门联合发布《关于加快发展残疾人职业教育的若干意见》，明确提出要让完成义务教育且有意愿的残疾人都能接受适合的中等职业教育，要求职业院校通过随班就读、专门编班等形式，逐步扩大招收残疾学生的规模，不得以任何理由拒绝接收符合规定的录取标准的残疾学生入学；要根据需求不断完善残疾人职业教育的专业设置，有针对性地开设适合残疾人学习的专业，积极探索设置面向智力残疾学生、多重残疾学生的专业或方向的设置，扩大残疾人就读专业的选择范围，为残疾人提供适合的职业教育，同步促进残疾人的康复与职业技能提升。据统计，2018年，全国共有特殊教育普通高中班（部）102个、在校生7 666人，残疾人中等职业学校（班）133个、在校生19 475人。[1]

3. 保障残疾人接受高等教育的权利

一般认为，我国残疾人高等教育正式开始于20世纪80年代。此前也有极少数残疾人经过努力进入普通高校学习，但整体而言，残疾人接受高等教育的机会少之又少。继1982年《中华人民共和国宪法》明确残疾人受教育权之后，残疾人高等教育取得了显著进展。1985年，原国家教委等部门首次对残疾考生的招生工作提出要求，但仅限于"肢体残疾（不继续恶化），生活能自理，不影响所报专业的学习及毕业后所从事的工作者"。[2] 同时，一些高校陆续建立专门招收残疾人的院系，如1985年滨州医学院建立的医学二系、1987年长春大学建立的特殊教育学院等，填

---

[1] 2018年残疾人事业发展统计公报［EB/OL］.中国残疾人联合会官网，2019-03-27［2019-07-12］. http://www.cdpf.org.cn/zcwj/zxwj/201903/t20190327_649544.shtml.
[2] 关于做好高等院校招收残疾青年和毕业分配工作的通知［EB/OL］.1985-02-25.

补了我国残疾人高等教育的空白。① 普通高校也逐渐开启大门，1987 年，北京大学首次招收了 21 名来自全国各地的残疾考生。②

20 世纪 90 年代，随着《中华人民共和国残疾人保障法》《中华人民共和国残疾人教育条例》《中华人民共和国高等教育法》的颁布，要求高等院校"必须招收"符合国家规定的录取标准的残疾考生入学，不得因其残疾而拒绝招收，使残疾人高等教育有了突破性的进展。2003 年，教育部、卫生部和中国残联印发了《普通高等学校招生体检工作指导意见》，进一步放宽了对患疾病或生理缺陷者的录取要求，极大地提高了上线残疾考生的录取率。2015 年，教育部、中国残联联合印发《残疾人参加普通高等学校招生全国统一考试管理规定（暂行）》，并从当年高考开始执行。这是我国考试制度的重大突破，是落实《国务院关于深化考试招生制度改革的实施意见》和《国务院关于加快推进残疾人小康进程的意见》的要求，维护残疾人合法权益，保障残疾学生接受教育的权利的重要举措。2017 年，修订后的《残疾人参加普通高等学校招生全国统一考试管理规定》正式发布，当年，5 626 名残疾考生申请了高考合理便利。③ 截至 2017 年，共有 21 所高等特殊教育学院招收残疾学生。与此同时，更多的残疾考生进入普通院校接受融合教育。2018 年，全国有 11 154 名残疾考生被普通高校录取，比 1996 年增加了 10.7 倍。2014 年，北京联合大学获批国内首个专门面向视力残疾生源的临床医学（中医）硕士专业学位授权点，面向全国实行自主命题、单考单招。

补齐特殊教育发展"短板"，"全面建成小康社会，一个都不能少"的国家承诺正在变为现实。

第三节　从隔离到融合：提高特殊儿童教育质量

20 世纪中叶以来，反歧视求平等、反隔离求融合贯穿于国际残疾人运动的全过程。在这一过程中，残疾人平等、参与、共享的权利得到明确的法律保障，权利平等与社会融合的理念深入人心。与之相应的，以平等、融合为基本理念的残疾人教

---

① 黄培森.中国特殊教育史略［M］.成都：西南交通大学出版社，2015：154.
② 滕祥东.残疾人高等教育院校教师专业化特色研究［M］.北京：知识产权出版社，2016：5.
③ 5 626 名残疾考生申请高考合理便利［N］.中国残疾人联合会官网，2017-06-07［2019-07-12］.http://www.cdpf.org.cn/ywzz/jyjyb/jy_254/gzdt_255/201706/t20170612_596653.shtml.

育模式在全球范围内得到广泛推广与实施，融合教育成为推动教育体系整体变革的基本动力。

我国于20世纪80年代开始的随班就读是基于当时国情普及残疾儿童义务教育的发展战略。90年代，世界融合教育兴起，随班就读被视作我国探索融合教育的实践方式，其保障残疾儿童平等受教育权的价值意义日益彰显。以权利为本，不断扩大随班就读规模，成为政策的必然选择。进入21世纪后，我国大力推进公平且有质量的融合教育，相关政策法规不断完善，初步形成普特融合的中国本土融合教育发展模式与保障机制。

一、随班就读的磨砺前行

随班就读政策的出台与我国义务教育政策的实施以及残疾儿童入学率极低的现实密切相关。1986年，《中华人民共和国义务教育法》颁布实施，法律要求所有适龄儿童都要接受义务教育。"所有适龄儿童"无疑包括所有残疾儿童，而当时残疾儿童的入学率极低。1987年，全国残疾人抽样调查数据显示，我国6岁以上的残疾儿童有625.26万人，其中，聋童的入学率为9%，盲童的入学率为3%，弱智儿童入学率仅为0.3%。[①] 传统的隔离式的特殊学校教育发展极为薄弱，根本无法满足大多数残疾儿童的入学需求，必须以经济手段，较快地将大量游离在学校外的残疾儿童招收进来，使他们有机会接受义务教育。可以说，随班就读是当时条件下提供残疾儿童入学机会、提升残疾儿童入学率的必然选择。这种方式投资少、见效快，方便残疾儿童就近入学，也有利于特殊儿童与普通儿童的融合，于是得到快速推广。

1. 通过颁布系列政策文件推动随班就读发展

1986年，《关于实施〈义务教育法〉若干问题的意见》提出"应该把那些虽有残疾，但不妨碍正常学习的儿童吸收到普通中小学上学"。这是首次以国家政策形式明确规定残疾儿童可以进入普通学校就读。1987年12月，教育部在《全日制弱智学校（班）教学计划》（征求意见稿）中提出"在普及初等教育的过程中，大多数轻度弱智儿童已经进入当地普通小学随班就读。这种形式有利于弱智儿童与正常儿童的交往，是在那些尚未建立弱智学校（班）的地区特别是农村地区解决轻度弱智儿童入学问题的可行办法"，这是在国家文件中首次正式使用"随班就读"一词。1988年11月，第一次全国特殊教育会议召开，原国家教育委员会副主任何东昌在

---

① 数据来源：中国残疾人联合会官网．

会上提出"有计划地在一部分普通小学附设特殊教育班或吸收能够跟班学习的残疾儿童随班就读""逐步形成以一定数量的特殊教育学校为骨干,以大量特殊教育班和随班就读为主体的残疾儿童少年教育的格局"。这一新的发展模式几乎在20世纪80年代以来的所有特殊教育相关法律、法规中都得到了确认与强调。1989年,国务院办公厅转发原国家教委等部门发布的《关于发展特殊教育若干意见》,要求"各地要充分利用现有普通小学,积极招收虽有一定残疾,但可以在普通班学习的残疾儿童入学""招收残疾少年儿童随班就读的普通学校,其学制不变"。这是中国政府首次在政策上对随班就读提出要求。1994年,原国家教委印发《关于开展残疾儿童少年随班就读工作的试行办法》,明确指出:"开展残疾儿童少年随班就读工作,是发展和普及我国残疾儿童少年义务教育的一个主要办学形式。"同年,"随班就读"被列入中国第一部残疾人教育专项法规《中华人民共和国残疾人教育条例》。该法规将"在普通学校随班就读"(第十七条)作为残疾儿童少年接受义务教育的途径之一,这标志着随班就读成为我国发展和普及残疾儿童少年义务教育的一个主要办学形式。

2. 将探索成果上升为制度规范,指导随班就读实践

我国随班就读采用政府主导的自上而下的推行模式。在工作方式上,先在部分地区开展随班就读试点,然后通过全国性的现场会和研讨会总结、分享、推广经验,进而将实践经验提炼上升为制度规范,以指导随班就读的全面推行。随班就读实验最初是从盲童和聋童开始的。1987年,由徐白仑先生发起的"金钥匙工程"盲童教育计划成功帮助山西省11名失学在家的盲童进入当地的普通学校就读。[1] 同年,黑龙江省海伦市率先开展了聋童随班就读实验,全市85名聋童在当地的普通学校接受义务教育。随后,北京、河北、江苏、辽宁等地也开展了类似的实验工作。[2] 1988年11月,全国第一次特殊教育工作会议召开,会议报告提出"有计划地在一部分普通小学附设特殊教育班或吸收能够跟班学习的残疾儿童随班就读"。1989年,原国家教委委托北京、河北、江苏、山东、黑龙江等8个省市分别进行视力残疾、听力残疾以及智力残疾儿童少年随班就读实验,并先后在无锡、昌平、石家庄、昌乐、佳木斯等地召开现场会及研讨会,交流各地开展随班就读工作经验。1994年,原国家教委在江苏盐城召开了全国随班就读工作会议,总结交流各地开展随班就读工作的经验。同年7月,印发了《关于开展残疾儿童少年随班就读工作的试行办法》,指出:"开展残疾儿童少年随班就读工作,是发

---

[1] 刘春玲. 中国随班就读二十年 [J]. 教育展望, 2008 (9).
[2] 肖非. 中国的随班就读:历史 现状 展望 [J]. 中国特殊教育, 2005 (3): 3-7.

展和普及我国残疾儿童少年义务教育的一个主要办学形式,是建立适合我国国情的残疾儿童少年义务教育新格局的需要。"要求各级教育行政部门"必须高度重视和积极开展残疾儿童少年随班就读工作,并使其逐步完善"。至此,随班就读作为残疾儿童少年接受教育的重要安置形式,在中国全面展开。随班就读学生人数从1993年统计部门第一次正式统计的6.88万人[①]快速增加到1996年的19.51万人[②],3年增长近2倍。此后,随班就读学生人数占全体接受义务教育的残疾学生人数的比例一直保持在50%以上,2001年更是高达27.64万人,占当年在校残疾学生人数的72%。

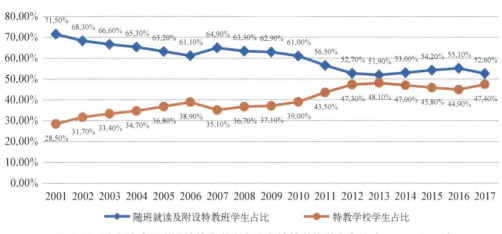

图 9-5 随班就读及附设特教班学生占比和特教学校学生占比(2001—2017)

随班就读的开展从根本上改变了特殊教育的隔离状态,特殊儿童教育安置方式从过去单一的特殊教育学校扩展为以随班就读和特殊教育班为主体、以特殊教育学校为骨干的多元安置方式,越来越多的残疾儿童就近进入普通学校的普通班级就学,使更多人了解残疾儿童、理解特殊教育,促进了社会的文明和进步。

在随班就读发展的20多年里,提高入学率一直是相关法律法规以及各地特殊教育实践的首要目标。然而,随班就读发展中普遍存在的教育理念落后、随班就读师资严重不足、普通班级班额过大、支持保障体系不到位等问题长期未得到充分重视,使随班就读成了随班混读,致使广大残疾儿童虽有学可上,却少有质量可言。特殊儿童被普通学校拒绝入学、已入学的残疾儿童"回流"至特殊学校的情况时有

---

① 全国随班就读工作经验交流会议纪要[EB/OL].中华人民共和国教育部政府门户网站,2003-02-09 [2019-07-12]. http://www.old.moe.gov.cn/publicfiles/business/htmlfiles/moe/s3331/201001/82026.html.
② 全国教育事业发展统计公报[EB/OL].[2019-07-12].中华人民共和国教育部政府门户网站.

发生，随班就读的质量堪忧。

二、融合教育的发展攻坚

进入21世纪，人们充分认识到特殊教育是现代教育体系的重要组成部分，没有特殊教育的现代化，就没有我国教育整体的现代化。党的十七大提出"关心特殊教育"，十八大提出"支持特殊教育"，十九大重申"办好特殊教育"。特殊教育连续三次被写进党代会报告，彰显了党和政府加快特殊教育内涵发展与质量提升的坚定决心，特殊教育事业在攻坚克难中进一步加快推进。

1. 特殊教育发展的"推进"与"加快"

在时代要求的推动下，教育部等多部门先后出台了《关于"十五"期间进一步推进特殊教育改革和发展的意见》（2001年）和《关于进一步加快特殊教育事业发展的意见》（2009年），充分表达了政府弥补特殊教育这一发展短板的决心，也反映了特殊教育面临的严峻现实。

《推进意见》是对我国"十五"期间特殊教育改革与发展的整体部署。其中最为鲜明的关键词是"大力"，如"大力普及残疾儿童少年义务教育""大力加强劳动技能和职业教育""大力加强特殊教育教师的培养、培训"。对"大力"一词的反复强调既反映了我国当时特殊教育的现实状况，也充分体现了政府对特殊教育事业攻坚克难的坚定决心。

《加快意见》进一步体现了政府对于发展特殊教育的坚定信心。其中的关键词从"十五"期间的"大力"走向了"全面"，这既体现了"十五"期间特殊教育发展的初步成果，也表明了我国特殊教育攻坚战的全面展开。一是特殊教育对象的全面化。提出了"全面提高残疾儿童少年义务教育普及水平"，这不仅要求不同经济发展水平地区的残疾学生的义务教育都要全面提升质量，还在残疾学生的类型上突破了一直以来的"三类"范围，明确提出了对"重度肢体残疾、重度智力残疾、孤独症、脑瘫和多重残疾儿童少年"的义务教育工作，进一步凸显了特殊教育的全面发展要求。二是特殊教育模式的全面化。随班就读是一种具有中国特色的融合教育模式，新时期特殊教育有关"全面推进随班就读工作"的目标要求正是对2006年联合国《残疾人权利公约》中有关平等教育权规定的响应与具体落实。[①]

如此节奏与强度的政策充分发挥了社会主义制度的优越性，党和国家对于特殊

---

① 杨克瑞. 改革开放40年我国特殊教育政策的顶层设计与战略推进［J］. 中国教育学刊，2018（5）：31-35.

教育的关心与支持得到了切实体现。然而，相对于我国整个教育事业的发展，特殊教育依然明显处于弱势地位，是普及义务教育的最大瓶颈。为了"一个都不能少"的郑重承诺，必须继续砥砺奋进，攻坚克难。

2. 政策驱动下特殊教育的提升与完善

经过21世纪初特殊教育政策的"推进"与"加快"，特别是在"大力"与"全面"的政策支持下，我国的特殊教育事业得到了较大发展。2010年颁布的《教育规划纲要》对特殊教育的改革发展具有里程碑意义。《教育规划纲要》把促进公平、提高质量作为国家基本教育政策，把加快特殊教育改革与发展作为促进教育公平的重要任务单列一章进行部署。这是新中国成立以来特殊教育领域最高的顶层设计。《教育规划纲要》实施以来，我国特殊教育改革发展呈现出前所未有的创新局面。

为了深入实施《教育规划纲要》，加快推进特殊教育发展，教育部等七部门连续颁布了两期特殊教育提升计划。《特殊教育提升计划（2014—2016年）》（以下简称2014年《提升计划》）以特殊教育的提升为发展目标，从入学率的要求到经费保障都有了空前提升。一是政策目标的提升。2014年《提升计划》在"全面推进全纳教育"的总体目标下，不仅提出了残疾儿童少年义务教育入学率要达到90%以上的要求，还首次提出了"使每一个残疾孩子都能接受合适的教育"这样的融合教育的具体战略。相较于之前70%的义务教育入学率要求，在数量与水平上实现了大幅度提升。二是政策措施的提升。为了真正落实全纳教育的总体目标，2014年《提升计划》提出了"送教上门"的积极教育措施。为了加快普及残疾儿童少年义务教育、进一步提升特殊教育质量，教育部针对特殊教育改革中的重点、难点问题，确定37个市（州）、县（区）为国家特殊教育改革实验区，开展送教上门、随班就读、医教结合等实验，进一步探索特殊教育改革的相关配套政策，建立健全保障机制和工作机制，为全国其他地区提供经验，发挥示范带头作用。三是特殊教育经费保障标准的提升。有关部门提出了义务教育阶段的特校生均预算标准不低于每年6 000元，这也是国家首次明确特殊教育学校的预算标准，加大特殊教育财政投入已不再是一句空话。教育部基础教育二司副司长李天顺说："我国现阶段特殊教育保障水平进入新时期，特别是《规划纲要》与《提升计划》实施以来，我国特殊教育的经费保障水平大幅提升。目前，我国特殊教育学校的招生对象主要是重度与多重残疾儿童，所需要投入的教师是普通教育的5—8倍。特殊教育投入的公用经费是普通教育的6—10倍。特殊教育投入的生均建筑面积是普通教育的5—10倍。"2014年《提升计划》的实施成效显著。"从2013年到2016年，特殊学校从1933所增加到2 080所，在校接受特殊教育学生人数从36.8万人增加到49.2万人，全国视力、听力、智力三类残疾儿童少年义务教育入学率达到90%以上。"[1]

《第二期特殊教育提升计划（2017—2020年）》（以下简称2017年《提升计划》）强调发展特殊教育的意义在于"推进教育公平，实现教育现代化"。在特殊教育的发展目标上坚持稳步提升，提出"到2020年，残疾儿童少年义务教育入学率达到95%以上"，这是该文件明确提出的刚性的核心指标。虽然这一指标只比2014年《提升计划》的要求增长了5个百分点，但与以往入学率只计算三类残疾儿童少年不同，这是我国第一次就全口径残疾儿童少年提出的入学率指标。据分析，尚未入学的10%的适龄残疾儿童中，60%以上都是重度和极重度脑瘫、孤独症等类别的残疾儿童，他们不仅障碍程度重，且大多分布在边远贫困地区，解决他们的入学问题难度极大。2017年《提升计划》要求把未入学的残疾孩子一个一个找出来，一个一个以适宜的入学方式安置好，一个一个地落实条件保障，让他们都能接受有质量的教育，并对"找出来、安置好、强保障、有质量"的具体要求做了规定。

同时，2017年《提升计划》进一步聚焦融合教育的质量，要求"全面推进融合教育""普通学校随班就读质量整体提高"。该计划围绕融合教育质量提升推出了一系列举措。一是指导地方在招收5人以上残疾学生的普通学校设立资源教室，配备专兼职资源教师，推动随班就读质量的提高。二是将中央特殊教育补助专款用于支持普通学校特殊教育资源教室（中心）建设，为资源教室（中心）配备必要的特殊教育教学和康复设备，提高特殊教育和康复服务能力。三是推动各地落实"随班就读残疾学生生均预算内公用经费补助标准每年6 000元"的政策，为残疾学生随班就读提供经费支持。四是在"国培计划"中设立特殊教育骨干教师培训项目，在有关"省培计划"中增加融合教育教师培训。五是指导地方依托特殊教育学校或者普通学校建立特殊教育资源中心，为普通学校开展融合教育提供专业支持。

2017年，新修订的《中华人民共和国残疾人教育条例》指出："国家保障残疾人享有平等接受教育的权利，禁止任何基于残疾的教育歧视。"这是对残疾人平等受教育权利清晰而有力的尊重，也是对《残疾人权利公约》以及《中华人民共和国残疾人保障法》中有关保障残疾人受教育权的原则与理念的积极回应和充分体现。[2]《中华人民共和国残疾人教育条例》不仅对残疾人教育事业发展目标和理念进行了调整，强调残疾人教育应当提高教育质量，积极推进融合教育，优先采取

---

[1] 方俊明.开创我国特殊教育发展的新局面[N].中国教育报，2017-07-29（03）.
[2] 汪海萍.《残疾人教育条例（修订草案）》解读[EB/OL].中国政府网，2017-03-01［2019-07-12］. http://www.ahf2b.gov.cn/content/detail/58b67913cfd9f39403000003.html.

普通教育方式，还提出了覆盖残疾人教育全过程的专业服务要求，规范了各级各类残疾人教育的专业资源，明确了特殊教育教师等相关专业人员和机构的专业服务要求，体现出很强的专业取向。①《中华人民共和国残疾人教育条例》为全面保障我国残疾人平等受教育权利和积极推进融合教育提供了法律保障。

2018年5月，厦门市脑瘫学生乔博（一级残疾，严重书写障碍）为参加中考向厦门市招考办申请多项合理便利，由于其中按实际需要延长考试时间、使用平板电脑、单设考场等申请未获允许，于是将厦门市教育局诉至法院，请求确认该局所作出的复核意见违法。该案焦点在于原告要求的特殊便利是否"超规"、教育局复核程序是否合法。厦门市教育局认为：原告申请的合理便利超出现有规定，若只是依据考生的特殊性制定，也会失去中考的公平性、公正性。原告父亲认为，《残疾人教育条例》规定，残疾人参加国家教育考试，需要提供必要条件和合理便利的，可以提出申请，教育考试机构、学校应当按照国家有关规定予以提供。不同残疾人的障碍情况以及考试需求不同，任何一项规定都不可能穷尽。教育部门应依据相应的兜底条款如"其他必要且能够提供的合理便利"，组织专家进行综合评估，并给予支持。原告母亲陈英在座谈会上提问教育部门"乔博要是不能参加中考，那他高中如何继续上学？今后的路怎么走？"陈英称"全场鸦雀无声"。厦门市思明区人民法院一审判决书认定厦门教育局作出的案涉复核意见，存在主要证据不足、程序瑕疵，予以确认违法。一审法院认为，残疾学生们的需求在不断变化，合理便利的范围也在不断拓宽，审查方法和界定标准也应当相应调整。"每一次微小的改变或进步，都可能成为那些心怀梦想努力奔跑的残疾学生追逐梦想道路上的一大步，他们应当得到全社会更多的关怀、支持和帮助。"

地方各级政府高度重视提升计划的贯彻落实，加大了提升计划的执行力度。江苏省发布了《关于加强普通学校融合教育资源中心建设的指导意见》，鲜明提出"普校主体，普特融合"的特教发展思路。陕西省在财政十分困难的情况下，将特殊教育教职工的特教津贴提高到其基本工资的50%，极大调动了广大特殊教育教职工的积极性，在省内外产生了广泛的影响。2015年，全国特殊教育学校专任教师5.03万人，比2010年增加了1.06万人，增长26.7%，其中，陕西省增长了50%。②北京市在2013年连续出台《北京市中小学融合教育行动计划》等3个文件，大力推动了区域融合教育进程。上海市坚持强化政府责任，以"提升发展内涵，打造优质特教"为目标，力求在"完善特教体系、深化医教结合、加强课程改革、推进融

---

① 刘春玲，汪海萍. 以专业取向促内涵发展：《残疾人教育条例》解读[J]. 中国特殊教育，2017（3）.
② 朱永新. 特殊教育中那些必须重视的问题[N]. 光明日报，2016-07-21.

合教育、强化保障机制"等方面形成新的突破。

《教育规划纲要》实施以来，我国特殊教育进入发展最快的时期。中国残疾人联合会副理事长程凯曾用6个"从未有过"概括这段时期的发展：一是特殊教育纳入国家教育改革发展顶层设计，定位之高从未有过；二是特殊教育纳入国家第一个基本公共服务体系规划，制度性保障、均等化推进从未有过；三是5年出台2个国务院促进特殊教育发展提升的文件，政策措施力度之大从未有过；四是5年持续投入数十亿支持特殊教育，投入之大从未有过；五是特教师资培养首次纳入"国培计划"，国家和地方培养特教人才积极性之高从未有过；六是社会力量支持特殊教育力度之大从未有过。

三、未来展望

特殊教育是促进残疾人全面发展、帮助残疾人更好融入社会的基本途径，关系教育现代化的推进、社会公平正义的彰显，也关系全面建成小康社会目标的实现。新时期以来，党中央、国务院高度重视特殊教育事业，统筹规划，系统推进，特殊教育在普及水平、保障能力、队伍建设、质量提升等方面取得了全面进步与长足发展。然而，相对于教育现代化的推进、残疾人小康生活建设进程以及社会文明的发展，特殊教育事业还具有很大的发展空间。要实现融合教育所要求的人人享有在普通教育环境中接受公平优质教育的权利，需要我们矢志不渝的持久努力。

1. 加快特殊教育立法进程

我国特殊教育经过多年来的政策持续发力，取得了前所未有的快速发展。接下来，需要在特殊教育政策实践的经验基础上，结合2017年最新修订的《中华人民共和国残疾人教育条例》，将政策实践上升为国家意志，形成具有中国特色的特殊教育法，立法层次更高，内容更加具体、可操作。

2. 确立普通学校的融合教育主体地位

近年来，我国加快了融合教育支持保障体系的建设，包括专业支持体系、跨部门的管理体系以及全社会支持的工作体系，这无疑是提升融合教育质量的重要策略。但普通学校是融合教育教学开展的主体，是决定融合教育质量的核心要素，是融合教育发展之本。很显然，如果没有作为主体地位的普通学校的积极参与，而仅靠各种外在力量的强化与介入，融合教育的质量是很难有保障的。各国的融合教育实践也已反复证明，没有普通学校或普通教育体制的变革，就不可能有真正高质量的融合教育。①

3. 推动特殊教育学校加速功能转型

不同于西方特殊教育学校因与融合教育相抵触而萎缩甚至消亡，我国特殊教育学校与随班就读同为特殊教育安置体系的主体，形成了全球范围内少有的普特融合、二元并存共进的特色。新修订的《中华人民共和国残疾人教育条例》从国家层面明确了特教学校将担负教学与专业指导的双重职能。一是作为教育机构，承担为多种类型的重度、多重残疾学生提供教育服务的任务；二是作为区域特殊教育专业指导中心，承担当地特殊教育发展指导、融合教育资源与支持、特殊教育相关专业服务等综合职能。我国特教学校基础薄弱，专业能力不足，要实现上述功能转型，任务极为艰巨，需要不断加强自身建设，健全完善机制，才能顺利地实现功能转型与发展。②

4. 提高教师的融合教育素养与实践能力

教师是融合教育的关键。进入 21 世纪以来，我国特殊教育师资培养与培训力度虽有所加强，但仍存在一些问题。我国高等师范院校特殊教育专业也应主动适应融合教育发展的趋势和我国特殊教育的实际需求，进行新的人才培养方式的探索，逐步增设特殊教育或融合教育专业及相关课程。现有特殊教育专业课程应包括普通教育的相关学科内容和教学方法，注重对融合教育环境下具备多样化特征的不同儿童进行差异化教学，提高教师的融合教育素养与实践能力，使其能够更好地胜任融合教育的要求。

---

① 李拉. 当前随班就读研究需要澄清的几个问题［J］. 中国特殊教育 .2009（11）：3-7.
② 邓猛，杜林. 西方特殊教育范式的变迁及我国特殊教育学校功能转型的思考［J］. 中国特殊教育 .2019（3）：3-9.

第十章
"两为主"保障进城务工人员子女教育

进城务工人员是改革开放的伴生物，也是我国城市化建设的主力军。保障进城务工人员子女教育是中国政府推进教育公平的一项艰巨且重要的任务。"两为主"政策的出台标志着中国政府实现了由控制向接纳的转变，为进城务工人员子女享受平等接受义务教育权利提供了有力的保障。观念引领、制度保障、教育干预和技术支撑四条路径的深入推进使进城务工人员子女教育政策不断完善。

中国的"民工潮"始于1984年。那一年，国务院颁发《关于农民进入集镇落户问题的通知》，允许长期在城镇务工、经商的有固定职业和住所的农民，在自理口粮的情况下迁入城镇落户。长期严苛的城乡隔绝体制终于有了松动。1992年，邓小平南巡讲话后，沿海地区开放，大量农民工涌向沿海大城市，波澜壮阔的"民工潮"开始形成。进城打工赚钱成为全国农民最佳的致富之路。"一户打工，带动一村；外出一人，致富一家""一年土，两年洋，三年变了样"等顺口溜真实地反映了农民对于进城打工的认可。具有中国特色的打工经济日趋形成。

进城务工是改革开放的伴生物；进城务工人员是城市建设的主力军，也是推进城乡一体化建设的重要力量。进城务工人员为中国改革开放的伟大事业做出了杰出的贡献。2009年底，美国《时代》周刊首次将中国农民工作为封面人物并这样评价："中国在世界主要经济体中继续保持最快的发展速度，并带领世界走向经济复苏，首先要归功于中国千千万万勤劳坚韧的普通农民工。"

21世纪以来，进城务工人员的数量呈几何级数增长。2004年，国家统计局在全国31个省、自治区、直辖市对6.8万个农村住户和7 100多个行政村抽样调查，推算出当年外出就业民工约为1.18亿人。据国家统计局数据显示，2014年全国进城务工人员总量为27 395万人，比上一年增长1.9%；2015年为27 747万人，比上一年增长1.3%；2016年为28 171万人，比上一年增长1.5%；2017年为28 836万人，比上一年增长2.4%。目前，外出进城务工人员数量的增长速度有放缓趋势，但进城务工人员的整体总量超过了世界上绝大多数国家的人口数。如此大规模的持续的人口流动在给中国经济做出巨大贡献的同时，也对中国社会，特别是流入地的政府管理水平、公共秩序、公共资源的承载能力带来了巨大挑战。特别是在20世纪90年代务工人员进城之初，进城务工人员自身也遭受着来自社会各方面的排斥与歧视，他们的子女上不了学、上不起学、上不好学的问题尤为突出。

第一节 "两为主"政策的背景

20世纪90年代初期，部分进城务工人员在城市逐步站稳了脚跟，其子女也开始跟随父母进入城市。进城务工人员子女平等接受教育问题开始进入党和政府的视野。特别是在城市出生的新生代进城务工人员子女比例越来越大,[①]他们生于城市、长于城市,却无法在城市很好地接受教育之时,解决进城务工人员子女公平接受教育问题成为我国推进教育公平的一项重要且艰巨的任务。"两为主"(以流入地政府管理为主,以全日制公立学校接收为主)政策的出台成为保障进城务工人员子女平等接受教育的一条基本的国家政策。

在这条推进公平的道路上,"两为主"政策的出台及贯彻落实并不一帆风顺,其中的曲折与艰难集中反映了中央政府、流入地政府以及城市居民艰难的思想转变过程。进城务工人员及其子女遭遇的不公平待遇,其主要根源在于制度、经济以及文化层面上的对进城务工人员及其子女的根深蒂固的排斥。这些排斥成为"两为主"政策出台的主要背景,也是政府出台政策、落实政策的行政逻辑,即通过出台政策打破已有的政策排斥,从而缓解进城务工人员在经济、文化等方面遭受的不公平待遇。

一、制度排斥:上不了学

"社会排斥"这个概念最早是由法国学者拉诺(Lenoir)于1974年提出的,主要指那些没有受到社会保障的保护,同时又被贴上了"社会问题"标签的不同类型的人。到20世纪80年代末,"社会排斥"更紧密地和"社会权没有充分实现"这一理念联系了起来。社会排斥的形成有制度、文化、经济各方面的原因,其中制度排斥最为关键。就进城务工人员及其子女遭受的不公平待遇而言,制度排斥是最大的影响因素。具体而言,户籍制度、教育属地管理是进城务工人员子女遭遇教育起点不公平,即上不了学的根本原因。

1. 户籍制度

新中国成立初期,中国的人口流动和迁徙并不受行政限制。到1958年,这一情况被改变了。当时,全国人大常委会通过了《中华人民共和国户口登记条例》。其中,第10条对农村人口进入城市做出了具有约束性的规定:"公民由农村迁往城市,必须持有城市劳动部门的录用证明,学校的录取证明,或者城市户口登记机关的准予迁入的证明,向常住地户口登记机关申请办理迁出手续。"这一规定标志着中国以严格限制农村人口向城市流动为核心的户口迁移制度的形成,城市的大门对农民关闭。1975年,《中华人民共和国宪法》取消了有关迁徙自由的规定,户口本

---

① 中央教育科学研究所(现为中国教育科学研究院)发表的《农民工随迁子女教育的五大趋势及对策》指出,2007年对12个城市的调研显示,农民工新生代占农民工随迁子女总数的19.6%,其中北京、上海、广州等大城市的这一比例均超过20%。

成为中国人之间身份及待遇差别的一大标志。1989年之前，国家城乡二元化特征在各类公共政策上体现明显。

1984年，城乡人口流动的就业管理制度开始松动。那一年，中共中央发布了《关于农村工作的通知》，允许农民和集体的资金自由地或有组织地流动，不受地区限制。于是，"民工潮"出现了。

户籍制度最突出的弊端在于以"农业"和"非农业"户口把中国公民分成标志鲜明的两大类别，也将城市儿童与农村儿童割裂开来，使城乡儿童在不同的制度架构中获取不均等的教育资源。由于户口的差异，两类人口在读书、就业等的条件方面表现出极大的不公平。[①]农村青少年要摆脱农民的身份，唯一的途径是通过接受教育，进入城市高等学校或中等专业学校学习，改变农村户口。因此，户籍像一道强有力的闸门，维护着二元社会结构。由此就导致农民进入城市，为城市的现代化建设做出了巨大的贡献，却享受不了同城待遇，自身的生存状况非常堪忧。

2. 义务教育属地管理

户籍制度是我国一项基本的国家行政制度，诸如就业、教育、住房、医疗、社会保障等与公民切身利益相关的诸多福利权益都与户口相联系。教育制度及其管理体制也不例外。2006年新修订的《中华人民共和国义务教育法》明确规定："义务教育实行国务院领导，省、自治区、直辖市人民政府统筹规划实施，县级人民政府为主管理的体制。""地方各级人民政府应当保障适龄儿童、少年在户籍所在地学校就近入学。"

户籍是享受义务教育的主要依据，而进城务工人员子女具有明显的居住地与户籍所在地相分离的特点，与义务教育管理体制和资源配置方式产生矛盾。这种以地方为主的财政投入体制使各地教育行政部门起初在对待进城务工人员子女教育问题上基本处于"无责任"境地，从而消解了政府管理、支持和资助进城务工人员子女接受教育的积极性。这在一段时间内造成大量进城务工人员子女进城之后上不了公办学校的困境，一部分人选择了辍学。这个辍学规模到底有多大呢？根据全国第五次人口普查数据[②]和相关学者调查研究的结论[③]推算，2000年，全国有近140万名适

---

① 刘广广.农民工子女教育权利保障机制研究［D］.苏州大学硕士专业学位论文，2010：20.
② 据第五次人口普查资料显示，我国的流动人口总量为1.21亿人，年龄主要集中在义务教育阶段的流动儿童数量为1 982万人，74%为农业人口。数据来自改革开放以来的教育发展历史性成就和基本经验研究课题组.改革开放30年中国教育重大历史事件［M］.北京：教育科学出版社，2008：222.
③ 据有关调查显示，流动儿童中的在学者占全部流动儿童的90.7%，一直未上学者占6.89%，辍学者占2.45%，后两者合计显示的流动儿童失学率高达9.3%。数据来自吴霓，丁杰，邓友超，等.中国进城务工就业农民子女义务教育问题调研报告［R/OL］.2004-09-05［2008-06-07］.http://219.234.174.136/snxx/juece/snxx_20040905153019_40.html.

龄儿童辍学或一直未入学。

二、经济排斥：上不起学

经济排斥是指个人和家庭未能有效参与生产、交换和消费等经济活动。经济排斥主要有三个指标：劳动力市场排斥、收入贫穷和消费市场排斥。经济排斥的一个直接后果就是造成进城务工人员收入低，其子女交不起额外的赞助费，上不起学。

1. 廉价的报酬

按照市场原则，供给充足就意味着价格低廉，再加上进城务工人员往往学历低、所从事行业的就业门槛低，导致他们的收入低。在"两为主"等主要政策出台之前，农民工几乎没有任何福利及社会保障，其每月工资就是"干薪"。据统计，1998年我国农民工总量已达6 400万，其中收入在600元以下者占78.11%。[①] 2008年1月11日发布的《2007中国农民工（蓝领）报告》显示，2007年国内农民工月收入在1 200元左右，[②] 其工资处于较低的维持温饱水平。

2. 高额借读费

普及九年义务教育，门槛最低的应该是公立学校，但20世纪90年代，城市中的公立学校却借着收取高额的借读费，将本就收入低的进城务工人员子女拒之门外。于是，部分进城务工人员无奈地选择了自发举办的简易的打工子弟学校。而打工子弟学校的收费，部分进城务工人员也难以应付。有研究统计，每学期开学之初，小学生需要交的学杂费（如学费、书本费、校服费、保险费、暖气费、校车费等）在600—1 000元，中学生的则在1 000—1 500元。[③] 若家里有两个以上的孩子要上学，这项开支就更高了。

三、文化排斥：上不好学

文化排斥主要表现在对进城务工人员及其子女的社会歧视上。产生这种歧视的最深刻的根源在于长期的城乡二元结构造成的巨大城乡差别，对农民的歧视在城市根深蒂固。北京市社会科学院的一项调查显示，有58.3%的进城务工人员子女不喜欢甚至讨厌北京孩子，其理由有"他们欺负人"（占26.2%）、"看不起人"（占

---

① 城市规划应关注农民工 [EB/OL]. 2018-04-03 [2019-07-12]. https://www.cbi360.net/hyjd/20180403/124468.html.
②③ 徐玲，白文飞. 经济排斥与流动儿童发展困境 [J]. 辽宁教育研究，2008（6）：51-54.

37.1%），有 3.1% 的赴京务工人员子女甚至从来没有和北京孩子接触过。①

这种文化排斥不仅使进城务工人员子女在经济上和教育上处于边缘地位，更严重的是他们的心理也开始边缘化，普遍存在自信心不足、自我评价偏低以及自卑、自闭、压抑等心理特征。不少农民工子女因此形成自我歧视和自卑情绪，甚至产生心理扭曲、人格偏差和认同危机。②由于文化歧视和制度歧视，再加上城市居民的自我优越感和对进城务工人员的误解、偏见与歧视，势必加剧二者之间的隔阂与紧张；同时，这种误解、偏见与歧视也会引发进城务工人员对城市居民的不满与对立，进而成为社会不稳定因素之一。

美国学者亨廷顿在《变化社会中的政治秩序》一书中认为："第一代的贫民区居民将社会礼让和政治消极这些传统的农村观念带到贫民区，而他们的孩子却是在城市环境中长大并接受城市人的目标和企望，父母满足于地理上的横向移动，孩子则要求在地位上垂直上升。如果在某一段时间的等待后，孩子的这种要求无法得到满足，则反抗、暴力就会发生。"不合理的社会管理制度让数量庞大的进城务工人员一边为中国现代化建设做出巨大贡献，一边却和子女一起被城市边缘化。在这种背景下，保障进城务工人员子女平等接受教育就成为我国政府义不容辞的责任，也是一段时期内中国政府推进教育公平的主要任务之一。

第二节 "两为主"政策的出台

随着进城务工人员规模的不断壮大，对进城务工人员子女教育问题的认识，各级政府在思想意识上也经历了从被动负责到主动负责的转变，即从"两为主"政策出台前的"限制"思维到"两为主"政策出台之后的"接纳"努力。特别是随着新生代农民工子女的出现，流入地政府对保障进城务工人员子女平等接受教育具有不可推卸的主体责任这一认识得到了全社会的认可。1996 年，原国家教委首次制定并印发了《城镇流动人口中适龄儿童少年就学办法（试行）》（以下简称《办法》），标志着政府开始通过制度调控，着力解决进城务工人员子女平等接受教育问题。

据原国家教委副主任柳斌回忆："这个问题是比较早提上议事日程的，但当时

---

① 李累.宪法上"人的尊严"[J].新华文摘，2003（3）：7-9.
② 王智超.农民工子女就学的制度性障碍与建议[J].东北师大学报（哲学社会科学版），2007（6）：152-156.

没有想到流动人口数量越来越多。1994年，我们会同几部委制定了一个政策，核心就一点，流动人口子女的义务教育问题由人口流入地负责。"①解决进城务工人员子女教育问题也是一个非常艰难的过程，柳斌在回忆制定"以流入地政府为主"政策过程中的艰难时说："很多地方不情愿，说增加了负担。我就跟他们说，你们看一看，我们国家建了多少高楼大厦、高速公路？但是你们城里人有几个去扛过麻袋、挖过泥沙？为什么不想一想，就是这些民工为我们做的贡献，为什么他们的孩子到这里来，你不给人家创造上学的机会？"②

"两为主"政策从问题认定、议题创立、制定成文再到具体落实，经历了很长时间。这一系列政策涉及到中央政府、流入地政府、输出地政府、公办学校、民办学校、农民工家庭及子女等各方面利益的博弈，也真实反映了党和政府在认识和解决进城务工人员子女教育问题上所做出的积极推进和巨大努力。

一、控制阶段

长期以来，我国义务教育实行属地化管理，这意味着每多一个进城务工人员子女，流入地的财政压力就会增大一些，同时，流出地的教育用地、教师编制和教育经费的配置依然基于当地原有的户籍人口，在国家财政经费紧张的情况下又造成了不必要的浪费。因此，基于城市经济发展迫切需要农村剩余劳动力转移，农民进城打工势不可当的情况，在《办法》的指导下，中央政府组织并指导京、沪等省市进行了试点。试点发现，就当时流入地政府的承载能力看，流入地政府是无法承载大量进城务工人员子女平等接受义务教育的需求的。这一判断直接导致中央政府被迫通过政策调控，对进城务工人员子女流入做出了限制。

1. 限制流入

1998年，原国家教委和公安部联合制定了《流动儿童少年就学暂行办法》(以下简称《暂行办法》)，开始分步骤简单限制流入，具体表现在两方面：一方面，有条件流入，即规定"常住户籍所在地没有监护条件的，可在流入地接受义务教育"；另一方面，无条件限制流入，即规定"流动儿童少年户籍所在地人民政府应严格控制义务教育阶段适龄儿童少年外流"。中央政府希望通过限制流入等方式，缓解流入地政府教育资源紧张的压力。

实际上，这种限制思维在政策文件中已经不是第一次出现了。早在第一次

---

①② 马昌博，徐卓君.义务教育，这20年为何这么难？——对话全国人大常委会委员、原国家教委副主任柳斌[N].南方周末，2006-10-12（A3-A4）.

"民工潮"形成之后不久，由于城市的治安、交通、运输和管理面临的一系列问题，国务院、民政部和公安部在1989年先后下发紧急通知，要求各级地方政府立即采取有效的控制措施。[①]但那时，人口流动已经成为我国现代化发展的大趋势，挡也挡不住。可想而知，世纪之交正值我国现代化快速发展需要劳动力之际，这次限制举措的成效也不明显。

这一点从《暂行办法》的规定中可见一斑。中央政府在同一个文件中一边明文限制，一边又强调流入地政府应为流动儿童少年提供接受义务教育的机会。这似乎意味着流入地政府解决得越好，流入的人数就会越多。不管当时限制的效果如何、接纳的决心是否坚定，这一文件的下发标志着中央政府"以流入地政府与公办学校为主"解决进城务工人员子女教育问题的思路初见端倪。

2. 设置入学门槛

为缓解流入地政府教育资源紧缺的现状，1998年的《暂行办法》还规定："招收流动儿童少年就学的全日制公办中小学，可依国家有关规定按学期收取借读费。借读费标准按国家教育委员会、国家计划委员会、财政部联合颁发的《义务教育学校收费管理暂行办法》执行。"这条规定合理化了流入地公办学校设立的收费门槛。于是，"借读费""赞助费"成为一部分进城务工人员子女接受义务教育必须支付的额外的教育费用，将一部分进城务工人员子女拦在了公办学校门外，导致打工子弟学校泛滥，成为进城务工人员子女教育起点不公平的最直接的教育政策根源。

实际上，控制阶段的时间并不长，但事实证明其政策惯性在随后几年的政策调控上还是表现出了巨大的影响力。

二、接纳阶段

由于城乡发展的巨大差距，进城务工人员深刻感受到城市的医疗、教育和生活的优越性，举家流入城市的愿望越来越强烈，再加上流出地政府控制义务教育阶段适龄儿童少年外流的动机不足、办法缺失，致使20世纪90年代末携子女进城打工的务工人员越来越多，《暂行办法》规定的无条件限制流入的政策完全失去了效用。另一方面，绝大多数进城务工人员在城市基本只能维持生计，而流入地政府出于城市教育承载能力不足的原因又严格执行收取借读费的政策，于是导致一些儿童少年失学、辍学或者不能及时入学，还有一些儿童只得选择进入收费低廉、设施简陋的

[①] 杨尔娟.桐乡市市区外来务工人员子女义务教育均衡发展存在问题及对策研究[D].西北大学硕士专业学位论文，2017：4.

打工子弟学校，这些学校在安全、卫生、教育质量等方面存在极大的隐患。进城务工人员子女平等接受教育问题日益凸显，"两为主"政策应时而出。

2001年，政府出台了《国务院关于基础教育改革与发展的决定》，强调："要重视解决流动人口子女接受义务教育问题，以流入地区政府管理为主，以全日制公办中小学为主，采取多种形式，依法保障流动人口子女接受义务教育的权利。"这是国务院首次明确流入地政府在解决流动人口子女接受教育问题上的责任，并明确提出"以流入地区政府管理为主，以全日制公办中小学为主"解决进城务工人员子女教育问题的思路。2003年教师节期间，温家宝总理视察北京市接收进城务工人员子女学校时在黑板上写下"同在蓝天下，共同成长进步"。这句话既是对进城务工人员子女充满关怀的真情流露，也表达了中央政府彻底解决进城务工人员子女平等接受义务教育的决心。

1. 政策聚焦进城务工人员子女

进入21世纪以来，我国经济建设得到了进一步发展，进城务工人员的规模更加庞大。2003年，国务院办公厅转发了教育部、中央编办、公安部、发展改革委员会、财政部、劳动保障部发布的《关于进一步做好进城务工就业农民子女义务教育工作的意见》。这一文件除了重申"两为主""城市教育费附加中要安排一部分经费，用于进城务工就业农民子女义务教育工作"外，还强调"地方各级政府特别是教育行政部门和全日制公办中小学要建立完善保障进城务工就业农民子女接受义务教育的工作制度和机制"。与此同时，文件首次把占流动儿童少年的绝大多数的处于弱势地位的"进城务工就业农民子女"从"流动儿童少年"群体中单独提出、突出强调，直接将政策的焦点对准进城务工人员子女。

2. 取消借读费

2006年1月21日，国务院发布了《国务院关于解决农民工问题的若干意见》，对"两为主"政策进行了细化，提出"将农民工子女义务教育纳入当地教育发展规划，列入教育经费预算"，"按照实际在校人数拨付学校公用经费"，"城市公办学校对农民工子女接受义务教育要与当地学生在收费、管理等方面同等对待，不得违反国家规定向农民工子女加收借读费及其他任何费用"等。这个政策的颁布具有很重要的意义：让公办学校收取借读费成为历史，使义务教育成为真正的免费教育。

同一年，第十届全国人大常委会第二十二次会议通过了新修订的《中华人民共和国义务教育法》，其中第二章第二条明确规定："父母或者其他法定监护人在非户籍所在地工作或者居住的适龄儿童、少年，在其父母或者其他法定监护人工作或者居住地接受义务教育的，当地人民政府应当为其提供平等接受义务教育的条件。"

这标志着政府以法律的形式确定了流入地政府在解决进城务工人员子女平等接受义务教育问题上的主体责任。

3. 全国各地积极探索生均经费拨付方式

为缓解流入地公办学校的办学压力，按实际人数拨付公用经费成为迫切需要，开启了各地关于教育券、电子教育券和积分制等的创新探索。①

（1）教育券制度：教育经费划拨的主要依据

浙江省绍兴县（现为绍兴市柯桥区）从2006年秋季开始向进城务工人员子女发放"教育券"。"教育券"是特定印制的实名有价证券，面值为小学生100元、初中生130元，每年按寒暑假发放两次。学生在报到注册时将"教育券"交给就读学校（含民工子弟学校），按"教育券"的面值抵充现金，享受免费教育。学校凭"教育券"到县教育局计财科结算经费。"教育券"便于对教育经费划拨进行准确控制，实现教育经费随人走。

上海市嘉定区试行教育券制度，除缓解了进城务工人员子女学籍管理和财政拨付中的困难外，还明确了教育券的经费来源，规定可采用中央财政拨一点、流出地政府出一点、嘉定区政府补一点的"三位一体"的方法来解决。

（2）电子教育券：省内流出地和流入地生均教育经费结算更加便利

安徽省对2011年秋季入学的义务教育阶段起始年级学生开始使用电子教育券。电子教育券依据中小学学籍网络化管理系统标记的"本省外县"栏目的随迁子女学籍变动情况实现。"本省外县"迁入的义务教育阶段学生在注册电子学籍时获取具有户籍来源特征的电子教育券，以电子教育券为收支凭据，到流入地义务教育阶段学校就读。流入地教育主管部门每学年每学期对转学电子记录情况整理汇总后，于每年的4月底和10月底前报省教育厅、省财政厅审核。省财政厅据此向流入地核拨公用经费，所拨经费在流出地下一年度的公用经费中扣除，做到"钱随人走"。

（3）积分制排序：进城务工人员子女集中的超大城市的探索

广东省是全国人口流入大省之一，进城务工人员子女数量巨大，靠现有公办学校资源根本无法解决进城务工人员子女的义务教育问题。所以，广东省部分城市公办学校接收进城务工人员子女就读的条件比较苛刻。

广东省中山市和惠州市采用积分制来管理流动人口子女的义务教育问题。对流动人口的职称、学历、居住情况、投资纳税、慈善公益及计划生育等一系列情况进行综合评定，评分高的，其子女优先入公办学校就读。

---

① 刘广广.农民工子女教育权利保障机制研究［D］.苏州大学硕士专业学位论文，2010：36.

积分制显然青睐高级人才和高收入流动人口，如果在积分项目的选择和权重上多向进城务工人员倾斜，多考虑进城务工人员的实际情况，那这种制度也不失为一种在超大城市教育资源承载力有限的情况下合理公平地解决大多数进城务工人员子女义务教育问题的有效方式。

4. 确保进城务工人员子女享受"免学杂费"政策

为了减轻农民的教育负担，保障义务教育经费的投入，国家在 2005 年出台了《国务院关于深化农村义务教育经费保障机制改革的通知》，规定从 2006 年农村中小学春季学期起，分年度、分地区地逐步实施农村义务教育经费保障机制改革。该通知还规定，"享受城市居民最低生活保障政策家庭的义务教育阶段学生，与当地农村义务教育阶段中小学生同步享受'两免一补'政策"；"进城务工农民子女在城市义务教育阶段学校就读的，与所在城市义务教育阶段学生享受同等政策"。

各地根据自身情况，分别制定了相应政策，部分地区还加快了本地区义务教育经费改革的步伐，从 2006 年或 2007 年起，在免除农村义务教育阶段学生学杂费的基础上提前免除了城市义务教育阶段学生的学杂费，同时免除了符合条件的在城市借读的进城务工人员子女的学杂费，如天津市，浙江省，江苏省苏州市、常州市和无锡市，湖南省长沙市。

在此基础上，2008 年出台的《国务院关于做好免除城市义务教育阶段学生学杂费工作的通知》进一步明确规定，从 2008 年秋季学期开始，在全部免除城市义务教育阶段公办学校学生学杂费的同时，也"对符合当地政府规定接收条件的进城务工人员随迁子女，要按照相对就近入学的原则统筹安排在公办学校就读，免除学杂费，不收借读费"。

5. 依法取缔或规范打工子弟学校

打工子弟学校在既不能提高收费又不能获得经费投入的情况下，要维持学校的正常运转并获取一定的利润，必然要尽可能地降低办学成本，甚至削减一些必需的支出。在此情况下，多数打工子弟学校的教育教学质量难以得到保障，师资、安全、卫生条件无法达标，甚至连基本的办学条件也令人担忧。

这一阶段，各地政府开始加强对打工子弟学校的规范与管理，在依法取缔不达标的打工子弟学校的同时，积极支持合法的打工子弟学校规范办学。杭州市江干区在取缔了鲁冰花希望小学之后，随即审批了专门招收打工子弟的具有一定规模的天成小学和明珠学校，把社会力量举办的打工子弟学校作为政府公办义务教育的补充。在北京市创办 3 年却 3 次因办学条件不达标而被取缔、全校师生前后共经历 5 次搬迁的北京行知打工子弟学校，在这个时期也终于获得新生，盼来了北京市大兴区教委颁发的"社会力量办学许可证"。

另外一些地区，除了公办学校外，还免除了符合条件的打工子弟学校学生的学杂费，如北京市、辽宁省、吉林省、江苏省常州市和无锡市、浙江省、福建省莆田市；部分地区不仅按国家政策要求免除了符合条件的进城务工人员子女的学杂费，还免除了其教科书费，如天津市、辽宁省、江苏省连云港市、浙江省。

经过几年的努力，政府先后通过放宽入学门槛、加大对特定人群和特定学校的资助力度等方式，切实落实"两为主"政策，较好地保障了进城务工人员子女公平接受义务教育的权利。

第三节 "两为主"政策的完善

随着"两为主"政策在各地的切实落实，义务后教育问题以及进城务工人员子女的社会融合，特别是新生代进城务工人员子女的社会融合等问题日益凸显，为教育公平立下汗马之劳的"两为主"政策急需进一步完善。

一、完善"两为主"政策：攻克制度排斥的最后堡垒

进入21世纪，随着"两为主"政策的有效落实，进城务工人员子女教育问题由义务教育向义务后教育延伸，教育不公平现象由显性不公平向隐性不公平转移。"两为主"政策无法解决进城务工人员子女的全部教育需求，全面改革依附在户籍制度之上的教育管理模式、考试制度迫在眉睫。

1. 出台"两纳入"政策，确保"同城待遇"

基于积分制和教育券制度的探索，为克服进城务工人员子女教育问题解决过程中的诸多困难与障碍，2012年发布的《国务院关于深入推进义务教育均衡发展的意见》提出将"常住人口纳入区域教育发展规划"，2014年国家发改委颁发《国家新型城镇化规划（2014—2020年）》提出要"将农民工随迁子女教育纳入各级政府教育发展规划和财政保障范畴"，即"两纳入"政策逐步形成。"两纳入"政策凸显了党和政府对进城务工人员子女就学问题的高度关注，有效地保障了进城务工人员子女接受义务教育的权利，进一步撼动了户籍制度二元管理模式。为最大限度地降低入学门槛，保障进城务工人员子女不因户籍输在起跑线上，2016

为方便进城务工人员子女就近入学,安徽省合肥市经开区 2016 年把 22 所中小学确定为接收进城务工人员子女入读的定点学校,凡符合条件的进城务工人员子女,均可和城区学生享受同等的入学待遇。(新华社 刘军喜/摄)

年出台的《国务院关于统筹推进县域内城乡义务教育一体化改革发展的若干意见》提出"改革随迁子女就学机制","建立以居住证为主要依据的随迁子女入学政策,切实简化优化随迁子女入学流程和证明要求,提供便民服务,依法保障随迁子女平等接受义务教育"。

这一时期,为缓解流入地政府在解决进城务工人员子女义务教育问题上的财政压力,国家也采取了多种措施,加大经费保障力度。一是设立专项奖补资金。2011 年,中央财政下拨 45.68 亿元,对在进城务工人员子女接受义务教育问题上解决得较好的省份给予适当奖励,资金主要用于接收进城务工人员子女的城市义务教育阶段学校补充公用经费和改善办学条件等支出。除了中央政府,一些地方政府也设立了进城务工人员子女教育专项经费。从 2005 年到 2010 年,广东省在每年教育财政经费支出中拨出 300 万元,用于奖励接收较多进城务工人员子女的公办学校。[①] 二是通过政府购买服务安排就学。自 2013 年起,苏州市姑苏区的财政预算内单独安

[①] 叶芊.公共政策视角下的外来务工人员随迁子女流入地义务教育同城待遇研究——以苏州市姑苏区为例[D].苏州大学硕士专业学位论文,2015:34.

排进城务工人员子女专项经费70万元，用于补贴民工子弟学校及吸收进城务工人员子女较多学校的日常运作。[①]三是将进城务工人员子女全部纳入"两免一补"范围。国家从2016年起统一城乡义务教育学生"两免一补"政策并要求公办学校和民办学校都不得向进城务工人员子女收取有别于本地户籍学生的任何费用。

2. 改革考试制度，保障进城务工人员子女考试公平

我国普遍实行的应试教育以升学率为杠杆，参加高考、接受高等教育是学生和家长共同的心愿。随着"两为主""两纳入"政策的落实，进城务工人员子女在流入地接受义务教育的问题基本得到解决，"上高中"和"考大学"成了进城务工人员子女在上学问题上难以逾越的最后一道鸿沟。

据一位曾经在打工子弟学校任教的教师介绍，他们学校本有一名有望考上本地重点高中的进城务工人员子女，其在面临升学时选择了回原籍读初三。在给老师的信中，该名品学兼优的学生写道："回来后，家里没有人照顾，只好寄居在远房亲戚家。寄人篱下的滋味，我终于亲身体会到了，一种说不出的无奈和心酸。我很小就在上海读书，中间几乎没有回来过，所以上海更像我的家，回到真正的家乡却不适应。不适应这里的生活，更不适应这里的学习。因为课本不同，为了中考，我还得补初一、初二的课，除了英语，觉得自己没有任何的优势。这里每天上晚自习到很晚，初三没有一节副课，理化的难度快翻上海的一倍。我有很多时候都觉得自己的未来没有什么希望，也有很多时候都感叹命运的不公，只是因为父母没有上海户口，我就要承受比同龄人更多的苦难。"[②]

（1）分步走解决中考难题

随着《国务院办公厅转发教育部等部门关于进一步做好进城务工就业农民子女义务教育工作意见的通知》的深入落实以及2010年出台的《国家中长期教育改革和发展规划纲要（2010—2020年）》《国务院办公厅关于开展国家教育体制改革试点的通知》提出要研究制定进城务工人员子女接受义务教育后在当地参加升学考试的办法，各地陆续放宽进城务工人员子女接受义务教育后的升学政策，允许其在流入地小学升初中和参加中考。但是，各地，尤其是人口流入多的大城市对进城务工人员子女在流入地参加高考仍然有严格的限制，在城市公办学校接受完高中阶段教育后仍要回户籍所在地参加高考。

由于各地高中阶段教材不同，高考试题也不同，进城务工人员子女如果在流入

[①] 叶芊.公共政策视角下的外来务工人员随迁子女流入地义务教育同城待遇研究——以苏州市姑苏区为例［D］.苏州大学硕士专业学位论文，2015：34.
[②] 刘广广.农民工子女教育权利保障机制研究［D］.苏州大学硕士专业学位论文，2010：18-19.

地高中学校借读而回户籍地参加高考，通常难以取得理想的成绩。因此，有些学生选择回户籍地的高中读书，有些则在流入地参加中考时放弃报考高中，选择报考中专、中技等职业学校。部分地区还通过减免学费等形式来鼓励进城务工人员子女接受完义务教育后直接报考职业学校。

（2）高考制度改革逐步破冰

各地不允许进城务工人员子女在流入地参加高考的原因主要是我国的高等教育还不是普及性教育，高考存在激烈的竞争，而各地的高考录取分数线不等，若进城务工人员子女在流入地参加高考，则必然会挤占流入地的高考招生名额。城市进城务工人员子女数量越多，这一形势就越严重。各地为了保护本地生源的高考录取率，就将进城务工人员子女"赶"回户籍地参加高考。高考制度对于户籍的依附性依然非常明显。

随着进城务工人员规模的急剧扩大，流动持续时间越来越长，其子女在流入地参加高考的供需矛盾也越来越突出。为了解决这一矛盾，保障进城务工人员子女公平受教育的权利和升学机会，2010年颁布的《国家中长期教育改革和发展规划纲要（2010—2020年）》明确提出要"研究制定进城务工人员随迁子女接受义务教育后在当地参加升学考试的办法"。2012年，国家出台了《关于做好进城务工人员随迁子女接受义务教育后在当地参加升学考试工作意见的通知》。该通知要求各地根据城市功能定位、产业结构布局和城市资源承载能力，根据进城务工人员在当地的合法稳定职业、合法稳定住所（含租赁）和按照国家规定参加社会保险年限以及随迁子女在当地连续就学年限等情况，确定随迁子女在当地参加升学考试的具体条件，制定具体办法。

由于进城务工人员子女在流入地接受义务教育后在当地参加升学考试涉及许多方面的政策协调，并且具体的实施办法由各地政府因地制宜出台，各地准入门槛的差异也很大，所以可以想象得到，上述政策短期内仅能解决少数"符合条件"的进城务工人员子女的升学考试问题，对于更多的随迁子女来说，这一政策难以真正落到实处，国家努力的空间仍然很大。这也将是国家进一步推动教育公平、切实保障进城务工人员子女教育公平问题的"最后一公里"，也是最为艰巨的一公里。

总体来看，制度排斥是造成进城务工人员子女难以平等接受教育的最大障碍。通过近20年的努力，以"两为主"政策为主的系列政策的出台和有效落实，很好地解决了进城务工人员及其子女遭遇的制度排斥问题，极大地推进了教育公平，取得了显著成效。2016年，全国进城务工人员子女在公办学校就读比例在80%以上，有19个省份达到90%以上，政府购买民办学校学位数量达到83.1万个。[①] 在参加流入地升学考试的政策实施后，越来越多的进城务工人员子女享受到在流入地参加中考和高考的机会。2017年，除西藏自治区以外的30个省、自治区、直辖市解决了进城务工人员子女在当地参加高考的问题，15万符合条件的进城务工人员子女在当地参加高考，是5年前的36.5倍。[②] 这些政策为彻底打破经济上的排斥与不平等待遇，为进城务工人员子女更加深切地体会"同在蓝天下""同城待遇"打下了很好的基础。相信在未来，随着户籍制度改革的不断完善，进城务工人员及其子女遭遇的制度排斥会得到彻底的解决。

二、全纳教育：解决进城务工人员子女教育问题的新思路

随着全纳理念为世界各国所广泛理解和接受，全纳教育已成为21世纪国际教育研究中的一个重大课题和新的研究领域。它所倡导的民主、平等、"零拒绝"原则再次凸显了解决进城务工人员子女教育公平问题的迫切性、复杂性和严峻性，成为我国政府打破以政策调控为主的路径依赖，进一步解决进城务工人员子女公平接受教育问题的新思路。

1. 观念引领

英国哲学家培根指出："只要维持公平的教育机会，贫穷就不会变成世袭。"获得诺贝尔经济学奖的阿马蒂亚·森也提出："穷人不是穷在经济上，而是穷在权利的丧失上，是权利的贫困导致一些群体的贫困，而且是'世袭性'的贫穷。"这都说明教育公平对实现社会公平进而避免"世袭贫穷"的重要性。[③] 而未来30年，我国还将有3亿左右的农村劳动力需要转移进城镇，将形成5亿城镇人口、5亿流动迁移人口、5亿农村人口"三分天下"的格局。[④] 从这个角度看，在解决进城务工人员子女教育问题上树立全纳意识，意义深远。

社会观念对进城务工人员子女教育的直接影响表现在两个方面。其一，在过去好长一段时间里，社会轻视进城务工人员子女的教育问题。进城务工人员携子女进

---

① 关于政协十二届全国委员会第五次会议第0265号（教育类033号）提案答复的函［EB/OL］.中华人民共和国教育部政府门户网站，2017-11-24［2018-04-30］. http://www.moe.gov.cn/jyb_xxgk/xxgk_jyta/jyta_jijiaosi/201803/t20180312_329711.html.
② 柯进，刘博智. 为人民开创更美好的未来：党的十八大以来党中央关心教育改革发展纪实［N］.中国教育报，2017-10-18.
③ 高慧斌. 户籍改革困境下对进城务工人员子女教育问题的思考［J］.思想理论教育，2011（4）：37–40.
④ 刘广广. 农民工子女教育权利保障机制研究［D］.苏州大学硕士专业学位论文，2010：1.

城是比较早的事情，其子女的社会教育一开始就是问题，由于开始时数量不多，也由于教育问题的凸现具有一定的滞后期，所以当社会普遍在歌颂市场经济和人口流动既解决了农民就业和增收问题，又促进了城市建设和经济发展时，却忽视了进城务工人员子女的教育问题。直到进城务工人员子女的教育问题影响到一大批少年儿童的成长，影响到家庭、社会时，人们才逐渐开始重视进城务工人员子女的教育问题。其二，全社会对进城务工人员子女的边缘身份的歧视。比如，进城务工人员及其子女在城市里被看作"乡下人"和"乡下人的后代"。这种观念在较大范围内存在，影响进城务工人员子女的生活和教育。因此，这就要求全社会从正确对待进城务工人员入手，树立全纳理念和全纳教育理念，帮助进城务工人员及其子女很好地融入城市生活。

2. 制度保障

进城务工人员及其子女很难融入城市生活的根本原因是制度排斥。随着进城务工人员子女义务教育问题得到有效解决，制度障碍将会使进城务工人员子女教育不公平问题越来越隐性化，需要引起重视。要彻底解决教育公平问题，就必须从根本制度入手，如改革户籍制度，打破城乡二元结构。有学者认为，当代中国的户籍制度是计划经济体制的最深印痕，已经成为经济社会发展的桎梏。

2014年7月30日，备受关注的国务院《关于进一步推进户籍制度改革的意见》正式公布。该文件明确规定："进一步调整户口迁移政策，统一城乡户口登记制度，全面实施居住证制度，加快建设和共享国家人口基础信息库，稳步推进义务教育、就业服务、基本养老、基本医疗卫生、住房保障等城镇基本公共服务覆盖全部常住人口。到2020年，基本建立与全面建成小康社会相适应，有效支撑社会管理和公共服务，依法保障公民权利，以人为本、科学高效、规范有序的新型户籍制度，努力实现1亿左右农业转移人口和其他常住人口在城镇落户。"2016年9月，《北京市人民政府关于进一步推进户籍制度改革的实施意见》正式出台。截至目前，包括北京在内，已经有30个省份出台户籍制度改革方案。

随着户籍制度的改革，我国将逐渐建立健全现代户籍制度，逐渐消除附着在传统户籍制度上的与住房、消费、教育和社会保障等利益直接挂钩的不公平现象，有助于实现人与人的真正平等，进一步缩小贫富差距。同时，积分落户制度也为进城务工人员及其子女成为城市新市民提供了可能性。

3. 教育干预

教育干预主要解决教育过程公平的问题。当前，进城务工人员子女教育不公平问题逐渐隐性化，校内不公平即教育过程不公平成为隐性不公平的主要方面。有研究发现，除了主观公平感受，在平等对待、差异对待、班级管理、课堂教学和课外活动五个维度上，进城务工人员子女的公平得分都显著低于城市本地学生。[①] 在控制了学习成绩、年级和性格等干扰变量后，多元线性回归分析的结果显示，农民工随迁子女学校内部公平总得分依旧显著低于本地学生。[②] 可以说，进城务工人员子女在公办学校内部受到不公平对待的程度显著高于城市本地学生。

为此，国家也从制度上做了一些干预。如前文提到的，早在2003年9月，国务院办公厅转发教育部等六部委发布的《关于进一步做好进城务工就业农民子女义务教育工作的意见》，明确做出了进城务工人员子女与城市学生上学收费"一视同仁"，学习及活动"一视同仁"的规定。但要实现教育过程的公平，重点还需要在学校内部的教育教学行为和管理理念上下功夫。开展融合教育或者多元文化教育，加强城市学生对于进城务工人员子女的认同教育，是非常有效的方式之一。

结合当前学校特色发展的需要，鼓励特色发展、创新发展的教育理念，使学校以课程为抓手或者以校园课外活动为载体，开展多元文化教育成为可能。通过各种活动，在老师、学生和家长的共同参与下，让进城务工人员感受城市文化的丰富多彩，也让本地学生家长了解地方特色文化的魅力，改变彼此之间固有的偏见，消解彼此之间的隔阂以及文化排斥。

4. 技术支撑

为提高对进城务工人员子女教育问题的认识和重视程度，满足日益增加的进城务工人员子女教育需求，应全面掌握进城务工人员子女的分布、规模、受教育过程的变动等信息，及时准确把握其教育需求动向，科学预测其分布和发展变化，这有利于流入地政府对义务教育阶段经费投入以及高中阶段教育、高等教育做出科学的规划。所以，利用大数据提供技术支撑，建立、完善全国中小学电子学籍平台势在必行。

长期以来，我国学籍档案管理技术落后，国家对承担义务教育的中小学校的学籍档案管理没有统一的规定，义务教育阶段的学籍档案管理相关规定主要是由各省份自己制定。所以，各个省份的小学和初中的学籍档案管理规定"各自为政"，甚至同一省份的不同学校之间的学籍档案管理的具体情况也千差万别。此外，加上"许多中小学学籍档案管理的技术含量低，信息化、电子化程度低，这使得进城务工人员子女流动就学的学籍档案管理无法实现网络化跨地区的资源共享，这给对流

[①②] 童星.农民工随迁子女学校内部公平研究——基于上海市公办初中的调查[D].华东师范大学博士学位论文，2018：1.

动就学的进城务工人员子女进行学籍档案管理设置了重重障碍"[①]。

教育部早在 2007 年 9 月 19 日就颁布了《中小学学生学籍信息化管理基本信息规范》，基于此建立的学籍管理方法使学生情况一目了然，同时定义了中小学学生学籍管理中涉及入学、转学、借读、休学、复学、升级、毕业、综合素质评价、学业考试、奖励、处分等管理工作所需的基本信息，而且明确将逐步与户籍脱钩。2012 年开始，国家版的中小学生学籍信息管理系统在全国联网试运行，每位有身份证的在校生在学籍系统内都有一个由教育部配发的全国唯一的学籍号，而且这个学籍号跟随学生一生，目前在中考、高考等相关考试中都需要。学籍含有学生大量的基础信息和学习信息，同时对于符合条件的学生转学、升学，学籍系统都必须进行相应操作，实现对学生学习状态的动态跟踪管理，尤其是在对进城务工人员子女的就学状态的监控、对农村辍学儿童的监测统计等方面有很大的帮助。

消除制度排斥、经济排斥以及由此导致的文化排斥，是一个需要全社会付出努力的漫长过程。相信在全纳教育理念的引导下，教育先行，通过完善教育制度建设、提供教育帮助和改进教育技术支持，使进城务工人员及其子女率先在教育方面真正感受到一视同仁的尊重与对待，让他们通过接受良好的教育来增加对城市生活的认同感，尽快融入城市生活，共建城市文明。

[①] 林李霞. 流动就学农民工子女学籍档案管理研究 [J]. 科技与经济，2006（14）.

第十一章
保障女童平等受教育权利

新中国成立70年来，特别是改革开放以来，我国从法律、法规、政策及特殊保障措施等各方面赋予女童与男童同等的受教育权利，使女童各级教育入学率不断提升、受教育结构不断优化，女性受教育程度不断提高，男女平均受教育年限差距逐步缩小，男女所受教育质量逐步实现了无差别化。

20世纪80年代,在广西壮族自治区融水县白云乡的红瑶族聚居区流传着一句谚语:"狗不耕田,女不读书。"这里的红瑶族女童世世代代就是放牛、砍柴、绣花,过节就去串山寨,参加芦笙大会,然后等长大了就嫁人。"春蕾计划"改变了她们的命运。1988年,广西"红瑶女童班"成立,第一批红瑶女童上学了,由此产生了红瑶族历史上第一位女大学生、教师、军人、医生……凤桂鲜是第一届"红瑶女童班"的学生,在"春蕾计划"的资助下成为融水苗族自治县的首位红瑶女教师。

"春蕾计划"是1989年在全国妇联领导下,中国儿童少年基金会发起并组织实施的儿童公益项目,资助贫困地区失辍学女童继续完成学业,改善贫困地区的办学条件,辅助国家发展儿童少年教育福利事业。截至目前,"春蕾计划"已资助女童369万人次,捐建春蕾学校1 811所,对52.7万人次的女童进行职业教育培训,编写发放护蕾手册217万套,已经有一大批"春蕾生"成长成才并在工作岗位上表现出色。

第一节 平等接受义务教育

新中国成立70年来,特别是改革开放以来,中国从法律、法规、政策及特殊保障措施等各方面赋予女童与男童同等的受教育权利和地位,女童教育事业取得了几个阶段的跨越式发展,其规模是世界上最大的,举世瞩目。中国是人口大国,女性人口为6.7亿,其中各级各类学历教育在校女生人数为1.31亿,占在校生总数的47.54%。从男女童入学机会的平等权利到女童教育的全面保障,女童各级教育入学率不断提升、受教育结构不断优化,扫除了女性青壮年文盲,女性受教育程度不断提高,甚至在某些领域,女性的优势不断凸显,呈现出新时代女童教育的新特色、女性社会经济地位的新风貌。从国际视野看,中国女性受教育水平率先在9个人口大国中实现全民教育目标,女童入学率、女青年识字率、女性识字率达到并超过世界平均水平。

一、平等接受扫盲教育和小学教育(1949—1976年)[①]

新中国成立后,国家十分重视女童和女性教育,颁布了一系列法律法规及政策

---

① 阶段划分是相对的,每个阶段各级各类教育中都会涉及到女童和女性教育,只是每个阶段的侧重点有所区别。从扫盲到基础教育,再到中等教育、高等教育和终身学习,女童和女性的受教育权利不断扩大,教育环境和条件不断改善,受教育水平不断提高,也越来越能够享受到适合她们的教育。

2011年9月11日,贵州省的100名贫困女童领到了香港惠明基金会捐助的第一批"春蕾计划"助学金。(新华社 何俊昌/摄)

以确保女童受教育权的落实,成为新中国成立后男女平等享受教育权利的教育发展思想和基本原则。

1. 平等接受识字教育和初等教育(1949—1955年)

1949年9月29日,具有临时宪法意义的《中国人民政治协商会议共同纲领》颁布,其中第六条规定:"中华人民共和国废除束缚妇女的封建制度。妇女在政治的、经济的、文化教育的、社会生活的各个方面,均有与男子平等的权利。"第四十七条规定:"有计划有步骤地实行普及教育,加强中等教育和高等教育,注重技术教育,加强劳动者的业余教育和在职干部教育,给青年知识分子和旧知识分子以革命的政治教育,以应革命工作和国家建设工作的广泛需要。"

在保障女童受教育权利的过程中,女性的真正解放、女性地位的大幅度提高,可以说是从女童和女青年识字率提高开始的。1949年中华人民共和国成立以前,我国教育事业的基础十分薄弱,初等教育的入学率只有20%左右,文盲率在80%以上,[①] 女性文盲率高达90%以上。1949年12月,政务院教育部召开了第一次全国教育工作会议,首次提出识字教育,要"争取从一九五一年开始,进行全国规模的识字教育"。在新中国教育方针的确定上,强调要重视儿童在学校的教育,提出"新中国教育的发展方针是普及与提高的正确结合,即在普及的基础上提高,在提高的指导下普及。普及当然以工农兵为对象,但是也不放松一般儿童的推广"。

1950年6月1日,政务院下发了《关于开展职工业余教育的指示》,要求以工厂企业的工人为对象,进行以识字教育为重点的职工业余教育。1950年12月21日,教育部发布了《关于开展农民业余教育的指示》,提出开展农民教育,将千字左右的识字量定为农民业余教育的目标,使他们能够阅读初级水平的书籍报刊,具备初级的计算能力。

1950年9月20日至29日,教育部与中华全国总工会共同召开了第一次全国工农教育会议,第一次把工农教育提上国家议事日程,确定新中国工农教育的基本任务和实施方针。会议确定了工农教育的基本任务是开展识字运动,逐步减少文盲,并修订通过了《关于举办工农速成中学和工农干部文化补习学校的指示》《关于开展农民业余教育的指示》等6项草案。这次会议提出工农教育要因地因时制宜,有重点地稳步前进,在巩固的基础上要求发展,先提出"推行识字教育,逐步减少文盲",暂时不提"扫除文盲"的口号,以免使工作陷于被动。

1951年10月1日,政务院发布了《关于改革学制的决定》,它以法令形式确立

---

① 中华人民共和国教育部. 共和国教育50年 [M]. 北京:北京师范大学出版社,1999:1.

和充分保障工农干部受教育的机会，提出给予工人、农民在各种补习学校和训练班等学习的权利，使广大的劳动人民子女能够接受初等教育，明确规定了职业技术教育和业余教育在学制中的适当地位，即补习和业余教育纳入正规的学制中。

1952年11月15日，中央人民政府委员会第十九次会议通过决议，成立中央扫除文盲工作委员会。

1954年9月12日，中华人民共和国第一届全国人民代表大会第一次会议通过了新中国的第一部正式宪法，其中第九十六条规定："中华人民共和国妇女在政治的、经济的、文化的、社会的和家庭的生活各方面享有同男子平等的权利。"作为国家的最高法律，《中华人民共和国宪法》确定了女童和女性在平等接受识字教育和初等教育方面的权利。

1955年3月1日，中共中央指示："组织青年团、工会、妇联、农村工作部门、人民武装部门、合作社等方面，试办扫除文盲协会，以便取得经验，逐步推广。"

2. 平等接受扫盲教育和小学教育（1956—1965年）

1956年3月29日公布的《关于扫除文盲的决定》指出，扫除文盲"是我国文化上的一个大革命，也是国家进行社会主义建设中的一项极为重大的政治任务"。文件要求各地在教育部门、工会、共青团、妇联的领导下，政府机关、工矿企业、农业合作社、手工业生产合作社等必须制订出计划，按照当地情况，在五至七年内基本上扫除文盲，并对与解决扫盲教育问题有关的教师、教材、指导内容和指导方法等做了更为具体的规定，同时明确规定了半文盲的具体标准和扫盲对象。

中共中央、国务院在1958年9月19日发布《关于教育工作的指示》，提出了"在三年到五年的时间内，基本上完成扫除文盲、普及小学教育……争取在15年左右的时间内，基本上做到使全国青年和成年，凡是有条件的和自愿的，都可以受到高等教育"的教育目标。提倡在原有教育模式的基础上加上新的模式，特别是在办学形式上提出了"半工（农）半读"的方式。在1952年、1956年、1958年进行的扫盲活动中，有1 600万妇女摘掉了"文盲"的帽子。

1959年10月16日，《教育部党组关于进一步开展农村扫除文盲和业余教育工作的请示报告》中认真总结了1958年的扫盲工作，认为农村扫盲和业余教育获得了很大的成绩，提出大力开展识字教育，要求在两三年内，全国基本上完成扫除文盲的任务。

1960年1月6日至18日，全国总工会、教育部、共青团中央和全国妇联在哈尔滨联合召开了全国职工教育黑龙江现场会议，时任全国人大副委员长的林枫在会上提出了"争取在两年内，在现有青壮年职工中基本上完成扫除文盲的任务，并及时地普及初等教育"的要求。

1965年1月5日，中共中央、国务院批准转发的《关于中小学教育和职业教育七年（1964～1970）规划要点（初步草案）》提出："要在今后七年要办好中小学教育，同时积极发展职业教育，以适应国家经济建设和广大青少年就业的需要。"为了办好基础教育和职业教育，文件提出："逐步普及小学教育，进一步改进农村小学教育工作；积极试办和发展职业教育；认真办好一批全日制中小学，继续努力提高教育质量；开展业余教育，努力扫除文盲；培养和提高师资；加强城市少年儿童的校外辅导工作。"这份文件是在教育工作调整的基础上提出的，对于教育事业发展的问题、不足具有较为准确的认识，清晰定位了教育发展的目标任务。

在明确的目标要求和入学机会保障下，小学教育中女童比例显著提高。1951年小学女生占在校生的比例为28%，1965年达到39%，1980年达到44%，1993年达到46.8%。在普通中学中，1951年女生占在校生的比例为25.6%，到1965年增加到32.3%，1980年占39.6%，1993年达到43.7%。截至1994年，"建国45年来，基础教育共培养小学毕业生女生有2亿多人，普通中学毕业女生有1亿多人"[1]。

二、平等接受九年义务教育（1977—1989年）

1. 男女平等普及小学教育（1977—1985年）

1979年12月18日，《消除对妇女一切形式歧视公约》（以下简称《公约》）由联合国大会通过并于1981年9月起生效。《公约》确立规则，保障妇女在政治、法律、工作、教育、医疗服务、商业活动和家庭关系等各方面的权利，其中第十条明确申明缔约各国应采取一切适当措施以消除对妇女的歧视并保证妇女在教育方面享有与男子平等的权利，特别是在男女平等的基础上保证。中国是《公约》最早的缔约国之一，认真履行对《公约》的承诺，将性别平等的核心理念纳入中国的各项法律政策，制定了以《中华人民共和国宪法》为基础，以《中华人民共和国妇女权益保障法》为主体的一系列确保女童平等受教育权利的法律法规，消除一切阻碍女童受教育的不利因素。

1980年12月3日，中共中央、国务院做出《关于普及小学教育若干问题的决定》，明确提出全国在1990年前基本普及小学教育。"经济比较发达、教育基础较好的地区，应在一九八五年前普及小学教育，其他地区一般应在一九九〇年前基本

---

[1] 顾宁. 建国以来女性教育的成果[J]. 中国当代史研究，2005（6）：57.

普及。"

2. 男女平等普及九年义务教育（1986—1989 年）

教育起点的性别公平，即确保男童女童接受最低年限的教育，强调起点的公平。1986 年，《中华人民共和国义务教育法》正式颁布，确立在全国范围内普及九年制义务教育，明确规定："凡具有中华人民共和国国籍的适龄儿童、少年，不分性别、民族、种族、家庭财产状况、宗教信仰等，依法享有平等接受义务教育的权利，并履行接受义务教育的义务。"《中华人民共和国义务教育法》有力地保障了义务教育阶段的女童受教育权利。

自 1978 年开始，初中教育阶段的男女比例差异逐渐减小。（见表 11-1）

表 11-1　初中女生占在校生比例（1978—1990 年）（%）

年　份	1978 年	1979 年	1981 年	1985 年	1986 年	1989 年	1990 年
普通初中女生比例	42	41.3	39.2	40.5	40.7	42.1	42.5
职业初中女生比例	—	—	33.7	35.7	36.6	38.7	40

资料来源：中华人民共和国国家教育委员会计划财务司.中国教育成就统计资料（1980—1985）[M].北京：人民教育出版社，1986.

改革开放后，中国高度重视扫盲工作，把它看作保障公民受教育基本权利的重要内容，始终把扫除文盲作为一项基本国策。通过扫盲和义务教育，堵住了新文盲产生的两条路径，提高了女性识字率，尤其是《中华人民共和国义务教育法》通过强制原则确保了女童接受基础教育的权利。1988 年，《中华人民共和国扫盲条例》出台，再次掀起了扫盲高潮。但女童、女性平等受教育权利的重点已经从扫盲工作转向普及九年义务教育、高中阶段教育、高等教育和终身教育。也就是说，女性受教育权利的保障、文化水平的提高，不仅通过扫盲教育实现，更多是通过九年义务教育等学校教育和职业教育来实现，避免了新文盲和功能性文盲的产生。

通过识字教育、扫盲教育和大力普及基本教育，女童和女性的基础教育水平不断提高。从 1949 年到 1995 年，全国累计扫除文盲 1.75 亿，其中 1.1 亿是妇女，女性文盲率从 1949 年的 90% 以上下降到 1995 年的 24.05%。[①] 到 2000 年，女性成人文盲率下降到 10%，青壮年女性文盲率下降到 5%，实现了 1993 年发布的《中国

---

① 一九九六年中国人权事业的进展[N].人民日报，1997-04-01.

教育改革和发展纲要》提出的"全国基本扫除青壮年文盲,使青壮年中的文盲率降到5%以下"的战略目标。(见表11-2)

表11-2 1982—2000年女性文盲、青壮年文盲变化情况

年 份	1982年	1990年	1995年	2000年
成人妇女文盲数(亿)	1.59	1.28	1.05	0.55
成人妇女文盲率(%)	45.23	32.00	24.05	10.00
青壮年妇女文盲数(万)	7 179	4 443	2 855	0.14
青壮年妇女文盲率(%)	35.87	14.78	9.42	5.00

资料来源:教育部新闻办公室.我国扫盲工作的主要成就[EB/OL].新浪网,2002-09-09[2019-07-12] http://www.edu.sina.com.cn/1/2002-09-08/31259.html.
国家统计局.1982年、1990年、2000年全国人口普查主要数据公报.

第二节 平等接受高中和高等教育

1990年,中国政府参与签署《世界全民教育宣言》,提出到20世纪末满足所有儿童、青少年和成人的基本学习需要。至此,男女童在教育方面的权利扩展到中等教育、职业技能培训和高等教育,从而满足他们未来的生活、生存需要。

妇女儿童受教育权利的国家保障机制逐步建立完善。1990年2月22日,国务院妇女儿童工作委员会的前身——国务院妇女儿童工作协调委员会正式成立,取代了原由全国妇联牵头的全国儿童少年工作协调委员会,成为国务院负责妇女儿童工作的议事协调机构。1993年8月4日,国务院妇女儿童工作协调委员会更名为"国务院妇女儿童工作委员会",简称"国务院妇儿工委",是国务院负责妇女儿童工作的议事协调机构,负责协调和推动政府有关部门执行有关妇女儿童的各项法律法规和政策措施,发展妇女儿童事业。国务院妇女儿童工作委员会的基本职能是协调推动政府有关部门做好维护妇女儿童权益工作,制定和实施妇女和儿童发展纲要,为开展妇女儿童工作和发展妇女儿童事业提供必要的人力、财力、物力,指导、督促和检查各省、自治区、直辖市人民政府妇女儿童工作委员会的工作。组成单位由国务院批准,目前有35个部委和人民团体。

1991年9月4日,第七届全国人民代表大会常务委员会第二十一次会议通过

《中华人民共和国未成年人保护法》，其中第三条规定："未成年人享有受教育权，国家、社会、学校和家庭尊重和保障未成年人的受教育权。未成年人不分性别、民族、种族、家庭财产状况、宗教信仰等，依法平等地享有权利。"

1990年，世界儿童问题首脑会议通过了《儿童生存、保护和发展世界宣言》和《执行九十年代儿童生存、保护和发展世界宣言行动计划》。1992年2月，中国政府颁布了《九十年代中国儿童发展规划纲要》，提出："'提高全民族素质，从儿童抓起'作为我国社会主义现代化建设的根本大计，在全社会倡导树立'爱护儿童，教育儿童，为儿童做表率，为儿童办实事'的公民意识。""在全国普及初等义务教育，在城镇以及经济比较发达的农村基本普及初中阶段义务教育。3—6岁幼儿入园（班）率达到35%。""在全国范围内基本扫除青壮年（15至40周岁）文盲，同时大力开展扫盲后的继续教育，提高文化和技术素质，巩固和提高扫盲成果。""今后10年，我国普及初等义务教育和扫除文盲的任务主要集中在经济不发达地区和少数民族地区，突出问题是解决女童就学困难。""注重培养少数民族女教师，在贫困地区建立女童奖学金制度，促进女童入学工作，继续办好女童班。"提出集中财力物力，解决女童、女性受教育权利保障问题。

1992年10月1日起施行的《中华人民共和国妇女权益保障法》第三章规定"国家保障妇女享有与男子平等的文化教育权利"，"学校和有关部门应当执行国家有关规定，保障妇女在入学、升学、毕业分配、授予学位、派出留学等方面享有与男子平等的权利"，并在法律责任部分规定"在入学、升学、毕业分配、授予学位、派出留学等方面，违反男女平等原则，侵害妇女合法权益的"，"由其所在单位或者上级机关责令改正，并可根据具体情况，对直接责任人员给予行政处分"。

平等的文化教育权利使我国农村女童受教育权的实现在改革开放以来有了很大的改善。农村女童的入学率由1985年的94.0%提高到1992年的97.0%，小学在校生中女生的比例由1985年的45.1%提高到1992年的46.6%，中学在校生中女生的比例则由1985年的40.7%提高到1992年的43.1%。[①]

1993年，中国政府发布了《中国教育改革和发展纲要》，提出到2000年实现"基本普及九年义务教育，基本扫除青壮年文盲"的目标。

1993年，中国政府重新修订和颁布了《扫除文盲工作条例》。20世纪90年代以来，中国政府采取"一堵、二扫、三提高"的扫盲基本方针，坚持扫盲与农民的生产和生活紧密结合，大力推进扫盲教育发展。

---

① 孟宪范.走向权利的时代——中国公民权利发展研究[M].北京：中国政法大学出版社，1995：120.

1995年通过的《中华人民共和国教育法》总则第九条规定:"公民不分民族、种族、性别、职业、财产状况、宗教信仰等,依法享有平等的受教育机会。"第三十六条规定:"学校和有关行政部门应当按照国家有关规定,保障女子在入学、升学、就业、授予学位、派出留学等方面享有同男子平等的权利。"

1995年8月7日发布实施的《中国妇女发展纲要(1995—2000年)》是我国第一部关于妇女发展的专门规划,明确了今后6年我国妇女发展工作的任务和主要目标,提出:大力发展妇女教育,提高妇女的科学文化水平;逐步提高女性接受各级各类教育的比例,全面提高妇女劳动者的素质,积极培养各类女性专业技术人才;全国基本普及九年义务教育,降低适龄女童的失学率和辍学率,使适龄女童失学率、辍学率均控制在2%以下;每年扫除300万妇女文盲,力争到20世纪末,全国基本扫除青壮年妇女文盲;大力发展各级各类职业教育、职工培训和实用技术培训,提高妇女就业率。女童教育权利目标和内容得到了很大的保障与提升,提出了妇女职业教育的概念。

1995年9月,联合国第四次世界妇女大会在北京举行,此次会议通过了《北京宣言》和《北京行动纲领》,"把男女平等作为促进我国社会发展的一项基本国策"在这次大会上首次被提出,这是我国政府对国际社会的郑重承诺,也是我国女童和妇女教育事业发展史上的一个里程碑。

在政府和全社会的共同努力下,中国如期实现了"基本普及九年义务教育,基本扫除青壮年文盲"的目标。到2000年,全国85%以上的人口和地区实现了"两基"。小学适龄儿童净入学率由1990年的96.3%提高到2000年的99.1%,男女童入学差异由1990年的2.91个百分点下降到2000年的0.07个百分点,小学5年巩固率由1990年的71.4%提高到2000年的94.5%。[1]

10年间,随着女性平等接受各级教育的权利得到确保,女性占各级各类在校生的比例不断上升,男女童之间的入学机会差距明显缩小,获得了平等的受教育机会。从1990年到2010年,女生占在校生比例,小学从46.2%提高到47.6%,职业中学从45.3%提高到47.2%,普通中学从41.9%提高到46.2%,中等专业学校从41.9%提高到46.2%。

1998年颁布实施的《中华人民共和国高等教育法》规定"公民依法享有接受高等教育的权利",为女青年接受高等教育和终身教育奠定了法律基础。新中国成立以来,女大学生人数不断增长,由1949年的2.32万人增长到1993年的85.2万

---

[1] 中国儿童发展纲要(2001—2010年)[EB/OL]. 2001-05-22.

人，占在校生总数的 33.6%，比 1951 年的 23.4% 提高了 11 个百分点，比 1965 年的 26.9% 提高了 7 个百分点。① 20 世纪 90 年代后期，随着高等教育的大众化发展，女性接受高等教育的比例显著提高。从 1990 年到 2010 年，女大学生占在校生比例从 33.7% 提高到 41%。

表 11-3　1980 年、1990 年、2000 年三年各级各类学校教育中女生人数与比例

（单位：万人，%）

年　份	1980 年	1990 年	2000 年
学前教育（万人）	—	—	1 034.07
占在校生比例（%）	—	—	46.08
小学（万人）	6 517.4	5 655.5	6 194.56
占在校生比例（%）	44.6	46.2	47.60
职业中学（万人）	14.8	133.7	237.36
占在校生比例（%）	32.6	45.3	47.17
普通中学（万人）	2 180.1	1920.1	3 402.38
占在校生比例（%）	39.6	41.9	46.17
中等专业学校（万人）	39.2	102.0	277.3
占在校生比例（%）	31.5	45.4	56.6
高等教育（万人）	26.8	69.5	227.89
占在校生比例（%）	23.4	33.7	40.98

资料来源：历年《中国教育统计年鉴》。由于教育统计年鉴统计口径不同，为了便于比较，表中按照原始统计口径，呈现学前教育、小学、职业中学、普通中学、中等职业学校、高等教育。"—"表示该年无统计数据。

第三节　平等接受终身教育

2000 年，达喀尔论坛上，164 个国家集体承诺的《达喀尔纲领》明确提出了 6 项全民教育目标，其中 2/3 是关于教育中的性别平等问题，且幼儿保育和看护也成为儿童发展中需要关注的重要内容。经过国际社会和各国多年的努力，女童和女性

---

① 顾宁. 建国以来女性教育的成果 [J]. 中国当代史研究，2005（6）：58.

接受教育的机会大大提升，在普及初等教育的目标中，女童教育得到了很大程度的实现，女性的受教育水平得到了显著提升，就业能力显著改善。

2001年5月22日，国务院发布实施的《中国妇女发展纲要（2001—2010年）》确定了6个优先发展领域，明确提出要保障妇女获得平等的受教育机会，普遍提高妇女受教育程度和终身教育水平，将男女平等享有的受教育权利进一步具体化。具体包括：（1）保障女童接受九年义务教育的权利。小学适龄女童的净入学率达到99%左右，小学5年巩固率提高到95%左右，基本杜绝小学适龄女童失学；初中女童毛入学率达到95%左右。（2）高中阶段教育女性毛入学率达到75%左右，高等教育女性毛入学率达到15%左右。（3）成人妇女识字率提高到85%以上，其中青壮年妇女识字率提高到95%左右。（4）提高妇女的终身教育水平。（5）妇女平均受教育年限达到发展中国家的先进水平。文件从终身教育的角度出发，对女童和妇女的受教育水平提出了更高的要求，且对教育程度做了非常具体的目标要求。

2001年5月22日，国务院发布的《中国儿童发展纲要（2001—2010年）》提出："儿童教育在基本普及九年义务教育的基础上，大中城市和经济发达地区有步骤地普及高中阶段教育。"具体包括："全面普及九年义务教育，保障所有儿童受教育的权利；适龄儿童基本能接受学前教育；有步骤地普及高中阶段教育；提高教育质量和效益；提高家庭教育水平。"

2003年，中国政府制定并颁布了《全民教育国家行动计划》。参照联合国教科文亚太办事处提出的全民教育规划周期，同时结合中国的经济社会与教育发展的规划周期，该计划起始年取2001年，比较基期为2000年，分为2001—2005年和2006—2015年两个规划周期，分别提出了全民教育的六大目标和主要政策措施，其中第五项目标就是专门针对性别平等受教育权利的。中国《全民教育国家行动计划》的制定不仅使中国的全民教育计划有了行动纲领、分阶段的具体目标，还有了可操作的政策依据，从而大大促进了中国在普及义务教育、减少文盲人口、加强技能培训、减少性别差异以及提高基础教育质量等方面的工作，为女童和女性受教育机会和质量提供了保障。

2004年，中国妇女的平均受教育年限为7.5年，比2000年提高0.5年，男女差异由2000年的1.3年缩小到2004年的1年。2007年，全国妇联发布了《全国妇女教育培训体系建设纲要（2008—2010年）》，强调了新时期妇女教育培训体系建设的必要性和重要性。

2009年，国务院发布《国家人权行动计划（2009—2010年）》，这是中国政府推进和指导人权事业的第一个纲领性文件，表达了中国政府执行联合国主要人权公约的意愿。这一文件制定了 7 个目标,其中第 3 个目标重点明确了女性和儿童的受教育权利,提出:"小学适龄女童的净入学率达到 99% 左右,小学 5 年巩固率提高到 95% 左右……初中女童毛入学率达到 95% 左右,高中阶段教育女性毛入学率达到 75% 左右,高等教育女性毛入学率达到 15% 左右。成人妇女识字率提高到 85% 以上,其中青壮年妇女识字率提高到 95% 左右。""把社会性别意识教育纳入教师培训课程。"

2000 年以来,中国各级教育的女性参与率持续提高。就教育参与状况来说,中国已基本消除了性别差距。学前教育的性别均等维持在较高水平,学前教育中女生比例基本保持在 45%—47%,一年级新生中受过学前教育的性别差异总体上呈逐年缩小趋势。义务教育中的性别差异也明显缩小,义务教育阶段在校生中女生所占比例维持在 46%—47%。2015 年,小学学龄儿童净入学率达到 99.88% 且男女童净入学率均为 99.88%(见图 11-1)。从 2000 年到 2015 年,普通高中在校生中女生占比从 41.9% 提高到 50.28%,高于该年龄段人口中女性所占比例(2010 年为 47.8%)。[①] 高中阶段在校生中女生所占比例基本保持在 43%—48%。全国普通高校在校生中,本专科生中女生的占比从 41% 提高到 52.42%,高于该年龄段人口中女性所占比例(2010 年为 49%);硕士研究生中女生的占比从 36% 提高到 51.15%,博士研究生中女生的占比从 24% 提高到 37.85%。(见图 11-2)

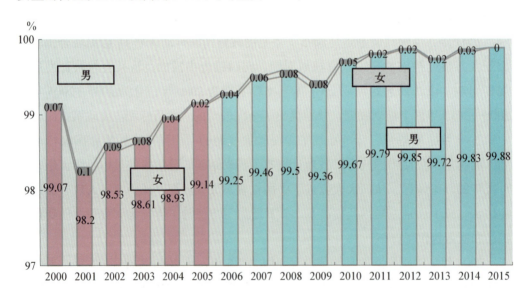

资料来源:中国教育统计年鉴(2000—2015)[M].北京:人民教育出版社,2000—2015.

图 11-1 小学教育净入学率男女差异(%)

---

① 国务院人口普查办公室,国家统计局人口和就业统计司.中国 2010 年人口普查资料[M].北京:中国统计出版社,2012.

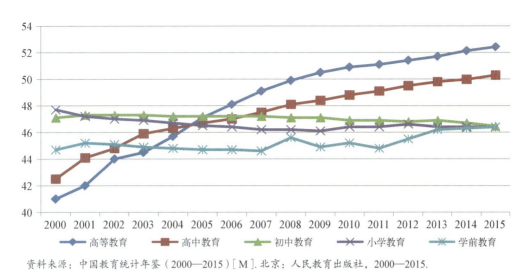

资料来源：中国教育统计年鉴（2000—2015）[M].北京：人民教育出版社，2000—2015.

图 11-2 中国各级教育在校生中女生所占比例（%）

在 1995—2000 年这 5 年中，中国女性平均受教育年限提高了 0.937 年，比男性多 0.33 年；15 岁以上女性人口的识字率从 76% 提高到 83.1%，提高了 7.1 个百分点，其提高幅度也高于男性。[①]

第四节 平等接受更高质量的教育

教育结果的性别公平，即教育质量平等体现在学生成就上的实质性公平。在我国已经普及九年义务教育、高中教育和高等教育大众化的情况下，教育性别公平问题已不单纯在于能否享受平等的受教育机会，而是在于教育过程中能否享受平等的对待、有质量的教育、适合的教育。

2013 年 6 月，国务院妇女儿童工作委员会发布《中国妇女发展纲要（2011—2020 年）》，进一步明确要保障妇女平等享有受教育的权利和机会，受教育程度持续提高，具体包括：教育工作全面贯彻性别平等原则；学前三年毛入园率达到 70%，女童平等接受学前教育；九年义务教育巩固率达到 95%，女童平等接受九年义务教育，消除女童辍学现象；高中阶段教育毛入学率达到 90%，女性平等接受高中阶段教育；高等教育毛入学率达到 40%，女性平等接受高等教育，高等学校在校生中男

---

① 谭琳.1995—2005 年：中国性别平等与妇女发展报告[M].北京：社会科学文献出版社，2006：374.

女比例保持均衡；提高高等学校女性学课程普及程度；提高女性接受职业学校教育和职业培训的比例；主要劳动年龄人口中女性平均受教育年限达到11.2年；女性青壮年文盲率控制在2%以下；性别平等原则和理念在各级各类教育课程标准及教学过程中得到充分体现。

2016年10月国家统计局发布的《中国妇女发展纲要（2011—2020年）》中期统计监测报告显示，在可监测的54项重点统计指标中，有44项指标提前实现或基本实现目标，总达标率为81.5%。女童接受学前教育的比例继续提高。2015年，全国学前教育（包括幼儿园和学前班）幼儿数量为4 265万人，其中女童有1 979万人，比2010年分别增加1 288万人和626万人；学前教育中女童所占比例为46.4%，比2010年提高了1个百分点；学前三年毛入园率由2010年的56.6%提高到75%，已提前实现目标。适龄女童基本能够平等接受义务教育。2015年，小学学龄女童净入学率为99.88%，与男童基本持平；义务教育阶段在校生中女生所占比例为46.5%，略低于2010年。高中阶段教育性别差距缩小。2015年，全国高中阶段在校生中共有女生1 933万人，占全部在校生的47.9%，性别差距由2010年的5.7缩小到4.3；普通高中在校生中女生占50.3%，比2010年提高了1.7个百分点；中等职业学校在校生中女生占44.4%，比2010年低1.1个百分点；高中阶段教育毛入学率由2010年的82.5%提高到了87%。女性中接受高等教育的比例提高。2015年，高等教育在校生中共有女研究生95万人，占全部研究生的49.7%，比2010年提高了1.8个百分点；普通本专科女生有1 376万人，占全部普通本专科在校生的52.4%，比2010年提高了1.6个百分点；成人本专科女生有362万人，占全部成人本专科在校生的56.9%，比2010年提高近4个百分点。女性高等教育毛入学率快速提高，2015年达40%，比2010年提高了13.5个百分点，提前实现目标。

2014年，全球只有63%的国家在小学教育中实现了性别平等，该比例在初中教育中为46%，在高中教育中为23%。与其他国家相比，中国小学教育的性别平等指数已经达到高收入国家水平，高中教育达到中低收入国家水平，初中教育超过中低收入国家水平。（见表11-4）

表11-4　按地区和国家收入组划分的性别平等指数（2014年）

	小学教育	初中教育	高中教育
中国	1.00	0.88	0.93
世界	0.99	0.99	0.98

（续表）

	小学教育	初中教育	高中教育
低收入国家	0.93	0.86	0.74
中低收入国家	1.02	1.02	0.93
中高收入国家	0.97	1.00	1.06
高收入国家	1.00	0.99	1.01
高加索和中亚	0.99	0.99	0.98
东亚和东南亚	0.99	1.01	1.01
欧洲和北美洲	1.00	0.99	1.01
拉丁美洲和加勒比地区	0.98	1.03	1.13
北非和西亚	0.95	0.93	0.96
太平洋	0.97	0.95	0.94
南亚	1.06	1.04	0.94
撒哈拉以南的非洲地区	0.93	0.83	0.82

注：世界和国家收入分组数据均为中位数。中国数据按照教育事业统计年鉴中的入学率和学生性别占比计算。性别平等指数为给定指标的女性与男性值的比率。
资料来源：联合国教科文组织统计研究所数据库．
全球教育监测报告摘要（2016）教育造福人类和地球：为全民创造可持续的未来［EB/OL］.2016：219.

2015年9月，联合国峰会通过了《2030年可持续发展议程》，涵盖17个可持续发展目标，于2016年1月1日正式生效。在未来15年内，各国将致力于消除一切形式的贫穷、实现平等和应对气候变化，同时确保没有一个人掉队。其中第4个目标提出"确保包容和公平的优质教育，让全民终身享有学习机会"，第5个目标提出"实现性别平等，增强所有妇女和女童的权能"。与之相对应，《教育2030行动框架》提出了更为具体的目标，其中很多要求已经深入到教育教学过程和课堂、教材中，比如"政府和合作伙伴需要审慎处理性别敏感的政策、规划和学习环境，教师培训和课程监测过程中主流的性别问题，减少教育组织内部的性别歧视和暴力，以保障教学和学习对女童和男童、女性和男性都能产生同等影响，减少关于性别的刻板印象，促进性别平等"。

受教育程度既是衡量妇女地位的重要指标，也是影响妇女地位和发展的重要因素。男女两性的受教育程度是联合国考虑妇女地位的性别发展指标（Gender-related

Development Index，GDI）之一。随着各级教育的普及，男女平均受教育年限的差距进一步缩小。根据2000年和2010年人口普查和2005年1‰人口普查，从按性别和受教育程度分的人口构成中可以看出，小学及以上女性比例人口在上升，未上过学的女性比例在下降（见表11-5）。从人口受教育年限看，中国女性的人均受教育年限从2000年的7年提高到2010年的7.85年，男女差异由1.3年缩小到1年。妇女受教育程度的提高不仅提高了妇女的社会经济地位，促进了其社会参与，也对其子女的就学和家庭教育起到了积极作用。与国际水平相比，中国青年识字率、成人识字率超过中低收入国家水平，接近中高收入国家水平。（见表11-6）

表11-5 人口普查按性别和受教育程度分的6岁及6岁以上人口及构成比例（单位：人，%）

受教育程度		2000		2005		2010	
合计	小计	1 156 700 293		15 878 355		1 242 546 122	
	男	593 469 678	51.31	7 975 386	50.23	633 278 387	50.97
	女	563 230 615	48.69	7 902 969	49.77	609 267 735	49.03
未上过学	小计	89 629 436		1 646 360		62 136 405	
	男	25 386 944	28.32	450 088	27.34	17 503 480	28.17
	女	64 242 492	71.68	1 196 272	72.66	44 632 925	71.83
小学	小计	441 613 351		5 285 045		357 211 733	
	男	217 034 413	49.16	2 581 633	48.85	168 297 261	47.11
	女	224 578 938	50.87	2 703 412	51.15	188 914 472	52.89
初中	小计	422 386 607		6 088 659		518 176 222	
	男	238 026 237	56.35	3 316 912	54.48	279 031 847	53.85
	女	184 360 370	43.65	2 771 747	45.52	239 144 375	46.15
高中	小计	99 073 845		1 975 098		186 646 865	
	男	59 601 039	60.16	1 120 964	56.75	104 007 090	55.72
	女	39 472 806	39.84	854 134	43.25	82 639 775	44.28
中专	小计	39 209 614					
	男	19 946 276	50.87				
	女	19 263 338	49.13				

（续表）

受教育程度		2000		2005		2010	
大学专科	小计	28 985 486		883 192	专科及以上	68 610 519	
	男	17 320 758	59.76	505 789	57.27	36 870 375	53.74
	女	11 664 728	40.24	377 404	42.73	31 740 144	46.26
大学本科	小计	14 150 726				45 625 793	
	男	9 208 762	65.08			25 217 083	55.27
	女	4 941 964	34.92			20 408 710	44.73
研究生	小计	883 933				4 138 585	
	男	617 252	69.83			2 351 251	56.81
	女	266 681	30.17			1 787 334	43.19

资料来源：2000年、2010年人口普查统计资料，2005年1‰人口抽样调查统计资料。

表 11-6　按地区和国家收入组划分的青少年和成人识字率（2014年）

	青少年识字率（%）	性别平等指数	成人识字率（%）	性别平等指数
	2005—2014 年	2005—2014 年	2005—2014 年	2005—2014 年
世界	91	0.96	85	0.91
低收入国家	68	0.85	57	0.74
中低收入国家	86	0.93	74	0.83
中高收入国家	99	1.00	94	0.95
高加索和中亚	100	1.00	100	1.0
东亚和东南亚	99	1.00	95	0.96
拉丁美洲和加勒比地区	98	1.00	93	0.99
北非和西亚	93	0.96	82	0.86
南亚	84	0.91	68	0.76
撒哈拉以南的非洲地区	71	0.86	60	0.76

注：青少年识字率为15至24岁的识字者人数占该年龄组总人口的百分比。性别平等指数是女性识字率除以男性识字率。
资料来源：联合国教科文组织统计研究所数据库．
　　　　全球教育监测报告摘要（2016）教育造福人类和地球：为全民创造可持续的未来［EB/OL］.2016：232.

第五节　为女童平等接受教育创造有利环境

中华人民共和国成立以来，中国在为女童平等接受教育维权保障方面取得巨大进步，在推动两性的平等和谐发展、保障女性权益方面积累了丰富的经验。70年来，女童平等受教育权利从关注、呼吁到落实、发展、改革，保障机制不断完善。

一、把性别主流作为关注点

性别主流化旨在将性别平等作为一个中心概念在机构和社会的结构及实践中体现出来。《达喀尔纲领》要求各国政府承诺通过教育体系来使性别主流化。1995年在北京召开的世界妇女大会通过了《北京行动纲领》，明确了社会性别主流化并将此作为提高两性平等的一项全球性策略，把社会性别意识提升到国家意识。当男女有一方处在极其不利的位置时，主流化就会成为有性别区分的活动和平等权利行动。主流化的一个核心目标就是将性别视角整合到跨部门的政策、规划和预算编制中。对整个教育系统投入充足的资源来实现性别主流化战略，有助于确保教育体制中的性别平等。

20多年来，中国政府将性别主流化的政策落实在教育部门广泛实施的项目进程中。2015年9月27日，在联合国总部由中国政府与联合国妇女署共同举办的全球妇女峰会成为举世瞩目的焦点，习近平主席发表题为《促进妇女全面发展共建共享美好世界》的重要讲话。习近平指出："妇女是推动社会发展和进步的重要力量……没有妇女解放和进步，就没有人类解放和进步。"习近平在全球妇女峰会上的讲话系统阐述了中国妇女事业的立场和观点，他指出："在中国人民追求美好生活的过程中，每一位妇女都有人生出彩和梦想成真的机会。中国将更加积极贯彻男女平等基本国策，发挥妇女'半边天'作用，支持妇女建功立业、实现人生理想和梦想。"并宣布中国将向妇女署捐款1 000万美元，用于支持落实《北京宣言》和《北京行动纲领》，落实2015年后发展议程的相关目标。

二、把促进性别平等作为国家公共政策的重要目标

新中国成立后制定了一系列法律和制度，有效推动了教育的性别平等，尤其是

在 1995 年北京世界妇女大会召开以来的 20 多年，中国在公共政策中始终把缩小性别差距、促进男女平等作为重要的社会发展目标，女童和妇女的各项权益，尤其是受教育权利得到了有效保障。中国制定了一系列保障女性权益、促进性别平等的法律。《中华人民共和国宪法》《中华人民共和国妇女权益保障法》等法律对妇女在政治、经济、文化、家庭等各方面的权利做了明确规定，强调了保障女性的受教育权或者学习权的重要性。中国制定的《全民教育国家行动计划》提出了缩小性别差距的明确目标。其他与全民教育相关的计划或项目中也列入了缩小性别差距的目标、指标和措施。2009 年国务院颁布的《国家人权行动（2009—2010 年）》就少数民族、女性、儿童、老年人及残疾人的权利保障做出明确规定，承诺国家将促进妇女在各方面享有与男子平等的权利，保障妇女合法权益，进一步促进妇女在参与国家和社会事务管理、教育、健康、就业及获得经济资源等方面平等权利的实现。为促进妇女发展，中国政府每十年制定一个妇女发展纲要。与中国《全民教育国家行动计划》实施期重合的是《中国妇女发展纲要（2001—2010 年）》和《中国妇女发展纲要（2011—2020 年）》，后两者确定了到 2020 年保障妇女在健康、教育、经济、决策与管理、社会保障、环境、法律等 7 个领域平等权利的发展目标及策略措施，提出教育工作要全面贯彻性别平等原则，保障妇女平等享有受教育的权利和机会，受教育程度持续提高。《中国儿童发展纲要（2001—2010 年）》和《中国儿童发展纲要（2011—2020 年）》中也专门提及缩小儿童发展中的性别差异，强调在制定教育政策的过程中要切实保障女童受教育的权利，努力消除阻碍女童入学的障碍。2010 年发布的《国家中长期人才发展规划纲要（2010—2020 年）》也将性别平等观点纳入其中，强调女性人才发展的重要性，提出了使人才的性别结构趋于合理的目标。政府组织实施的一些公共培训项目也都明确规定女性应占一定比例。比如，"绿色证书工程""新型农民创业培植工程""阳光工程""星火科技培训专项行动"等培训项目中都明确提出女性至少占 40%。

三、不断完善法律法规，为男女平等接受教育提供法律政策制度保障

改革开放以来，《中华人民共和国义务教育法》《中华人民共和国未成年人保护法》《中华人民共和国妇女权益保障法》《中华人民共和国教育法》等陆续出台，明确提出了在普及九年制义务教育过程中保护女童受教育权利的目标，并对有关责任主体规定了明确的义务，为女童受教育权的实现提供了法律保障。

2000 年以来，全国人大及其常委会制定、修订的涉及儿童权益保护的法律和批

准的国际公约共 27 件，为消除性别不平等、保护儿童尤其是贫困和弱势儿童提供了法律保障。有关部门充分利用各种媒介，加大了妇女儿童权益保护的宣传力度，把儿童权益保护的法律法规列为全民法制宣传教育的重要内容。儿童的法律意识明显增强，依法保护自己合法权益的能力得到提高。法律和人权知识、性别平等意识等内容纳入了中小学法制教育，相关课程中增加了性别平等意识教育和行为培养的内容。

四、尊重女童特点，为女童接受平等教育提供有利条件

教育中的性别平等不仅要求入学机会平等，还要求学习过程、教育成绩和外部结果的平等。《达喀尔行动纲领》强调与学校有关的因素会制约平等的实现，并且呼吁学校成为安全、性别敏感的学习场所。从教育公平角度看，教育性别公平不仅包括男女童获得平等的受教育机会，各级教育入学率与其在总人口中所占比例大致相同，还包括教育过程中针对女童的教育环境。

1. 女性教师的比例是迈向性别平等的一项重要指标

女教师可以减轻家长对安全问题的担心，并帮助提高女童对教育的需求，在女童入学存在文化社会障碍的地区更是如此。与 2000 年相比，2017 年小学、初中、高中女教师比例分别提高了 16.59、13.04、16.97 个百分点。2015 年普通高等学校专任教师中女教师比例为 49.83%。学前教育专任教师中，女教师的比例最高，高于其他各级教育。2017 年，学前教育女教师比例为 97.79%，在 10 多年间，这一比例基本保持在 97% 左右。

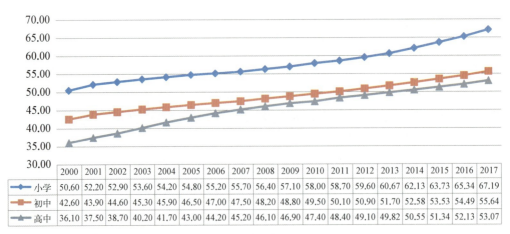

资料来源：中国教育统计年鉴（2000—2017）[M].北京：人民教育出版社，2000—2017.

图 11-3　中小学女教师所占比例（%）

2. 供水和卫生设施改进

《达喀尔纲领》强调,安全独立的女童卫生设施供给是提高女童出勤率和营造更加平等的校园环境的关键战略。推动卫生条件改进的关键在于认识的提高,青春期(特别是在月经期)少女对个人隐私的顾虑会影响她们的入学决定,也会成为学校出勤率的障碍。① 十几年来,虽然有关女童单独设施的范围以及这些设施运转维护情况的统计数据比较有限,但政府和学校确实通过各种途径改进了女童学习生活中的卫生设施。2010 年批准实施的国家标准《中小学校设计规范》要求:"教学用建筑每层均应分设男、女学生卫生间及男、女教师卫生间……当教学用建筑中每层学生少于 3 个班时,男、女生卫生间可隔层设置";"女生应至少为每 13 人设 1 个大便器或 1.20 m 长大便槽";"中小学校的卫生间应设前室。男、女生卫生间不得共用一个前室";"中小学校应采用水冲式卫生间"。考虑到如厕等待时间等原因,相关部门和学校在设计厕所时往往增加女生厕所厕位。

3. 上学距离缩短

女童的入学率和出勤率与上学的距离紧密相关,在某些情况下尤其如此。比如,内罗毕贫民窟的父母会担心女童到校和回家的安全问题。② 中国教育部分别于 2006 年、2009 年、2010 年印发文件,要求各地避免盲目撤并学校。2012 年,国务院办公厅印发了《关于规范农村义务教育学校布局调整的意见》,要求:"农村义务教育学校布局要保障学生就近上学的需要。农村小学 1 至 3 年级学生原则上不寄宿,就近走读上学;小学高年级学生以走读为主,确有需要的可以寄宿;初中学生根据实际可以走读或寄宿。原则上每个乡镇都应设置初中,人口相对集中的村寨要设置村小学或教学点,人口稀少、地处偏远、交通不便的地方应保留或设置教学点。各地要根据不同年龄段学生的体力特征、道路条件、自然环境等因素,合理确定学校服务半径,尽量缩短学生上下学路途时间。"

4. 开设专门以女性为教育对象的教育机构

女子院校包括女子中学、女子职业学校、女子中等专业学校、女子高等学校、女子职业学院以及男女混合学校中设立的女子学院和女生实验班,是面向女性开展职业技能培训或文化素质教育的机构。新中国成立后,我国开始将所有的女子教会学校收归国有。改革开放后,女子中学、院校经历了恢复、发展和稳定提高三个阶段。据不完全统计,我国现有女子中学 20 所,分布在全国 15 个省(自治区、直辖

---

① Adukia, A. Sanitation and Eudcation [R]. Cambridge, MA, Havvard University, 2014.
② Mudege, N. N., Zulu, E. M. and lzugbara, C. How insecurity impacts on school attendance and school drop out among urban slum children in Nairobi [J]. International Journal of Conflict and Violence. 2008(1): 98–122.

市)的中心城市,其中普通高中7所、完全中学9所、初中4所;大约有50多所女子中等职业技术学校;女子高等教育机构14所,在校生约3万人以上。①

五、实施女童、妇女教育项目

为更好地满足女性的学习需求,中国政府和非政府组织紧密配合,不断完善妇女教育培训体系,实施了一系列帮助和支持女童就学和女青年学习的计划或项目。针对女青年文盲相对较多的情况,各地组织编写了女性扫盲教材、扫盲后继续教育读物近1 000种;针对女青年开展生产技术、妇幼卫生、家庭教育和当家理财等内容的扫盲教育。全国妇联自1989年以来开展了"巾帼扫盲行动""双学双比"等妇女学习培训活动,许多女青年通过培训活动掌握了农业技术,获得了农业技术员职称和绿色证书。在促进女童就学和女青年学习方面产生重大影响的教育扶助项目还有中国青少年发展基金会实施的"希望工程"、中国儿童少年基金会实施的帮助女童就学的"春蕾计划"、中华慈善总会实施的旨在帮助贫困地区农村教师的"烛光工程"等。从1989年到2007年,"春蕾计划"项目已覆盖全国各省、自治区和直辖市,救助女童170多万人次,对40余万女童进行了实用技能培训。

在各级政府和全社会的共同努力下,中国女童和女青年教育取得了辉煌的成就。在《中国教育现代化2035》中,我们继续将性别平等作为一个核心概念在教育机构和社会的结构及实践中体现出来,要求在教育法规、政策和规划的制定、修订、执行、评估中增加性别视角,落实性别平等原则,通过多种形式,切实保障女童平等地接受各级各类教育、女青年受教育年限不断提升,提高女性的终身教育水平,鼓励更多女性参与高科技领域的学习和研究。毫无疑问,中国教育性别平等的水平将不断提高。

---

① 莫文秀. 妇女教育蓝皮书:中国妇女教育发展报告[M]. 北京:社会科学文献出版社,2008:19-28.

第十二章
重点支持少数民族教育

民族教育是我国教育事业的重要组成部分，是具有鲜明特色的一个教育体系。新中国成立70年来，政府通过建立少数民族人才培养长效机制以保障"人人有学上"，聚焦重点难点提高民族教育质量以迈向"人人上好学"，培养担当民族复兴大任的时代新人以致力于"人人能成才"，借助一系列优惠倾斜政策的实施，推动民族教育从无到有、从"扩面"到"提质"，逐渐实现由基本教育普及向优质人才培养的转变。民族教育的教育起点公平得以保障，教育过程公平稳步推进，正在实现教育结果公平的道路上大踏步前进。

"这些年，学校变化太大了。我刚参加工作时，教学楼已经非常老旧，现在一栋栋气派的标准化教学楼拔地而起，教室宽敞明亮。以前上课就靠粉笔、黑板，现在每个教室配备了投影仪、电子白板，用上了现代化的多媒体教学设备，教学效果也明显提高了。"谈起这些年学校的变化，2006年大学毕业就到贡山一中任教的张晓艳老师深有感触地说。"我们学校实验室建设得非常好，实验设备比较完善，可以开展各种各样的实验活动。"贡山一中八年级学生杨雅琦对能够在标准化的实验室里进行实验操作感到非常自豪。

贡山一中的变化正是云南省怒江州各公办学校办学条件不断改善的缩影。怒江州抓住国家实施的贫困地区义务教育工程、农村义务教育薄弱学校改造计划、中小学校舍安全工程、寄宿制学校建设工程、危房改造工程、教育对口帮扶等契机，扎实推进标准化学校建设，新建、改扩建了一批校舍、运动场地，为学校新建、改建了各学科实验室，配置了相应的实验设备、教学仪器。过去低矮、破旧的校舍被窗明几净的现代建筑所代替，校舍成为最醒目、最漂亮的建筑物。[①]

我国是统一的多民族国家。民族教育是我国教育事业的重要组成部分，是符合我国国情的、具有鲜明特色的教育体系。新中国成立以来，党中央、国务院高度重视民族教育事业发展。70年来，民族教育经历了从无到有、从"扩面"到"提质"的发展过程，逐渐实现由"人人有学上"向"人人上好学"、由基本教育普及向优质人才培养的转变。这一历程就是中国教育公平逐步实现的最有力的例证。

我国民族教育的涉及面广、战线长，受自然条件、经济社会发展、民族历史文化等因素制约，发展起步晚、底子薄、差异大，在追寻公平之路上，呈现出三个鲜明的特征：一是保障平等的受教育权利，受教育者不分民族、性别、地域，人人均有机会享有基本的受教育权，努力实现教育起点公平；二是推动教育均衡发展，逐渐扩大优质教育资源的覆盖面，缩小教育发展的区域差距、城乡差距、校际差距、群体差距，追求教育过程公平；三是通过实施优惠倾斜政策，大力提升少数民族和民族地区教育发展水平，在实现教育结果公平的道路上大踏步前进。

[①] 祝林华，陈金勇. 从"有学上"到"上好学"——改革开放四十周年怒江教育发展综述[EB/OL]. 2018-09-19 [2019-07-12]. http://www.nj.yn.gov.cn/nj/72340168526266368/20180919/315063.html.

第一节　建立少数民族人才培养长效机制

教育发展成果更公平地惠及各族人民,切实保障各族人民基本的受教育权利,让每一个孩子都有学上,是大力促进教育公平的题中之义。新中国成立以来,经过70年的发展,我国形成了从学前教育到高等教育的少数民族人才培养体系。少数民族接受教育的人数不断增加,少数民族学生在各级各类教育中所占比例不断攀升。截至2017年,全国各级各类学校有少数民族在校学生2 910.64万人,占全国在校学生总数的10.73%,比少数民族人口占全国总人口的比例高出2个百分点。

一、设立民族教育专门工作机构

新中国成立初期,根据我国多民族国家的国情和急需发展少数民族教育的需要,国家建立了少数民族教育专门机构。1951年9月,第一次全国民族教育会议修正通过了《关于加强少数民族教育工作的指示》《关于建立少数民族教育行政机构的决定》《培养少数民族师资试行方案》《少数民族学生待遇暂行办法》等4个文件草案,提出由中央人民政府教育部和有关的各级人民政府教育行政部门建立少数民族教育机构或指定专人负责,管理少数民族教育工作。[①]

1952年4月,政务院印发《关于建立民族教育行政机构的决定》,要求教育部增设民族教育司,各大行政区人民政府教育部(文教部)增设民族教育处(科)或在有关处(科)内设专职人员。各省、市、专署、县人民政府教育厅、局、处、科根据该地区少数民族人口的多少,分别增设适当的行政机构或专职人员。

1955年4月,教育部印发《全国民族教育行政领导问题的意见》,要求完善民族教育行政机构的建设并明确了民族教育行政机构的工作范围。

按照中央要求,各级民族教育工作专门机构成立,工作机制逐步形成,使民族教育公平发展获得了强有力的组织力量与制度保障,极大地增强了民族教育发展的系统性,使"人人有学上"成为有组织、有计划、有方法、有成效的政府履职过程。

[①] 第一至五次全国民族教育工作会议[EB/OL]. 2018-07-25[2019-05-31]. http://www.qhsmzw.gov.cn/jjwhjy/jy/6d095e4c_e582_4b43_9cd2_508dada74d0e.aspx.

二、完善民族教育经费保障机制

在一般性教育经费投入机制之外,建立完善民族教育专项经费投入机制,多渠道增加民族教育投入。1951年9月,第一次全国民族教育会议召开,强调各地人民政府除按一般标准拨给少数民族地区教育经费外,应另拨专款,帮助解决少数民族学校在设备、教师待遇、学生生活等方面的特殊困难。从1951年起,中央财政专门设置少数民族发展教育补助费,且逐年都有增加,1951年为151.2万元,到1955年达到10 819.9万元。[①]1953年3月,教育部印发《关于少数民族教育补助费使用范围的指示》,指出:少数民族各级各类学校经费与一般学校一样均包括于一般教育事业费之内;国家在一般教育事业费之外特设民族教育补助费,用以补助一般教育事业费之不足以支持民族教育事业发展,不得以有此项"专款"而取消或减少其在一般教育事业费这一项下应有的份额。1956年,国务院印发《关于少数民族教育事业经费问题的指示》,强调各地每年必须保证一定数额的少数民族教育补助费,民族地区的小学基本上仍以公办为主,偏远农村地区和经济发展比较困难的地区,学校应该免除学生的学杂费,对于原来实行收费的地区也应扩大减免名额。

改革开放后,国家设立民族教育专项资金,不断加大对民族地区教育的投入。1981年2月,第三次全国民族教育会议明确提出,国家预算中列有支援经济不发达地区发展的资金,还有少数民族地区事业补助费、边境地区事业补助费和基建补助费,应在这些经费中都拿出一部分用于民族教育。[②]1984年10月,《中华人民共和国民族区域自治法》颁布实施,强调民族自治地方的自治机关可以为少数民族牧区和经济困难、居住分散的少数民族山区设立以寄宿为主和助学金为主的公办民族小学和民族中学。1986年7月,《中华人民共和国义务教育法》颁布实施,规定国家对经济困难地区实施义务教育的经费予以补助。国家在师资、财政等方面,帮助少数民族地区实施义务教育。1995年9月,《中华人民共和国教育法》颁布实施,规定国家根据各少数民族的特点和需要,帮助各少数民族地区发展教育事业。国家扶持边远贫困地区发展教育事业。国务院及县级以上地方各级人民政府应当设立教育专项资金,重点扶持边远贫困地区、少数民族地区实施义务教育。

---

① 腾星,王铁志.民族教育理论与政策研究[M].北京:民族出版社,2009:184.
② 第一至五次全国民族教育工作会议[EB/OL].2018-07-25[2019-05-31].http://www.qhsmzw.gov.cn/jjwhjy/jy/6d095e4c_e582_4b43_9cd2_508dada74d0e.aspx.

西藏自治区浪卡子县普玛江塘完全小学是世界上海拔最高的小学之一。(中国教育报刊社　张学军/摄)

党的十八大后,中央财政整合原有民族教育专项资金,设立"新疆西藏等少数民族地区教育特殊补助专项资金",主要用于支持新疆、西藏、四省藏区等少数民族地区的学前教育普及、专任教师培训、普通高中和职业教育改革发展。在一般性教育经费的基础上,专项经费进一步保障民族教育稳步实现"两基",扎实推进脱贫攻坚,逐步迈向均衡发展。

三、支持边疆民族地区教育发展

2011年和2017年,国务院办公厅先后印发《兴边富民行动规划(2011—2015年)》《兴边富民行动"十三五"规划》,对发展边境地区教育事业做了部署,强调优先发展边境地区教育事业,中央教育转移支付资金向边境地区倾斜。中央财政根据地区差异、财力状况、教育事业发展等实际情况,并将贫困人口数、贫困发生率等作为教育转移支付资金分配的重要因素,引导中央教育转移支付资金每年向边境地区倾斜。民族教育公平的覆盖面进一步扩大。

中央财政设立支持学前教育发展资金,重点向边境地区倾斜,重点支持新建、改扩建公办幼儿园,依托小学增设附属幼儿园,资助家庭经济困难幼儿入园等。统筹推进县域内城乡义务教育一体化改革发展,组织实施全面改善义务教育薄弱学校基本办学条件项目和教育现代化推进工程等政策向边境地区倾斜,重点改善义务教育学校办学条件,特别是推进乡村小规模学校和乡镇寄宿制学校建设,保障守土固边家庭的学龄儿童就近上学。实施普通高中改造计划项目和教育基础薄弱县普通高中建设项目,向边境民族地区倾斜安排,改善普通高中学校办学条件。边境地区除新疆和兵团外均已建立普通高中生均拨款制度。实施中西部高等教育振兴行动计划,推进边境地区高等教育内涵式发展,支持边境地区高校入选"中西部高校基础能力建设工程",支持云南大学、新疆大学等民族地区高校入选一流大学建设高校,支持民族地区高校入选一流学科建设高校。

四、实施人口较少民族教育优惠政策

人口较少民族作为中华民族大家庭成员,保障其受教育权是教育公平的有机组成部分。党中央、国务院高度重视人口较少民族受教育问题。2001年国家民委向国务院呈报《关于建议把22个人口较少民族发展问题列入国家"十五"计划的意见》,把总人口在10万以下的22个民族统称为人口较少民族。国务院办公厅在《关于扶持人口较少民族发展问题的复函》中明确提出:解决基本的人口素质教育问题,请教育部、财政部、国家计委在分配"中小学危房改造工程"中央专款时,对人口较少民族地区予以重点倾斜;在实施第二期"国家贫困地区义务教育工程"的过程中,对人口较少民族地区予以特殊照顾,重点解决"普九"、兴建寄宿制学校、免费提供中小学生课本和中小学校骨干教师培训的问题;在安排贫困学生助学金专款时,应拿出一部分用于资助人口较少民族家庭困难的学生。

2016年,国务院印发《"十三五"促进民族地区和人口较少民族发展规划》,把总人口在30万人以下的28个民族统称为人口较少民族,人口合计189万。强调脱贫攻坚以民族自治地方、边境地区、人口较少民族地区的贫困地区为主战场,加快解决少数民族和民族地区发展瓶颈,稳定实现农村贫困人口不愁吃、不愁穿,义务教育、基本医疗和住房安全有保障,现行标准下农村贫困人口全部脱贫,贫困县全部"摘帽",解决区域性整体贫困,确保少数民族和民族地区与全国同步进入全面小康社会。强调提高公共服务水平,继续安排人口较少民族农村义务教育阶段寄宿生生活费补助。少数民族预科班、高校民族班招生对人口较少民族适当倾斜。开展

国家通用语言文字教育和扫盲，全面推广和普及国家通用语言文字。开发人口较少民族优秀传统文化特色课程，纳入当地中小学的教育教学活动。

中央财政安排专项资金，支持新疆、西藏、云南等地在家庭经济困难寄宿生补助政策基础上，实施人口较少民族农村义务教育阶段寄宿制学生生活费补助政策。支持人口较少民族享受高考加分优惠政策，内地民族班招生计划、少数民族高层次骨干计划等招生专项向人口较少民族倾斜，增加少数民族学生考入大学的机会，让更多的人口较少民族学生接受优质的高等教育。目前，包括所有人口较少民族在内的55个少数民族都有了自己的博士研究生。

五、增强教育对口支援实效

对口支援是实现在全国范围内资源互补与整合的有效方式，充分体现社会主义制度的优越性。教育援建项目、人才对口支援、职业教育专项对口支援等可为民族地区教育发展输入先进教育理念、丰富教育资源及充足教育经费。教育对口支援是民族地区实现共同发展的模式，是实现民族教育过程公平的有效路径。

1979年，中央确定我国东部经济发达地区对西部欠发达地区进行对口支援和对口帮扶，对口支援主要集中在西藏、新疆和三峡移民地区，对口帮扶涉及中西部10个省份，由此正式拉开我国对口支援帮扶的序幕。1996年，国务院在《关于组织经济较发达地区与经济欠发达地区开展扶贫协作报告》中正式部署关于东部9个省市和4个计划单列市对口帮扶西部10个省份的安排。2008年"5·12"特大地震后，中央确定18个省市以"一省帮一重灾县"的制度分别对口支援四川、甘肃、陕西严重受灾的县市。借鉴此模式，新疆维吾尔自治区的80余个县获得来自19个省市的对口支援。对口支援的内容涉及经济援助、医疗援助、人才援助、教育援助等多方面。对口支援省市认真落实教育项目，为民族地区教育基本办学条件的改善带来资金支持，奠定教育公平发展的坚实基础。"十二五"期间实施了援疆教育项目528个、援藏项目148个、援青项目86个，共投入资金117亿元。教育对口支援成为推进民族教育发展的一支重要力量。在教育基础设施建设、教师培养培训、教育人才支持和交往交流交融等方面提高了民族地区教育发展水平。

国家大力推进人才对口支援工作，为民族地区教育公平发展提供智力支持。2016年，实施"组团式"教育人才援藏工作，从其他地区选派中小学教师进藏支教，从西藏选派教师到内地培训；推动"团队式"对口支援西藏医疗人才工作；推进援疆省市优质学校对口帮扶新疆中小学校，千余所学校开展"千校手拉手"活动；深入推进职业教育对口支援，为民族地区教育服务产业能力的提升注入强大动力，明确17个东中部职教集团、33所民办本科学校重点对口支援西藏和四省藏区17个地州的中职学校，援疆省市124所职业学校实现南疆职业学校对口支援全覆盖，通过"托管式"、团队支持等多种形式，协调推进南疆职业教育内涵发展；深化对口支援西部地区高等学校工作，2001年教育部印发《关于实施"对口支援西部地区高等学校计划"的通知》，实施东中部高校对口支援中西部民族地区高校政策，目前已有北京大学等27所高校"团队式"对口支援西藏大学等6所西藏高校，40所教育部直属高校对口支援新疆大学等11所新疆高校。①

第二节　聚焦重点难点提高民族教育质量

"十二五"以来尤其是党的十八大以来，是我国民族教育投入最多、成效最显著的时期，也是民族地区基本公共教育服务均等化加速推进的阶段。在这一时期，随着民族教育覆盖面、各级各类教育办学规模的有序扩大，我国民族教育逐步实现了"人人有学上"，教育公平站在全新的起点上。民族教育公平逐渐转变为扩大优质教育资源，提升教育质量，由"扩面"转向"提质"，不断向教育过程公平纵深推进，着力推进"人人上好学"。民族教育公平坚持两点论与重点论，在整体推进教育普及、各级各类教育基本保障完善的基础上，坚持问题导向，聚焦重点难点，不断突破制约民族教育质量提升的瓶颈。

一、科学稳妥地推行双语教育

新中国成立以来，我国坚持民族平等政策，既坚定不移地推行国家通用语言文字教育，又尊重和保障少数民族使用本民族语言文字接受教育的权利。

1951年，第一次全国民族教育会议指出，有现行通用文字的民族，小学、中学用本民族语言教学，少数民族的各级学校得按当地少数民族的需要和意愿设汉文课。1953年，教育部在《关于兄弟民族应用何种语言教学的意见》中指出，少数民族学校应使用本民族语言教学。但有本民族通用语言而无文字或文字不完备的民

---

① 毛力提·满苏尔.40年：民族教育变化翻天覆地［J］.中国民族教育，2018（11）：18-21.

族，在创立出通用文字之前，可暂时采用汉语言或本民族所习用的语言进行教学。1984年10月，《中华人民共和国民族区域自治法》颁布实施，规定招收少数民族学生为主的学校，有条件的应当采用少数民族文字的课本，并用少数民族语言讲课，小学高年级或者中学设汉文课程，推广全国通用的普通话。1986年7月，《中华人民共和国义务教育法》颁布实施，规定学校应当推广使用全国通用的普通话，招收少数民族学生为主的学校可以用少数民族通用的语言文字教学。1995年9月，《中华人民共和国教育法》颁布实施，强调汉语言文字为学校及其他教育机构的基本教学语言文字，少数民族学生为主的学校及其他教育机构可以使用本民族或者当地民族通用的语言文字进行教学，学校及其他教育机构进行教学，应当使用全国通用的普通话和规范字。2001年1月，《中华人民共和国国家通用语言文字法》颁布实施，规定国家通用语言文字是普通话和规范汉字，公民有学习和使用国家通用语言文字的权利，国家为公民学习和使用国家通用语言文字提供条件，支持使用国家通用语言文字的教学和科学研究。

党的十八大以来，国家进一步明确科学稳妥地推行双语教育的政策。2015年，国务院印发了《关于加快发展民族教育的决定》，提出要依据法律、遵循规律、结合实际，坚定不移地推行国家通用语言文字教育，确保少数民族学生能够基本掌握和使用国家通用语言文字，少数民族高校毕业生能够熟练掌握和使用国家通用语言文字。尊重和保障少数民族使用本民族语言文字接受教育的权利，不断提高少数民族语言文字教学水平。强调在国家通用语言文字教育基础薄弱地区，以民汉双语兼通为基本目标，建立健全从学前到中小学各阶段有效衔接，教学模式与学生学习能力相适应，师资队伍、教学资源满足需要的双语教学体系。

按照依据法律、遵循规律、因地制宜、科学稳妥的原则，我国坚定不移地推行国家通用语言文字教育，尊重和保障少数民族使用本民族语言文字接受教育的权利，基本建立起从学前到大学阶段的双语教育体系。我国通过中央财政划拨少数民族双语教学专项经费，对双语教师培养培训、教学研究、双语教学资源建设、教材开发和出版给予支持，设立少数民族汉语水平等级考试（MHK）等措施支持少数民族学生学习国家通用语言文字，加大对民族文字教材的编审力度，建立双语教育质量监测机制。目前，全国从学前到普通高中阶段，有1.2万所学校使用21个民族的27种文字开展双语教学，实施双语教育的班级有10万余个，接受双语教育的学生有410万人，双语教师有23.5万人。①

---

① 丁文楼. 新时代党的民族双语教育政策的核心理念［N］. 中国民族报，2018-09-28.

二、提升内地民族班办学水平

开办内地民族班是中国推动民族教育发展的一大创举,是实现教育过程公平的有效尝试。少数民族学生通过到内地学校学习、生活,实现内地优质教育资源与民族地区共享,全面提升少数民族学生的文化适应能力、思想认识水平、科学文化素养。新中国成立以来,国家先后举办了内地西藏初中班、高中班、中职班,内地新疆高中班、中职班,高校民族预科班,少数民族高层次骨干计划等,2010年以来,累计招收培养少数民族学生70余万人。

内地西藏初中班创办于1985年,江苏、上海等17个条件较好的省市每年招收1 300名西藏小学毕业生到内地学习,截至2017年已累计下达招生计划5.13万人,毕业4.62万人。内地西藏高中班创办于1989年,截至2017年已累计下达招生计划4.47万人,毕业3.36万人。目前,全国共有20个省市的66所高中举办内地西藏班。自2010年开始,天津、河北等12个东中部较发达省市的国家重点中等职业学校举办内地西藏中职班,年招生计划3 000人;2014年起,从内地西藏中职班招生计划中调出1 000个名额计划招收青海藏区学生,享受和西藏生源同等政策。2017年,全国共有14个省市的47所学校举办内地西藏中职班,在校学生4 602人。内地新疆高中班自2000年举办以来,招生规模由1 000人扩大到2017年的9 880人,累计招收18届共10万余人,在校生规模达3.66万人,分布在全国14个省市93所办班学校。2017年,在校生为36 470人。内地新疆中职班举办于2011年,天津、辽宁等9个东中部省市的国家重点中等职业学校举办内地新疆中职班,年招生计划3 300人。2017年,全国共有9个省市的31所学校举办内地新疆中职班,在校学生9 808人。高校少数民族预科班创建于20世纪50年代,当时主要由民族院校培养少数民族干部。目前,高校预科班年招生规模稳定在5万人左右。从2014年起,进一步优化预科培养学校整体布局,逐步增加部属高校自主培养预科学生的比例。2018年,部属高校预科班全部实行自主培养。[1]

从内地民族班的举办过程可看出,共享优质教育资源、实现人人上好学是一个逐渐"扩面""提质"的过程。办班类型逐渐丰富、办班规模逐步扩大,由普通教育到职业教育,由初中、高中到高校,越来越多的少数民族学生能够实现与内地学生共享优质教育资源,教育过程公平在不断推进。

---

[1] 中西部百万乡村教师生活补助提高,最高每月补助2 000元[N].人民日报,2019-02-26.

三、提高师资队伍整体质量

在民族地区初步实现基本教育条件保障完善的基础上,教师队伍数量不足、结构不合理、专业水平较低成为教育公平的关注点。

国家始终采取扶持政策,增强民族地区教师职业吸引力,以保证教师队伍的稳定性。例如,1984 年发布的《中华人民共和国民族区域自治法》规定,根据民族自治地方的需要,采取多种形式调派适当数量的教师,参加民族自治地方的工作,对他们的生活待遇给予适当照顾。1993 年发布的《中华人民共和国教师法》规定,各级人民政府应当采取措施,为少数民族地区和边远贫困地区培养、培训教师。地方各级人民政府对教师以及具有中专以上学历的毕业生到少数民族地区和边远贫困地区从事教育教学工作的,应当予以补贴。可见,上述教育法律及政策确立了民族地区教师队伍优先保障、重点扶持的价值导向。

抓住教师职前培养这一源头性环节,增强民族地区教师队伍培养的扶持力度,为民族地区教育公平提供坚实的人力资源支持。新中国成立以来,国家通过实施师范生公费教育政策、"特岗教师计划"、乡村教师支持计划、乡村教师定向培养计划等项目,向民族地区倾斜,明显提高了少数民族和民族地区教师队伍整体质量。其中,实施"特岗教师计划",2006 年以来,累计招聘特岗教师 75.4 万人,2018 年招聘 8.5 万人,覆盖中西部 1 000 多个县、3 万多所农村学校;推进师范生公费教育,累计培养 33.5 万名高校毕业生到乡村任教,2018 年有 4.5 万人;启动实施援藏援疆万名教师支教计划,2018 年首批向西藏、新疆援派教师 4 000 人。

在抓好教师入口的同时实施"国培计划"、职业学校教师素质提高计划等各类教师培训计划,通过丰富的职后培养,提升民族地区教师队伍的专业技能。国家安排资金,专门支持少数民族双语骨干师资培训,有效提升民族地区双语教师的国家通用语言文字应用能力和专业教学能力。每年培训民族地区教师几十万人次。2012 年,《国务院关于加强教师队伍建设的意见》出台,强调民族地区教师队伍建设要以提高政治素质和业务能力为重点,加强中小学和幼儿园双语教师培养培训,加快培养一批边疆民族地区紧缺教师人才,加大民族地区双语教师和音乐、体育、美术等师资紧缺学科的教师培训,依托现有资源,加强民族地区教师培养培训基地建设,各类培训每年培训民族地区教师 50 万人次。

聚焦民族地区教育薄弱环节,国家加大对乡村教师队伍建设力度,着力破解乡村教师"招不来、下不去、留不住"等难题。2012 年,教育部等五部门颁布了《边远贫困地区、边疆民族地区和革命老区人才支持计划教师专项计划实施方案》,实施"三区"人才支持计划教师专项计划,由中央财政安排专项工作经费支持教师到"三区"支教。2018年将"三区三州"纳入政策实施范围,选派2.4万名优秀教师赴边远贫困地区、边疆民族地区和革命老区支教。2013年,教育部、财政部印发《关于落实2013年中央1号文件要求对在连片特困地区工作的乡村教师给予生活补助的通知》,实施乡村教师生活补助政策。到2018年,中央拨付奖补资金45.10亿元,中西部22个省份725个集中连片特困地区县中有724个县实施了乡村教师生活补助政策,覆盖8.21万所乡村学校,受益教师127.21万人。其中,包括189个"三区三州"深度贫困县和143个"三区三州"以外的深度贫困县,受益教师分别为18.79万人和31.83万人。[1] 启动实施银铃讲学计划,2018年招募1800名退休优秀教师到中西部乡村支教。实施乡村优秀青年教师培养奖励计划,2018年起每年遴选300人,每人奖励1万元,连续实施5年。中央为在乡村学校从教30年的在岗和离退休教师颁发荣誉证书,截至2018年,已发放410多万册。[2]

2018年,《中共中央国务院关于全面深化新时代教师队伍建设改革的意见》出台,对新时代教师队伍建设提出了明确要求,特别强调加强紧缺薄弱学科教师、民族地区双语教师培养,为民族地区教师队伍建设指明了方向,提供了政策保障,教师队伍建设的长效机制正不断完善。

四、深入推进教育精准扶贫脱贫

教育精准扶贫是代际教育公平理念的重要体现,首先强调通过软硬件水平的倾斜扶持,对当下教育欠发达地区教育经费进行补偿,同时重视对长远摆脱贫困内生动力的培育,使贫困地区群众通过受教育改变命运,阻断贫困的代际传递。

1984年,中共中央、国务院发布的《关于帮助贫困地区尽快改变面貌的通知》中明确提出,扶贫应"集中力量解决十几个连片贫困地区的问题","重视贫困地区的教育,增加智力投资。有计划地发展和普及初等教育,重点发展农业职业教育,加速培养适应山区开发的各种人才"。1994年,国务院发布《国家八七扶贫攻坚计划(1994—2000年)》,将"老、少、边、贫"等贫困地区作为扶贫对象,强调要积极推进贫困地区农村的教育改革,普及初等教育,做好农村青壮年的扫盲工作,加

---

[1] 教育部办公厅关于2018年乡村教师生活补助实施情况通报[EB/OL].中华人民共和国教育部政府门户网站,2019-03-26[2019-08-04] http://www.moe.gov.cn/srcsite/A10/s7030/201904/t20190404_376664.html.
[2] 中西部百万乡村教师生活补助提高,最高每月2000元[N].人民日报,2019-02-26.

强成人教育和职业教育。2004年,国务院印发《关于进一步推进西部大开发的若干意见》,强调要把优先发展教育作为基础性、战略性任务来抓,要完善教育经费保障机制,支持中小学建设的中央财政专项资金继续向西部地区倾斜。党的十八大正式提出教育扶贫脱贫。2015年10月,习近平总书记在减贫与发展高层论坛上首次提出"五个一批"的脱贫措施,其中"发展教育脱贫一批"就是要治贫先治愚、扶贫先扶智,国家教育经费要继续向贫困地区倾斜、向基础教育倾斜,帮助贫困地区改善办学条件。2015年11月,中共中央、国务院印发《关于打赢脱贫攻坚战的决定》,明确将保障义务教育作为到2020年稳定实现"两不愁三保障"的目标之一。2016年,教育部等六部门印发了《教育脱贫攻坚"十三五"规划》,对教育脱贫攻坚做出了明确规划。2018年,教育部、国务院扶贫办、财政部先后印发了《深度贫困地区教育脱贫攻坚实施方案(2018—2020年)》《关于进一步加强财政投入管理深入推进"三区三州"教育脱贫攻坚的指导意见》,全面部署深度贫困地区教育脱贫攻坚工作,明确了目标和任务。

民族地区是脱贫攻坚的主战场,"三区三州"深度贫困地区是脱贫攻坚最难啃的硬骨头。全国14个集中连片特困地区中有11个分布在民族地区,"三区三州"深度贫困地区全部分布在民族地区,这些地方贫困程度深、贫困范围广、贫困人口多。深度贫困地区教育财政自给率低,内生发展实力较弱,教育质量与全国平均水平仍有较大差距。为推动民族地区教育发展,中央财政每年划拨专项经费,2018—2020年中央财政安排新增资金70亿元,专项用于"三区三州"教育脱贫攻坚工作,重点保障义务教育阶段,支持学前幼儿园建设、寄宿制学校建设、双语教师培训等。①

五、加快推进民族教育现代化

民族教育公平向纵深发展,需要破解制约教育公平发展的制度性障碍,形成以公平为导向的工作体制机制,释放制度活力。2002年7月,第五次全国民族教育工作会议召开。会议强调从促进经济与社会发展、巩固民族团结、维护国家统一的全局出发,大力推进民族教育事业改革与发展,促进各民族团结进步与共同繁荣。会议要求:民族教育必须率先实现跨越式发展;要在思路、改革、投入和政策措施上有新的突破;大力推进民族教育改革与发展,抓好学习、抓好落实、抓好总结、抓好调研;该特殊的一定要特殊,该扶持的一定要扶持,不能"一刀切",不能一般

---

① 国家民委关于政协十三届全国委员会第一次会议第1568号(统战政协类050号)提案答复的函[EB/OL]. 国家民委门户网, 2018-07-16 [2019-07-12]. http://rss.seac.gov.cn/seac/xxgk/201902/1132571.shtml.

化。会后，国务院下发了《国务院关于深化改革加快发展民族教育的决定》，这是新中国成立以来国务院下发的第一个全面指导民族教育工作的文件。

在民族教育综合改革中，坚持问题导向，立足于民族地区教育发展现实状况与特点，以促进社会公平、服务改善民生、增进人民福祉为出发点，以体制机制创新为突破口，不断推进民族教育现代化发展水平。确保教育优先发展的战略地位，健全目标任务落地政府主导推进体系。明确中央和地方教育管理权限，各负其责、充分履责，加大特殊政策倾斜。加强顶层设计与制度创新，系统解决民族教育发展中的特殊问题与特殊困难。建立顶层推进框架与统筹协调机制，建立跨界教育治理联动机制，形成社会全方位参与、支持、服务教育事业的发展思路和发展氛围。建立教育部门、民政部门、财政部分、人事部门、社会保障部门等横向组织与从中央到地方的纵向组织统筹协调、分工合作的管理机制。

教育信息化是发挥技术手段优势、实现民族地区共享优质教育资源的快捷通道，是突破空间限制，使少数民族学生与汉族学生共同学习成长的"捷径"。国家通过不断提升教育信息化软硬件水平，促进教育过程公平。国家推进宽带网络"校校通"发展，充分发挥政府、企业、学校的作用，将学校网络教学环境建设纳入"全面改善贫困地区义务教育薄弱学校基本办学条件"重点任务。目前，民族地区13个省份的中小学（除教学点外）实现网络接入的比例为88%，其中实现10M宽带接入学校的比例为71.3%，81%的学校已建有多媒体教室，数量达到88万间，占教室总数的78%，其中52.8%的学校实现多媒体教室全覆盖。[①] 在此基础上，优质资源"班班通"不断普及深化，数字教育资源可通过互联网、卫星两种途径向全国教学点播发。如"一师一优课、一课一名师"活动，民族地区13个省份共有137万名教师参与。同时，网络学习空间"人人通"跨越式发展，国家指导各地推进网络学习空间的建设与应用。目前，民族地区13个省份中已有22%的学校开通了空间，应用范围已从职业教育扩展到基础教育和高等教育领域。

第三节　培养担当民族复兴大任的时代新人

提高人才培养质量始终是教育事业的不懈追求，也是追求更高水平教育公平的必然要求。

---

① 毛力提·苏满尔.40年：民族教育变化翻天覆地［J］.中国民族教育，2018（11）：18—21.

一、打牢各族师生中华民族共同体思想基础

铸牢中华民族共同体意识，将个人命运与国家命运紧密相连，是中华民族伟大复兴的中国梦实现的重要力量。民族团结进步教育是面向全国全体教育对象的重要教育内容。学校民族团结进步教育能够在民族地区形成较为完善的课程体系和制度化的常态化机制，能够在各级各类学校形成课程与实践活动相结合、形式丰富多样的局面已经形成。

明确民族团结教育的基本内容。1981年6月27日，中央政治局、书记处下发《关于建国以来党的若干历史问题的决议》，对改善和发展社会主义的民族教育问题以及加强民族团结等问题做了一系列决定。1987年，原国家教委印发《关于在各级学校注意进行党的民族政策和加强民族团结教育的通知》，提出要在各级学校学生中经常地、主动地进行关于党的民族政策和加强民族团结的正面教育。1991年，原国家教委在印发的《关于在学校师生中进行反对达赖集团分裂活动、加强民族团结教育的通知》中明确表示，在对师生进行反对达赖集团分裂活动的教育中，要充分发挥学校党组织的政治领导作用和党员的先锋模范作用。1999年，教育部办公厅、国家民委办公厅下发了《关于在全国中小学开展民族团结教育活动的通知》，明确提出各级教育部门要"把民族团结教育列入爱国主义教育的重要内容，加强领导，统筹规划，认真组织实施"。2004年6月，教育部办公厅、国家民委办公厅印发《关于在中小学进一步大力推进民族团结教育工作》的通知，要求切实将民族团结教育相关内容列入地方课程。2008年3月，教育部办公厅、国家民委办公厅在印发的《关于在中小学切实抓好民族团结教育工作的通知》中提出，把中小学民族团结教育工作放在重要位置。同年11月26日，教育部办公厅、国家民委办公厅印发《学校民族团结教育指导纲要（试行）》，提出：树立民族团结意识；树立马克思主义民族观；进一步认识党和国家的民族政策的优越性；培养贯彻执行党和国家民族政策的基本素质和能力。2015年，国务院印发《关于加快发展民族教育的决定》，召开第六次全国民族教育工作会议，再次强调打牢各族师生中华民族共同体思想基础，积极培育和践行社会主义核心价值观，建立民族团结教育常态化机制。2017年，党的十九大报告明确提出"全面贯彻党的民族政策，深化民族团结进步教育，铸牢中华民族共同体意识，加强各民族交往交流交融"，这为开展民族团结进步教育工作提供了根本遵循。[①]

[①] 陈立鹏，任玉丹.改革开放40年来我国民族教育重大政策梳理[J].中国民族教育，2018（11）：22-27.

民族团结教育机制不断得到完善。新中国建立 70 年来，坚持不懈开展爱国主义教育和民族团结教育，坚持爱国和爱党、爱社会主义相统一，创新型形式、丰富载体，把爱国主义教育和民族团结教育有机融入教育教学各环节，贯穿国民教育全过程。坚持开展"民族团结教育月"、"民族团结教育周"、各族学生"心连心""手拉手"、"中国梦·我的梦"、"歌声飞·感党恩"、"知党恩·爱祖国·爱家乡——民族团结一家亲"等主题教育活动及体育、文艺联谊活动。通过一系列教育活动，不断创新教育形式，注重教育实效性，不断增强各族师生"五个认同""三个离不开"思想意识，各族学生交往交流交融更加密切，民族团结进步教育取得了明显成效，少数民族学生的心理健康、思想认识水平都有明显的提高。

传承建设各民族共享的中华文化与民族团结进步教育密切相关。中华文化是各民族文化的集大成者，应积极教育引导各族学生正确看待中华民族多元一体格局，增进中华民族文化的认同，开展中华文化教育活动，把中华优秀传统文化融入中小学教材和课堂教学活动，建设各民族共有精神家园。各地中小学校开展参观中华文明文化遗址、中华经典诵读等形式多样的主题活动，加强优秀传统文化教育。同时，开展民族传统文化教育，推动民族民间文化进校园，以民族歌舞、民族体育等令人喜闻乐见的内容，依托校外活动场所开展民族艺术教育传承活动，开设具有地方特色的少数民族文化教育实践活动。蒙古族的马头琴、长调，布依族、苗族的蜡染，水族的马尾绣，侗族的大歌，朝鲜族的礼仪等均已进入校园课程。

二、加强少数民族高端人才培养

民族院校及民族地区高校的举办反映出国家对民族高等教育的重视。民族教育公平逐渐从普及初等、中等教育阶段向提升高等教育质量阶段迈进，国家越来越重视民族地区高等教育覆盖面的扩大与办学质量的提高，越来越重视高层次、高水平人才培养能力的提高。新中国成立后，党和国家为了发展民族地区的文化事业，兴办了一批有特色的民族学院。举办民族院校是中国共产党解决国内民族问题和发展民族教育事业的一项创举。从 1941 年延安民族学院的诞生开始，民族院校发挥出为中国革命的胜利做人才准备、新中国成立后培养少数民族干部及少数民族高水平人才的作用。延安民族学院的建立为新中国民族高等教育的发展积累了宝贵经验，提供了成功范例。1950 年 8 月，中央人民政府批准《培养少数民族干部试行方案》和《筹办中央民族学院试行方案》，并确定了民族学院的任务是以培养少数民族政治、经济、文化建设的高级和中级干部为主的方针。在毛泽东、周恩来等老一辈领导人的直接关怀下，中央民族学院、西北民族学院、西南民族学院、云南民族学院、中南民族学院、广西民族学院、青海民族学院、广东民族学院、贵州民族学院、西藏民族学院等陆续成立。1978年党的十一届三中全会召开后，我国进入了改革开放和社会主义现代化建设的新时期，民族院校发展迎来重要机遇和重大转折。1979年8月，国家民委、教育部召开的第五次民族学院院长会议，确定了民族学院在新时期的办学性质是培养少数民族政治干部和专业技术人才的综合性高等学校。这是民族院校在办学方针和办学模式上的重大调整。从此，民族院校走上了正规化高等教育的发展道路。随着社会主义市场经济体制的逐步建立，民族院校进一步向培养少数民族专业技术人才为主的方向发展。为适应民族地区经济社会发展对人才的需要，改革开放以来又陆续建立了湖北民族学院、西北第二民族学院、大连民族学院和内蒙古民族大学。为了提高民族学院的办学水平，各民族学院在办学形式、学科体系、专业课程设置上，根据本地区和本民族的特点，采取各具特色的办学措施，兼顾培养政治干部和专业人才，本科教育和专科教育相结合，有条件的学校还根据需要招收一定数量的研究生，提高了各民族学院的办学层次。此外，有的民族学院针对基础薄弱的少数民族学生开办少数民族大学预备班，帮助这些学生提高汉语和专业水平，预备课程结束后学生可以留校深造或者考取全国各地区高水平大学，为培养民族地区高水平人才创造了条件。

国家除了兴办民族学院外，还先后在少数民族地区创办了一批高等学校。1965年，在内蒙古、新疆、西藏、宁夏、广西5个少数民族自治区设立高等学校31所，比1952年增加22所。这些民族地区的高等学校根据各民族的具体情况，有针对性地设置课程和专业，其办学宗旨也是为少数民族地区建设服务，为民族地区经济和社会发展培养高等人才。同时，国家要求已建院校对其专业和学科进行调整，保证学科设置更加切合各民族地区的实际情况。1981年2月，第三次全国民族教育会议提出：调整和办好少数民族地区的中等专业教育和高等教育；加强现有10所民族学院的建设，办好各自治地方的中专和高等学校，逐步提高少数民族在校生比例，继续办好高等院校的民族班，并适当增设高等院校民族语言授课专业。1998年《中华人民共和国高等教育法》颁布实施，其中明确规定："国家根据少数民族的特点和需要，帮助和支持少数民族地区发展高等教育事业，为少数民族培养高级专门人才。"2013年，教育部、国家发改委、财政部联合印发《中西部高等教育振兴计划

（2012—2020年）》，支持民族地区30所高校入选"中西部高校基础能力建设工程"、10所高校入选"中西部高校综合实力提升工程"，民族院校和民族地区高校中共有11所院校进入"211工程"院校，省部共建实验室达29个。教育部科学技术研究重点项目向民族地区高等教育倾斜。积极推进学科专业调整和课程改革，不断加强应用型学科和特色学科建设，民族院校和民族地区高校服务地方经济社会发展能力逐步提升。

少数民族高层次骨干人才计划是进一步扩大高等教育覆盖面、提升高等教育人才培养层次的重要措施，有力地推动了少数民族人才培养的水平。2005年，根据国务院下发的《关于深化改革加快发展民族教育的决定》的有关精神和教育部、国家发展改革委、国家民委、财政部、人事部印发的《关于大力培养少数民族高层次骨干人才的意见》的要求，教育部等五部委印发了《培养少数民族高层次骨干人才计划的实施方案》，拉开了培养少数民族高层次骨干人才的序幕。少数民族高层次骨干人才计划于2006年启动实施。2007年，教育部进一步完善了有关少数民族高层次骨干人才招生、管理等的政策。同年6月，少数民族高层次骨干人才工作会议召开，强调了各级招生管理部门和研究生招生单位要进一步加强对少数民族高层次骨干人才研究生招生录取工作的领导。2010年，教育部印发《普通高等学校少数民族预科班高层次骨干人才硕士研究生基础强化班管理办法》，对办学条件、学制与教学管理、学生管理与学籍管理、校园安全稳定、教职工管理、经费等方面予以规定。高层次人才培养为促进民族地区经济社会发展、增强民族地区凝聚力做出了重要贡献，极大地缓解了民族地区人才匮乏的状况。

目前，全国55个少数民族都有大学生，大多数少数民族有了硕士研究生、博士研究生，维吾尔族、回族、朝鲜族、纳西族等十几个少数民族每万人平均拥有的大学生人数已超过全国的平均水平。少数民族学生越来越多地进入高等教育行列，越来越多地成长为国家栋梁之才，这也从一个侧面反映出民族教育公平不断推进的成果。

三、培养民族地区各行各业的中坚力量

发展民族教育，提升少数民族人口素质，是我国教育工作的重要内容。随着民族教育发展水平的提升，民族教育已经不仅局限于推进教育质量的提升，而且越来越关注教育的出口，即向社会各行各业输送各级各类人才。教育出口是检验教育质量、教育效果的试金石。少数民族高层次骨干人才计划的学生毕业后，绝大多

数都回到家乡就业，对当地经济社会发展发挥了积极作用，成为推进民族地区全面建成小康社会的积极力量。从2018年开始，少数民族高层次骨干人才计划的学生毕业后可到民族八省区就业，学生就业面得以扩大。

新中国成立70年来，少数民族优秀人才辈出。他们心怀理想，学有所成，回到家乡发挥才干；他们脚踏实地，业有所获，立足平凡岗位崭露头角。他们已成长为各行各业的骨干力量，成为服务人民、奉献社会的重要力量。

第十三章
指向公平的高考改革

高考公平是教育公平的重要组成部分，是社会公平的"绿洲"。新中国成立以来，高考公平一方面从隐性公平走向显性公平，另一方面从起点公平、过程公平、补偿公平到实质公平不断提升。通过制度的不断完善、程序的不断规范、技术的不断改进，我国高考公平的保障水平不断提高，同时努力保持公平选才和科学选才的平衡，在确保高考公平的同时使优秀人才脱颖而出。

"高考"是"普通高等学校招生全国统一考试"的简称，是我国的一项基本教育制度，是选拔高校新生的主要途径，与无数人的命运息息相关，历来受到政府、学校、家庭、社会各个方面的高度关注。新中国成立以来，特别是改革开放恢复高考制度40年来，高考通过自主报考、择优录取，选拔了近2亿优秀大学生，为国家现代化建设提供了最重要的人才保障，为平民学子的成长成才创造了平等的发展机会。

为了更有效、更公平地选拔人才，我国高考制度自建立以来一直在不断改革、不断完善，这其中既有技术方面的改进，也有制度方面的完善，还有价值理念方面的更新。2014年开始的新高考标志着我国的高考改革进入综合改革的新阶段，其目标是"建立中国特色现代教育考试招生制度，形成分类考试、综合评价、多元录取的考试招生模式，健全促进公平、科学选才、监督有力的体制机制，构建衔接沟通各级各类教育、认可多种学习成果的终身学习'立交桥'"[①]。这既是对历次高考改革的延续，也是对历次高考改革力图解决的一系列重要问题的整体性突破。

第一节 指向权利公平、标准公平的制度设计

高考公平是社会大众最为关心的公平。由于中国高考制度有着特别重要的社会分层功能，许多家庭把高考作为子女改变未来命运的唯一寄托，所以高考的公平受到了异乎寻常的关注。如何处理好科学选人与公平选人之间的矛盾，是中国高考政策的最大焦点，坚持机会公平与择优录取是处理好这一矛盾的基本原则。

在我国高考招生制度的演进过程中，贯穿着两条主线——公平选才和科学选才。

高考招生公平的演进路径可以从两个角度进行考察。

一是"从隐性公平走向显性公平"。在高考招生制度的设计上蕴含着对公平因素的高度重视，但是在有关高校招生的文件中，"公平"这一概念出现得较晚。1988年4月20日，原国家教委、总政治部发布的《关于一九八八年军事院校从地方招收高中毕业生的通知》提出了"秉公办事"的要求。1988年11月，广东省高考标准化改革试验评估委员会发布的《对广东省普通高等学校招生标准化考试试验的评

---

① 国务院关于深化考试招生制度改革的实施意见[EB/OL].中国政府网，2014-09-04[2019-07-20]. http://www.gov.cn/zhengce/content/ 2014-09/04/content_9065.htm.

估意见》中出现了"公平竞争"的字样。1991年3月，原国家教委发布的《关于一九九一年普通高等学校招生工作的通知》第一次明确提出了"公开""公平""公正"的要求。1994年，原国家教委发布的《关于进一步改革普通高等学校招生和毕业生就业制度的试点意见》把"公平竞争、公正选拔"和"德智体全面考核、择优录取""以文化考试为主要入学考核形式"一起并列作为高校招生的三项原则。从2002年起，"公平竞争、公正选拔"成为第一原则。

二是对公平的关注重点呈现"起点公平—过程公平—补偿公平—实质公平"的路径。首先是聚焦权利公平、起点公平、标准公平，其次是聚焦程序公平、过程公平、机制公平，再次是聚焦区域公平、城乡公平、补偿公平，最后是聚焦内容公平、实质公平。当然，公平的上述内涵在高校招生制度演进的各个阶段其实都有体现。

一、权利公平和起点公平：报考条件和照顾政策

教育机会均等是教育公平的起点。瑞典教育学者胡森认为，"教育机会均等"这一概念由于社会哲学观不同，经历了保守主义、自由主义、新观念三个阶段，形成了教育机会均等的理论结构，即起点均等、过程均等、结果均等。起点均等强调教育权利平等，即法律保障人人都有受教育的权利，但不同能力的人（实际上是不同阶层的人）应进入不同性质的学校；过程均等强调教育机会平等，即教育制度应平等地对待每一个儿童，如何利用这种机会则是儿童及其家庭的权利，同时应设法消除贫困和地理位置带来的障碍，对所有儿童实行同样的教育；结果均等是指在确保人人都有受教育机会的基础上注重人的差异性，使每个儿童都有相同的机会受到不同方式的对待。

着眼于起点的教育机会均等其实有两种境界：一是教育机会有限，由社会人员平等竞争，是教育机会竞争权利的均等；二是加大教育投入，提供极为丰富的教育机会，使社会人员真正进入学校和其他教育机构接受教育。

1. 报考条件的公平

教育部发布的《关于高等学校一九五〇年度暑期招考新生的规定》对报考条件（当时称投考资格）的规定为："凡志愿为人民服务、身体健康，具备下列条件之一者均可投考：（1）曾在公私立高级中学毕业，有毕业证书或升学证明书者；（2）曾在后期师范学校毕业，有毕业证书及毕业后服务满二年之证件者；（3）曾在公私立高级职业学校或中等技术学校毕业，有毕业证书及毕业后服务满二年之证件者；

（4）凡具有高级中学毕业的同等学力，有下列证明之一者：① 县以上人民政府或市人民政府教育行政机关证明；② 县以上工会或解放军团以上政治机关之证明。"

历年的高考文件对报考条件的规定都有些细微的调整和补充。对报考条件的规定大体上可以分为5个方面：（1）学历要求。从1950年开始就明确为高中毕业学历或具有高中毕业同等学力，这一要求一直维持不变。（2）年龄要求。对年龄的要求始于1953年。这年的报考主体是高中本届（应届）毕业生和中专本届优秀毕业学生。对"曾在高中毕业（或现有相当于高中毕业的文化程度）未考入高等学校，亦未参加革命工作，或曾参加革命工作而因事离职"的社会青年，要求持当地政府介绍函，"年龄27岁以下"。可见，对年龄的要求始于社会青年。2001年起取消年龄限制。（3）婚姻要求。"未婚"的要求始于1964年，与当年"25周岁以下"的年龄要求配套。其背景是为了贯彻中央和国务院关于提倡晚婚和计划生育的指示，所以"一般不录取已婚学生"。2001年起取消婚否限制。（4）地点和户籍要求。新中国成立之初对报考地点和户籍没有明确表述。1953年高等教育部、教育部发布的《关于全国高等学校一九五三年暑期招考新生的规定》对考生报考地点的要求是："报考学生所在地区（即毕业学校、工作单位或常住户籍所在地）有考区者，只限于在本考区报考；所在地无考区设置者应在临近考区报考。"恢复高考后，教育部发布的《关于一九七九年高等学校招生工作的意见》规定："报考青年，向所在学校、公社（街道）、企业、事业等单位报名；因公集体长期在外省、市、自治区工作的职工或职工的子女，可就地报名，参加考试。考试后，由借考省、市、自治区招生办公室，将试卷寄往户口所在省、市、自治区招生办公室，进行评卷、政审、体检和录取。"（5）限制报考和政治审查的情况。总体上看，新中国成立以来，在高考的报考资格上，除了学历（包括同等学力）、年龄、婚姻等方面的要求外，在学生的政治面貌、出身等方面没有限制，体现了教育机会均等的理念。1977年恢复高考时，邓小平同志明确提出："政审，主要看本人的政治表现。"[①] 1983年"政治审查"更名为"政治思想品德考查"[②]，1984年起又定性为"政治思想品德考核"[③]。从"审查""考查"到"考核"，措辞越来越平和，报考的大门越来越宽，充分体现了教育机会均等、考试公平的理念。

2. 照顾政策

照顾政策主要体现在录取环节，是对报考资格的补充。1949年第一次全国教

---

① 杨学为等.中国考试通史（卷五）[M].北京：首都师范大学出版社，2001：114.
② 杨学为.高考文献（下）[M].北京：高等教育出版社，2003：174.
③ 杨学为.高考文献（上）[M].北京：高等教育出版社，2003：195.

育工作会议上，马叙伦部长提出："我们的教育应该以工农为主体，应该特别着重于工农大众的文化教育、政治教育和技术教育。因此除了我们的社会教育毫无疑义地应以工农为主体外，我们的小学校应该多多吸收工农的子女，我们的中学校和大学校，也应该有计划有步骤地为工农青年大大开门。"高考作为连接中学校和大学校的纽带，也体现了"以工农为主体"的指导思想和工作方针。教育部发布的《关于高等学校一九五〇年度暑期招考新生的规定》明确规定："凡具有下列条件之一者，考试成绩虽稍差，得从宽录取：（1）有三年以上工龄的产业工人；（2）参加工作三年以上的革命干部及革命军人；（3）兄弟民族学生；（4）华侨学生。"1951年的《关于高等学校一九五一年度暑期招考新生的规定》又加进了对农民的照顾政策："（1）工厂、矿山、农场等产业部门的青年工人，工龄在三年以上者；（2）工农家庭出身或本人是工农成分的干部，参加革命三年以上者；（3）非工农家庭出身，本人又非工农成分的干部，参加革命五年以上者；（4）少数民族学生；（5）华侨学生。"可见，在高考招生的录取阶段，对工人、农民、干部、军人、少数民族和华侨予以照顾，体现了"以工农为主体"的思想，同时也体现了少数民族政策和华侨政策。1953年，把"从宽录取"调整为"优先录取"，照顾对象里增加了"工农速成中学本届毕业生"。[①] 1956年，照顾对象里又增加了"烈士子女、香港澳门学生"。这年的《全国高等学校暑期统一招生录取、分配办法》对"优先录取"做了量化："在与一般考生成绩相同或相近（指总分少20分左右）时，就应该优先录取。"

二、高校大扩招，增加学生的受教育机会

教育机会均等有两种境界：一是教育机会有限，由社会人员平等竞争，是教育机会竞争权利的均等，高考招生报考资格的开放实际上体现了这一内涵；二是加大教育投入，提供极为丰富的教育机会，使社会人员进入学校和其他教育机构接受教育，高等学校办学规模的扩大和相应的高考扩招就体现了这一层次的内涵。从20世纪50年代初到1978年恢复高考，高校招生人数从3万人增加到30万人，是人口增长速度的5倍；从1978年到2018年，我国高校招生人数从30万增加到近780万，是人口增长的13倍。高等教育事业的发展是促进高等教育机会公平的最强大的动力。

---

① 杨学为. 高考文献（上）[M]. 北京：高等教育出版社，2003：20.

三、清理、规范高考加分政策

高考加分是照顾政策的延伸和规范化。高考加分有两种类型：身份加分和奖励加分。1956 年前后对"优先录取"的量化是高考加分的雏形。奖励加分萌芽于 1963 年，这年的招生文件在"照顾录取"下增加了"对于在中学担任社会工作而且政治上表现好的优秀学生，如果他们的考试成绩达到全国统一规定的学业成绩录取标准，与别人相差不多，应该适当照顾录取"的政策。1980 年的招生文件在"优先录取"的对象里增加了"应届高中毕业生中连续两年的'三好学生'"和"应届毕业生中的优秀学生干部"。1981 年，"优先录取"的对象里增加了"体育达标（达到国家体育锻炼标准）者"。1983 年增加了对省、自治区、直辖市级劳模、先进工作者、新长征突击手的奖励措施：放宽报考年龄，婚否不限，必要时降低录取分数要求，指定部分学校试办预科班。对个别身残志坚、德育智育特别优秀的考生，获得地区级以上表彰的优秀高中学生干部，考试总分低于分数线 10 分以内的，特殊批准录取。如此，有了"10 分"的量化概念。1985 年明确"地区级以上优秀学生干部、三好学生，地区级以上体育竞赛获奖者，省级以上科技发明奖获得者或单学科竞赛优胜者，总分达到第一批或第二批录取最低控制分数线，即可提供档案审查录取；优秀学生干部总分低于最低控制线 10 分以内的亦可提供档案；上述体育竞赛优胜者可在批次线下降低 20 分提供档案录取"。2001 年进一步把高考加分分为"增加分数投档"和"降低分数投档"两类。一类是在考生考试成绩基础上适当增加分数投档，如省级优秀学生、思政突出者、科技发明和学科竞赛、体育获奖者；另一类是在院校调档分数线下适当降低分数投档，如少数民族、三侨一台、二等功退役军人、烈士子女。增加或降低分数投档，一般不得超过 20 分。

奖励加分政策，一是为了更好地体现德智体美全面发展的教育方针，有利于引导学生提高综合素质，引导中小学推进素质教育；二是对于因从事社会活动和体育训练及比赛而占用了大量时间的学生，是一种补偿。但在实践中，这一政策出现了偏向。一些学校和学生参加学科竞赛、体育艺术比赛，其目的就是为了加分；在组织比赛的过程中，出现了影响公平的不规范现象，引起社会要求规范乃至取消高考加分政策，特别是体育加分政策的强烈呼声。

2010 年 11 月，教育部等五部门发出《关于调整部分高考加分项目和进一步加强管理工作的通知》，对高考加分进行全面的清理规范。一是严控项目，提高门槛，体育和学科竞赛项目大瘦身。体育类高考加分项目限定在田径、篮球、足球、排球、乒乓球、武术、游泳、羽毛球八个项目。学科奥林匹克竞赛获奖者的加分资格仅限全国决赛一、二、三等奖的获奖者，省赛区获奖者不再具备加分资格。加分人数大大压缩。二是规范管理、程序公正。要求省级招生考试机构组织的统一测试须全程录像，学生测试成绩现场公布，通过测试的达标者须在省级招生考试机构和其所在中学指定地点公示，公示无异议的学生方可获得高考加分资格。

四、统一考试、统一录取让"分数面前人人平等"深入人心

从新中国成立迄今，我国的普通高等学校招生总体上实行统一高考招生制度。新中国成立后的第一次高校招生是在 1950 年。新中国成立之初，百废待兴，国家没有精力在全国范围内组织统一考试招生。教育部发布的《关于高等学校一九五〇年度暑期招考新生的规定》提出："为逐步改正各校自行招生所产生的混乱状态，减少人力、物力及时间上的浪费，特规定全国高等学校暑期招生日期的范围。""各大行政区教育部可在本规定的范围内，根据该地区的具体情况，分别在适当地点定期实行全部或局部高等学校联合或统一招生。如统一招生有困难，各大行政区教育部得斟酌情形，在符合本规定之基本精神范围内，允许各校自行招生。"可见，新中国成立之初对高校招生模式的基本设想是统一招生，目的是为了"改正各校自行招生所产生的混乱状态，减少人力、物力及时间上的浪费"，主要是出于操作效益的考虑。但是，新中国成立后的第一次招生，有的地方还没有做好统一招生的准备，所以允许部分高校自行招生。

1952 年起，我国实行全国统一考试招生。全国统一考试招生解决了高校生源不平衡问题，免除了学生东奔西走的麻烦和经费支出，但是也产生了新的问题。高等教育部于 1955 年 5 月 10 日提交招生工作座谈会讨论的《关于一九五五年高等学校招生工作的几个主要问题的意见》里指出："过去几年，高等学校实行了全国统一招生，在学生来源极端缺乏的情况下，基本上保证了招生计划的全面完成；但是，由于注意质量不够，由于统一分配（本书作者注：指调配）对于学校的特殊性要求和部分学生的升学志愿照顾不够，致使一些学校教学工作发生困难，同时，也在一定程度上损伤了已经入学和即将入学学生的积极性。"因此，高等教育部拟改变统一招生的办法："今年，为了根本地解决统一招生工作中存在的问题，做到使学校直接负责选拔学生，进一步保证录取新生的质量；不做统一分配，结合学生志愿录取，发挥其学习的积极性；并使高等学校招生工作逐步纳入正常的轨道；拟终止在全国范围内统一调配的统一招生，而实行在中央统一计划、省（市）指导之下的各

高等学校自行单独招生的办法。"①但在会议讨论时,"除个别学校外,都主张今年仍采用全国高等学校统一招生的办法"。主要理由是:"今年学生来源尚少,学生报考志愿比较集中,如果单独招生,部分师范、俄文学校和理、工、农、医各科学校的个别专业,会完不成招生任务";"绝大部分学校一次招不足,势必二次、三次招生,结果不能在 9 月 1 日如期开学,影响统一教学计划的实行,打乱学校刚刚建立起来的教学秩序,会增加学校不少困难";"单独招生,各校不能在全国各地广设考区,实际上限制了考生的升学志愿,会引起青年不满";"单独组织招生,学校人力有困难"。鉴于此,高等教育部决定:"除艺术院校及条件较好的学校可以采用单独招生办法,一般高等学校拟仍采用统一招生办法。"②

1957 年,高等教育部在相当大的范围内通过座谈会等形式,就高校招生是维持全国统一招生还是过渡到联合或单独招生,广泛征求意见,结果显示"高等学校招生过渡到联合或单独招生尚有困难,主要是:联合或单独招生不能广设考区,在目前考生的经济状况还不够好的情况下,中小城市,特别是边远地区的考生是无力筹措费用赴较大城市报考某些学校的,这样,考生选择学校和专业志愿的范围就会受到限制;同时单独或联合招生,必须经过几次招生考试,才能全面保证完成招生任务,这也会增加考生精神上和经济上的负担"③。

1978 年恢复高考以后,继续了统一考试、统一录取的模式。统一高考有利于保证程序公平、标准一致的落实,越来越被人们所认同。

第二节 指向程序公平、机制公平的措施落实

在解决了谁有资格和权利竞争高等教育机会,用什么样的标准分配高等教育机会的问题后,接下来的问题就是如何公平公正地执行标准,如何公平公正地分配高等教育机会。

一、以规范操作严格遵守招生纪律,保证程序公平

在国家的招生文件里,对遵守招生纪律和遵循教育规律的强调,较早的记录见

---

① 杨学为.高考文献(上)[M].北京:高等教育出版社,2003:95.
② 杨学为.高考文献(上)[M].北京:高等教育出版社,2003:101.
③ 杨学为.高考文献(上)[M].北京:高等教育出版社,2003:234.

于 1962 年。教育部发布的《关于一九六二年高等学校招生工作的请示报告》和《请加强对高三毕业班教学工作的领导》对"走后门"和"片面追求升学率"的现象予以严肃批评,体现了对高考招生程序公平、规则公平、过程规范的追求和重视。

1978 年恢复高考制度以后,在坚持统一笔试招生主体模式的同时增加了保送生、自费生、飞行员招生、军事和公安院校招生等特殊类型招生。这些招生模式,除了对统一高考成绩的要求外,面试、体能测试、平时表现的考核等在评价选拔中也发挥很重要的作用,呈现评价选拔多样化、多元化的局面。这些多元评价方式的实施过程中存在主观因素干扰、人情请托的可能性,在实践中也确实出现了一些暗箱操作、违纪舞弊的事例。委托培养、自费生等调节性计划的出现打破了国家计划一统天下的局面,在开拓了筹措教育经费的多种渠道并有效扩大教育资源、教育机会供给的同时也出现了一些不规范操作。因此,教育部的相关文件对严肃招生纪律、坚持原则、秉公办事提出了要求。

1987 年 11 月,原国家教委、中国民用航空局发布的《关于民航飞行学院一九八八年招收飞行学生的通知》明确提出:"要坚决杜绝徇私舞弊和'走后门'等不正之风。"1988 年 2 月,原国家教委发布的《普通高等学校招收保送生的暂行规定》强调"完善措施,严肃纪律,防止不正之风的干扰"。同年 3 月,公安部、原国家教委印发《公安部所属普通高等学校招生工作暂行办法》,强调"应严格遵守招生纪律,注意防止和抵御不正之风"。同年 4 月 7 日,原国家教委发布的《一九八八年普通高等学校试行招收自费生办法》也强调"应加强对招收自费生工作的管理,杜绝各种舞弊行为"。值得注意的是,1988 年 4 月 20 日,原国家教委、总政治部发布的《关于一九八八年军事院校从地方招收高中毕业生的通知》提出:"所有招生工作人员都要坚持原则、秉公办事,杜绝不正之风"。这是最早提出"秉公办事"的招生文件。1988 年 11 月,广东省高考标准化改革试验评估委员会发布的《对广东省普通高等学校招生标准化考试试验的评估意见》提出:"传统的高考制度和方式(即 1966 年前和 1977 年以来采用的制度和方式)以其具有较合理的公平竞争形式为社会所接受。"

1991 年 3 月,原国家教委发布的《关于一九九一年普通高等学校招生工作的通知》提出"继续贯彻稳定政策、净化环境、加强管理、深化改革的方针","委培生、自费生招生来源计划应同国家任务招生来源计划一样,向社会公开,使所有符合条件的考生获得公平竞争的机会","应加强对录取工作的管理,建立健全必要的规章制度,净化、优化招生环境,确保高等学校公正选拔新生,同时要完善监督制约机制,自觉接受社会和监察机构的监督"。"公开""公平""公正"三"公"齐聚。

1994 年,原国家教委下发《关于进一步改革普通高等学校招生和毕业生就业制度的试点意见》,坚持"德智体全面考核、择优录取",把"以文化考试为主要入学考核形式""公平竞争、公正选拔"并列作为高校招生的三项原则。这是"公平"作为高校招生工作的原则首次见诸国家文件。

从2002年起,三个原则的次序做了调整:"高等学校招生工作应贯彻公平竞争、公正选拔,德智体全面考核、综合评价、择优录取,入学考核形式以文化考试为主的原则。""公平竞争、公正选拔"被提到首位,说明社会对公平的诉求越来越强烈。

二、以"阳光工程"、信息公开助力高校招生公平

进入新世纪以来,教育部围绕高校招生工作的公平公正,一方面加大制度建设和管理监督的力度,以规范管理保程序公平,一方面充分利用信息技术来提升管理和监督效率,以"阳光工程"促信息公开。

计算机网上录取提升了监督管理力度。2001年,教育部在部分省市试点的基础上,在全国范围内实施计算机网上录取。计算机网上录取在实施之初主要是从操作性上考虑,免除了数千所高校的录取人员在全国范围内四处奔波的忙碌,提高了工

2007年7月17日,宁夏回族自治区的高考考生和家长代表走进高校招生录取现场,零距离地参观"阳光招生"的流程。(新华社 李紫恒/摄影)

作的准确性和效率。与此同时，计算机网上录取在公平性的保证上也体现出很大的优势：撤除了考生、家长和招生学校工作人员之间当面交往的环节，录取数据的客观性和精准性为纪律监督提供了技术保障。

招生信息化管理与服务平台促进了信息公开。2003年，教育部决定"运用现代信息技术手段，建立招生信息化管理与服务平台"，"充分利用网络平台等现代传媒手段，及时发布有关招生工作的政策信息以及招生办法、录取结果等各类信息，增加招生工作的透明度；建立健全有效的信息查询反馈监督机制，促进招生录取工作的规范化管理"。

"阳光工程"让公平公正的阳光照亮高考招生工作。"招生信息化管理与服务平台"为高考招生的信息公开奠定了良好的基础。2005年，教育部正式实施高校招生"阳光工程"。当年的《教育部关于做好2005年普通高等学校招生工作的通知》提出："高校招生实施'阳光工程'，是落实高校招生公平、公正原则的重要举措。实施的重点是确保招生录取工作全程公开、信息透明，接受群众监督和舆论监督。"从2005年至今，高校招生"阳光工程"已进入第15年，在促进高考招生的信息公开上发挥了杰出的作用。

三、以平行志愿实现"优绩优录"、结果公平

如果说通过规范管理加强考风考纪建设、严明招生录取纪律，实现程序公平，是为了确保每一位考生按同样的考试和招生规则，在同样的制度环境里公平竞争实施"阳光工程"是为了确保全体考生在信息量相等的情况下进行公平竞争，那么实行平行志愿是为了在志愿设置和运行机制上让全体考生的考试成绩和录取结果更加匹配。无论是考试和招生录取的程序公平还是信息公开，都是着眼于考生与考生之间的平等，而平行志愿则是着眼于考生自己的成绩和录取结果之间的匹配，旨在排除数以万计的考生个体的高考志愿在随机集聚为总体的过程中产生的运气因素，从而实现"什么样的成绩录取到什么样的学校"，成绩较好的学生能如愿进入较理想的学校学习。简言之，就是"优生进优校""优绩优录"。

"传统志愿"是"平行志愿"出现以后才有的名称。在平行志愿出现以前，高考志愿采用的志愿填报方式是：考生填报甲、乙、丙、丁、戊等学校，则甲学校是他的第一志愿学校，乙学校是他的第二志愿学校，以此类推。其投档和录取顺序是先甲后乙，以此类推。甲、乙、丙、丁、戊的排序既反映了考生对学校的选择意愿，在录取学校那里也转化为学校选择学生的依据和优先录取权利。对学校

而言，考生的第一志愿和第二志愿，其地位是不平等的。学校首先录取将其填报为第一志愿的考生，只有在这部分考生人数不够的情况下才会录取将其填报为第二志愿的考生，如果再不够，才录取将其填报为第三志愿的考生。在传统志愿机制里，第一志愿的录取优先权非常突出。如果某考生的志愿较高而"运气"不好，他可能既不能录取到甲学校，也不能录取到乙学校，甚至连丙、丁、戊学校都不能被录取。因此，在传统志愿机制里，考生如果对某学校情有独钟而对其成绩又没有绝对的把握，那么他填报该学校是否能被录取，既取决于自己的成绩，也取决于其他成绩比他高的考生是否填报该学校，具有很大的"运气"因素，是有很大的"高分落选"风险的。

与传统志愿机制相比，平行志愿机制通过志愿运行机制的调整，把不可测的神秘因素剥离，让考生可以自主把握命运。平行志愿机制的最核心要素是每一位考生所填的多个志愿（各省份的具体志愿数不一致）均被视为第一志愿。其所填的多个志愿虽然仍有排序，但是这一排序只反映考生的意愿，而不转化为学校的选择权利。当考生的档案投送到学校端时，没有附带考生是第几志愿的信息。对学校来讲，所有投档给它的考生均被视为第一志愿的考生。

我国高考招生实行平行志愿始于2003年，湖南省在高考中首次实行"并列志愿""征求志愿"填报与录取改革。此后，江苏、浙江于2005年、2007年相继跟进，2008年扩大到上海、北京、安徽、辽宁等省市，2009年进一步推广到16个省、自治区、直辖市。[①]迄今，我国内地各省（区、市）均全部或部分实行平行志愿招生录取体制。

平行志愿避免"高分落选"，实现"优绩优录"，既有利于提高科学性，也有利于提高公平性。一是它避免了成绩好的落选、成绩差的反而被录取的反常现象，体现了录取结果的公平；二是它杜绝了传统志愿里有人铤而走险，违反纪律，提前获取其他考生的填报信息用于志愿填报，以获取最佳录取结果的可能性。

第三节 指向城乡公平、补偿公平的政策保障

如果说报考资格的开放赋予了我国公民平等竞争、公平分配高等教育机会的权

[①] 王彬."平行志愿"填报与录取方式改革的思考——"平行志愿"改革7年综述[J].湖北招生考试，2010（2）.

利，解决了竞争机会的起点公平问题，那么高校扩招则让更多的学生实实在在地进入高等学校的大门。如果说标准公平是用同一把尺子量所有的考生，程序公平和信息公开给大家提供同样的竞争环境，平行志愿排除了"运气之手"对录取结果的干扰，那么补偿公平则把公平的目光投向报考前的教育资源享有的不均等，投向更高要求、更宽视野的起点公平。

由于历史原因，我国的教育发展与经济社会的发展一样，存在着严重的不平衡。在广大的农村地区、贫困地区，教育还相对不发达，受教育的机会和条件远远不如城市。如果简单地以同一个分数线录取全国的学生，那么这些相对落后地区的孩子事实上是无法获得公平的机会的，这样一来，高考不但不能起到阻止贫困代际传递的作用，还会加剧地区间、城乡间的不平等。面对同样的竞争机会、同样的评价和分配标准，城乡学生之间存在起点不公平，不同地区学生之间存在起点不公平，不同群体之间存在起点不公平，因为他们在高考前，在基础教育阶段所能利用的教育资源差别很大。为农村学生、教育水平相对较差中学的学生、弱势群体学生制定的补偿、倾斜政策就是"补偿公平"。

一、定向招生和农村专项计划扩大农村和基层学生的录取机会

1. 定向招生

定向招生是一种特殊的招生运行机制，也是招生计划的一种特殊编制方式。定向招生最早产生于20世纪80年代。早期的定向招生指的是面向某一特定地区［设区市、地级市、县（市、区）等］的生源进行招生，学生毕业后回这一特定地区就业。后来在实施过程中，某一县（市、区）缺少生源，就把生源范围向周边县（市、区）或所属的设区市、地级市扩大，甚至扩大到全省。因此，定向招生后来就演变为定向就业招生，就业是定向的，而生源根据实际情况有所不同，有的与就业地区相同，有的扩大到设区市、地级市范围，有的则扩大到面向全省招生，生源范围大于就业范围。

定向招生的主要目的是为某一地区［设区市、地级市、县（市、区）等］招收、培养和输送某些专业的紧缺人才。由于某些地区在特定时期内缺少某一方面（如农业技术推广、畜牧兽医、学前教育教师等）的专业人员，而依靠高等学校的毕业生无法满足需求，有的专业毕业生供不应求，有的专业虽然有充足的毕业生，但是因为岗位在农村基层，毕业生不愿意去，去了也不安心工作，留不住。因此，定向招生的直接出发点是为农村、山区、海岛等艰苦地区培养

"下得来，留得住"的"永久牌"专业人员。也因此，定向招生的核心内涵是定向就业。

与此同时，定向招生也有为本地区考生增加入学机会的作用。由于定向就业招收的学生在入学前即落实（或承诺）了毕业后的就业岗位、编制（一般为事业单位编制）和工资待遇，在大学毕业生普遍不包分配、自主择业的情况下，有很大的吸引力。鉴于其编制为本地区所有，因此一般倾向于把生源范围确定为本地区。由于定向招生的就业岗位一般在农村基层，报考的也多为农村户籍考生，所以定向招生在客观上增加了农村考生的入学机会，提升了他们的录取率，也就具有了有利于调节城乡录取率和入学机会、促进城乡教育公平的意义。

2. 实施农村专项计划

如果说定向招生作为招生计划的一种指定范围的特殊安排，其出发点是为了满足农村、基层对紧缺人才的需求，而在实施过程中也扩大了农村、基层考生的升学机会，因而有利于促进城乡公平、区域公平，那么农村专项计划作为招生计划的一种指定范围的特殊安排，其出发点就是为了扩大农村学生接受高等教育，特别是优质高等教育的机会，改变城市学生升学机会显著高于农村学生的现状，与此同时在客观上增加了考生回农村、基层就业的可能性。

农村专项计划是在招生指标的安排上对农村学生予以照顾的专项计划，由教育部顶层设计，在全国范围内统一部署实施。它由国家专项、高校专项和地方专项三个层面的专项计划构成。

国家专项计划用于定向招收集中连片特殊困难县、国家级扶贫开发重点县以及新疆南疆四地州学生，由中央部门和地方本科一批招生为主的学校承担。国家专项计划从2012年开始实施。

高校专项计划由教育部统筹，列入计划的高校面向全国范围实施。高校专项计划主要招收边远、贫困、民族等地区县以下高中勤奋好学、成绩优良的农村学生，具体实施区域由有关省、自治区、直辖市根据上述要求确定。招生任务由教育部直属高校和其他自主招生试点高校承担，安排招生计划不少于有关高校年度本科招生规模的2%。高校专项计划单报志愿、单独录取，在本科一批开始前完成录取，录取分数原则上不低于有关高校所在批次科类录取控制分数线。

地方专项计划由各省、自治区、直辖市在本行政区域内组织实施，定向招收农村学生。各省、自治区、直辖市所属优质高校承担招生任务，安排招生计划原则上不少于本校年度本科一批招生规模的3%。地方专项计划的具体实施区域、报考条件和录取办法由各省、自治区、直辖市根据本地实际情况确定。

高考制度恢复之后，首先确立的一条原则就是按省划线，这保证了不同发展水平地区的相对公平。在"十二五"期间，开始每年在全国普通高校招生年度计划总增量中安排 1 万名左右的本科招生计划，面向集中连片特殊困难地区参加全国统考的考生，实行定向招生，生源范围为国务院确定的 21 个省、自治区、直辖市的 680 个贫困县。

2014 年，国务院发布的《关于深化考试招生制度改革的实施意见》（以下简称《实施意见》）明确提出要"改进招生计划分配方式"。该文件指出，招生计划在分配上要综合考虑生源数量、办学条件、毕业生就业状况等因素，提高中西部地区和人口大省的高考录取率；同时要继续实施国家农村贫困地区定向招生专项计划，由重点高校面向贫困地区定向招生，增加农村学生上重点高校的人数。2017 年，教育部发布了《关于做好 2017 年普通高等教育招生计划编制和管理工作的通知》，提出"进一步促进高等教育区域和城乡入学机会公平"，确保省级高考录取率差距进一步缩小，确保重点高校招收学生人数进一步增加，确保中央部委所属高校本科生招生总规模和投放到各省份的招生计划总量不降低，确保实现国家年度高等教育事业发展宏观管理目标。这些政策受到了社会各方面的拥护。

二、对残疾考生的照顾

1983 年，教育部在年度招生工作文件中提出"对于个别身残志不残，身体条件不妨碍所报专业的学习而德育、智育特别优秀的学生"，"考试总分低于分数线十分以内的，必要时可由省、市、自治区招生委员会讨论，特殊批准决定录取"。[①]

1985 年，教育部、国家计委、劳动人事部、民政部发布的《关于做好高等学校招收残疾青年和毕业分配工作的通知》明确指出："'残疾考生'是指肢体残疾（不继续恶化）、生活能自理、不影响所报专业的学习及毕业后所从事的工作者。各高等学校应从残疾考生的实际出发，贯彻德智体全面考核、择优录取的原则。对上述残疾考生，在全部考生德智条件相同的情况下，不应仅因残疾而不予录取。"此文件下发后，各级招生考试部门和招生院校都本着一视同仁的原则，在"生活能自理，不影响所报专业的学习"的前提下，认真录取残疾考生。在考试期间，还为残

---

① 杨学为.高考文献（下）[M].北京：高等教育出版社，2003：176.

疾考生提供物质帮助和精神鼓励。对盲人考生，还专门制作盲文试卷，让他们顺利完成考试。

三、保障进城务工人员子女接受高等教育的权利

2012年8月，国务院办公厅转发教育部等部门制定的《关于做好进城务工人员随迁子女接受义务教育后在当地参加升学考试工作的意见》，启动外来进城务工人员随迁子女就地升学工作。文件明确指出："各省、自治区、直辖市人民政府要根据城市功能定位、产业结构布局和城市资源承载能力，根据进城务工人员在当地的合法稳定职业、合法稳定住所（含租赁）和按照国家规定参加社会保险年限，以及随迁子女在当地连续就学年限等情况，确定随迁子女在当地参加升学考试的具体条件，制定具体办法。"

迄今，除西藏自治区外，全国30个省、自治区、直辖市已全部出台方案并启动实施。2015年，全国有7万名符合条件的随迁子女办理了高考报名手续，2019年有22万多名。

以浙江省为例。2012年12月，浙江省政府办公厅转发省教育厅等部门制定的《关于做好外省籍进城务工人员随迁子女接受义务教育后在我省参加升学考试工作的实施意见》，与其他12个省市一起在全国首批启动此项工作。2013年是外来务工人员随迁子女就地参加高考升学政策实施的第一年，浙江省的报考人数共984人，占13个省市同类考生的22.4%，为全国最高。从2013年至2018年的6年中，随迁子女在浙江省参加高考的人数逐年稳步增长（见表13-1），是全国的一个缩影。

表13-1 随迁子女在浙江省参加高考的人数和录取人数（2013—2018）

年 份	报考人数	录取人数
2013	984	650
2014	3 437	2 717
2015	5 623	4 699
2016	9 874	5 907
2017	14 829	12 862
2018	18 427	16 479

第四节　指向更加公平的新高考改革

关于高考的起点公平、程序公平以及补偿公平，都比较好理解，政策的设计方向也比较明确。而关于高考招生的内容公平则比较复杂，这是高考迈向更高水平公平的必然要求，是从形式公平向实质公平的深化。

一、三位一体：选人功能、育人功能和社会公平守护功能的结合

2014 年 9 月，国务院发布的《实施意见》提出："从有利于促进学生健康发展、科学选拔各类人才和维护社会公平出发，认真总结经验，突出问题导向，深化考试招生制度改革。"这是新高考改革的指导思想。这一指导思想具有非常丰富的内涵，揭示了高考招生的多项功能：（1）选人功能。统筹高校选拔和国家选拔的选拔功能。高考招生的直接功能是为高等学校选拔新生，同时也是为国家建设选拔人才。（2）育人功能。从教育导向功能升华而来的学生发展功能。高考招生是教育的一个环节，因此其直接功能是选人功能，但是由于其选拔是建立在评价的基础上，其评价选拔结果决定青年学生的人生之路，所以高考招生对教育具有很强的导向作用和促进作用，从而使它具有很强的育人功能。从 1981 年起，教育部关于高考招生的文件就关注高考对中学教育的促进功能。国务院批转的教育部发布的《关于一九八一年全国高等学校招生工作会议的报告》首次提出了"有利于促进中学教育"的要求，非常明确地揭示了高考招生的教育导向功能："招生制度和办法的改革应有利于选拔人才，有利于促进中学教育，有利于安定团结，并注意节约。"此后，教育部的文件中更多地表述为"有助于中学（中小学）实施素质教育"。2010 年 7 月颁发的《国家中长期教育改革和发展规划纲要（2010—2020 年）》要求"按照有利于科学选拔人才、促进学生健康发展、维护社会公平的原则"，"逐步形成分类考试、综合评价、多元录取的考试招生制度"，首次用"促进学生健康发展"代替"促进中学教育"。2014 年《实施意见》进一步把"有利于促进学生健康发展"置于"三个有利于"的首位。用"促进学生健康发展"代替"促进中学教育"，意蕴深厚：一是标志着学生在高考招生体系里由完全被动的"被考""被招"的角色转化为具有主动性的主体；二是提示学生的成长、"健康发展"是一个很长的连续过程，贯穿中小学和高等学校教育全过程；三是"健康发展"顾名思义是德智体美

全面发展，提示必须扭转只注重智育、只注重分数的片面发展、应试教育的倾向。
（3）有利于守护、保障、促进社会公平的社会功能。由于高考招生实质上是对高等教育机会的分配，决定了青年学生的专业发展和人生路径的方向，是青年学生社会流动，特别是纵向流动的主要渠道，具有高利害性、高竞争性。因此，社会对高等教育机会分配的合理性、公平性非常关注，社会对高考招生公平性的诉求越来越强烈。这是它的社会功能。

二、两翼齐飞：新高考改革在"科学"选拔和"公平"选拔上同步发力

新高考改革围绕"选人"（选拔人才）和"育人"（促进学生健康发展）的目标，在"科学"选拔和"公平"选拔上推出了系列组合拳。

1. 科学选拔

（1）融通：取消文理分科，促进文理融通，拓宽学生的知识和学术视野，克服传统高考严重偏科的现象。

（2）选择：设置"必考科+选考科"科目结构，在取消文理分科的基础上扩大学生的选择空间。第一、第二批试点6个省市实行"3+3"，即"语文、数学、外语+6（浙江7）选3"；第三批试点8个省市实行"3+1+2"，即"语文、数学、外语+1（物理或历史）+4选2"。

（3）综合：探索综合评价。一是在"统一高考招生"模式内实行"两依据、一参考"，探索高中学业水平考试和中学综合素质评价在高校招生中的作用；二是探索尝试"综合评价招生"试点，将学生中学阶段表现量化，纳入高考招生评价体系。

2. 公平选拔

（1）深化区域公平和城乡公平。国务院和教育部近年来着力采取三方面措施解决三个相关问题：① 招生计划向中西部倾斜，提高中西部地区和人口大省高考录取率；② 通过国家专项计划、高校专项计划和地方专项计划，实行面向农村贫困地区的定向招生，增加农村学生上优质高校的比例；③ 分步实施外来进城务工人员随迁子女就地参加高考政策。《实施意见》对前两个问题做了强调，并通过教育部2015年的计划安排予以落实。

（2）实行最严格的清理、规范高考加分政策。《实施意见》公布后，教育部又制定了具体措施，大幅减少、严格控制考试加分项目，并从2015年起彻底取消体育、艺术等特长生加分项目。

（3）进一步规范自主招生办法。根据《实施意见》的要求，教育部出台了文

件，严格控制自主招生规模，取消"联考"，把学校综合测试的时间由高考前移至高考后，并扩大学生对自主招生模式和统考统招模式自主选择的权利。

三、新高考改革对更加科学的公平的追求

所谓公平的科学性是在高考招生工作的实施过程中，在高考改革的推进过程中，鉴于传统的统一高考招生模式在形式公平表面下隐藏着实质上的不公平而提出来的。

首先，考试成绩难以充分反映考试目标。考试是一种抽样测量。试题所代表的知识点与考生复习的知识点、熟练掌握程度之间的匹配具有偶然性，具有运气的成分。虽然对所有考生而言，试题的命制都是无法事先预知的，在这个意义上，机会是均等的、公平的，但实际考试时往往存在匹配度的差异，因此考试结果（分数）虽然能反映考生相对这套试题的真实水平，即考试信度较高，但是它不一定能反映考生相对于教学目标、选拔目标的真实水平，也即考试的效度不一定高。据此选拔考生到相应高校入学，其结果不一定公平。考试效度反映的是一种结果公平、内容公平、实质公平，它要求考试的结果符合考试选拔的目标，反映考生相对于选拔目标的真实水平。一次考试、一张笔试试卷其实无法承担这一重任。

其次，试题采用的素材可能有利于一部分人而不利于一部分人。比如，作文要求写大型商场的采购经历，那就只对城市考生有利；要求写纺织厂的生产或渔民的捕鱼经历，那就只对熟悉纺织厂或熟悉渔业的考生有利。

再次，试题的难度可能有利于一部分中学、一部分考生而不利于其他中学、其他考生。试题的难度也与考试公平密切相关，特别是在高考这样的选拔性考试中更加突出。试卷难，有利于解题水平高、能力强的学生；试卷容易则有利于普通学生。

最后，一张考卷难以与学生多样的素质、高校不一样的培养目标相匹配。数以千计的高校，培养目标各不相同；数以十万、百万计的学生，智能结构、禀赋气质、兴趣爱好各不相同。根据"适合的是最好的"理论，不同类型的考生适合不同类型的学校。而在统一高考招生模式下，一张试卷应用于所有高校、所有学生。一方面，一张试卷无法与学生多样化的智能结构匹配，它可能有利于一部分学生智能特长的展示而不利于另一部分学生智能特长的展示，因此在考试内容上存在不公平；另一方面，在填报志愿时，确实有一定数量的学生根据自己的兴趣爱好和特长选择高校和专业，但也有相当数量的学生和家长按照考试成绩的名次、位次，参考

甚至依据往年高校投档分数线，选择与其成绩相应的高校和专业。在笔者参与的志愿填报咨询过程中，有的学生明明喜欢某高校某专业，但是家长却在该高校与另一所与学生的兴趣爱好不太吻合而往年投档分数线较高的学校之间纠结，不想"浪费"分数。由此造成学校录取的不一定是适合的学生，学生进入的不一定是喜欢的学校、专业，也由此造成很多学生进学校后学得很痛苦、很吃力，不得不转专业或者退学。

更加科学的高考公平是在起点公平、程序公平基础上对公平要求的进一步深化，至少包含两方面的内涵：一是评价选拔结果与评价选拔目的的吻合度；二是鉴于学生素质结构的差异和学校培养目标的差异，评价选拔还要考虑学生与学校之间的匹配度。如果通过评价选拔，每一个学生都被选拔到最适合或者比较适合他学习、成长的学校，那么这样的评价选拔就是既有高效度又符合实质公平要求的考试。当然，这是一种理想的状态，现实中的评价选拔实践很难达到这样的境界，但这确实是引导我们努力的一个方向。

"必考＋选考"将高度同一性的考核转变为"共同基础上的个性化考核"，把千篇一律的评价标准和模式改为适应性评价选拔，是为了让高校和学生之间更匹配。

综合评价招生将"选分"变为"选人"，将"分数（笔试分）面前人人平等"转变为"标准（综合分）面前人人平等"，是为了让评价选拔结果与教育的培养目标更吻合。

新高考改革致力于更好地体现全面发展教育的方针，有利于创新精神的培养和素质教育的推进，在实施过程中不断总结经验，将更好地处理理想目标和现实条件、短期目标和长远目标、"适合的是最好的"理念和"公认的是最好的"理念、学生选择和学校、国家选择的辩证关系，在观念、环境、制度和技术设计上同步发力、综合施策，实现形式公平和内容公平的更好统一。

第十四章
深入校内的教育公平追求

校内公平以过程公平为重点,强调公平对待与个性尊重,目标是实现学校教育的差异化发展。学校内部在微观层面上通过改变课程结构、班级组织形式、学生管理等来促进教育公平向更深层次发展。新中国成立 70 年来,通过制度建设保障校内公平,通过学校改革让公平真正落到实处,学校教育从"一视同仁"到"因材施教",从"均衡化"到"差异化",从"机会均衡"到"过程公平",在教育公平之路上不断前进。

2019年中央电视台春节联欢晚会上，小品《占位子》引爆当晚的收视高峰。这个小品讲述了几位家长为了争取让孩子坐到教室最好的位置，用尽浑身解数占位子，从而闹出了一连串笑话。该小品引起了教师对如何公平分配班级座位的思考。调座位一事虽小，但对学生、家长来说，都是大事。

陕西的李老师在学期伊始就宣布了新的调座位方法：首先是座位每个月调整一次，避免一些学生因长时间坐在某一个位置而影响视力，而且一些不好的位置总让一个人坐也不公平；其次是每次都可以自己自由选择座位，但是谁先选、谁后选的顺序是不固定的，每次都不一样，有时候是提前通知，有时候是当场宣布；最后是学生每次换座位必须选择不同的同桌，不允许和一个同学重复做同桌。李老师认为，在一个班集体中，每个学生都是一个独特的个体，都有自己的个性，同学之间要学会相互尊重、相互包容，学会和不同性格特点的人打交道，该学习的要学习，该帮助的要帮助，该批评的要批评。[①] 每个月换座位时，李老师总会做一些改变，有时候按照学生对班级的贡献多少来决定挑座位的先后顺序，有时候根据表现进步多少来决定挑座位的先后顺序，有时候按照课堂发言次数多少与质量好坏来决定挑座位的先后顺序……一个学期很快就过去了，从学生们一张张满意的笑脸上，李老师发现调座位一事虽小，但影响到每一个学生的切身利益，教师只有公平对待每一个学生，才能在学生中间营造相互尊重的氛围，促进每一个学生的健康成长。

如何在学校的内部组织中实现教育公平是新时期对我国教育公平发展提出的新要求。以学生为主体，以关注每一个学生的发展为基本落脚点，注重教育内部公平的发展，把教育资源配置和学校工作重点集中到强化教学环节、提高教育质量上来，已经成为当前促进中国教育公平深入发展的新的关注点。

第一节　制度建设保障校内公平

教育公平在学校层面的体现可以从两个视角来考察：一个是学校外部的公平，即从体制改革、财政投入、办学条件等方面分析公平，更多地强调均衡化的公平，倡导一视同仁、同等人的同等对待，目标是促进每个学生的起点公平、机会公平与权利公平；另一个是校内公平，即从学校结构、班级组织、师生关系、教师素质、

[①] 李鹏. 小位置，大文章[J]. 中国德育，2013（08）.

学习的自主性、课程的选择性与多样性等方面分析公平。

回溯中华人民共和国70年来的教育公平实践史，可以发现公平有多种形式存在：混合型编班以及就近入学、要求教师给予全体学生无差别的尊重是我国义务教育弥补学生早期劣势的努力形式；为了实现最大程度上的结果公平，我们也可能需要倾斜对待学生——弱势补偿；适当增加学生在课堂中的自主性、选择性，因材施教，促使每个学生的个性充分发展，同样加深了我们对教育过程公平的理解。

一、把校内公平写进国家法律

1. 一视同仁保平等

学生是学校生活的主体，不论学生的出身如何、背景如何，均享有使用校内资源的权利，是保障校内公平的起点。我国自1986年颁布《中华人民共和国义务教育法》（以下简称《义务教育法》）开始，就规定所有适龄儿童"不分性别、民族、种族、家庭财产状况、宗教信仰等，依法享有平等接受义务教育的权利"，在教学过程中"禁止体罚学生"。1991年颁布的《中华人民共和国未成年人保护法》规定，未成年人不分性别、民族、种族、家庭财产状况、宗教信仰等，依法平等地享有受教育权。1995年颁布的《中华人民共和国教育法》规定，女生与男生在分享学校教育资源上享有同等权利，"保障女子在入学、升学、就业、授予学位、派出留学等方面享有同男子平等的权利"。所有受教育者均享有"参加教育教学计划安排的各种活动，使用教育教学设施、设备、图书资料；按照国家有关规定获得奖学金、贷学金、助学金；在学业成绩和品行上获得公正评价，完成规定的学业后获得相应的学业证书、学位证书"的权利。

2. 公平对待促发展

学校中的师生关系具有公共性，是影响学生自身发展质量高低的关键因素，是学校内部微观教育公平问题的重要内容。《义务教育法》经过2015年第十二届全国人民代表大会常务委员会第十四次会议的第一次修正与2018年第十三届全国人民代表大会常务委员会第七次会议的第二次修正，在原有基础上，对校内公平做出了更加细致的规定：在师生关系上强调"教师在教育教学中应当平等对待学生，关注学生的个体差异，因材施教，促进学生的充分发展；教师应当尊重学生的人格，不得歧视学生，不得对学生实施体罚、变相体罚或者其他侮辱人格尊严的行为"；在教学实践上强调"教育教学工作是面向全体学生的"，"国家鼓励学校和教师采用启发式教育等教育教学方法，提高教育教学质量"。《中华人民共和国教师法》在教师应履行的义务上强调:"关心、爱护全体学生,尊重学生人格,促进学生在品德、智力、体质等方面全面发展。"

3. 个个关爱提质量

教学组织形式是实现育人目标的主要教育活动方式,设立"重点班"或"快慢班"的班级组织形式在我国的教育实践中屡见不鲜。"重点班"通过集中学校优质教育资源,以大部分学生的学业失败为代价,个别关注部分"尖子生"的学业表现,造成校内资源分配上最大的不平等。2006年全国人民代表大会将"县级以上人民政府及其教育行政部门应当促进学校均衡发展,缩小学校之间办学条件的差距,不得将学校分为重点学校和非重点学校。学校不得分设重点班和非重点班"写进《义务教育法》,保障每一个学生平等享受学校教育资源的权利,关注每一个学生的教育经历。

二、校内公平是国家政策、法规的基本价值取向

教育政策是指以政府和政党为代表的公共权力机构为了解决教育问题,实现一定的教育目标,通过一定的程序制定的有关教育方面的行动方针、准则以及相应的行动过程。[①]《义务教育法》将校内公平上升为国家意志,对我国的教育政策产生了重大影响。教育政策的制定不但要反映教育法律的精神,还要利于校内公平的落地与实施。

1. 构建差异化教育公平

即使一致性公平在教育实践中具有优先性,我们也不得不承认没有任何一条关于公平的法律、法规或准则适用于所有情况。试图强调公平正义的单一形式都将是徒劳且无意义的。从某种程度上而言,在实现基本教育公平后,过分强调一致性的公平将会导向更大的不公平。因此,对弱势进行补偿、对不同学生群体"区别对待"的教育政策实际上是普适性教育公平原则下的新形式。

1996年教育部颁布的《小学管理规程》对学困生、优秀学生分别做出管理要求:"做好学习困难学生的辅导工作,积极创造条件逐步取消留级制度";"对学业成绩优异,提前达到更高年级学力程度的学生,可准其提前升入相应年级学习"。2006年《教育部关于贯彻〈义务教育法〉进一步规范义务教育办学行为的若干意见》指出:"要建立健全帮扶学习困难学生的工作机制,给予学习困难的学生以更

[①] 黄忠敬. 教育政策导论 [M]. 北京: 北京大学出版社, 2011: 13.

多的关心和帮助。"

对潜在弱势群体实行补偿政策，彰显教育公平。1996年发布的《义务教育学校收费管理暂行办法》以及《普通高级中学收费管理暂行办法》规定"对家庭经济困难的学生可酌情减免杂费，保证他们不因经济原因而失学"。1998年《流动儿童少年就学暂行办法》规定："流入地人民政府应为流动儿童少年创造条件，提供接受义务教育的机会。流入地教育行政部门应具体承担流动儿童少年接受义务教育的管理职责。流动儿童少年就学，应保证完成其常住户籍所在地人民政府规定的义务教育年限，有条件的地方，可执行流入地人民政府的有关规定。"2013年教育部等五部门《关于加强义务教育阶段农村留守儿童关爱和教育工作的意见》提出"全面建立留守儿童档案，将父母外出务工情况和监护人变化情况逐一进行登记并及时更新，准确掌握留守儿童信息，为有针对性地开展管理服务工作提供支持"。2014年《教育部关于培育和践行社会主义核心价值观进一步加强中小学德育工作的意见》指出："切实加强对进城务工人员随迁子女、农村留守儿童的关爱和教育。"

2. 构建混合型无差别的学校体系

1996年教育部颁布《小学管理规程》，提出就近入学政策："小学应按照《义务教育法》的规定，在当地政府领导下，组织服务区内的适龄儿童按时就近免试入学。"2006年《教育部关于贯彻〈义务教育法〉进一步规范义务教育办学行为的若干意见》进一步强调"依法规范公共教育资源配置，不得举办各种名目的重点学校、重点班；学校要均衡编班，均衡配置校内教育教学资源，不能以各种名义在校内分设重点班和非重点班"。在校内班级组织管理上，2014年《教育部关于培育和践行社会主义核心价值观进一步加强中小学德育工作的意见》规定"学生的行为规范管理、班级民主管理和各种面向学生制定的规章制度，都要充分体现友善、平等、和谐"。2016年《国务院关于统筹推进县域内城乡义务教育一体化改革发展的若干意见》要求实施消除大班额计划，要求限制班额超标学校招生人数，合理分流学生。2019年《教育部办公厅关于做好2019年普通中小学招生入学工作的通知》要求巩固教育成果、促进教育公平，"全面落实义务教育免试就近入学规定"，严格"落实'十项严禁'纪律要求"。此外，2004年教育部颁布《国家教育考试违规处理办法》，规定对违反考试公平、公正原则的个人、教学工作人员、学校以及组织予以处罚，保证国家统一实施的学业测量的公正性。2012年修正处罚内容，进一步细化舞弊行为，伪造考试加分资格以及国家教育考试考场视频录像回放审查中认定的违规行为均要受到处罚。

为保证学生平等享受校内教育资源，在取消"重点班"的基础上，更加关注学困生、潜在弱势群体校内生活的公平体验，建立健全帮扶学习困难学生的工作机制，给予学习困难的学生以更多的关心和帮助；①改革随迁子女的就学机制，要求迁入地学校"实现混合编班和统一管理，促进随迁子女融入学校和社区"②，平等对待流动儿童，维护流动儿童少年的正当权益，在奖励、评优、申请加入少先队和共青团、参加校内外活动等方面不得歧视。③

为办好内地西藏班、新疆班，2015年国务院《关于加快民族教育的决定》指出对内地民族班的教育管理坚持"严、爱、细"原则，对各民族学生实行统一标准、统一要求、统一管理。2016年国务院办公厅《关于加快中西部教育发展的指导意见》将民族教育摆在更加重要的位置，"不断提高合校混班教学比例，引导学生融入学校、融入集体"。

3. 构建民主平等的师生关系

在与教师互动的过程中，学生人格是否受到尊重、是否受到公正对待均会影响最终的教育结果公平。2003年教育部《关于加强依法治校工作的若干意见》指出，学校应采取有效措施，提高教师素质，即"教育行政部门和学校要加强对教师的思想政治教育、道德教育和法制教育，不断提高教师的道德水准和法律素质。加强教师管理，依法处理品质恶劣、严重侵犯学生合法权益的教师，坚决杜绝教师侵犯学生人身权的违法犯罪行为"。2006年教育部《关于贯彻〈义务教育法〉进一步规范义务教育办学行为的若干意见》规定："广大教师要为人师表，遵守国家的法律法规和学校的各项规章制度，严格执行教学计划，认真完成本职工作。要平等对待每一个学生，尊重学生的人格，不得歧视学生……促进全体学生共同成长进步。"2006年教育部《关于进一步加强中小学班主任工作的意见》明确规定，教师"要关注每一位学生的全面发展。教育学生明确学习目的，端正学习态度，掌握正确学习方法，养成良好学习习惯，增强创新意识和学习能力。了解和熟悉每一位学生的特点和潜能，善于分析和把握每一位学生的思想、学习、身体、心理的发展状况，科学、综合地看待学生的全面发展，及时发现并妥善处理可能出现不良后果的问题。注意倾听学生的声音，关注他们的烦恼，满足他们的合理需求，有针对性地进行教

---

① 教育部关于贯彻《义务教育法》进一步规范义务教育办学行为的若干意见［EB/OL］.中华人民共和国教育部政府门户网站，2006-08-24［2019-07-12］.http://old.moe.gov.cn/publicfiles/business/htmlfiles/moe/s3321/201001/xxgk_81811.html.
② 关于统筹推进县域内城乡义务教育一体化改革发展的若干意见［EB/OL］.中国政府网，2016-07-11［2019-07-12］.http://www.gov.cn/xinwen/2016/07/11/content_5090312.htm.
③ 流动儿童少年就学暂行办法［EB/OL］.中华人民共和国教育部政府门户网站，1998-03-02［2019-07-12］.http://old.moe.gov.cn/publicfiles/business/htmlfiles/moe/moe_621/200409/3192.html.

育和引导，为每一位学生的全面发展创造公平的发展机会"。2009年教育部在《中小学班主任工作规定》中进一步强调，"全面了解班级内每一个学生，深入分析学生思想、心理、学习、生活状况。关心爱护全体学生，平等对待每一个学生，尊重学生人格"。这些都为深化校内公平提供了具体指导。

三、推进校内公平的地方表达

在国家法律与政策的引导与规范下，各地纷纷出台相关的政策文本，保障教育公平在地方和学校层面的落地。其中比较突出的有上海市中小学生学业质量绿色指标、江苏省初中教育内涵发展与全面提升计划以及浙江省的一揽子教育改革计划。

1. 上海市中小学生学业质量绿色指标

为贯彻国家教育法律、政策文件中关于教育公平的诉求，推进本区域教育的内涵发展，关注每一个学生的教育体验，2011年上海市发布《上海市中小学生学业质量绿色指标》。"绿色指标"重新定义了什么是学业质量，更为重要的是，它将教育公平纳入考核体系。在学校层面，以成绩为导向的重点班、实验班不再作为考核学生以及教师业绩的主要指标，而是将学生的学习动力（包括学习自信心、学习动机、学习压力、学生对学校的认同度）、师生关系、师生分别对教学方式的评价、学生的品德行为纳入对学业质量的考核。"师生关系的调查主要包含教师是否尊重学生，是否公正、平等地对待学生，是否信任学生等"；"学生对学校的认同度主要指学生对学校的认可程度，包括学生的同学关系、是否愿意参加学校集体活动、是否喜欢学校以及在学校是否会感到孤独等问题"；"教师对教学方式的自评主要有三个指标，分别为因材施教、互动教学和探究与发展能力"；"学生对教师教学方式的评价……主要包括教师是否进行情境教学、鼓励学生动手实践等问题"。

2. 江苏省初中教育内涵发展与全面提升计划

江苏省在省域内初中布局规模趋于合理、办学条件显著改善的基础上，为进一步推进教育优质均衡发展，制定了一系列教育内涵发展与全面提升计划。2018年颁布的《江苏省促进初中教育内涵发展与全面提升计划》以"办好每一所初中，发展好每一位教师，培养好每一名学生"为指导思想，"坚持立德树人，发展素质教育，确立素质教育理念和以提高素质为核心的质量观，切实转变'唯分数'的办学思想，力戒应试倾向，坚决遏制各种名义的重点班与非重点班，让每一名学生得到应有的尊严与关爱"。重点在教师教育观念、教学管理、特殊群体等方面展开攻坚；加强教学常规管理，"建立健全作业布置、批改、评点制度，合理控制作业量，优化分层作业，创新作业方式"；深化教学改革，"改变教师教学行为，改变被动传授、机械训练、简单重复的课堂教学，提倡多种模式和各具特点的做法，引导和组织学生的深度学习，提高学生的学科核心素养"。2018年10月颁布的《江苏省义务教育学校标准化建设监测指标》将"均衡配置师资等教学资源，不设重点班、快慢班、特长班、实验班等，学生入学随机均衡编班"等校内公平内容纳入义务教育监测体系。

3. 浙江省的一揽子教育改革计划

在班级组织形式上，2007年《浙江省教育厅关于推进实施素质教育的意见》要求："不得以考试成绩排列学生、学校的名次，绝不允许出现学校按学生考试成绩与学生座位、学号挂钩的现象。严禁义务教育阶段学校举办各种类型的'实验班'、'提高班'、'创新班'"；关注学困生的教育过程，要求"各地各校要了解掌握学习成绩在后的20%学生的变化情况，特别是后20%学生与前20%学生之间的差距变化情况、后20%学生的学校分布变化情况，研究切实有效的措施，帮助和促进学习有困难的学生不断进步"。在高中阶段，坚决制止"选考班"和"学考班"等以"追求高分"为幌子、实际剥夺学生选择权的班级组织形式。

在学校招生上，2013年《浙江省人民政府关于深入推进义务教育高水平均衡发展的实施意见》提出"规范招生秩序。坚持免试就近入学，鼓励各地探索建立区域内小学和初中对口招生制度。坚持校内均衡编班，严禁在义务教育阶段设立重点校、重点班。坚持学习机会基本均等，深入推进'阳光招生'政策"。

在课程教学上，2015年《浙江省教育厅办公室关于改进与加强中小学作业管理的指导意见》对中小学的作业批改提出具体要求："重视作业批改的及时性和准确性。教师应合理使用各种批改形式，对布置的作业做到全批全改，并认真分析学生错误的原因，反馈改进教学过程。"2017年，为落实《浙江省教育厅关于深化义务教育课程改革的指导意见》，发布了《浙江省教育厅关于积极推进初中基础性课程分层走班教学改革的指导意见（试行）》，"采用适切的'学为中心'的教学方式。对于不同层次的学生，在制定学习目标、确定学习内容时要体现学生的差异，提高教学的针对性，通过学教方式的转变来推进分层走班教学改革"，"对学有困难的学生，重在让学生'学有所得'……对学有余力的学生，重在让学生'学有所长'……对少数学习能力特别优异的学生，在自愿的前提下，可采用循序渐进的自学作业，加大自主学习的比重"。

第二节　学校改革让内部公平落到实处

教育公平视域下的学校变革是落实国家、省级层面上教育变革的必然要求；学生身心发展与学业质量的培育规律也决定了关照每一个学生的健康成长需要学校的内部变革。学校在微观层面上通过改变课程结构、班级组织形式、学生管理等实践，促进教育公平，渗透国家和省域内对教育内涵发展以及高质量教育公平的理念和价值选择。

一、学校章程建设中的支撑机制

学校章程是支撑实现校内公平的重要载体，将每一个学生平等的发展机会与权益在学校实践中上升到制度层面；学校内部的制度安排、管理办法都不能违背学校章程的规定。2015年《教育部关于深入推进教育管办评分离，促进政府职能转变的若干意见》要求保证"一校一章"，明确了学生的管理条例、权利义务以及评价体系等内容。上海市建平中学经第十一次教职工代表大会决议通过本校章程，对教育教学中的因材施教及潜在弱势群体的补偿、学生基本权益及师生互动中的公平问题进行了细致、明确的规定。在教育教学管理上，注重培养学生的个性发展，实施班级授课制与学科走班制相结合的教学管理模式；在课程建设上，实施国家课程、地方课程以及校本课程三级管理；在培养学生上，对符合入学条件的家庭经济困难学生实施助学金等形式的资助，对路途遥远无法当日往返上学的学生提供必要的、符合国家标准的膳宿条件。为保障每一个学生在教学过程中的权益不受侵犯，要求教职工平等对待学生，关注学生个体差异，因材施教，促进学生充分发展，不得歧视学生，要尊重学生人格，不得对学生实施体罚以及变相体罚等侮辱人格尊严的行为，同时关心爱护全体学生，自觉促进学生在德智体等方面全面发展。[1]复旦大学附属中学作为上海市第一所接收西藏内地插班生的学校，高度重视在日常教学管理中使最大化的公平惠及少数民族学生。学校将对西藏学生的教学培养工作列入本校的学年及学期工作计划中，将"一视同仁"写进学校规章制度中，保障具体教学工作的顺利展开。在班级设置上，对西藏学生进行组合编班，编入同一寝室；在课程

---

[1] 学校章程[EB/OL]. 2015-09-01 [2019-07-12]. http://www.jianping.com.cn/index.php?a=lists&catid=161.

设置上，安排特选课与补差课，和其他学生一样参与运动会、文化艺术节以及班级活动；在师生关系上，教师对少数民族学生投入更多的关注，有些教师还把这些学生邀请到家中做客。[①]复旦大学附中以学校规章为牵引，在具体教学实践中真正落实少数民族"一视同仁"与"劣势补偿"为主的差异性政策，实现校域内教育公平发展。

二、教学管理中的差异性公平

1. 差异公平观引领下的"多样化"校本课程开发

学科教育标准设置完整的课程是实现教育过程微观公平的前提。如果一部分人接受的是完整的教育，另一部分人接受的是残缺不全的教育，那教育公平的内涵和意义必将大打折扣。[②]在我国基础教育进入"提质"阶段后，学校课程建设开始从"给所有儿童，不论背景如何，接受能力如何都提供共同的课程"的均衡性公平逐渐转向"根据不同儿童的接受能力、职业前景以及社会背景，给予不同的课程类型"的差异性公平的轨道。学校通过校本课程、选修课的开发，进而提供更加完整的课程，意味着越来越多的地方性以及个人性的知识经验开始进入学校课程体系，学生个体在学校生活中将体验到更多的自主权与选择权，这种结合自我决定与适当引导的课程结构是学校实现相对公平的重要尝试。校本课程的开发以学生的需要为根本前提，充分考虑学校、教师、学生的独特性与差异性；通过对本校学生的需求进行科学评估，充分利用当地社区和学校的课程资源，根据学校的办学思想来开发多样化的、可供学生选择的课程。[③]华东师范大学第二附属中学在"全面育人"办学思想的指导下，落实"六个百分百"育人模式，通过"课程超市"为本校学生提供超过300门的特色课程，并率先在上海市推出"大学先修课程"，充分满足学生的多样化需求。

2. 从"齐步走"到"自然走"的"走班制"教学组织管理

"走班制"是在多样化课程体系的基础上，学生根据自身的兴趣，选择到不同类型的班级中流动完成学习任务的一种班级管理形式。走班制打破了原有行政班整齐划一的学生管理。学生在自主选择的基础上形成了自己独一无二的课表，根据自身发展的兴趣和步调"自然走"。在具体的实践中，除了基于选修课的"走班制"，

---

① 王德耀，张之银.在祖国的大家庭里健康成长——复旦大学附属中学西藏插班生办学纪实［J］.中国民族教育，2010（06）：20-22.
② 王璐.均衡与优质：教育公平与质量［M］.济南：山东教育出版社，2015.
③ 崔允漷.校本课程开发：理论与实践［M］.北京：教育科学出版社，2002.

北京市第二十七中学开设航模校本课程，成立了模拟飞行小组，激发学生学习航空知识的兴趣。图为航模社团的学生在模拟飞行驾驶舱中学习飞行技能。（中国教育报刊社　鲍效农/摄）

还有根据学生的学习水平划分不同课程层次（如基础课程、拓展课程以及兴趣特长课程）以及根据学生的生涯规划进行层次划分的"走班制"，还可以根据考试科目，将课程的设置与不同类型的考核方式衔接。无疑，学校在肯定学生本质上是平等的前提下，也承认学生之间的差别是多种多样的，如性别、兴趣、才能等。传统的班级授课形式往往容易使一些学习能力出众的学生感到课堂教学内容重复，自己像是"复读生"；而学困生却对教师讲授的内容一知半解，成为班级中的"陪读生"。[1] 面对学生的差异，基于公平考虑与公平手段的统一教学并没有在教育过程与教育结果中实现最初的诉求。因此，充分考虑学生差别的"走班制"让每一个学生都能获得最适合自己的教育资源，是提升课堂教学质量、实现差异性公平的重要实践。北京市十一学校在"思方、行圆、意诚、志远"教学理念的指导下，改革课程体系，根据学生的实际需求，将课程分为特需、分层、分类、综合四类，学生通过必修课和

---

[1] 邓银城. 论教育过程公平与学生的差异性[J]. 湖南师范大学教育科学学报，2010（06）：43-46.

自选课，自主规划学习，补差援弱。在此基础上，学校配套进行教学组织形式的改革——整体走班，上什么课进什么教室。上午根据不同的课程层次整体走班，下午按照不同的选课需求走班。通过打破传统行政班的架构，学校将教学的重点从班集体拉回到每一位学生身上。

三、从"单一"走向"多样"的多元评价体系构建

人的发展应该是全面的，任何片面强调个体单一能力而忽视整体发展的评价体系都会人为造成特定素质匮乏群体的边缘化以及对应群体的中心化，并最终导致教育不公平。[1] 教学评价是学校教学的"指挥棒"。在传统的以学业成绩、升学率为主的单一评价模式下，似乎只有两种学生，即学习成绩好的学生和学习成绩不好的学生；同时，教师的教学活动以及随之附带的教育资源分配也会蒙上"功利化"的阴影。在公平诉求下，一把尺子不可能量所有的人，以成绩为导向的评价体系更像是以大多数人的"失"换取少数人的"得"的不平等交换，这样的"交换"并不能让每一个人都受益。校域内教学评价的多元化改革尊重每一个学生独一无二的价值，促进每一个学生的发展，即使是传统评价体系中的"末端"学生也能发现自己的特长。北京市海淀区的各中小学改革原有评价体系，在核心素养框架下，构建以学习品质为中心的促进每一个学生全面发展的"9L"评价体系，具体包括五方面九大关键指标：学习认知与体验层面下的学习认知因素、学习情感因素；学习动力层面下的学习动机评价、学习态度评价；学习能力与方法层面下的能力与方法评价；学习意志力与学习投入层面上的意志力与投入评价；学习效果评价。[2] "9L"评价体系涵盖整个学习过程中知、情、意、行的发展，弱化原有评价体系浓重的筛选、淘汰功能，挖掘每一个学生身上独特的学习品质，进而采取有针对性的提升应对措施；兼顾学生的学习过程与结果，帮助每一个学生学会学习；克服教师教学中的"功利化"取向，让教师关心、了解每一个学生，发现、满足学生的需要。

四、班级是推进教育公平的"最后一公里"

班级是学生受教育的主要场域，也是师生关系、教育资源分配的主要发生场

---

[1] 庞国辉.作为正义的教育公平及其方略——教育人性化视角中的教育公平[J].现代教育论丛，2016（06）：9-15.
[2] 陆云泉.学习品质评价：教育质量评价的"海淀模式"[J].中小学管理，2017（08）：9-12.

所。在班级中，只有每一个学生都受到充分的关注，学习困难能及时得到回应，学习权利能得到充分保障，才能实现真正的教育公平。班级课堂中的公平主要包括平等性的资源分配和平等对待每一个人。[①] 班级中由于师生双方互动产生的教育资源主要有：学习权利，如发言权、参与权、表达权等；学习机会，如被提问的机会、与教师互动的机会、使用班级学习资源的机会等；对班级中弱势群体的补偿，如对学困生、少数民族学生以及流动儿童等是否给予了特别的关注与补偿等。平等对待每一个人意味着班级中的每一个孩子，不论背景、出身如何，都受到了平等的尊重，实现了"去身份化"；每一个学生的尊严都得到了维护，包括爱的承认、成就的承认与法权的承认。在实现微观教育公平的过程中，班级资源是否能够平均分配、教师对待学生时是否做到了"一碗水端平"，这背后蕴含了教育公平的大道理，对学生的个人发展产生潜移默化的影响。以班级中最牵动人心的排座位为例。如何排座位才能更公平已经成为检验班主任素质的重要方式。大部分班主任出于对效率的考虑，根据学生成绩进行"论资排座"，导致班级前排学生成为教师关注的重点，而学困生聚集的后排则成为"沉默的大多数"。如此一来，这样的班级中会出现马太效应似乎也不足为奇了。相反，有的老师自身首先清除脑海中学生、座位有"三六九等"之别的观念，在排座位之前已经做了充分的调研工作，通过"望、闻、问、切"充分了解学生，并听取各科老师、家长的建议。在正式排座位之前，向全班同学明确排座位的思路，使同学们都能认识到全班所有座位都是"宝座"，形成"无差异化"的动态座位管理模式，在班级资源的分配中力争照顾到每一位学生，实现最大程度的公平。[②]

第三节 因材施教把握校内公平关键

从一视同仁到因材施教，可以发现教育公平开始从"均衡化"向"差异化"的转换，这意味着教育公平从"机会均衡"向"过程公平"发展，同时也是校内公平真正落地的契机。

[①] 冯建军. 课堂公平的教育学视角 [J]. 教育发展研究，2017（10）：63-69.
[②] 张小英，高继生. 小座位中蕴含的大道理 [J]. 课程教育研究，2017（40）：173-174.

一、教师行为影响学生的公平感

1. 教师是学校教育的第一资源

2013年9月,习近平总书记在同北京师范大学的师生代表座谈时指出:"一个优秀的老师,应该是'经师'和'人师'的统一,既要精于'授业''解惑',更要以'传道'为责任和使命。"[①]一名优秀的教师,既要做学生的"经师",即向学生传授科学知识、技能等内容;也要做"人师",也就是教师要不断提高自己的道德修养以及人格魅力,用自身的师德、言行举止潜移默化地影响学生、塑造学生。教师作为学校最重要的教育资源,他们的一言一行都会对学生产生重要的影响。如果说班级是实现校内公平的"最后一公里",那么教师则是完成"最后一公里"的"冲刺者"。教书育人,首先要具备广博的科学文化知识、精深的专业知识,以培育学生的专业素养及职业能力。"亲其师"才能"信其道",除了广博的知识外,教师的言行、态度同样是促进学生发展的外在动力。教师自身高尚的师德,关爱每个学生、发现每个学生的优秀品质的仁爱精神,不断提升自身专业能力的自觉性,谦虚的品格,都能潜移默化地影响学生对待自己、他人以及社会的态度,让学生能够透过教师、学校看到自身个性成长的可能性。

因此,提升教师的专业性和加强师德建设是匡正教师受错误思想引导,纠正教学实践中育人思想模糊、功利思想严重,带着有色眼镜看学生,对学优生额外关注,以成绩衡量学生等不当行为的关键所在。教师立德正己,首先在于树立正确的学生观,"热爱每一位青少年,一心扑在学生身上,承认学生有不同的特征和禀赋并且善于使每个学生都学到知识。他们的成功在于相信人的尊严和价值,相信每个孩子内在的潜能"[②],让学生管理自身也成为一种教育力量,发挥每个人的聪明才智,为形成有利于每一个学生生动活泼发展的集体而努力,使人人都能在集体中有自己的平等地位,能为集体做出自己的贡献,又能从集体中汲取力量、感受温暖、学会协作。[③]

2. 公平对待学生是教师的基本责任

教师公正即教师给予每个受教育者应当得到的合理需要和评价,是教师德行的核心构成要素之一。[④]教师教学中的公平意识并不是在教师入职之初就不言自明的,

---

[①] 习近平.做党和人民满意的好教师——同北京师范大学师生代表座谈时的讲话[N].人民日报,2014-09-10(02).
[②][③] 叶澜.新世纪教师专业素养初探[J].教育研究与实验,1998(01):41-47.
[④] 叶澜.教师角色与教师发展新探[M].北京:教育科学出版社,2001.

只有当教师不断提高自己的专业能力，不断反思自己的教学实践，加强自身的师德建设，才能领会教育公平显而易见的正确性和必要性。宏观层面上促进教育公平的种种措施只有细化并渗透到教师的教学实践中，才能真正发挥作用，否则教育公平就是一张空头支票。学校内部微观层面上的教育公平在优先保证所有学生享受校内教育资源的一致性与无差性基础上，更加注重以师生关系为媒介的育人方式的合理差异性，强调不同人不同对待方式的教师行为合理性，将公平的焦点置于学生的切身利益与自我发展上，目的在于为每一个学生提供最适合其个性的教育帮助，体现教育公平本质上促进每一个学生全面发展的内涵。因此，教师是实现校域内教育公平的主体，同时也是教育过程中影响学生主观公平感的重要他人。在国家、省域层面上以及学校层面上，都明确了教师公平对待学生这一义务的必要性。教师不但是学校层面上教学实践的主体，也是班级资源分配的绝对权威，甚至教师本身也成为一种教育资源。教师只有真正将公平纳入自己的教学考虑，才能真正做到公平分配教育资源、平等对待每个学生，进而在实践中领会教育公平显而易见的正当性，承担起教育公平的责任。教师履行教育公平责任在于对每个学生差异的尊重，发现每个学生独特的生长需要，满足每个学生的教育需要；承认学生之间存在差别，但不能以此为依据进行道德判断；承认学生之间教育需求的差别，但要兼顾所有学生平等的教育利益。

3. 教师行为是塑造学生公平感的基调

教师与学生在教学过程中的互动构成了学生校园生活经历的主要内容。通过教师的行为，让学生认识到一个公平、民主的社会的构成因素是什么。因此，校内、班级中学生的公平经历是塑造学生公平感的主要因素。合理的师生关系的基础是基于公平、权利、责任等基本概念的教师行为模式，其目标在于建立学生的公平感、自信心，鼓励他们无论是在课堂上还是在现实社会中，面对不同背景的他人，他们的行为都能承担起构建更加公平的社会的个体责任。因此，在鼓励学生建立起他们自己关于公平的概念时，以师生关系为主的学校经历会产生根本性的影响。非公平性的经历和负面的学校经历可能会对学生产生一定的积极作用，例如更强的自主性、更多的批判性态度以及为了争取更加公平的待遇而主动付出努力的个人意愿等，[①]但从长远来看，负面影响可能会更大。就个人气质及学业表现而言，会造成学生焦虑、缺乏安全感、低自尊等，而这些又会间接导致学生在学习上缺乏动力、不够刻苦和缺乏责任心，甚至会导致反抗性的破坏行为，还可能会造成学习成绩的下

---

① Stephen Gorard, Emma Smith. 教育公平：基于学生视角的国际比较研究[M]. 窦卫霖，胡金兰，孙媛媛，黄国丹，译. 上海：华东师范大学出版社，2018.

降；就社会态度而言，将会使学生对社会公正性存疑，同时对参与社会事务态度消极，还可能让学生在对待他人，尤其是对待弱势群体以及其他与自己"不同"的人时，态度变得十分狭隘、多疑和具有侵略性。[①]

二、从"一视同仁"到"因材施教"

1. 强化识"材"能力，追求公平而有差异的教学实践

我国自古就有孔子提出的"有教无类"的教育传统，作为教师教育实践的指导思想，要求教师无论学生出身贵贱、资质好坏、个性差异，只要一心向学，都应该给予同等的受教育机会。在普及义务教育阶段，学校以及教师必须倚仗这种"一视同仁"的教育公平，才能保证每一个学生，尤其是潜在的弱势群体最基本的受教育权利。然而，教育对平等的追求是所有理想中最不知足的一个。"同样地对待每一个儿童并不是平等，真正的平等应该使每个儿童都有相同机会得到不同方式的对待。"[②] 在几乎所有的学生都能使用水平相当的教室、接受统一安排的学习计划、体验教师统一的教学方法、接受统一标准的学业测量后，我们依然发现一些学生游离在教学活动的边缘，学习动力匮乏，遭受学业失败。加德纳曾说过，教学最大的失误就是"假定全体儿童是没有差异的同一个体，而以同一方式教授同一学科般地对待全体儿童"[③]。我们不仅应该允许差异，还要承认差异、重视差异、培养差异。[④] 1999年我国开始大力倡导素质教育以来，除了在课程领域不断摸索多元化育人课程体系的设置，激活教师因材施教育人思想也是改革落地的重中之重。教师的因材施教是指根据不同学生的具体需要进行有针对性的指导，并制订出差异性的培养方案，使之达成与学生个体素质最贴合的发展目标，最大程度地发挥每个学生的个性才能。教师因材施教的前提是对学生充分了解，了解每一个学生的学习风格，了解每一个学生的准备水平，了解每一个学生的学习兴趣，进而为学生设计差异化的学习任务。

2. 提升育"材"能力，践行差异性公平

每个学生的智能特点是不同的。多元智力理论认为，构成人类智能的因素有八种或者九种，但智能结构的不同组合导致世界上根本没有两片完全相同的叶子。教

[①] Stephen Gorard, Emma Smith. 教育公平：基于学生视角的国际比较研究[M]. 窦卫霖，胡金兰，孙媛媛，黄国丹，译. 上海：华东师范大学出版社，2018.
[②] 托尔斯敦·胡森. 平等——学校和社会政策的目标[M]//张人杰. 国外教育社会学基本文选. 上海：华东师范大学出版社，1989.
[③] 邓志伟. 个性化教学[M]. 上海：上海教育出版社，2002.
[④] 顾明远. 因材施教与教育公平[J]. 现代大学教育，2007(06)：1-3.

师在充分了解学生认知与情感特征的基础上，如何有的放矢地通过差异性教学发挥每一个学生的特长，离不开教师教学能力的提升。从国家层面上，《中学教师专业标准》要求全面提升对教师综合素质的要求；从学校层面上，校本研修制度的日臻完善充分挖掘了教师的教学潜能，帮助教师超越自己，提升教学能力，做到把准每一个学生发展的脉搏，提升学生自主学习的积极性，让学优生出色发展、学困生自信发展。更好育"材"，要求教师首先要转变以分量人的思维定势。因材施教并不意味着要根据成绩将学生分为三六九等，而是在研究学生群体的认知规律、性格特点的基础上，熟悉具体学生的特点，在教学中既要把握共性进行集体施教，又要根据学生独特的个性特点进行个别教育，将教育真正视为面向人、培养人的活动。在学科教学中，教师在钻研学科专业基础知识的同时，还要了解学生的认知发展水平，转变将学生视为被动接受知识的容器的学生观，了解学生的最近发展区，促使每一个学生都能自觉参与到课堂教学活动中，提高学生的认知发展水平。在教学策略上，真正的平等并不是一视同仁，并不是对异质性群体运用一模一样的教学法，正所谓"教学有法，但无定法，贵在得法"，教育教学有规律可循，但是更要区别不同学生的不同情况，以此来确定教育教学的方法，选择适合具体学生群体与个体的方法与进度，在一致的基础上尽可能地兼顾个别。①

我国著名特级教师于漪老师在数十载的教学生涯中始终把学生放在第一位："教学要在学生身上起作用，学习者就必须是第一因素，没有学习者就没有学习"；"课堂虽有学生，但教学时不研究和考虑他们的实际，岂不是和没有学生一样？"于漪老师不仅是这么想的，也是这么做的。为了了解每一个学生的情况，于漪老师通过望、问、听、阅，为每个学生建立贴合自己情况的学习资料，并进行材料追踪，时时了解每一个学生的学习动态。在学习之外，为了和学生的"心弦对准音调"，首先在发现上下功夫，让学生的思想、品德、爱好、心理特征等进入自己的脑中；在发现的基础上，于老师还做到了真正理解学生，设身处地地站在学生的立场上，少一些阻、拦、挡，多为学生的发展出谋划策。例如，于老师班上有个学生是球迷，上课总会不由自主地来几个投篮动作，思想自然不能集中，作业也是写得一塌糊涂，许多老师都只是批评过后再谈几点要求，几乎没起什么作用。于老师在深入了解后，肯定、支持、鼓励这位同学的运动精神，还去比赛现场给他加油助威。渐渐地，这位同学的心扉打开了。他说："学习上我比不上他们，但篮球上我是英雄，我把他们'踏平'。"于老师听后肯定了他的勇敢与志气，然后逐渐纠正他

---

① 陶西平. 现代化进程中的校长使命[N]. 中国教育报, 2008-01-08（5）.

认识上的偏颇。师生达成共识，学生成长就更为健康。[1]

三、分层教学：为学生提供不同的支架

分层教学就是教师根据学生的不同发展水平和发展速度，确立相应的教学层次，以适应学生最近发展区和最佳发展期的教学。分层教学的内核是因材施教，是对学生差异的正视与回应，避免了"步调一致""一视同仁"式的初步公平造成的班级中学优生"吃不饱"，而学困生"吃不着"的困境，面向全体学生，站在学生个体已知与未知的临界点上，点燃学生的发展动力、潜能。随着素质教育、核心素养的提出以及新的招生考试制度的谨慎探索，我国的分层教学大致经历了以学生学习成绩为基础的能力分班，逐渐走向丰富化、多样化分班形势的过程。新中国成立后，随着全国统一招生制度的确立以及重点校政策的实施，催生出了应试教育思想下按照学生学习成绩编班，进行分层教学的形式。从本质上来说，这种分层教学对学生个性发展的关注仅停留在以成绩为基础的能力上，依然没能逃出片面追求升学率的圈子。20世纪90年代，随着素质教育的兴起，国家要求"应试教育从只面向重点学校（班）和升学有望的学生转变为面向全体学生"[2]，同时就近入学政策使各级各类学校生源结构发生变化，学生之间的个体差异性以及社会对教育质量要求的提升，推动了新时期对多种形式分层教学的研究与实施。进入新世纪以来，随着新课改、新高考以及核心素养的提出，分层教学无论是在理论上还是实践上，都走向关注所有学生个性发展的多样化、可选择。具体来说，主要有学生分层、目标分层、课程分层、作业分层和评价分层等几个方面。[3]

1. 学生分层

按照学生的学习能力进行分班教学或者在一个班级内开展分组教学。根据进步状况，学生可以在不同层次的班级或小组间流动。

2. 目标分层

根据课程标准的要求以及班级中各层次学生的可能性水平，教师制定与各层次最近发展区相吻合的分层教学目标。低层目标从识记入手，理解教材最基本的内容，达到课程标准的基本要求；中层目标即能够将所学的知识进行灵活运用，可培

---

[1] 于漪. 岁月如歌 [M]. 上海：上海教育出版社，2007.
[2] 关于实施《现行普通高中教学计划和调整意见》和普通高中毕业会考制度的意见 [N]. 中国教育报，1991-7-29.
[3] 黄忠敬. 分层教学：为学生提供不同的"支架" [N]. 中国教育报，2013-01-04（06）.

养学生分析问题的能力;高层目标即能够将所学的知识用于解决实际问题,培养学生的综合能力和创造性思维。

3. 课程分层

改变传统行政班的教学制度,形成流动的"走班制"。根据课程的难易程度分为A、B、C或低、中、高三个层次,学生可以根据自己的兴趣、发展水平和未来职业规划等因素选择不同的课程层级。

4. 作业分层

针对学生的差异,将作业设计分为三个层次:第一层是面向全体学生的基础型作业;第二层是面向大多数学生的拓展型作业;第三层是面向少数学有余力学生的提高型作业。同时,改变布置作业的方式,变"布置"作业为"推荐"作业,变教师分配为学生自编,实行弹性作业制度、学生互帮制度等。

5. 评价分层

树立多元评价标准,变竞争性评价为激励性评价,学会欣赏、发现每一个学生的闪光点。根据不同层次学生的不同学习目标,分层评价其基础性学力、发展性学力和创造性学力。不仅关注优等生和中等生,更关注后进生,既评估平均分、及格率和优秀率,也评估不及格率和后30%学生的平均分。

但要强调的是,分层是一种手段,而不是一种定式,更不是分级。促进学生的个性发展,使学生的特点成为亮点是分层教学的本质。

第四节 促进学生个性发展开启校内公平新征程

教育发展的时代主体无论怎么变换,教育的本质与根本目的始终是促进人的发展,但教育"能否促进所有学生的发展,它涉及教育改革的道德正当性问题"[①]。后基础教育改革时代,每个学生的公平发展的实质是个性的发展。马克思和恩格斯在《共产党宣言》第一章中说道:"每个人的自由发展是一切人的自由发展的条件。"他们还在更多的地方说到了发展人的才能、能力、志趣、需要、爱好等属于个性范畴的内容,"马克思的全面发展学说,其实质就是个性发展"[②]。因此,"只有尊重个性与差异的教育,才是有生命力的教育,才是符合科学规律的教育","才能有效地

---

① 吴康宁.教育改革成功的基础[J].教育研究,2012(01):24-31.
② 张楚廷.全面发展即个性发展[J].北京大学教育评论,2004(02):70-74.

引领科学化的教育公平"。①宏观国家层面引导下的学校内部满足学生多元化发展的教育改革以及教师素质师德、专业能力的提高一定程度上都在为学生的个性发展保驾护航,但这并不必然转化为学生个性得到足够的重视与发展。因此,在学校内部,在培养学生共性的基础上,如何让每一个学生的"特点"变成"亮点",是实现微观教育公平、提升教育质量的应有之义。

一、学生发展:让"特点"成为"亮点"

高考改革从根源上促进学生的个性成长。高考无疑是中国教育的"指挥棒",高考不但是学生学业质量评价的标尺,也是学校考核教师的主要指标,更是上级部门考核学校教学质量的重要内容。我国近些年来进行的一系列高考改革试点都为学生的个性成长、增加学生的选择权提供了较之以往更大的空间,力图从源头上改变以往中国教育过于注重共性培养的偏颇。2014年,我国的高考改革进入综合改革的新阶段,目标是"建立中国特色现代教育考试招生制度,形成分类考试、综合评价、多元录取的考试招生模式"②,凸显了促进学生个性发展的政策意图。首先在考试科目上,新高考制度力图解决文理分科制度造成的学生学科素养匮乏、学习兴趣以及个性发展受阻的问题,开始了不分文理,减少考试科目,扩大考试选择权的探索时期。从上海、浙江的试点实施情况来看,考生的文理交叉率分别达到了78%和80%。在考试形式上,为了改变"一考定终身"给广大学生带来的学业压力,增加学生被录取的机会,在试点地区进行英语科目"一年两考"。在计分方式上,根据学生认知水平、认知结构的差异,采用等级计分的方式,避免学生"分分计较"。③

新时期的高考改革制度使教育的定位重新回归教育的初心——培养人才。如果说因材施教是让教师认识学生,那么新高考则教会学生认识并接纳自己,根据自身特点在学习过程中自主选择、扬长避短,成为最好的自己,最终自然而然就会在考试中取得很好的成绩;整个过程不再是一个学习的"异化"过程,而是通过懂得自己、学会选择、承担责任,促进自我成长、个性发展的过程。新高考最大的特点就是增加了学生的选择权,考试科目可以自由选择,每一种组合方式背后都隐藏着学生个体的兴趣与爱好,每种科目组合之间不再有"好"与"差"之分,更多的是合

---

① 李烈.在尊重个性与差异中追求教育质量[J].基础教育质量参考,2012(14):3-6.
② 国务院关于深化考试招生制度改革的实施意见[EB/OL].中国政府网,2014-09-03[2019-07-12]. http://www.gov.cn/zhengce/content/2014-09/04/content_9065.htm.
③ 袁振国.在改革中探索和完善具有中国特色的高考制度[J].华东师范大学学报(教育科学版),2018(03):1-12.

适与不合适之分。教育的筛选功能被弱化，自然而然回归到育人本质中。以新高考在上海的试点为例，学生可以从6门学科中选择3门作为高考学科，学生就拥有了20种高考学科组合的选择。在浙江，学生可以从7门学科中选择3门作为高考学科，学生就有了35种高考学科组合的选择。在浙江省的招生方案中，学生更是拥有填报80个按照专业区分的平行志愿的权利。① 学生选择权的扩大拓宽了高考的渠道，也缓解了考生和学校的压力，形成"扬长避短"的学习氛围。

二、让学生学会选择

让学生在选择中学会选择。自由与责任是一个硬币的两面，差异性、个性化教育改革扩大了选择的范围，为学生争取到了更多的选择权，同时也暗示学生要承担更多的责任。学生在课程作业、选修课、"走班制"、高考考试科目上有了选择自由，随之而来的就是唤醒自己的选择意识、提高选择能力、合理化选择依据、制订和执行选择计划、承担选择后果，从而成就自我。因此，学生学会学习与学会选择同等重要。学校、教师如何利用选择机会来提高学生的选择能力，从而为学生学习的自主性和个性化发展做准备，是当前教育实践的基本指向。学校在确保学生已经享有一定选择权的基础上，引导学生了解学会选择的前提在于确立其选择意识。② 传统应试教育中，学生习惯了被家长、教师、学校安排一切，长此以往，容易形成依赖心理、思维惰性，即使被赋予了一定的选择自由，也极易盲从别人，畏惧选择。因此，选择自由在一定程度上也是一种教育方式。如同人只有在爱中才能学会爱，也只有在宽松的可选择的空间中才会激发选择意识。学校也只有通过宽松自由的教育环境的创设，才能让学生在选择中学会选择。

以立德树人引导学生提升选择能力。2018年全国教育大会强调学生思想道德素质在学生整体素质中的根本性与引领性地位。习近平总书记说："人无德不立，育人的根本在于立德。"立德树人价值导向确定了学校扩大学生选择权的基本方向在于"树人"，在育人为本的前提下，通过合适的教育介入促进学生整体发展与个性发展；立德树人突出了学校在传授基础知识、基本技能的同时要引导学生建立社会主义价值观，③ 从而引导学生个体的选择，提高学生个体的选择能力。因此，提高学

---

① 周彬．指向学生个性成长的高中教育转型——基于上海与浙江高考改革试点的实践研究［J］．中国教育学刊，2017（04）：28-32.
② 陈宁军．论学生选择能力的培养［J］．中国教育学刊，1999（06）：20-22.
③ 王定华．把立德树人作为基础教育根本任务［J］．人民教育，2012（24）：1-4.

生选择能力，让学生学会选择，离不开学校关于立德树人的价值引导。在尊重学生自主选择权、构建宽松环境激发自主选择意识的前提下，学校、教师对学生实施恰当的价值引导是必要的。在多元社会，网络传播无孔不入，多种价值观并存，学校里也不例外。因此，个人的选择在一定意义上就是价值观的选择。不同选择的背后可能是价值观的相互冲突，甚至是彼此对立，学生可能会面临许多困惑。立德树人价值导向下的学生自觉树立远大理想，将个体选择与民族命运、共同理想相结合，在勇于承担、敢于探索、积极创新、提高实践能力的自主选择中实现自我。

三、学习科学引领下的学习改革

　　学习科学是一个研究教和学的跨学科领域。它研究各种情境下的学习——不仅包括学校课堂里的正式学习，也包括发生在家里、工作期间以及同伴之间的非正式学习。学习科学研究的目标，首先是为了更好地理解认知过程和社会化过程，以产生最有效的学习，其次是为了用学习科学的知识来重新设计我们的课堂和其他学习环境，从而使学习者能够更有效、更深入地进行学习。[①]在纷繁的学习科学领域中，最为吸引人的当属基于脑科学的学习研究以及技术支持下的学习研究。尤其是搭上互联网的快车后，学习科学更是取得了突破性的进展。脑、心智和（真实情境中的）教育可以建立一定的联系，如功能性磁共振成像技术（fRMI）等先进技术使人们对学习和记忆的脑机制有了更深刻的了解，并促进了学习环境和学习模式的变革，通过脑成像技术对实施效果进行评估，最终证明基于脑机制的游戏化教学对学习者大有裨益。脑磁图描记术（MEG）可以让我们更深入地了解社会互动和感觉运动经验是如何影响儿童的语言学习以及幼儿为什么能从人类老师身上而非电视上学会外语。

　　除了脑科学，大数据（Big Data）近年来发展得极其迅猛，学习科学领域的研究者也已经开始逐渐将基于大数据的学习分析融入学习实践之中。[②]基于计算机的交互式科学实验环境（Microworlds）的设计和开发能够即时对学习过程中产生的数据进行自动保存和快速分析，进而生成实时报告，对教师、学生进行反馈，以助其改善教学实践和实验设计，促进学生对物理、生物、地球科学等领域的探究式学习；通过在线学习工具，基于大数据对学习者的网络自主学习的分析，追踪学生的学习

---

① R. 基思·索耶. 剑桥学习科学手册 [M]. 徐晓东, 译. 北京：教育科学出版社，2000.
② Shum, S. B. UNESCO Policy Brief: Learning Analytics [DB/OL]. [2014-10-08]. http://iite.unesco.org/pics/publications/en/files/3214711.pdf.

行为，一方面在内容上能够满足不同学生的学习需求，在形式上也能支持学习者对学习内容的搜索、检查、合并、加工和转化等，另一方面能够自动收集学习者的这些活动信息，尽可能详细地描述每个学习者的学习过程。为教师反思课堂教学而研发的课堂讨论分析工具"课堂话语分析仪"（CDA），依据学习分析理念设计，能够针对一节或多节课的课堂讨论进行分析，并将每个学生的发言、老师发言、师生对话模式和风格等数据信息自动整合，以互动式图表形式提供给老师，帮助老师及时反思和改善课堂教学实践。[①] 学习科学的已有研究成果，目前来说都停留在小规模的使用阶段，但脑科学以及大数据技术的发展正在为教育工作者、人类揭开"人究竟是如何学习的"这一问题的神秘面纱，从更深层次上揭示个体认知特点和规律，并据此调整、优化课堂教学环境或者创设新型的学习环境和学习活动，干预学习和教学，促使深度学习的发生。

教育公平发展的重心从机会公平到校内公平，是我国从"更多"的教育向"更好"的教育的转变。随着信息化、网络化、智能化时代的到来，人民对多元化教育的需求会更加强烈，继续深化对教育过程公平、校内公平的努力，我们才能沿着更高质量、更加公平、更多元的公平之路不断前进。

---

① Chen, G., Clarke, S. N., & Resnick, L. B. An analytic tool for supporting teachers' reflection on classroom talk [A]. In: Proceedings of the 11th International Conference of the Learning Sciences (ILLS) [C]. Colorado, USA: Boulder, 2014: 583–590.

第十五章
以信息化促进教育公平

信息化在我国促进教育公平政策的实施过程中发挥着越来越重要的作用。在利用信息化促进教育公平的过程中，特别是1999年以来，教育信息化系统部署不断迭代完善，技术优势在均衡、优质、个性的层面上不断深化，推动了教育公平的信息化措施颗粒度渐细，同时，信息化的适宜性方法多路径并进，提升了教师教育教学的能力，从而展现出一幅具有中国特色的信息化促进教育公平的历史进阶图。

早晨 7 点 40 分,可欣已经坐在课桌前,打开桌上的平板电脑,开始了自己今天的第一堂课——"彩虹花"晨读课。可欣是吉林龙潭阿拉底小学的一名学生。这所学校只有一名学生,也只有一名教师,难以开足、开齐课程。此刻在网络上,共有 1 026 个班级的学生和她一同学习这门课,线上的教师是来自全国各地的名师,而身边的教师更像妈妈,坐在旁边辅导她参与网络课程。就是利用这种方式,可欣在这所一个人的学校学到了所有学科的课程,而且每一个给她上课的教师都很优秀。线上的老师们评价她说:"可欣越来越自信,越来越可爱了!"根据 2016 年的数据,百人以下的小规模学校在全国有 10.83 万所,占乡村小学和教学点总数的 56.06%。

王莉莉老师是一所农村小学的教师,教龄已经有 30 年。她完全没想到,50 岁的时候还有机会参与乡村教师网络培训。她说,作为一名乡村教师,学习的机会不多,但渴望提高、渴望成长的心依然强烈。网络培训及社群化学习带来了前所未有的机会及便利,足不出户就可以学到先进的教学理念和教学技能,提升教师的幸福感及获得感,使教学生涯全新起航。

第一节　信息化成为促进教育公平的有力工具

教育公平是社会公平的基本体现,也是现代文明中人们对人身自由、平等权利的追求的价值体现。我国人口众多,地域广阔,不同区域之间、城乡之间、校际之间发展不平衡的问题凸显,教育公平面临很大挑战。在共和国的成长历程中,政府、社会与教育部门始终在追求教育公平的道路上不懈努力。随着经济与社会的发展,教育公平问题在不断得到解决的过程中又逐渐呈现出均衡、优质、个性并存的多元需求:一些偏远地区因师资匮乏而开不齐课;条件好的地方对于追求个性的诉求则越来越强烈。

随着信息技术的发展,信息化在创新教学模式、促进教育变革方面的优势突显,在满足不同层面教育公平的需求方面也呈现出越来越多的可能性。例如,计算机网络、卫星网络、通信网络、多媒体等技术使资源共享越来越容易,不同地域的学习者可以在低成本、高效率的情况下共享优质课程资源,有助于消除区域差距、城乡差距、校际差距,克服传统资源配置模式与师资短缺的弊端;基于网络的社交媒体、互动平台的发展使跨地域的交流与辅导越来越顺畅,能够有效地促进异地教研与教学等活动的开展，有助于教育质量的提升；大数据、学习分析、人工智能等技术的发展更为在大规模教育的背景下进行精准的个性化学习提供了可能。

基于信息化的种种优势，我国在20世纪末就开启了利用信息化促进教育深度变革的大规模行动，而教育公平这一主题在这些行动中从未缺席。在1999年6月第三次全国教育工作会议上，中共中央、国务院颁布《关于深化教育改革，全面推进素质教育的决定》，明确提出："采取有效措施，大力开发优秀的教育教学软件。运用现代远程教育网络为社会成员提供终身学习的机会，为农村和边远地区提供适合当地需要的教育。"近年来，利用教育信息化带动教育现代化，实现教育公平的相关政策也在不断出台。

2010年《国家中长期教育改革和发展规划纲要（2010—2020年）》（以下简称《教育规划纲要》）重点提出"充分发挥现代信息技术作用，促进优质教学资源共享""重点加强农村学校信息基础建设，缩小城乡数字化差距""建立开放灵活的教育资源公共服务平台，促进优质教育资源普及共享……继续推进农村中小学远程教育，使农村和边远地区师生能够享受优质教育资源"等若干措施，也是通过信息技术促进优质教育资源共享，进而促进教育公平和均衡发展。

2013年8月29日，李克强总理在主持召开国家科技教育领导小组第一次全体会议上强调要"运用现代信息技术，让贫困地区的孩子共享优质教育资源。在教育公平上要多想办法、多做实事"[①]。

2013年11月12日中共十八届三中全会通过的《中共中央关于全面深化改革若干重大问题的决定》中明确提出，要"大力促进教育公平，……构建利用信息化手段扩大优质教育资源覆盖面的有效机制，逐步缩小区域、城乡、校际差距"。

2016年，教育部颁布《教育信息化"十三五"规划》，为我国"十三五"期间的教育信息化在提升教育质量、促进教育公平、推进教育现代化和服务社会经济发展等方面提供了详实蓝图。

2018年4月18日，教育部发布《教育信息化2.0行动计划》，形成了"三全两高一大"的发展目标和"八大行动计划"的举措支撑，其中，"网络扶智攻坚工程行动""智慧教育创新发展行动""信息素养全面提升行动"这三大行动计划表现出消除教育"数字鸿沟"的统一逻辑，进一步指导教育信息化促进教育公平。时任教育部副部长的杜占元指出，教育信息化是促进教育公平、提高教育质量的

---

① 李克强强调：注重教育公平，推动科技创新［EB/OL］.中国政府网，2013-08-31［2019-5-6］.http://www.gov.cn/ldhd/2013-08/31/content_2478487.htm.

有效手段。这不仅突出强调了教育信息化发展的重要地位,更为教育公平的实现找到了突破口。[①]

第二节 促进教育公平的信息化措施越来越精细

提高学生的信息化学习与生存能力有利于学生应用各类信息资源与平台开展灵活性学习,满足个性化的发展需求。自2012年以来,全国校园基础设施日益完善,优质资源日益丰富,教育信息化政策的关注点逐渐从学生发展的外围环境建设转为应用信息化手段促进学生适性发展,包括"学习方式变革""建立以学习者为中心的教育环境,提供精准推送的教育服务""精准扶智""基于精确数据,有针对性地指导学生学习"等。学生的个性化发展属于教育公平的高位发展目标,基于数据分析的个性化供给将成为促进高位教育公平的重要趋势。

现有政策在关注基础设施、教育资源、教师能力、学生发展等重点要素的同时,特别注重区域差异化的施策方略。从《关于深化教育改革,全面推进素质教育的决定》中提到的"农村和边远地区"到"农村绝大多数中小学""中西部农村地区""农村学校""片区学校""不具备网络条件的农村学校""民族地区",再到"农村、边远、贫困、民族地区""三区三州""两类学校"等,落后地区和贫困群体始终是教育信息化政策的焦点。随着国家精准扶贫战略的提出,对深度贫困地区进行差异化重点推进信息化建设,对促进教育公平具有重要意义。

颗粒度是和精准性、个性化密切关联的。我国在教育公平方面的信息化举措,随着时间的推移,所关注事项的颗粒度越来越小,体现了信息化举措的逐渐深入和细微精准。

一、网络:从"校校通""班班通"到"人人通"

为加快在中小学普及信息技术教育的步伐,构建加强社会、学校与家庭之间信息交流的立体网络,2000年教育部下发了《关于在中小学实施"校校通"工程的通知》,决定在中小学实施"校校通"工程,用5—10年的时间,使全国90%左右的

[①] 王美,徐光涛,任友群.信息技术促进教育公平:一剂良药抑或一把双刃剑[J].全球教育展望,2014,43(02):39-49.

独立建制的中小学校能够上网，使中小学师生都能共享网络教育资源，提高中小学的教育教学质量，用较低的成本获得丰富而优质的教学资源和课程，最终实现资源共享。"校校通"的作用主要体现在扩大学生视野、增强学生学习兴趣、缩小城乡信息资源差距、缩小城乡"数字鸿沟"等方面。党的十八大以来，我国中小学网络教学环境大幅改善，教育信息化应用的基础条件进一步夯实。全国中小学校互联网接入率由 2012 年的 25% 提升至 94%，多媒体教室的配置比例由 2012 年的 40% 提升至 80% 以上，每百名中小学生拥有计算机 12 台，部分东部地区率先启动无线教育城域网、校园网和"智慧校园"建设试点。① 截至 2019 年第一季度，全国中小学（除教学点外）中，97.7% 的学校实现网络接入，配备多媒体教学设备的普通教室 345 万间，93.4% 的学校已拥有多媒体教室，其中 73.3% 的学校实现多媒体教学设备全覆盖；学校统一配备的教师终端、学生终端数量分别为 985 万台和 1 438 万台，比上季度分别增长 4.0% 和 4.8%。②

随着农村中小学现代远程教育工程建设的结束，我国基础教育基本实现了"校校通"，基础教育信息化建设取得了阶段性的成果。在基本实现了"校校通"以后，各地教育部门纷纷将目光转向了"班班通"。2008 年，教育部明确提出要"积极开展中小学现代远程教育，努力推进'班班通，堂堂用'"。为更好地引领"班班通"的建设与应用，中央电化教育馆于 2010 年提出了《班班通综合解决方案》，获得了较好的社会反馈。各省份在"班班通"建设方面均取得了突破性的进展，对基础教育信息化的发展起到了重要的推进作用。截至 2015 年，基础教育启动"一师一优课、一课一名师"活动，已有 1 400 万名教师参与，晒课 1 290 多万堂；鼓励企业系统开发并积极推广与教材配套的基础性资源，一大批企业开发的资源已覆盖所有主流版本教材；全国 29.5% 的中小学建有校本资源，36% 的中小学实现全部班级应用数字资源开展课堂教学，涌现出安徽、上海普陀及山东昌乐一中、哈尔滨香滨小学、郑州二中等一批区域应用和学校应用的典型。职业教育建设了 56 个专业教学资源库，国家开放大学汇聚优质网络课程 3.3 万门，总量达 60 TB。高等教育在"爱课程"网上有在线资源共享课 2 621 门、视频公开课 810 门。③ 目前，2019 年度

---

① 这 5 年，我国教育事业全面发展［EB/OL］.中华人民共和国教育部政府门户网站，2017-10-23［2019-07-20］.http://www.moe.gov.cn/jyb_xwfb/xw_zt/moe_357/jyzt_2017nztzl/2017_zt11/17zt11_bd/201710/t20171023_317194.html.
② 2019 年 3 月教育信息化和网络安全工作月报［EB/OL］.中华人民共和国教育部政府门户网站，2019-4-30［2019-07-20］.http://www.moe.gov.cn/s78/A16/s5886/s6381/201904/t20190430_380240.html.
③ 加快推进"三通两平台" 全面深化应用以教育信息化带动教育现代化［EB/OL］.中华人民共和国教育部政府门户网站，2015-5-15［2019-07-20］.http://www.moe.edu.cn/jyb_xwfb/xw_fbh/moe_2069/xwfbh_2015n/xwfb_150515/150515_sfcl/201505/t20150515_188132.html.

"一师一优课、一课一名师"活动已有 25 万名教师报名参与,晒课 3.5 万堂。"爱课程"网新增注册用户 14.7 万人,新增客户端用户 3 172 人次,"爱课程"网中国大学 MOOC 移动终端累计下载安装 2 170 万人次,平台在授课程 8 457 门,新增素材 8.5 万条,新增报名 719 万人次。

2012 年 9 月 5 日,时任国务委员的刘延东在全国教育信息化工作电视电话会议上提出,"十二五"期间,要建设好"三通两平台","三通"就是"宽带网络校校通、优质资源班班通、网络学习空间人人通"。在"校校通"和"班班通"的基础上首次提出了"人人通"的建设,是促进教学方式与学习方式变革的重要举措。"人人通"的定位为基于实名制的网络教与学环境的个性化学习应用,强调为师生建立个人网络学习空间,促进教与学、教与教、学与学的全面互动,打造教育教学新模式。随着信息技术和网络时代的发展,推进"人人通"建设已经成为现阶段区域教育信息化的重点。截至 2015 年,全国已有超过 30% 的学校开通了网络学习空间,国家开放大学远程开放教育云平台,为 86 万名学生开通空间,全国师生空间开通数量已达 3 600 万个,应用范围已从职业教育扩展到基础教育、高等教育和继续教育,407 万名教师在应用空间开展网络教研,326 万名教师在应用空间开展教学,带动了教育理念变革和模式创新。截至 2019 年 3 月底,国家教育资源公共服务平台已开通教师空间 1 253 万个、学生空间 607 万个、家长空间 557 万个、学校空间 40 万个,开通网络学习空间的学生、教师分别占全体学生和教师数量的 45.2% 和 64.9%。

"宽带网络校校通"是基础设施层,通的是宽带网络,指的是以学校为单位的教育信息化基础设施建设与应用;"优质资源班班通"是班级常规教学应用层,通的是优质教育资源,指的是以班级为单位的教育优质资源共建共享;"网络学习空间人人通"是个性化学习服务层,通的是实名制的网络教与学环境,指的是以学生为单位的信息化环境下的教学方式与学习方式的变革。从"校校通"工程到"班班通"工程,标志着我国基础教育信息化发展由"基础设施和资源建设"转向"推进与保障教学应用",而未来将建设的"网络学习空间人人通"则体现了面向学习型社会的个性化发展趋势。

二、资源:从大课、微课到自适应资源

信息技术的发展使异地课堂得以实现。许多地方和学校在信息技术的教育教学应用方面开展了很多探索实践,形成了同步课堂、在线课堂、专递课堂、翻转课堂

等形式多样的信息技术教学应用模式。如安徽省为4 900个教学点创新实施在线课堂，一个主讲课堂带1—3个接收课堂，教学点与中心校教学计划统一、课表统一、进度统一，帮助教学点开齐、开足课程；云南省通过"1+N"互动教学，解决了边远贫困地区因教师不足而开不齐课程的问题，帮助怒江州泸水市上江镇、老窝镇学校补齐了长期短缺的音乐课和美术课。这些应用模式在不同的教育生态环境下发挥了积极的作用，在教学资源的均衡分配、弥补师资短缺、缩小微观层面的教育不均衡等方面成效显著。

随着信息技术的不断提升以及互联网教学环境的优化，数字化课程进入了崭新的阶段。智能终端和移动互联网的繁荣，催生了以微信、微博和微视频为代表的微时代。2011年7月，胡铁生在广东省佛山市首创"微课"模式，带领中小学教师开发出3 000多节优质"微课"，深受广大师生的欢迎。[①] 以"佛山市中小学优秀微课作品展播平台"与"微课网"为代表，国内开始了对"微课"的实践尝试，引起了教育界的广泛关注。"微课"又称"微课程"，是指时长在10分钟内的，有明确教学目标和主题，教学内容短小精悍的微型课程。"微课"作为一种全新的学习资源，具有时间短、内容精、容量小、易传播等特点，可以很好地支持翻转课堂、碎片化学习和个性化学习等多种需求。优质的"微课"资源有助于学习者利用零碎的时间获取碎片化知识，是翻转课堂课前预习的重要媒体资源。教师不再占用课堂时间来讲授知识，学生通过课前使用"微课"资源自主学习，将有限的课堂时间最大限度地用于师生和生生交流，进而帮助学生对教学内容产生更高层次的理解。

高位的教育公平追求学生的个性化发展，传统的直播课或名师精品课所能提供的是系统化的课程讲授，教师依据课程标准进行教学设计，保证学生能够比较全面地掌握系统的知识、技巧和技能。借助网络技术，将传统的课程以视频的形式记录并传播，可以在一定程度上实现课程的共享，但由于缺乏对屏幕对面学生群体的学情分析，即便是在保证线上互动和学情反馈的情况下，也无法满足学生的个性化学习需求。在推进信息技术与课堂融合的进程中，除了信息技术对教与学方式的改变，以学生为中心的个性化学习需求成为目前教育信息化关注的重点。《教育信息化2.0行动计划》提出"探索在信息化条件下实现差异化教学、个性化学习、精细化管理、智能化服务的典型途径"。目前，很多学校采用的学习平台具有学习分析和个性化题库功能，通过更为细致的测试与习题的分类、分层，为学

[①] 胡铁生. 佛山教育局全国首创"微课"作品征集活动广受好评［J］. 教育信息技术，2011（6）：21.

生提供个性化的学习推送。

第三节　均衡·优质·个性的信息技术优势不断强化

信息化助力教育公平是教育信息化的重要使命。[1] 信息技术在促进教育公平方面已颇有作为：通过技术手段的介入，我国偏远地区的薄弱学校的教学质量得到极大的提升；随着技术的发展，信息化基础设施和教学资源建设得到完善；教师将信息技术与教学融合的能力以及学生的信息化素养得到普遍提升。在信息技术的作用下，教育公平的内涵在横向与纵向上实现两重深化。

横向来看，教育公平的内涵从"均衡"这一物质阶段的宏观层面转向"个性"这一以人为本阶段的微观层面。实质是将软硬件环境建设等客观存在的物质内容转化为智慧创造的个体思维发展。[2] 在教育公平均衡阶段，信息技术实现了学校和学习者对学习环境建设的诉求，保证了资源的均衡配置与数据的可达性；在教育公平优质阶段，信息技术关注新时代教育需求，通过提供丰富多元的教育资源、精准的帮扶策略以及多元化教师专业发展方式等途径，保证了学生从"有学上"到"上好学"的转变；在教育公平个性阶段，信息技术极大地提升了因材施教的效率，同时降低了其实施的成本，学习分析、大数据、人工智能等信息化手段实现以人为本的教育服务个性化，保证了学习者自适应的个性化发展。

纵向来看，不管是均衡、优质还是个性，这三个阶段本身的发展在技术的促进下同样经历了深远的变革。均衡层面的教育公平，即便都是涉及到软硬件建设，但还有卫星电视、互联网络、"三通两平台"、网络空间方面的深化；随着互联网技术的不断发展，优质层面的教育公平对"上好学"的需求也在不断更新迭代，教育公平建设从统筹推进转向精准投入，随之而来的则是不断提升的教与学资源的适切性；个性层面的教育公平则受到"互联网+"思维在教育领域不断渗透的影响，辅之以云计算、大数据、虚拟现实、人工智能等新技术的加入，优质资源推送、网络空间建设、个性诊断、数据监测、精准扶智等自适应实践逐步推进。

---

[1] 廖宏建，张倩苇. "互联网+"教育精准帮扶的转移逻辑与价值选择——基于教育公平的视角[J]. 电化教育研究，2018，39（05）：5-11.
[2] 熊才平，丁继红，葛军，胡萍. 信息技术促进教育公平整体推进策略的转移逻辑[J]. 教育研究，2016，37（11）：39-46.

一、均衡层面：学校开齐课

信息技术在其均衡层面促进教育公平，主要是通过技术手段解决偏远地区学校教与学资源匮乏以及信息流通不足的问题。在经济欠发达地区，由于地理位置偏僻、经济发展落后，往往缺少师资配备，导致很多课程，特别是音乐、体育、美术等综合素质课程无法正常开设，甚至英语这样的主课课程的缺乏也是较为普遍的现象。[①]因此，学校开齐课是教育公平在均衡层面的主要追求。为此，教育资源均衡配置、精品课程建设以及直播课的产生与发展等措施成为学校开齐课的主要依靠。

就目前我国国情而言，教育资源共享仍是教育公平实现的主要途径。因此，资源的均衡配置依旧是教育公平的研究重点。[②] 2012年，我国全面启动"教学点数字教育资源全覆盖"项目，目的在于利用信息化手段来实现设备配备、资源配送和教学应用"三到位"，从而突破地域差异，成为促进教育均衡发展的战略之举。[③] 位于武陵山片区的恩施咸丰县的各教学点使用了该项目资源，其中除了丰富的教案、课件、辅导资料和图书等电子资源，还包括利用这些资源进行教与学的工具资源。这不仅实现了资源的合理配备，还能够确保教师和学生得到不断的发展。[④]

优质资源的共享借助于互联网技术得以蓬勃发展。2003年国家教育部启动的精品课程建设和2011年的国家精品开放课程建设，都极大地促进了教育资源均衡配置，是实现教育公平的重要推动力。[⑤] 2012年，广东省人民政府办公厅确定"粤教云"行动计划。利用"粤教云"平台能够实现精品课程的录制，形成精品课程资源库，同时与广东省教育资源公共服务平台相连接，最大程度地实现对网络资源的统一管理，并且将这些优质资源通过互联网延伸到农村以及城市周边的薄弱学校，实现优质资源的共享与流通。

不断发展更新的互联网技术催生了直播课这一在线教育模式，直播课犹如雨后春笋般不断涌现。具体来说，直播课是将优质课堂利用卫星或地面网络直播到需要

---

① 王丽娜,陈琳,陈丽雯,陈耀华.教学点"全覆盖"项目——信息化促进教育公平典型范例研究[J].中国电化教育,2017（12）：26-32.
② 熊才平,戴红斌,葛军.教育技术：研究进展及反思[J].教育研究,2018,39（03）：118-128.
③ "教学点数字教育资源全覆盖"项目[DB/OL].中华人民共和国教育部政府门户网站,2015-10-16［2019-05-05］.http://www.moe.edu.cn/jyb_xwfb/xw_zt/moe_357/jyzt_2015nztzl/2015_zt12/15zt12_fpcx/201510/t20151016_213720.html.
④ 王继新,张伟平.信息化助力县域内教育优质均衡发展研究[J].中国电化教育,2018（02）：1-7.
⑤ 黄健青,李芳.MOOC模式对我国开放教育发展的启示[J].电化教育研究,2015,36（10）：56-61.

2013年10月14日,安徽省芜湖市繁昌县孙村镇长寺教学点的学生跟着"在线课堂"学唱歌。(中国教育报刊社　张学军/摄)

的班级课堂,从而实现若干教室同步教学讨论。① 直播课能够打破传统课堂在时间和空间上的限制,成为传统课堂的有力补充,保证了优质课程突破时空的壁垒,从而惠及更多的地区。由互联网教育企业发起的"互加计划美丽乡村网络公益课程",开设高品质素质类课程,共同组成一张全国通用大课表,乡村学校可以根据大课表的内容选择本校学生所需要的课程。通过互联网平台,实现网络课程在全国各地的共建共享,让优质的教育资源覆盖偏远地区,让轻量级、高效率、大规模、可持续的教育公益成为可能。2016年,甘肃省定西市安定区发起的"阳光课堂"联盟就是立足于"互加计划美丽乡村网络公益课程",由线上老师和线下老师相互配合,共同完成教学任务。线上老师是联盟校内骨干教师队伍中选拔出来的专业性强的教师,其工作任务是"线上主讲"和"巡回指导",即通过网络给联盟内所有村小的学生线上直播教学,并且定期在本学区内以"走教"的形式到各个村小现场巡回指导,了解学习状况。线下老师就是助学老师,是从村小普通教师中选拔出来的优秀

---

① 周玉霞,朱云东,刘洁,朱培达,袁悉程.同步直播课堂解决教育均衡问题的研究[J].电化教育研究,2015,36(03):52-57.

教师,其主要任务是课堂辅导和线下服务,即配合线上老师组织教学,答疑解惑,检查和评价学习效果。这使得偏远教学点的艺术类课程也由以前的开不起来、课时开不足到现在能够固定开课。

二、优质层面:学校开好课

技术对教育公平的助力作用不只停留在基础性、标准化的信息化环境建设与优质资源的共享层面。相较于均衡层面的教育公平,优质层面的教育公平作为相对高位的教育公平,应关注地区差异,以便对其进行精准帮扶,从而实现从开齐课到开好课的飞跃。

直播教学不等同于教学直播,其影响和意义远大于对优质课堂的简单传递。传统的直播课所能提供的是大一统的课程讲授。完全实时同步的直播课缺乏对屏幕对面学生群体的学情分析,即便是在保证线上互动和学情反馈的情况下,也无法满足学生的个性化学习需求。因为我们不能保证直播课的输入班和输出班文化背景相似,一旦面对的学生和观看直播的学生之间的知识结构水平悬殊较大,那么直播课的目标就需要从开齐课向开好课发展。就贫困地区的需求而言,不仅需要为其开齐所需课程,更重要的是能够按照他们的认知水平进行对应的设计和调整。浙江省桐乡市的公办互联网学校探索出一条O2O直播课的新模式:在直播前半个月,学生对学习内容进行预习,将学习情况反馈给老师;在直播过程中,学生根据课表自主选课,并且能够与直播教师进行深度互动,同时,系统还会统计出学生在直播过程中习题的完成情况以及对课程的满意度;直播结束后,互联网学校将统计数据反馈给学生所在学校的学科教师,作为他们课堂教学的参考。[①]这一创新的直播课模式更加突出学生的中心地位,最大限度地突破了时间和地域的局限,实现了教师资源和学生资源的无缝对接。

三、个性层面:服务学生适性发展

在教育信息化2.0时代,信息化对教育公平的推动作用不能只停留在均衡层面和优质层面,实现学生的全面发展才是其最根本的诉求。[②]2014年国务院颁布了

---

① 倪俊杰,丁书林.O2O直播课堂教学模式及其实践研究[J].中国电化教育,2017(11):114-118.
② 黄荣怀,刘晓琳,杜静.教育信息化促进基础教育变革的影响因素研究[J].中国电化教育,2016(04):1-6.

《关于深化考试招生制度改革的实施意见》，强调要促进学生全面个性发展，而利用信息技术为学生提供自适应的服务则是促进其个性化发展的重要推动力量。[①] 只有将教师的个性化教学与学生的个性化学习有机融合，才能最终实现学生的个性化发展。因此，为学生提供与其选择相匹配的个性化教学辅导服务，实现精准化、个性化、多样化的教育服务供给成为目前的教育诉求。

在关注学生的适应性发展方面，以"智慧学伴"为例，这个由北京师范大学高精尖中心研发的智能大数据服务平台，以学科能力分析体系为底层支撑，通过采集学生全学习过程中的各种数据，对其知识结构、能力结构、认知特征、心理健康、体质健康等进行建模，然后发现其学习问题，改进其学习问题，增强其学习优势，从而实现个性化教育服务。

第四节 信息化适宜性方法多路径并进

我国教育者在教育信息化的大浪潮中，从多个维度进行广泛而深入的探索，探索了不同条件下实现教育公平的适宜方案，这些方案呈现了百花齐放、多路径并进的格局。

一、多种方式建设优质资源，促进普及共享

资源建设是教育信息化的核心内容。随着网络教育的发展，整合教育资源、推进数字化学习成为网络教育的关键，建设优质的教育资源势在必行。自2003年开始，我国便致力于用多种方式进行开放教育资源的建设。

1. 国家精品课程建设

2003年，教育部发布《关于启动高等学校教学质量与教学改革工程精品课程建设工作的通知》，拉开了国家精品课程建设的序幕。国家精品课程建设旨在集中全国高校（包括高职高专院校）的力量建设具有"一流教师队伍、一流教学内容、一流教学方法、一流教材、一流教学管理"特点的示范性课程，建设形成包括各门类、各专业的"校级—省级—国家"三级精品课程体系，促进全国范围内大规模

---

① 祝智庭，俞建慧，韩中美，黄昌勤. 以指数思维引领智慧教育创新发展[J]. 电化教育研究，2019，40（01）：5-16，32.

优质教学资源的开放共享。项目启动后短短 5 年时间，我国就完成了 1 799 门国家级精品课程的评审，带动 5 600 门的省级精品课程超过以及一大批校级精品课程。2011 年，教育部颁布了《关于国家精品开放课程建设的实施意见》，提出了从精品视频公开课以及精品资源共享课两个方面建设国家精品开放课程，提供优质的开放教育资源的计划。截至 2017 年，教育部已评选出数千门国家级精品课程，内容覆盖理、工、农、医等 33 个一级学科，并向所有高校乃至全社会免费开放，旨在"切实推进教育创新，深化教学改革，促进现代信息技术在教学中的应用，共享优质教学资源，进一步促进教授上讲台，全面提高教育教学质量，造就数以千万计的专门人才和一大批拔尖创新人才，提升我国高等教育的综合实力和国际竞争能力"[①]。

2. 一师一优课、一课一名师

为贯彻落实党的十八届三中全会提出的"构建利用信息化手段扩大优质教育资源覆盖面的有效机制"，按照《教育部关于全面深化课程改革，落实立德树人根本任务的意见》的精神，2014 年教育部展开教育信息化工作部署，决定开展"一师一优课、一课一名师"活动，进一步全面推动资源应用与共建共享，力争使每位中小学教师能够利用信息技术至少上好一堂课，使每堂课至少有一位优秀教师能够利用信息技术来讲授。全国共有 19.6 万所学校参与，教师参与人数超过 1 400 万人次，共晒课 1 290 多万堂，推出省级"优课"近 17.5 万堂、部级"优课"近 6 万堂，生成性资源达 2 800 多万条，累计独立访客数达 1.7 亿，优质教学资源得到较好应用和广泛共享。通过教师网上"晒课"与"优课"评选，一方面进一步充分调动了广大教师在课堂教学中应用信息技术和优质教育资源的积极性和创造性，另一方面积极促进优质数字教育资源的开发与共享，进一步提升了包括农村普通高中在内的农村教育质量，有效缩小了城乡教育差距。

3. 大规模在线开放课程（MOOCs）建设

随着国际社会开放教育运动的不断渗透，大规模开放在线课程（MOOCs）的建设代表着信息技术与教育教学深度融合的新阶段，有利于大规模推动优质高等教育资源的开放与共享。教育部于 2015 年出台《关于加强高等学校在线开放课程建设应用与管理的意见》，加快推进适合我国国情的在线开放课程和平台建设及其应用与管理。教育部于 2017 年、2018 年分别认定了 490 门、801 门国家精品在线开放课程，打造了一批具有高阶性、创新性和挑战度的"金课"，向高校和社会学

---

① 教育部关于启动高等学校教学质量与教学改革工程精品课程建设工作的通知［S］. 中华人民共和国教育部政府门户网站，2003-04-08［2019-07-20］. http://old.moe.gov.cn/publicfiles/business/htmlfiles/mae/s3843/201010/109658.html.

习者免费开放，一方面能促进高等教育资源的开放共享，实现薄弱高校教学质量的"变轨超车"，另一方面能为学习者的个性化需求和终身学习需要提供持续性的智力支撑。

我国对优质开放教育资源的建设历经了17年的研究、实践与发展，人们对通过共享优质教育资源来促进教育公平与终身学习已经达成了共识。如今，我国开放教育资源建设已经逐步形成了以国外开放课程的翻译与应用、国家精品课程建设、开放大学的创建及其资源平台的建设等为主导的立体式发展趋势。[①]

二、多种形式开展扩强扶弱，实现全国均衡发展

优质均衡、扩强扶弱是当前我国教育发展的重要战略目标。党的十九大报告明确提出要"优先发展教育事业""推动城乡义务教育一体化发展，高度重视农村义务教育""努力让每个孩子都能享有公平而有质量的教育"。"互联网+教育"模式对普惠教育和教育公平的实现具有积极的促进作用，是教育公平实现从均衡到优质、再到个性飞跃的有力抓手。

1. 直播课堂、同步课堂

在国家行动计划的大力号召下，不断发展更新的互联网技术催生了直播课、同步课这一在线教育模式，直播课犹如雨后春笋般不断涌现，各大在线教育企业纷纷开通课程直播服务。具体来说，直播课是将优质课堂利用卫星或地面网络直播到需要的班级课堂，从而实现若干教室同步教学讨论。

直播课首先解决的是教育公平均衡和优质的问题，能够打破传统课堂在时间和空间上的限制，成为传统课堂的有力补充。在经济欠发达地区，由于地理位置偏僻、经济发展落后，往往缺少师资配备，导致很多课程，特别是音乐、体育、美术等综合素质课程无法正常开设。这时，利用直播课的技术优势能够为这些地区的学校"补缺"，保证优质课程突破时空的壁垒，从而惠及更多的地区。此外，直播课堂还带来了更深远的意义。艺术类课程的开设不仅能够唤醒贫困地区学生的艺术细胞，还能让他们通过与直播课老师之间的常态化交流互动，使他们拥有和城市学生一样的学习体验，以促进他们能够更加自信地面对未来的人生。

当然，直播课的优势远不止均衡教育资源这么简单。教师在直播的过程中，因受实时直播的压力，其授课方式的表现性和精准性会得到大幅提升，这从一定程度

---

① 董艳，杜国，徐唱，郑娅峰，胡秋萍. 国内开放教育资源平台建设的现状与发展［J］. 中国电化教育，2017（11）：36–42.

上促进了教师教学能力的提升。直播课的产生拓展了优质教育资源的辐射面，降低了教育成本。同时，在直播课的基础上不断进行探索创新的新型教育服务模式在一定程度上也促进了高位教育公平的实现。

2. 双师教学

近年来，国家一直强调加大对农村薄弱学校的支援和投入，但与城镇学校相比，农村学校不论是在教学环境、教学条件还是教学质量上，都存在明显差距。因此，教育部在《教育规划纲要》和《乡村教师支持计划2015—2020年》等文件中明确提出，应把农村教师队伍建设摆在优先发展的战略位置。在这样的政策驱动下，一种新型的教学模式——双师教学应运而生。

双师教学就是由城市优秀教师与农村学校教师共同承担教学任务，但各有分工。城市优秀教师负责远程进行课程的录制，并利用远程的方式将教学课堂视频传输到农村学校；而农村学校教师则负责与城市教师开展教学互动，观察并记录学生课堂表现，维持课堂秩序，负责课后答疑、批改作业、讲解习题、与家长沟通等服务工作。

当前，双师教学的模式在推进教育均衡、扩强扶弱领域已经取得了初步进展。中国人民大学附属中学的双师教学项目已覆盖21个省、自治区、直辖市的200多所农村中学，为城市优质教育资源补充农村做出卓越贡献。成都七中东方闻道网校利用信息技术打破自己的围墙，让薄弱地区学校的教师和学生"走进"成都七中，放大优质教育资源，已覆盖四川、云南、贵州、甘肃、山西、江西、青海等地的239所高中学校，惠及7 000多名农村学校教师及7万余名薄弱地学生。同时，一批教育企业也积极参与到通过"双师教学"促进教育均衡发展的行列中来，在吉木乃县、河南嵩县、汉中佛坪县、雄县等地与当地学校进行深入合作，提供双师课程，提升薄弱校的教育信息化水平，积极承担企业的社会责任。

三、多个角度探索有效路径，坚持试点与示范先行

我国教育信息化发展已取得了辉煌成就。当前，在面对全新发展任务的新形势下，教育信息化发展并没有现成的模式与路径可循。因此，要切实完成重点工程及任务，必须坚持试点与示范先行、先易后难、分步实施的原则，充分发挥试点工作"先行先试、示范引领"的作用，使其成为推进教育信息化工作的重要抓手。我国教育工作者从多个角度切入，坚持试点与示范先行，探索信息化支撑引领教育改革和发展的有效途径。

1. 教育信息化试点

2012年，为全面贯彻落实《教育规划纲要》提出的"加快教育信息化进程"的要求，教育部发起了教育信息化试点工作。2016年，教育部启动对试点地区和单位的验收工作并于2017年组织专家组对各地验收情况进行现场抽查，从而确定了教育部第一批教育信息化试点验收结果及试点优秀单位。这些单位主动作为、积极投入、创新机制、扎实实践、成效明显，很多先进经验和典型模式通过现场会、培训班、宣传册等平台，被全国各地学习借鉴，辐射效应凸显，为加快教育现代化进程提供了强力支撑。

2. "智能+"项目落地试点

我国高中首本"人工智能基础"教材已于2018年4月正式发布，主要介绍人工智能的概念、发展历史和具体的应用实践。首批试点学校共有40所，覆盖了全国的大部分地区。我国各大高校都开设了面向本科生和研究生的网络学习平台。以华东师范大学大夏学堂为例，学生可以在线完成学习和讨论任务。平台端可以实时监测学生的学习行为，包括学习时长、点击内容等信息，学习分析技术将此类数据整合聚类，为干预学生学习行为提供了必要的数据决策支持。我国的"批改网"是一款智能的英文作文批改系统，该系统于2010年正式上线，受到了无数中小学生的青睐和喜爱，清华大学、北京大学、南京大学等学校也将"批改网"纳入到大学英语的学习测评环节中。我国正在大力推广学习者画像技术在教育中的深度使用，上海开放大学已尝试将基于XAPI的学习者画像技术应用到远程学习者的学习过程中，辅助测评学生的学习兴趣、学习动机、学习行为、学习成效等维度。

3. 学生个性化发展示范项目

2014年国务院颁布了《关于深化考试招生制度改革的实施意见》，强调要促进学生全面个性发展。因此，为学生提供与其选择相匹配的个性化教学辅导服务，实现精准化、个性化、多样化的教育服务供给成为目前的教育诉求。个性和精准的实现需要借助互联网与大数据等技术手段。

北京师范大学高精尖中心研发了智能大数据服务平台——"智慧学伴"，以学科能力分析体系为底层支撑，探索个性化教育服务，实现"物找人"的转变，成为了优秀的示范项目。该服务平台在北京市通州区的31所初中学校进行实践，其个性化服务主要从以下三点出发：一是通过个性化测评为学生提供与其学业水平相匹配的学习任务，同时，学生在完成任务的同时所产生的例如点击次数、观看时间等伴随性数据将被平台记录；二是由此预测学生的学习路径并为其提供针对性的课程和资源，然后根据学生的学习情况生成个性化的学习报告，在学习报告数据不断汇聚的过程中形成学生各学科的个性化知识体系，从而针对知识点进行个性化资源推荐；三是除了本校教师以外，"智慧学伴"平台还为每个学科配备在线教师，能够为学生提供一对一的实时在线辅导。

第五节　教育信息化提升教师教育教学能力

教育公平高位目标的达成离不开高水准的教师队伍。教师在教学实践中担任着课堂的组织者和引领者的角色，是保证课堂教学质量均衡、优质及个性提升的核心，更是促进我国教育公平水平稳步发展的中流砥柱。

一、全面提升教师的信息技术应用能力

教师信息技术应用能力的提升是保证我国教育薄弱地区教学水平提高的基本要素，也是保证优质教育资源精准、有效、长期服务于学生的关键枢纽，更是优化课堂教学、转变学生学习方式、实现学生个性发展的不竭动力。

1. 师范生的信息技术应用能力培养

很多师范大学已在"信息技术与学科教学整合"方面形成了具有各自特色的培养方式，从课程体系、教学环境、管理模式等方面构建了符合学校师范生培育特色的信息技术应用能力培养模式。在满足国家对师范生信息技术应用能力培养基本要求的基础上，进一步顺应信息技术发展趋势，致力于打造一批"懂教育、融技术、勇开拓、大视野"的未来教师队伍。华东师范大学在师范生培养方面强调信息技术与学科教学的有效整合，形成了由专项课程、学科课程和实践课程组成的课程体系，来为师范生成为数字时代的未来教师打好基础。陕西师范大学则按照"厚基础、宽口径、高素质、强能力"的人才培养理念，集成覆盖先进软硬件教学实践环境，构建特色实践活动引领校园文化，着力于全面提升师范生信息化教学能力。南京师范大学通过项目驱动的方式培养师范生信息化教学实践能力，该模式通过教育见习、课程学习、微格教学实践、教育实习四个环节提高学生信息化教学的实践能力。西北师范大学从空间、设施和人员等方面进行优化整合，围绕师范生信息化教学能力的培养，形成"时时能学，处处能练"的主题式、项目化课程和立体化信息化教学能力培养环境，确立"按需选学、渗透学科"的师范生信息化教学能力培养

课程建设思路，建构"环境丰富、开放实验、全程实践、双师指导"的师范生信息化教学能力培养的课程体系。西南大学设立创新实践学分，鼓励学生运用信息技术自主创新教学实践活动，为师范生成长为反思型、学习型、研究型、专家型教师打下基础。

2. 中小学教师的信息技术应用能力提升工程

21世纪以来，我国始终将提升教师信息技术应用能力作为教师专业发展的重要任务。2001年教育部办公厅发布了《关于开展教育系统办公自动化建设和试点工作的通知》，要求各级教育行政部门和各级各类学校加快办公自动化的建设工作。2004年教育部正式颁布了《中小学教师教育技术能力标准（试行）》，指出教师应具备应用信息技术的意识和态度、知识与技能、创新能力以及社会责任。该文件的制定标志着信息技术在我国教师队伍建设和发展中的重要地位。[1]2013年11月，我国正式启动"全国中小学教师信息技术应用能力提升工程"（以下简称"能力提升工程"），"能力提升工程"优化了教师信息技术应用能力标准体系，整合了相关项目和资源，在5年间完成了对1 000多万中小学教师的能力提升培训，普遍提升了教师应用信息技术改进教育教学的意识和能力。[2]在此次"能力提升工程"中，整个标准体系特别关注信息化环境（多媒体环境、交互性多媒体环境、网络环境、移动环境）的差异，并且提供了几百门课程供不同技术环境下的教师进行自主选学。面向差异的标准与课程体系一方面有助于不同技术环境下的教师学习，另一方面，这种设计本身就体现了教育公平中的个性化理念。2019年4月，教育部发布了《关于实施全国中小学教师信息技术应用能力提升工程2.0的意见》，指出到2022年底，我国需要构建以校为本、基于课堂、应用驱动、注重创新、精准测评的教师信息素养发展新体制。文件中专设了"创新培训平台'三区三州'对口帮扶项目"和"中西部地区'双师教学'模式教学改革项目"，体现了对贫困与农村地区的特殊重视。

二、通过多种信息化方式助力教师提升课堂教学能力

除了通过培养与培训来提升师范生和中小学教师的信息技术应用能力，我国还通过优质资源推送、优质师资帮扶、跨区域教研等项目，帮助偏远地区的老师们提

---

[1] 何克抗. 关于《中小学教师教育技术能力标准》[J]. 电化教育研究，2005，(4)：37–44.
[2] 教育部关于实施全国中小学教师信息技术应用能力提升工程的意见[EB/OL]. 中华人民共和国教育部政府门户网站，2013–10–28［2019–07–20］. http://www.moe.gov.cn/srcsite/A10/s7034/201310/t20131028_159042.html.

升教学能力，这些项目再次显示出信息化在促进教育公平方面的巨大潜力。

1. 农远工程将优质资源带到贫困地区

2003年9月，国务院召开了全国农村教育工作会议，下发了《国务院关于进一步加强农村教育工作的决定》，明确提出"实施农村中小学现代远程教育工程，促进城乡优质教育资源共享，提高农村教育质量和效益"。文件指出，"要在2003年继续试点工作的基础上，争取用五年左右时间，使农村初中基本具备计算机教室，农村小学基本具备卫星教学收视点，农村小学教学点具备教学光盘播放设备和成套教学光盘"。实施农村中小学现代远程教育工程（农远工程），把优质教育资源引入农村中小学，是党中央、国务院加快发展农村教育、推动教育均衡、实现教育公平的重大战略举措，是我国基础教育信息化发展过程中的一大壮举。经过2003—2007年五年的不懈努力，"农远工程"实现了把教育资源送到每一所农村学校的既定目标："在中西部地区的23个省、自治区、直辖市以及新疆建设兵团配备了教学光盘播放设备440 142套，卫星教学收视设备264 905套，计算机教室40 858间，覆盖了全国95%以上的农村中小学校。"农村教师信息素养的提升是贯彻和落实"农远工程"项目的核心要素。为此，各级地方政府从两方面开展农村教师信息技术应用水平培训工作：一是搭建有效的信息平台，形成直通农村基层学校的快速信息渠道，利用远程培训的形式，降低培训成本，提高培训效率；二是使东西部教师开展有效的远程互动，协作学习，促进东西部教师在交流中共同成长。[1]

2. 移动技术支持跨区域教研

远程教育的兴起为教师培训带来了新的发展契机。2013年教育部发起的"能力提升工程"从标准研制、能力测评、培训实施等角度规划了教师信息技术应用能力提升的全新蓝图。偏远地区的教师也能够通过网络学习最新的教师专业知识，提升专业素养，在一定程度上促进了教师教育的全面、均衡、公平发展。截至2017年，全国32个省份提交了关于"能力提升工程"实施的满意答卷，为期5年的"能力提升工程"顺利完成。此次"能力提升工程"共惠及1 000万名城市、乡镇和乡村中小学（包括幼儿园）教师、10万多名校长及20多万名职业学校教师。作为教师培训的重要阵地，"能力提升工程"聘请了国内一线教育专家讲授网络课程，网络课程内容更新迅速，课程学习形式多样，考核方式多元，能够充分调动教师网络学习的积极性。随着"能力提升工程"的持续推进，部分乡镇和乡村学校也实现了教师网络研修全覆盖，教师培训率达到100%。乡镇和乡村教师普

---

[1] 王继新，陈梅芬，陈文竹."后农远"项目的思考——对"农远工程"百校五年发展绩效研究的总结与反思[J].中国电化教育，2015（01）：51-55.

遍认为网络课程的内容新颖，能够有效开拓视野，远程培训的形式也能够满足自身专业能力发展的需求。

3. "智能+"项目落地试点

为深化教师队伍建设改革需要、推进智能教育并进一步实施《教育信息化2.0行动计划》的要求，2018年8月教育部颁布了《人工智能助推教师队伍建设行动试点工作》。文件指出：宁夏地区将作为国家首个"互联网＋教育"示范基地，在先期开展基础教育领域"人工智能助推教师队伍建设行动"的试点工作。基础教育领域的系统化推进体系将进一步探索人工智能助推教师管理优化、助推教师教育改革、助推教育精准扶贫的新路径。为"人工智能助推教师队伍建设行动"计划的全面推进积累经验、奠定基础，逐步实现教师人人想用、人人会用、人人用好的人工智能技术普及新局面。

几十年来，我国通过多种路径和方法在教育信息化建设方面取得了丰富的成果，教育信息化在促进教育公平方面发挥了不可替代的重要作用。今后在不断加快教育信息化建设的同时，需要警惕和防范"新数字鸿沟"的产生，既要防止"硬件鸿沟"，也要警惕"使用鸿沟"，在进行信息化资源配置时因地制宜，在提升师生信息化素养时因材施教，并建立更为科学合理的信息化建设评价指标体系，教育信息化定能在促进教育公平，实现教育现代化中发挥更大的作用。

结 语
努力让14亿人民享有更好更公平的教育

新中国成立70年来，在中国共产党的坚强领导下，我国的教育改革取得了举世瞩目的历史性成就，教育事业发生了翻天覆地的变化。特别是我国坚持以为民理念引领公平，以优先发展促进公平，以惠民政策保障公平，以规范管理维护公平，在一个一穷二白、人口众多、发展不平衡的国家迅速推进教育公平，有效地阻止了贫困的代际传递，让人民群众共享公平而有质量的教育，成为共和国发展史上的鲜亮标志与华彩乐章。

我国坚持把发展教育作为最大的民生工程，建成了世界上最大规模的教育体系，各级各类教育的普及程度不断提升，切实保障了人民群众平等受教育的机会，使国家教育的总体发展水平进入世界中上行列。从整体上看，截至2018年底，我国共有51.88万所各级各类学校、1 673万名专任教师、2.76亿名在校学生，各级各类教育的规模均居世界首位。从各级教育的入学率、九年义务教育巩固率等上看，2018年，我国学前教育毛入园率达到81.7%，小学净入学率达到99.95%，初中阶段毛入学率达到100.9%，九年义务教育巩固率达到94.2%，高中阶段毛入学率达到88.8%，高等教育毛入学率达到48.1%，我国各级各类教育普及水平已经达到世界中高收入国家平均水平，其中义务教育普及水平已经超过世界高收入国家平均水平。我国在2000年实现了"基本普及九年义务教育、基本扫除青壮年文盲"，在2011年全面完成了普及九年义务教育和扫除青壮年文盲的战略任务，这些既是我国教育发展史、中华民族发展史上的重要里程碑，也使我国成为世界9个发展中人口大国中第一个也是唯一一个实现普及九年义务教育的国家。

我国坚持教育的公益性，推进各级各类教育普惠发展，资助体系实现从学前教育阶段到研究生教育阶段全覆盖，确保"不让一个学生因家庭经济困难而失学"。在学前教育阶段，各地按照"地方先行、中央补助"原则，因地制宜地制定学前教育资助政策。在义务教育阶段，我国全面对城乡义务教育阶段学生免除学杂费、免费提供教科书，对家庭经济困难寄宿生提供生活费补助，实施农村义务教育学生营养改善计划。在高中教育阶段，我国建立了国家助学金制度，对公办普通高中建档立卡等家庭经济困难学生免除学杂费。在中等职业教育阶段，除国家助学金制度外，我国还对特殊专业外的94%的中职学生免除学费。在高等教育阶段，本、专科生可享受国家奖助学金、国家助学贷款、勤工助学、困难补助、学费减免、学费补偿、国家助学贷款代偿、新生入学资助、"绿色通道"等多元化资助政策；研究生可享受国家奖助学金、国家助学贷款、"三助"岗位津贴等政策。通过以上努力，我国已经建立起从学前教育阶段至研究生教育阶段的具有中国特色的学生资助政策体系，实现了"各个教育阶段全覆盖、公办民办学校全覆盖、家庭经济困难学生全覆盖"。随着我国综合国力的增强,我们不断扩大资助范围,扩展资助领域,提高资助标准。从2012年至2018年,全国共资助学生6.2亿人次,资助总金额累计突破1万亿元。学生资助已成为一项重大、重要的民生支出,也是一项得民心、暖人心的民生工程,使"不让一个学生因家庭经济困难而失学"的目标得以实现。这是以教育公平促进社会公平的重大举措,也是我国社会主义制度优越性的切实体现。

我国坚持新发展理念,深入推进义务教育均衡发展,着力缩小地区间、城乡间、校际间教育差距,让孩子们"同在蓝天下,共享优质教育"。要在教育领域深入贯彻落实创新发展、协调发展、绿色发展、开放发展、共享发展的新发展理念,推动教育事业高质量发展。均衡发展是义务教育的战略性任务,也是义务教育应有的本质属性。截至2018年底,全国有2 717个县通过了县域内义务教育均衡发展国家督导评估,占全国总县数的92.7%,16个省、自治区、直辖市整体通过认定。在努力缩小区域差距、加快缩小城乡差距方面,国家实施了西部地区"两基"攻坚计划、深化农村义务教育经费保障机制改革、农村义务教育学生营养改善计划、全国中小学校舍安全工程、农村义务教育薄弱学校基本办学条件改善工作、"特岗计划"、教育对口支援、高等学校定向招生等重大举措,加强省级政府统筹,推动中西部教育和农村教育迈上新台阶;落实"决不让一个少数民族掉队"的要求,民族地区教育加快发展;落实"发展教育脱贫一批"的要求,教育精准扶贫、精准脱贫深入推进;统筹推进县域内城乡义务教育一体化改革发展,加快推进县域内城乡义务教育学校建设标准统一、教师编制标准统一、生均公用经费基准定额统一、学校基本装备配置标准统一和"两免一补"政策城乡全覆盖,进而推进基本消除城乡二元结构壁垒,基本实现城乡基本公共教育服务均等化。在切实缩小校际差距方面,我国规范义务教育阶段办学行为,着力解决择校问题。在进城务工人员子女接受义务教育的问题上,我国坚持"以流入地政府为主、以公办学校为主"的"两为主"政策,将常住人口纳入区域教育发展规划,将随迁子女教育纳入财政保障范围,随迁子女异地就学障碍逐步消除,留守儿童关爱服务体系初步建立。在特殊教育方面,布局合理、学段衔接、普职融通、医教结合的特殊教育体系初步形成,特殊儿童受教育条件持续优化。在教育信息化方面,我国大力推进教育信息化,扩大受教育机会,促进教育公平,提高教育质量,让大山再也挡不住知识。教育管理公共服务平台现已基本建成覆盖全国学生、教职工、中小学校舍等信息的基础数据库,实现教师和学生"一人一号"、学校"一校一码",助力教育公平。

我国坚持保障教育事业优先发展,切实增加教育投入,国家财政性教育经费占国内生产总值比例达到4%,提高生均教育经费标准,注重专项支持。2012年以来,国家财政性教育经费占国内生产总值比重连续7年保持在4%以上，体现了中央优先保障教育事业发展的坚定决心和意志。2018年，全国教育经费总投入为46 135亿元。其中，国家财政性教育经费为36 990亿元，占国内生产总值的4.11%。全国超过2/3的省份建立了各级各类教育的生均拨款定额标准和公用经费基准定额标准，各级各类教育的生均支出逐年提高。2018年，全国幼儿园、普通小学、普通初中、普通高中、中等职业学校、普通高等学校的生均教育经费总支出分别达到10 648元、12 733元、18 481元、20 441元、19 742元和36 294元。同时，加大对革命老区、民族地区、边疆地区、贫困地区义务教育的转移支付力度，为缩小义务教育差距提供经费保障。在注重专项工程投入方面，以"全面改薄"工程（即全面改善贫困地区义务教育薄弱学校基本办学条件）为例，从2014年到2018年，中央财政共投入专项补助资金1 699亿元，带动地方投入3 727亿元，合计投入5 426亿元，是新中国成立以来义务教育史上单项投资最大的工程，使农村义务教育学校，特别是贫困地区农村学校的办学条件焕然一新，为让人民群众享有公平而有质量的教育奠定了物质基础。

70年披荆斩棘，70年砥砺奋进，中国教育公平的道路筚路蓝缕，中国教育公平的画卷波澜壮阔，中国教育公平的成就普惠全民，中国教育公平的经验贡献世界。展望未来，中国特色社会主义进入新时代。在新时代，我国教育的主要矛盾转变为人民群众对更好教育的需要与教育发展不平衡、不充分之间的矛盾。这需要我们坚持以人民为中心的教育发展思想，深度推进教育公平。

进一步在脱贫攻坚中推进教育公平。党的十九大号召全国人民齐心协力，坚决打赢脱贫攻坚战，让贫困人口和贫困地区同全国一道进入全面小康社会。2016年联合国可持续发展峰会上通过的《2030年可持续发展议程》在教育方面的总目标是"确保包容和公平的优质教育，让全民终身享有学习机会"。《中国教育现代化2035》要求"实现困难群体帮扶精准化，健全家庭经济困难学生资助体系，推进教育精准脱贫"。要紧紧扭住教育这个脱贫致富的根本之策，扶贫先扶智，治贫先治愚，贫困地区要去穷根，还是要把教育办好。再穷不能穷教育，再苦不能苦孩子。只有确保贫困家庭的孩子也能受到良好的教育，才能阻断贫困的代际传递。目前，一些贫困地区的教育发展还面临着困难，贫困家庭孩子辍学、失学现象仍有发生。因此，一方面要从面上继续优化教育资源配置，进一步缩小区域间、城乡间、校际间差距，特别要加大对革命老区、民族地区、边远地区、贫困地区教育的投入力度，进一步保障贫困地区的办学经费，同时要加大职业教育发展力度，提升职业教育发展质量，重点做好职业教育培训。一个贫困家庭的孩子如果能接受职业教育，掌握一

2007年11月25日,贵州省雷山县桃江小学的苗家孩子们快乐地走在校园内。(中国教育报刊社 王鹰/摄)

技之长，那这一户脱贫就有希望了。另一方面要从点上深入推进教育精准扶贫，坚持以精准、全纳促公平，建立、完善、应用以学籍为基础的全国学生资助信息管理系统，实现与人口、民政、扶贫等部门的信息系统的对接，精准识别资助对象，精准帮扶困难群体，把钱花在对特定人群特殊困难的针对性帮扶上，更好地实现家庭经济困难学生资助全覆盖，还要进一步构建政府主导、家校联动、社会参与的留守儿童关爱服务体系，为每一位符合条件的随迁子女提供平等的入学、升学机会，同时落实"一人一案"，提高残疾儿童少年义务教育入学率。

进一步在内涵发展中推进教育公平。我国教育已经进入高质量发展、内涵发展的新阶段，由大到强是我国教育这一阶段发展的重要特征。在推进新时代教育公平上，要在扩大人民群众受教育机会的同时，坚持以提标、提质促公平，进一步注重有质量的公平、高质量的公平，进一步注重内涵性教育公平、教育内部的公平，在幼有所育、学有所教上不断取得新进展，在学有良教、学有优教上不断取得新进展，发展具有中国特色、世界先进水平的优质教育。这就要求我们着力促进学前教育优质普惠发展、义务教育优质均衡发展、高中教育优质特色发展、特殊教育优质融合发展、职业教育产教融合发展、高等教育产学研用协同创新发展。这就要求我们面向全体学生，因材施教，促进学生全面而有个性的发展。世界上没有两片完全相同的树叶，老师面对的是一个个家庭出身、性格爱好、脾气秉性、兴趣特长、学习状况不一的学生，要平等对待每一个学生，尊重学生的个性，理解学生的情感，包容学生的缺点和不足，善于发现每个学生的长处和闪光点。教师不是要选择适合教育的学生，而是要创造适合学生的教育，为每个学生提供适合的教育，让所有学生都能成长为有用之才。这就要求我们进一步坚持教育优先发展，即组织领导优先、规划优先、投入和资源配置优先，加快城乡义务教育学校标准化建设，提高各级各类学校办学条件标准和生均经费标准，为教育事业发展提供更雄厚的物质基础。这就要求我们把加强教师队伍建设作为教育事业发展最重要的基础工作来抓，努力建设一支有理想信念、道德情操、扎实学识、仁爱之心的高素质、专业化、创新型的教师队伍。

进一步在深化改革中推进教育公平。教育要发展，根本靠改革；公平要深化，也要靠改革。要深化教育管理体制改革，提升教育治理能力。要坚持以制度、规则促公平，进一步建立城乡教育一体化的体制机制，进一步实现城镇基本公共服务常住人口全覆盖。要坚持以开放、融合促公平，促进教育系统向社会开放，学校回归社区，教育回归生活，促进教育系统内部开放，打破普通教育与职业教育、学历教育与非学历教育、正规教育与非正规教育、职前教育与职后教育、线上教育与线下教育、公办教育与民办教育之间的壁垒，形成统一开放的教育体系。要坚持以共建、共享促公平，在党的领导下发动社会各方面力量参与兴办和管理教育，提升公共教育服务治理和供给水平，让人民群众共享教育改革发展的成果。要深化课程和教学改革。课程是教学的重要载体，是实现人的全面发展的重要依托；教材是国家意志的体现，是国家大事。要培育中国学生发展核心素养。优化课程结构，进一步增强基础性和选择性；优化课程内容，进一步增强思想性和时代性；优化课程实施，进一步增强整体性和指导性。教学要坚持教书育人、立德树人，坚持以学习者为中心，更加注重学思结合，让启发式、讨论式、体验式、探究式、参与式、互动式教学和研究性学习、问题解决学习成为常态；更加注重因材施教，创新教学组织管理，有序推进选课走班教学，逐步让走班制、学分制、导师制成为常态；更加注重知行合一，让科学实验课、综合实践活动课、劳动课和社会实践课成为常态；更加注重信息技术与教育教学的深度融合，让交互式、自适应、线下与线上相融合的学习成为常态。要深化考试评价制度改革。考试和评价是牵引教育改革的"牛鼻子"。要坚持促进公平和科学选才的原则，推动分类考试、综合评价、多元录取。要扭转不科学的教育评价导向，坚决克服唯分数、唯升学、唯文凭、唯论文、唯帽子的顽瘴痼疾，从根本上解决教育评价指挥棒问题。

八万里鹏程正举，新时代再创辉煌。历史向我们提出了新的要求，也提供了新的起点：加快推进教育现代化，建设更高质量、更加公平、更有特色、更富活力的教育，深度推进教育公平，满足人民群众对更好教育的期盼，为实现"两个一百年"奋斗目标和中华民族伟大复兴的中国梦，顺应人民对美好生活的向往贡献教育力量。

主要参考文献

［1］马克思，恩格斯. 马克思恩格斯选集（第1卷）[M]. 北京：人民出版社，1995.
［2］马克思，恩格斯. 马克思恩格斯选集（第2卷）[M]. 北京：人民出版社，1995.
［3］马克思，恩格斯. 马克思恩格斯选集（第3卷）[M]. 北京：人民出版社，1995.
［4］马克思，恩格斯. 马克思恩格斯选集（第4卷）[M]. 北京：人民出版社，1995.
［5］马克思，恩格斯. 马克思恩格斯全集（第16卷）[M]. 北京：人民出版社，1964.
［6］马克思，恩格斯. 马克思恩格斯全集（第23卷）[M]. 北京：人民出版社，1972.
［7］马克思，恩格斯. 马克思恩格斯全集（第40卷）[M]. 北京：人民出版社，1982.
［8］马克思，恩格斯. 马克思恩格斯全集（第46卷下册）[M]. 北京：人民出版社，1980.
［9］马克思. 1844年经济学哲学手稿[M]. 北京：人民出版社，2000.
［10］马克思恩格斯论教育[M]. 北京：人民教育出版社，1979.
［11］毛泽东. 毛泽东选集（第1卷）[M]. 北京：人民出版社，1991.
［12］毛泽东. 毛泽东选集（第2卷）[M]. 北京：人民出版社，1991.
［13］毛泽东. 毛泽东选集（第3卷）[M]. 北京：人民出版社，1991.
［14］毛泽东. 毛泽东选集（第4卷）[M]. 北京：人民出版社，1991.
［15］毛泽东同志论教育工作[M]. 北京：人民教育出版社.1992.
［16］邓小平. 邓小平文选（第1卷）[M]. 北京：人民出版社，1993.
［17］邓小平. 邓小平文选（第2卷）[M]. 北京：人民出版社，1993.
［18］邓小平. 邓小平文选（第3卷）[M]. 北京：人民出版社，1993.
［19］邓小平. 邓小平论教育[M]. 北京：人民教育出版社，1995.
［20］江泽民. 江泽民文选[M]. 北京：人民出版社，2006.
［21］江泽民. 在第三次全国教育工作会议上的讲话[N]. 人民日报，1999-06-16.
［22］胡锦涛. 坚持把教育摆在优先发展战略地位[N]. 人民日报，2007-09-01.
［23］胡锦涛. 推动教育发展须坚持以人为本[N]. 人民日报，2010-09-09.
［24］习近平. 在纪念马克思诞辰200周年大会上的讲话[N]. 人民日报，2018-05-05.
［25］习近平. 在纪念五四运动100周年大会上的讲话[EB/OL]. 新华网，2019-04-30［2019-07-20］. http://www.xinhuanet.com/2019/04/30/c_1124440193.htm.
［26］温家宝再论尊严和幸福：每个人都能过上更体面生活[EB/OL]. 凤凰网，2010-12-26［2019-08-05］.http://news.ifeng.com/mainland/special/wenjiabaojiaoliu2010/content-2/

detail_2010_12/26/3703803_0.shtml.

［27］李克强：教育公平是社会公平的重要基础［EB/OL］.新华网，2013-08-31［2019-07-20］.http://www.xinhuanet.com/politics/2013-08/31/c_117173973.htm.

［28］李岚清.李岚清教育访谈录［M］.北京：人民教育出版社，2003.

［29］何东昌.中华人民共和国重要教育文献［M］.海口：海南出版社，1998.

［30］周济.落实共享发展理念［J］.求是，2006（23）.

［31］袁贵仁.落实共享发展理念 大力促进教育公平［J］.紫光阁，2016（06）.

［32］陈宝生.深入学习贯彻党的十九大精神 全力打赢统筹城乡义务教育一体化改革发展攻坚战［J］.人民教育，2018（05）：13-16.

［33］陈宝生.努力让每个孩子都能享有公平而有质量的教育［J］.中国校外教育，2018（06）：1-5.

［34］中共中央关于经济体制改革的决定［J］.经济体制改革，1984（05）：1-12.

［35］中共中央关于教育体制改革的决定［N］.人民日报，1985-05-27.

［36］中国教育改革和发展纲要［N］.人民日报，1993-02-13.

［37］中共中央国务院关于深化教育改革全面推进素质教育的决定［N］.人民日报，1999-06-13.

［38］中共中央关于全面深化改革若干重大问题的决定［EB/OL］.人民网，2013-11-16［2019-08-05］.http://politics.people.com.cn/n/2013/1116/c1001-23560979.html.

［39］国务院关于印发中国妇女发展纲要和中国儿童发展纲要的通知［EB/OL］.中国政府网，2001-05-22［2019-08-05］.http://www.gov.cn/zhengce/content/2016-10/24/content_5123533.htm.

［40］国务院关于做好免除城市义务教育阶段学生学杂费工作的通知［EB/OL］.中华人民共和国教育部政府门户网站，2008-08-12［2019-08-05］.http://www.moe.gov.cn/jyb_xxgk/moe_1777/moe_1778/tnull_38125.html.

［41］国家中长期教育改革和发展规划纲要（2010—2020年）［N］.人民日报，2010-07-29.

［42］国务院关于印发中国妇女发展纲要和中国儿童发展纲要的通知［EB/OL］.中国政府网，2011-07-30［2019-08-05］.http://www.gov.cn/zhengce/content/2011-08/05/content_6549.htm.

［43］国务院办公厅关于实施农村义务教育学生营养改善计划的意见［EB/OL］.百度百科，2011-11-23.

［44］国务院关于深入推进义务教育均衡发展的意见［EB/OL］.中华人民共和国教育部政府门户网站，2012-09-05［2019-08-05］.http://www.moe.gov.cn/jyb_xwfb/xw_zt/moe_357/jyzt_2016nztzl/ztzl_xyncs/ztzl_xy_zcfg/201701/t20170117_295047.html.

［45］国务院关于统筹推进县域内城乡义务教育一体化改革发展的若干意见［EB/OL］.百度百科，2016-07-11.

［46］中华人民共和国教育部.共和国教育50周年（1949-1999）［M］.北京：北京师范大学出版社，1999.

[47] 教育部、财政部、国务院扶贫开发领导小组办公室印发《关于落实和完善中小学贫困学生助学金制度的通知》[EB/OL].2001-09-24[2019-08-05].http://old.moe.gov.cn/publicfiles/business/htmlfiles/moe/moe_309/200412/4684.html.

[48] 教育部关于印发《县域义务教育均衡发展督导评估暂行办法》的通知[EB/OL].中华人民共和国教育部政府门户网站,2013-10-28[2019-08-05].http://old.moe.gov.cn/publicfiles/business/htmlfiles/moe/moe_1789/201205/136600.html.

[49] 教育部关于印发《教育信息化"十三五"规划》的通知[EB/OL].中华人民共和国教育部政府门户网站,2016-06-07[2019-08-05].http://www.moe.gov.cn/srcsite/A16/s3342/201606/t20160622_269367.html.

[50] 教育部关于印发《教育信息化2.0行动计划》的通知[EB/OL].中华人民共和国教育部政府门户网站,2019-04-13[2019-08-05].http://www.moe.gov.cn/srcsite/A16/s3342/201804/t20180425_334188.html.

[51] 国家统计局.中国统计年鉴(1999—2018)[M].北京:中国统计出版社.

[52] 国家统计局.2010年第六次全国人口普查主要数据公报[EB/OL].中国政府网,2011-04-28[2019-08-05].http://www.gov.cn/test/2012-04/20/content_2118413.htm.

[53] 国家统计局.中国2010年人口普查资料[M].北京:中国统计出版社,2012.

[54] 国家统计局.2001—2017年全国1%人口抽样调查[EB/OL].国家统计局官网.

[55] 国家统计局.2015—2018年国民经济和社会发展统计公报[EB/OL].国家统计局官网.

[56] 教育部财务司,上海市教科院智力开发研究所.中国教育经费年度发展报告2005—2010[M].北京:人民教育出版社,2013.

[57] 教育部基础教育一司.共同书写新篇章:义务教育均衡发展备忘录[M].上海:上海交通大学出版社,2012.

[58] 国家教育督导团.国家教育督导报告2005(摘要)——义务教育均衡发展:公共教育资源配置状况[EB/OL].人民网,2006-02-23[2019-08-05].http://edu.people.com.cn/GB/4136295.html.

[59] 国家统计局人口和就业统计司.就业总量持续增长 就业结构调整优化——改革开放40年经济社会发展成就系列报告之十四[EB/OL].国家统计局官网,2018-09-12[2019-08-05].http://www.stats.gov.cn/ztjc/ztfx/ggkf40n/201809/t20180912_1622409.html.

[60] 中央教育科学研究所.中华人民共和国教育大事记1949—1982[M].北京:教育科学出版社,1984.

[61] 国家西部地区"两基"攻坚领导小组办公室.民生之本 强国之基:西部地区"两基"攻坚报告[M].北京:人民教育出版社,2008.

[62] 中华人民共和国教育部《中国共产党教育理论与实践》编写组.中国共产党教育理论与实践[M].北京:北京师范大学出版社,2001.

[63] 谢俐.中国特色高职教育发展的方位、方向与方略[J].现代教育管理,2019(04):1-5.

［64］中国教育与人力资源问题报告课题组.从人口大国迈向人力资源强国［M］.北京：高等教育出版社，2003.

［65］转型期中国重大教育政策案例研究课题组.缩小差距：中国教育政策的重大命题［M］.北京：人民教育出版社，2005.

［66］《中国教育年鉴》编辑部.中国教育年鉴（1949—1981）［Z］.北京：中国大百科全书出版社，1984.

［67］中国教育统计年鉴（2001—2016）［M］.北京：人民教育出版社，2002—2017.

［68］联合国教科文组织.2000—2015年全民教育：成就与挑战［M］.北京：教育科学出版社，2015.

［69］董存才.中国大百科全书·教育卷［M］.北京：中国大百科全书出版社，1985.

［70］郭福昌，韦鹏飞，吴德刚，张安民.中国教育改革发展简论［M］.北京：教育科学出版社，1993.

［71］顾明远，刘复兴.从新民主主义教育到社会主义教育（1921—2012）［M］.北京：教育科学出版社，2014.

［72］顾明远，刘复兴.改革开放30年中国教育纪实［M］.北京：人民出版社，2008.

［73］雷召海，李资源，等.当代中国民族教育政策发展与实践研究［M］.北京：人民出版社，2018.

［74］刘海峰.高考改革：公平为首还是效率优先［J］.高等教育研究，2011（05）.

［75］马昌博，徐卓君.义务教育，这20年为何这么难？——对话全国人大常委会委员、原国家教委副主任柳斌［N］.南方周末，2006-10-12.

［76］莫文秀.中国妇女教育发展报告（改革开放30年）［M］.北京：社会科学文献出版社，2008.

［77］潘懋元.公平与效率：高等教育决策的依据［J］.北京大学教育评论，2003（01）.

［78］曲绍卫，王皓，时嘉琪.大国教育公平：中国学生资助政策改革四十年回顾与展望［J］.教育经济评论，2018（06）.

［79］吴霓，张宁娟，李楠.农民工随迁子女教育的五大趋势及对策［J］.当代教育科学，2010（07）.

［80］徐国庆.从分等到分类：职业教育改革发展之路［M］.上海：华东师范大学出版社，2018.

［81］杨东平.中国教育发展报告（2017年）［M］.北京：社会科学文献出版社，2017.

［82］杨定玉，胡雪芳.中国民族教育政策法规汇编［M］.北京：知识产权出版社，2017.

［83］杨金土.职业教育兴衰与新旧教育思想更替——百年职业教育回顾［J］.教育发展研究，2004（02）.

［84］杨学为.中国考试通史（卷五）［M］.北京：首都师范大学出版社，2001.

［85］杨学为.高考文献［M］.北京：高等教育出版社，2003.

［86］袁振国，等.从反正到立新：教育理念创新之路［M］.上海：华东师范大学出版社，

2018.

［87］袁振国，刘世清.改革开放40年中国基础教育发展的历史经验［J］.中国教育学刊，2018（12）.

［88］翟博，刘华蓉，李曜明，张滢.我国全面实现"两基"：书写人类教育史上的奇迹［N］.中国教育报，2012-09-09.

［89］翟博，刘华蓉，李曜明，张滢.人类教育史上的奇迹——来自中国普及九年义务教育和扫除青壮年文盲的报告［N］.中国教育报，2012-09-09.

［90］钟曜平.奠基中国的千秋伟业——写在中国全面完成普及义务教育和扫除青壮年文盲目标之际［N］.中国教育报，2012-09-07.

［91］祝智庭，俞建慧，韩中美，黄昌勤.以指数思维引领智慧教育创新发展［J］.电化教育研究，2019（01）.

［92］卓晴君.从儿童入学率20%到实现九年义务教育目标——建国60年教育发展辉煌的重要标志［J］.中国教育学刊，2009（11）.

［93］约翰·罗尔斯.正义论［M］.何怀宏，何包钢，廖申白，译.北京：中国社会科学出版社，2009.

后 记

我跟多位西方学者讨论教育公平的时候,他们都对中国的教育公平发展表示由衷的赞赏,而且毫不讳言地说他们的教育公平状况近十年来有所倒退。今年7月发布的《2019年英格兰教育年报》(Education in England: Annual Report 2019)承认,英国基础教育阶段的不公平继续扩大,弱势家庭学生的学业成绩平均落后于其他同学18.1个月,比上一年增加了0.2个月。而中国的教育公平却一路高歌猛进,义务教育均衡发展认定通过县(市、区)的数量连年大幅增加,城乡一体化水平不断提高,义务教育普及率超过世界高收入国家平均水平。这是非常不容易的。新中国成立70年来,中国教育在整体发展取得巨大成就的同时确保公平发展,是中国教育最大的成就,也是对世界教育作出的最大贡献。正是这样的教育发展,从整体上提升了国民素质,阻滞了贫富差距的代际传递,为我国经济社会的持续发展提供了基础性的、决定性的人力支撑,为十数亿人民群众提高生活质量和创造幸福生活奠定了基础。勾勒这幅波澜壮阔的动人画卷,记载这曲彪炳史册的历史乐章,总结这一光辉历程的宝贵经验,是学术的责任,也可对推进我国教育更加公平、更高质量发展做一点理论上的贡献。

本书的第一至第三章从宏观上概括了中国教育公平之路的独特模式、理论基础和基本特征,第四至第十三章分门别类地阐发了推进教育公平的重点领域和关键环节,第十四至第十五章讨论了教育公平向深层推进的重要取向。各章的作者是:第一章,袁振国(华东师范大学教授、教育学部主任,崔海丽博士参与了写作);第二章,胡娟(中国人民大学教授);第三章,刘世清(华东师范大学副教授)、严凌燕(华东师范大学博士研究生);第四章,苏令(《中国教育报·深度版》主编);第五章,翟博(中国教育报刊社社长、党委书记)、汤林春(上海教育科学研究院研究员、普通教育研究所所长);第六章,翟博、杜晓利(上海教育科学研究院研究员、智力开发研究所所长);第七章,宾恩林(华东师范大学博士研究生)、徐国庆(华东师范大学教授、职业教育与成人教育研究所所长);第八章,马可(北京市教育委员会基础教育二处副处长)、刘志(华东师范大学博士研究生)、王森(华东师范大学博士研究生）、侯浩翔（华东师范大学博士研究生）、蔡群清（华东师范大学博士研究生）、严凌燕（华东师范大学博士研究生）；第九章，汪海萍（华东师范大学教授）、刘春玲（华东师范大学教授）；第十章，张宁娟（中国教育科学研究院《中国德育》杂志主编）；第十一章，安雪慧（国家教育发展研究中心研究员、区域教育研究部主任）；第十二章，李芳（教育部民族教育发展中心副研究员）、张承洪（教育部民族教育发展中心科研管理处副处长）；第十三章，边新灿（浙江省教育考试院副院长、研究员）；第十四章，孙晓雪（华东师范大学博士研究生）、黄忠敬（华东师范大学教授、教育系主任）；第十五章，闫寒冰（华东师范大学教授、开放教育学院院长）；结语，杨银付（中国教育学会秘书长）。全书的统稿人为袁振国、翟博、杨银付。

本书的编写和出版得到了多方面的支持和配合。华东师范大学出版社王焰社长、张俊玲副总编辑高度重视本书的出版，推进图书出版进度；龚海燕副社长带领苏珊玄编辑与圣智学习集团（Cengage Learning Asia Pte Ltd）积极沟通，使本书能以最快的速度在全球出版、发行；责任编辑黄诗韵夜以继日地进行审稿工作，为保证图书质量付出了巨大的努力。中国教育报刊社摄影部主任鲍效农为书中图片的选用提供了专业性的指导。中国儿童中心科研部部长王秀江、南开大学文学院陈晓耘老师帮助审读了书稿。没有大家的齐心协力，没有大家的全力支持，是不可能如此快速地出版这样一本精美优秀的图书的。在此一并表示感谢！

袁振国

2019 年 8 月 20 日